KB013953

지도 위의 인문학

ON THE MAP Copyright © Simon Garfield, 2012
All rights reserved.
First published by PROFILE BOOKS Co., Ltd.
Korean translation copyright © 2015 by Dasan Books Co., Ltd.
Korean translation rights arranged with Profile Books Limited c/o
Andrew Nurnberg Associates International Ltd. through EYA(Eric Yang Agency).

이 책의 한국어판 저작권은 EYA(Eric Yang Agency)를 통해 Profile Books Limited c/o
Andrew Nurnberg Associates International Ltd.와 독점 계약한 (주)다산북스에 있습니다.
저작권법에 의해 한국 내에서 보호를 받는 저작물이므로 무단 전재와 무단 복제를 금합니다.

| 일러두기 |

이 책에 등장하는 인물과 지명은 국립국어원의 외래어 표기법을 따랐으나, 원음과 확연한 차이가 있
다고 판단되는 경우 최대한 원음에 가까운 형태로 표기하였습니다.

ON THE MAP

지도 위에 그려진 인류 문명의 유쾌한 탐험

지도 위의 인문학

사이먼 가필드 지음 • 김명남 옮김

다산
초당

이 책에 쏟아진 찬사

"지도 역사상 가장 흥미진진하고 의미심장한 순간들을 골라
자세하게, 다채롭게, 생생하게 풀어냄으로써
모든 지도 제작자가 자랑스러워할 만한 작품을 만들었다."
— 《가디언》

"가필드는 심오한 주제에 열정적으로 다가가며,
독자들에게 자신이 느낀 기쁨을 매력적으로 전달하는 재주를 타고났다."
— 《타임스》

"환상적인 지식이 가득한 보물 상자."
— 《스코츠맨》

"우리가 지도를 보며 느끼는 애정을 가필드만큼
정확히 설명할 수 있는 사람은 없다. 그는 희한한 역사적 사실들과
생기발랄한 개인적 사연들을 흥미롭게 엮어내는 진짜 고수다."
— 자일스 포든, 《콩데나스트 트래블러》

"지도의 역사를 흥겹게 훑어낸 책.
진기한 이야기가 가득하고, 문체는 활발하다."
— 《인디펜던트 온 선데이》

"지식과 재미를 줄 뿐만 아니라 상당히 웃긴다."
— 《아이리시 타임스》

"사이먼 가필드의 에너지와 열정은 지도의 방대한 역사를
엄청나게 재미난 하나의 이야기로 엮어냈다."
— 《옵서버》

"가필드의 책은 언제나 즐겁게 읽게 된다.
엄격한 학식을 나비 날개처럼 가볍게 전시하는 재주, 철두철미하고
정확하게 조사하는 자세, 지식의 핵심을 독자에게 전달하면서
자신이 느끼는 기쁨까지도 함께 전달하는 능력 때문에."
— 《모노클》

"웃기고 사랑스러운 산책과도 같은 이 책에는 유쾌한 비유가 가득하다.
가필드의 상냥한 글은 발견의 기쁨으로 반짝거린다."
— 《원더러스트》

"석기 시대 원시인부터 구글 맵스까지 지도 제작의 모든 것을
예술적으로 훑은 환상적인 책."
— 《타임 아웃》

"근사한 책이다. 오래된 지도책을 들여다보느라
몇 시간씩 허비하는 사람들에게 완벽한 읽을거리다."
— 《가톨릭 헤럴드》

"지도에 바치는 오마주라고 할 만한 훌륭한 책."
— 《인디펜던트》

To Justine

Contents

사랑스러운 지도들을 위하여

이 책을 지은 사이먼 가필드는 지도를 흥겹게 예찬하는 책의 제목으로 딱 적절한 이중 의미의 표현을 골랐다. '지도 위에 있다'는 것은 어딘가에 도착했다는 뜻이다. 그리고 '지도에 대해' 이야기한다는 것은 과거의 역사에서, 그리고 여러 문화적 환경에서 지도가 어떤 길을 밟아왔는지 생각해본다는 뜻이다(원제인 'ON THE MAP'이 두 가지 뜻으로 해석될 수 있기에 하는 말이다 - 옮긴이). 나는 그가 모든 독자에게 내민 초대장을 기꺼이 받아들이런다. 지도 읽기에 푹 빠져보자는 초대장을.

나는 지도를 사랑한다. 그렇다고 지도를 모으진 않는다. 책상 밑 상자에 담긴 지도들, 그러니까 어느 도시를 걸어서 관광하거나 어느 나라를 가로질러 여행할 때 가이드들이 주었던 지도를 기념 삼아 간직한 걸 빼면 말이다. 어차피 내가 탐내는 지도는 신대륙이 알려지기 전에 세상 사람들이 알았던 세계를 그린 지도나 바람장미[1]와 바다 괴물이 등장하는 선원용 〈포르톨라노 해도〉[2]처럼 죄다 내 능력 밖이다.

---

1) 어떤 지점에서 일정한 기간의 각 방위별 풍향 출현 빈도를 방사 모양의 그래프로 나타낸 것으로, '풍배도(風配圖)'라고도 한다.

2) 13세기 무렵에 이탈리아에서 작성된, 지중해·흑해를 중심으로 한 해도. 해안선이나 섬 등이 오늘날의 해도와 똑같이 그려져 있어 1600년 무렵까지 널리 사용되었다.

그런 지도는 박물관이나 도서관에 있어야지, 우리 집 벽에 갇혀서 습기에 누글누글해져서는 안 된다.

나는 지도를 많이 생각한다. 책을 쓸 때는 해당 지역의 지도를 반드시 곁에 둔다. 그래야 인물들에게 뿌리를 찾아줄 수 있다. 나는 엉뚱한 순간에도 곧잘 지도를 떠올린다. 이메일 계정의 휴지통에서 스팸 메일을 지울 때면 '스팸(spam)'은 '지도들(maps)'을 뒤집은 단어라는 생각이 불쑥 떠오른다. 게다가 지도들은 스팸 메일처럼 우리가 초대하지도 않았는데 불쑥 닥치는 게 아니라 우리더러 자기한테 오라고 손짓한다는 점에서 정녕 스팸의 반대라는 생각도 한다.

지도는 당신을 '테라 인코그니타(Terra Incognita, 미지의 땅)' 가장자리까지만 데려가서 내동댕이칠 수도 있고, '당신의 현재 위치'를 알려줌으로써 자신이 어디 있는지 안다는 안도감을 안길 수도 있다.

지도는 내가 내 발을 내려다보는 것처럼 내 발걸음을 내려다본다. 우리는 아래를 향한 지도의 시선을 워낙 당연하고 익숙하게 느끼기 때문에, 지도가 위를 올려다보는 활동과 밀접하게 연관되어 있다는 사실을 깜박 잊곤 한다.

2세기에 작성된 프톨레마이오스의 지도 제작 원칙은 그의 천문학 연구에서 유래했다. 프톨레마이오스는 세상에 존재한다고 알려진 장소 8,000곳을 지도에 적절히 배치하기 위해서 하늘의 달과 별에 도움을 청했다. 그는 행성들이 정확히 우리들의 머리 위를 지나도록 회귀선과 적도를 그렸고, 월식의 빛을 활용해서 지구의 동서 폭을 추측했다. 지도의 위쪽을 북쪽으로 잡은 것도 프톨레마이오스였다. 그리고 그 북쪽의 극점은 밤하늘에서 유일하게 꼼짝하지 않는 별, 북극성을 가리킨다.

요즘 남들도 다 그러듯이, 나는 운전할 때 컴퓨터가 실시간으로 제공하는 지도에 의지해 길을 찾는다. 걷거나 대중교통을 이용할 때는 스마트폰에 있는 지도 애플리케이션을 쓴다. 그러나 진지하게 여행 준비를 할 때는 반드시 종이 지도를 챙긴다. 종이 지도만이 내가 앞으로 가려는 곳이 어떤 곳인지를 느끼게 해준다. 출발 전에 여행의 목적지가 부츠처럼 생겼는지, 물고기 꼬리처럼 생겼는지, 동물 가죽처럼 생겼는지 알아두지 않은 상태로 그곳에 도착하면, 나는 영영 그 장소에 대한 감각을 얻지 못한다. 그 도시의 거리가 격자 구조인지, 또는 중심지를 둘러싼 방사형인지, 아니면 식별 가능한 어떤 구조도 없는지 사실을 미리 확인하는 것만으로도 거리를 돌아다니는 느낌이 어떨지 짐작할 수 있다.

내가 실제로 어딜 가지 않는다면? 그때는 당연히 지도로 하는 여행만이 유일하게 가능한 길이다. 어디로? 어디로든. 딱히 정해지지 않은 곳으로도, 인간 게놈의 주름 속으로도, 에베레스트 산 정상으로도, 앞으로 3,000년 동안 금성이 밟을 경로로도. 지도만 있으면 심지어 땅에 묻힌 보물이나 사라진 대륙, 유령 섬으로도 접근할 수 있다.

내가 지도를 보면서 꿈에 그리는 목적지에 영영 도달하지 못한들 또 무슨 상관이 있겠는가? 세상에서 가장 존경받는 옛 지도 제작자들도 평생 집에만 머무르지 않았던가. 내가 지금 떠올리는 사람은 프라 마우로다. 그는 베네치아의 수도원에 콕 틀어박힌 채, 그다지 믿음이 가지 않는 여행자들이 들려준 여행담을 실처럼 자아서 자신만의 근사한 지리를 완성했다.

나는 지도의 시각적 호사스러움도 즐긴다. 이른바 '4색 정리'에 따르면 세계 지도에서 국경을 접한 나라들을 서로 다른 색으로 칠할 때 필요한 색깔 수의 최소 한계는 네 가지 라고 하지만, 지도의 예술적 상상력에는 최대 한계가 없다.

지도의 언어들이 내는 소리도 내 귀에는 매우 다채롭게 들린다. '래티튜드(latitude, 위도)'니 '그래티큘(graticule, 경위선)'이니 하는 단어들은 입에서 달가닥거리며 튀어나와 세계에 그물망을 치는 것 같다. '카투시(cartouche)'는 또 어떤가. 지도에서 제목이나 범례를 장식적으로 꾸민 부분을 말하는 이 단어는 산들바람처럼 쉭 하고 혀를 스친다. 어떤 이름은 요들을 부르는 것 같고, 어떤 이름은 찰칵대거나 노래하는 것 같다. 나는 기꺼이 코트디부아르 해안을 따라 그랑바상에서 타부까지 가보리라. 그 이름들을 소리 내어 말해보기 위해서라도.

지도는 왜곡을 일으킨다. 그것은 사실이다. 그러나 나는 용서하련다. 둥그런 세상을 종이에 납작하게 펴려고 안간힘을 쓰면서 어찌약간의 비례를 희생하지 않을 수 있단 말인가? 메르카토르의 이름을 딴 도법에서 정사영 도법, 그노몬 도법, 방위각 도법까지 다양한 지도투사 기법들은 이 대륙이든 저 대륙이든 하여튼 뭔가는 왜곡하게 마련이다. 나는 비록 그린란드의 땅덩이가 아프리카만큼 크게 그려진지도를 보면서 자랐지만, 그렇다고 해서 실제로도 그렇다고 믿진 않는다. 눈으로 새하얗게 덮인 섬을 그린란드라고 부르고 그 근처, 식물로 푸르게 덮인 섬을 아이슬란드라고 부르는 그릇된 작명에 괜히 노심초사하지 않는 것과 마찬가지다. 왜냐하면 지도는 결국 인간이 만들었으니까.

모든 지도에는 이야기가 담겨 있다. 그림 같은 골동품 지도들은 원정과 정복의 이야기, 발견의 이야기, 점유와 영광의 이야기를 들려준다. 선주민들이 당했던 끔찍한 착취의 이야기는 말할 것도 없다. 현대의 지도에는 엄청나게 많은 자연적·인공적 지형지물이 표현되어 있어서 이야기가 다소 흐릿하게 느껴질 수 있으나, 다른 한편으로는 최신의 이야기를 담을 만한 훌륭한 바탕이 되어준다. 지형학적 세부 사항을 깨끗이 지운 자리에 다양한 데이터를 얹으면, 지도는 지난 선거의 투표 패턴이나 신종 전염병의 확산 패턴에 대해서도 이야기해 줄 수 있다.

지도보다 더 나은 것은 오직 하나, 지도책뿐이다. 어깨로 하늘을 떠받쳤던 티탄 족 거인 아틀라스는 여러 로켓에 이름을 빌려주었을 뿐만 아니라, 여러 장의 지도를 두툼한 책으로 묶은 물건에도 이름을 빌려주었다. 나 역시 아틀라스의 이름에 부끄럽지 않은 지도책을 몇 권 갖고 있는데, 책장에서 끌어내리려면 팔심깨나 써야 하는 것들이다.

나는 지구본에 대해서도 얼마든지 열변을 늘어놓을 수 있다. 특히 예전에 하나는 지구본으로, 다른 하나는 천구의로 제작되어 쌍으로 팔렸던 물건에 대해서 말이다. 이때 천구의는 위에서 내려다본 모습으로, 즉 별자리의 기하학이 반전된 형태로 묘사되기도 했다. 그러나 사실 지구본은 불룩한 형태로 환생한 지도에 지나지 않는다. 지구본은 손으로 그렸거나 인쇄한 납작한 고어들에서 출발한다. 그 고어들을 동그란 공에 잘 발라 붙인 뒤 지구의 양끝에서 만나게 하는 것이다. 어떤가, 지도가 당신의 방랑벽을 부추기는 연료처럼 느껴지는가? 그렇다면 마저 끝까지 읽기 바란다.

데이바 소벨

데이바 소벨, Dava Sobel 전 《뉴욕 타임스》 기자이며, 세계적 베스트셀러 『경도 이야기』의 저자. 최고의 과학 저널리스트로 여겨지는 그녀는 현재 시카고 대학과 버지니아 대학에서 과학 글쓰기 강의를 하며 과학 대중화를 위해 다양한 활동을 펼치고 있다.

지도는 저절로 만들어진다

2010년 12월, 페이스북은 아름다우면서도 놀라운 세계 지도를 발표했다. 헤라르뒤스 메르카토르(Gerardus Mercator)가 16세기에 개발한 표준 도법에 따라 그려진 이 지도는 한눈에 알아볼 수 있으면서도 묘하게 낯설었다. 실크로 만들어진 거미줄인 양, 실처럼 가느다란 형광 푸른색 선들이 지도를 뒤덮고 있었다.

어떤 점이 이상했을까? 중국과 아시아는 거의 보이지 않았고, 동아프리카는 가라앉은 것처럼 보였다. 어떤 나라들은 정확히 제자리에 있지도 않았다. 왜냐하면 이 지도는 페이스북 가입자들의 위치를 세계 지도에 그대로 얹은 게 아니라, 페이스북 가입자들의 상호 연결성을 표현한 지도였기 때문이다. 5억 명의 지도 제작자들이 협업하여 만들어낸 세계 지도인 셈이다.

페이스북 인턴사원이었던 폴 버틀러(Paul Butler)는 가입자 데이터에서 그들의 위도와 경도 좌표를 추출한 뒤, 그들이 연결을 맺고 있는 다른 사용자들의 좌표와 이어보았다. 버틀러는 블로그에서 이렇게 설명했다. "각각의 선은 여행 중에 사귄 친구일 수도 있고, 해외에 나간 가족일 수도 있고, 대학 동창들이 이런저런 인생의 우여곡절로 인해 멀어진 것일 수도 있다."

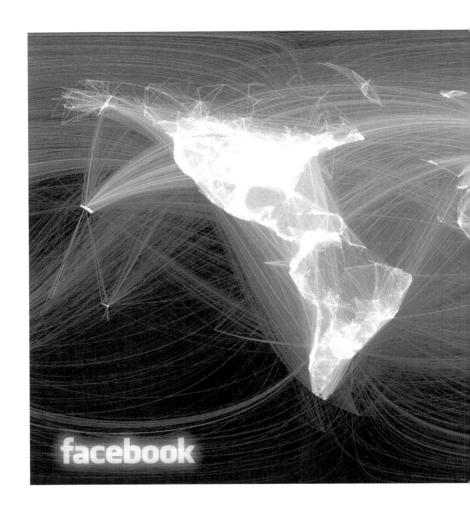

그 당시 페이스북의 회원은 약 5억 명이었으므로, 버틀러는 원래 약간 혼란스러운 결과를 예상했다. 초창기 컴퓨터의 뒷면처럼 선들이 얼기설기 얽혀 있고, 한가운데에 둥글게 덩어리가 진 모습을 생각했다. 그러나 결과는 반대였다. 버틀러는 이렇게 회상했다.

"렌더링(rendering, 화상 처리)이 몇 분쯤 진행되자 지도가 떠올랐는

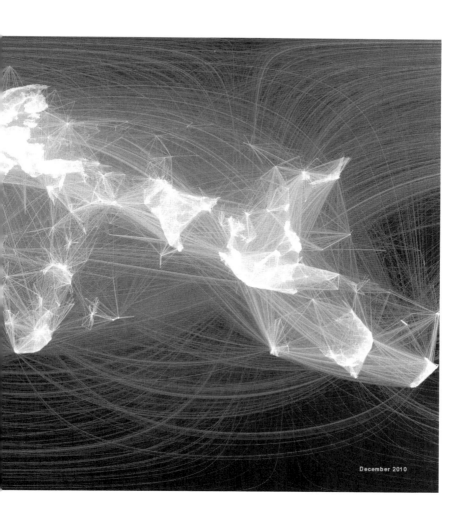

December 2010

데, 나는 그것을 보고 약간 놀랐다. 하나로 뭉쳐 있던 덩어리가 상세한 세계 지도로 변하고 있었다. 대륙을 알아볼 수 있었을 뿐만 아니라 국경선이 드러난 경우도 있었다. 내가 충격을 받았던 것은, 이 선들이 해안선이나 강물, 정치적 경계선을 뜻하는 게 아니라 사람들의 실제 인간관계를 뜻한다는 사실을 잘 알았기 때문이다."

그 지도는 버틀러가 작업에 착수하기 1년 전, 내가 페이스북 창업자 마크 저커버그(Mark Zuckerberg)를 인터뷰했을 때 들었던 말을 완벽하게 구현한 것이었다. 그때 저커버그는 이렇게 말했다.

"페이스북의 발상은 하나의 새로운 공동체를 만들겠다는 게 아닙니다. 기존의 세상에 존재하는 다양한 공동체를 모두 그려보겠다는 것입니다."

페이스북 지도가 더없이 깔끔하게 요약해 보여준 디지털 혁명은 지난 수백 년 역사의 다른 어떤 혁명보다도 대대적인 변화를 지도 위에 일으켰다. 손에는 휴대 전화 지도를 들고 컴퓨터에는 구글 어스를 깔아둔 우리들은 옛날에는 이런 도구 없이 어떻게 살았는지 상상조차 하기 힘들다. 한때는 착착 접히는 지도를 샀던 것도 같은데. 처음엔 잘 접혔지만 일단 펼치면 두 번 다시 똑같이 접기 힘든 지도를, 또는 어깨가 빠질 만큼 무거운 지도책을 책장에서 끌어내려 색인을 뒤졌던 것도 같은데. 미국에 스프링필드(Springfield, 애니메이션 「심슨 가족」의 배경이 되는 마을 이름 - 옮긴이)라는 동네가 몇 군데나 있을까 궁금해 하면서 말이다.

이런 단순한 즐거움이 먼 옛날의 기억이 되어가는 일은 결코 사소한 변화가 아니다. 물리적 지도는 우리 조상들이 아프리카 평원에서 식량과 은신처를 찾아 돌아다녔던 그때부터 이미 세계의 중요한 일부였다. 생물학자 리처드 도킨스(Richard Dawkins)는 동물의 자취를 쫓는 데 능숙했던 추적자가 흙먼지 위에 지도를 그렸던 게 인류 최초의 지도였을지도 모른다고 상상했다. 최근 스페인 고고학자들은 약 1만 4,000년 전 동굴 거주자들이 돌에 새긴 그림에서 일종의 지도를 읽어내기도 했다. 도킨스는 심지어 지도의 탄생이야말로(더불어 축척과 공간에 대한 개념도 탄생했다) 인간의 뇌가 더 커지고 발달하는 계기가 된 사건이었을지 모른다고 추측했다.

요컨대, 지도에는 '무엇이 우리를 인간으로 만드는가?'에 대한 단서가 담겨 있다. 지도는 인류의 역사를 서술하고 재편한다. 지도는 발견과 호기심, 갈등과 파괴 등 인류의 가장 훌륭한 속성과 가장 나쁜 속성을 반영하며, 역사적으로 힘을 가진 세력들이 어떤 일을 했는지 보여준다. 개인으로서도 우리는 지도를 통해 자신이 나아간 정도를 기록하고, 탐험과 탈출의 가능성을 모색한다.

지도의 언어도 우리 삶에 중요하게 녹아들어 있다. 'on the map', 즉 우리(또는 우리 동네)가 지도에 오른다는 것은 우리가 뭔가를 이뤄냈다는 뜻이다. 유달리 정돈을 잘하는 사람들은 매사를 깔끔하게 지도화하며(mapped out), 우리는 자기가 나아가는 방향(compass points)을 잘 알아야지, 그러지 않으면 혼란스러워진다(lose bearings). 또 우리는 오리엔티어링(orienteering)을 하고(옛날 지도는 동쪽이 위쪽에 그려져 있었기 때문에 방향 찾는 일을 orient라고 불렀다), 남에게 마음대로 할 자유를 주면서 '약간의 위도를 허락한다(a degree of latitude)'고 말한다(이상은 모두 지도에서 유래한 숙어를 나열한 것이다 - 옮긴이).

우리가 지도에 매료되는 이유는 지도가 우리에게 이야기를 들려주기 때문이다. 이 책에 소개된 지도들도 이야기를 들려준다. 지도가 어떻게 생겨났고, 누가 그렸고, 그들이 어떤 생각을 했고, 우리가 지도를 어떻게 사용하는가 하는 이야기를.

지도란 으레 선별된 내용만을 보여주는 물건인 것처럼, 이 책에 소개된 지도들도 선택적인 선별의 결과다. 그럴 수밖에 없는 것이, 지도에 관한 책은 사실상 세상의 발전에 관한 책이기 때문이다. 15세기에 등장한 튼튼한 선박, 16세기 말에 등장한 삼각 측량법, 18세기에 확정된 경도, 20세기에 등장한 비행 기술과 항공 관측, 그리고 우리 세기에 등장한 인터넷과 GPS, 위성 항법 장치까지. 특히 최근에 등장한 첨단 도구들은 어쩌면 우리의 공간 감지 능력을 새롭게 재편할 수도 있다.

왜 그런가 하면, 인터넷이 가져온 변화는 참으로 특별하고도 중대하기 때문이다. 천문학자들이 교수대로 끌려갈 것을 무릅쓰고 반대로 주장하기 전까지는 지구가 우주의 중심에 고정되어 있었다. 얼마 전까지만 해도 유럽인들은 지도의 중심에 예루살렘을 두었고, 중국인들은 유주(幽州, 연나라의 수도였으며 현재의 베이징 자리에 있었던 연경(燕京)을 뜻한다 - 옮긴이)를 지도의 중심에 두었다. 좀 더 지나서는 영국이나 프랑스가 자기네 제국을 지도의 한가운데에 놓았다.

그러나 이제는 모든 사람이 각자 자신만의 지도 세계에서 한가운데에 서 있다. 우리는 컴퓨터, 휴대 전화, 자동차에서 경로를 짤 때 A에서 B로 가는 것이 아니라, 나 자신에게서('현재 위치로 설정하시겠습니까?') 다른 곳으로 간다. 모든 거리도 내가 서 있는 곳을 중심으로 측정된다. 우리가 여행을 할 때는 자발적이든 아니든 사실상 우리 자신을 지도화하는 셈이다.

블랙베리 휴대 전화를 사용하는 친구 한 명은 최근에 희한한 일을 경험했다. 그는 이탈리아 알프스 산맥을 오르던 중, 등고선과 고도를 확인하고 싶은 마음에 휴대 전화를 켰다. 마침 런던 교통국의 자전거 애플리케이션이 열려 있었다. 이 애플리케이션은 사용자가 런던에서 자신의 위치를 입력하면 제일 가까운 거치대에 자전거가 몇 대 마련되어 있는지를 알려주는 편리한 도구였다. 따라서 그 애플리케이션은 이탈리아에서는 소용이 없었다. 적어도 친구는 그렇게 생각했다.

그런데 알고 보니 그렇지 않았다. 애플리케이션은 그 순간에도 작동하고 있었다. 런던 교통국의 자전거 정보가 담긴 지도는 전 세계를 망라했다. 자전거는 시작일 뿐이었다. 그 애플리케이션은 이탈리아의 라벨로, 남아프리카공화국의 케이프타운, 뉴질랜드의 오클랜드로 가는 길도 알려주었다. 친구는 어디에 있든 그 자신이 곧 지도였고, 세계는 언제나 친구를 중심으로 착실하게 돌고 있었다. 애플리케이션도 당연히 친구를 추적했다. 그러니 분명 누군가는 친구가 이탈리아의 어느 산에 있는지 알 것이고, 친구가 전날 반납한 자전거를 오늘 누가 타고 있는지 알 것이었다.

세상에, 어쩌다 이렇게 되었을까? 이 책은 그 질문에 대한 답이지만, 한 편의 여행기이자 전시회라고 봐도 좋다. 물론 상상의 전시회다. 현실에서는 한자리에 모으기가 불가능한 것들을 담고 있으니까. 오래전에 사라져버리긴 했지만 고대 그리스 사람들이 상상했던 세계를 그린 지도, 세계 여러 대학이 간직한 유명한 보물들, 영국도서관이나 미국 의회도서관이 소장한 입이 떡 벌어지는 작품들, 독일이나 베네치아, 캘리포니아에 있는 희귀한 물건들. 여기에는 필사본도 있을 것이고, 해도나 지도책, 화면을 갈무리한 영상, 휴대 전화 애플리케이션도 있을 것이다. 유달리 중요한 전시물도 있을 테고, 재미로 전시된 작품도 있을 것이다. 내용도 폭넓다. 가난의 지도와 부의 지도, 영화 지도와 보물 지도, 생선의 한 종류인 문어를 애호하는 지도, 아프리카 지도와 남극 지도, 현실에 존재한 적 없는 장소를 묘사한 지도. 어떤 지도는 세계의 형태를 설명하고, 어떤 지도는 특정한 동네의 거리에 집중하거나 카사블랑카로 날아가는 비행기의 경로에 집중할 것이다.

우리는 안내자들에게도 많은 공간을 할애할 예정이다. 허풍스러운 지도 판매상, 깐깐한 측량사, 어림짐작하는 철학자, 돈을 펑펑 쓰는 수집가, 못 미더운 항해사, 휘파람 불며 걷는 방랑자, 경험 없는 지구본 제작자, 안절부절못하는 큐레이터, 각광받는 신경 과학자, 욕망에 불타는 정복자. 클라우디오스 프톨레마이오스, 마르코 폴로, 윈스턴 처칠, 인디애나 존스처럼 익숙한 이름도 있을 테고, 베네치아의 수도사, 뉴욕의 판매상, 런던의 〈뇌 지도〉 작성자, 네덜란드의 기업가, 아프리카의 추장처럼 덜 알려진 이름도 있을 것이다.

지금 당신의 손에 들린 것은 바로 그 전시회의 카탈로그다. 그리고 카탈로그의 첫 항목은 이집트 해안의 어느 도서관에서 시작된다.

제1장

선구자들이 그린 정말 이상한 지도

고대 그리스 사람들은
어떻게 세상 밖으로 발걸음을 옮겼나

최초에 지도는 상상력을 시험하는 과제였다. 지금도 그런 역할을 하고 있다. 당신이 침실에 있다고 상상해보자. 그 방을 지도로 그릴 수 있겠는가? 종이와 연필이 있다면, 그 방에 한 번도 가보지 못한 사람도 그 모습을 그럭저럭 떠올릴 만큼 잘 그릴 수 있겠는가? 침대 크기는 문이나 협탁에 비교하면 어떤가? 천장 높이는 또 어떤가? 부엌은 침실보다 지도로 그리기가 더 쉬운가, 어려운가?

사실 몹시 어려운 일은 아니어야 한다. 왜냐하면 당신이 잘 아는 장소이니까. 그러면 친구네 집 거실은 어떨까? 이건 어느 정도는 기억력 시험이다. 당신은 수월하게 제대로 그릴 수 있을까, 끙끙 용써야 할까? 당신이 처음 다녔던 학교는 또 어떤가? 당신이 배웠던 교실이 여러 교실 중에서 어느 위치였는지 기억하는가? 범위를 세계로 확대하면 어느 위치인지 설명할 수 있을까? 그림으로 표현할 수 있을까? 아니면, 몽골과 스위스의 상대적 크기와 지리적 관계를 제대로 반영하여 그릴 수 있겠는가? 남반구 바다를 절반이라도 제대로 그릴 수 있겠는가?

나아가 만약 당신이 다른 지도와 지구본을 한 번도 본 적이 없고 그 장소에 직접 가본 적도 없다면 어떨까? 남들의 이야기나 기록에만 의지해서 세계 지도를 그릴 수 있을까? 설령 그려냈다 하더라도, 그 지도가 그때부터 약 1,350년 동안 세상에서 제일 중요한 세계 지도로 통한다면 기분이 어떨까?

아마 당신이 클라우디오스 프톨레마이오스(Claudios Ptolemaeos)가 아닌 이상 이런 질문에는 대답하기 어려울 것이다.

프톨레마이오스는 세상에 지대한 영향을 미친 인물이다. 하지만 우리는 그의 이름을 영어로 부를 때 '프'가 묵음이 되어 '톨레미'라고 불린다는 사실 외에는 아는 바가 거의 없다. 그래도 다행히 그가 어디에서 일했는지는 안다. 그는 고대 이집트의 가장 큰 건물에서 일했다. 지중해 연안, 작은 망토처럼 생긴 항구에서 내륙으로 살짝 들어간 곳에 있는 건물이었다.

지금은 사라지고 없는 알렉산드리아 도서관의 사연은 고대의 전설들 중에서도 가장 낭만적인 이야기로 꼽힌다. 요즘은 그와 비견할 만한 것을 상상할 수 없기 때문에 더 매력적인 면도 있다. 오늘날의 영국도서관도 영어로 된 출간물이라면 뭐든 한 부씩 받아서 소장하는 기록적인 도서관이지만, 세계의 모든 기록물을 완전히 소장하겠다는 야망이나 인류의 지식을 모조리 간직하겠다는 야망은 품지 않는다. 옥스퍼드의 보들리 도서관도, 뉴욕의 공립도서관도 마찬가지다. 그러나 알렉산드리아 도서관은 그런 야망을 가지고 있었으며, 그 시대에는 그런 일이 실제로 어느 정도 가능했다.

기원전 330년경에 지어진 알렉산드리아 도서관은 세상의 모든 유용한 지식을 보관한 장소가 되기를 추구했다. 그래서 공익의 이름으로 다른 사설 도서관들의 자료를 징발했고, 바다 건너 당도한 필사본을 베끼거나 번역한 뒤 일부만 돌려주었으며, 그나마도 돌아가는 배에 실린 것은 원본이 아니라 사본일 때가 많았다.

알렉산드리아는 유럽의 주요한 파피루스 공급처였다. 그런데 도서관이 소장한 두루마리들이 대부분 알렉산드리아에서 난 파피루스로 만들어지면서, 파피루스 수출량은 급감했다. 도서관에 공급할 물량이 많아서라고 말하는 사람도 있었지만, 경쟁 도서관의 성장을 막기 위한 계획적 술수라고 본 사람도 있었다. 이런 엘리트주의, 열정, 탐구열은 지도나 책 수집에 집착하는 사람이라면 누구나 이해하는 것이리라.

알렉산드리아 도서관은 도시 자체와 마찬가지로 알렉산드로스(Alexandros) 대왕의 유산이었다. 로마 역사가 아리아노스에 따르면, 알렉산드로스 대왕은 나일 삼각주 서안을 따라 이동하다가 '장차 도시를 세우기에 안성맞춤인' 땅을 발견했다. 실제로 이후 그곳에 도시가 건설됨으로써 행정과 문화의 권력은 아테네에서 알렉산드리아로 이동했다.

알렉산드로스 대왕은 아리스토텔레스(Aristoteles)에게 윤리학, 시, 생물학, 극작, 논리학, 미학을 배웠다. 그리고 역시 아리스토텔레스를 통해 알게 된 호메로스(Homeros)에게 빠져서, 전장에도 『일리아드』를 지니고 다니면서 그 가르침에 따라 살았다. 대왕은 페르시아 제국을 정복하고 티레를 파괴한 뒤 이집트에도 즉각 항복을 받아냈다. 그러고는 그곳에서 불멸의 야망을 떠올렸다. 자신의 유산이 파괴의 상징이 아니라 지식의 상징이 되기를, 헬레니즘 문화의 세계관이 제국 전역과 그 너머까지 퍼져나가는 진원지가 되기를 바랐던 것이다. 그래서 그는 학문, 고귀한 이상, 훌륭한 통치에 대한 헌신으로 상징되는 도시를 계획했다. 방대한 도서관은 그 판테온[3]이 될 것이었다.

기원전 323년에 알렉산드로스 대왕이 죽고도 수십 년이 더 지나서 완성된 도서관은 사실상 세계 최초의 대학이었다. 수학자 아르키메데스와 시인 아폴로니우스를 비롯한 여러 학자들이 그곳에 모여 연구하고 토론했다. 학자들은 철학, 문학, 정치 행정뿐 아니라 과학과 의학의 원리에 대해서도 토론했고, 최초의 완전한 세계 지도를 그리는 일도 맡았다. 그들이 사는 곳은 동서 무역로의 한가운데에 자리한 데다 여행자나 선원에게 직접 이야기를 들을 수 있는 항구 도시였으니, 그 역할을 맡기에 이상적인 위치였다.

우리가 어쩌다 고대 알렉산드리아의 지도를 손에 넣게 된다면, 세로와 가로가 격자를 이룬 질서 정연한 공간을 보게 될 것이다. 인구 밀도가 높은 유대인 거주 지구는 동쪽에 있고, 도서관과 박물관은 가

---

3) 다신교였던 로마 제국의 모든 신에게 바쳐졌던 신전으로, 그리스어로 '모든'을 뜻하는 'pan'과 '신'을 뜻하는 'theon'이 합쳐진 말이다. 거대한 돔과 위풍당당한 외관을 지닌 로마 건축의 최고 걸작으로 꼽힌다.

운데 왕실 지구에 있다. 도시는 물에 둘러싸여 있고, 북쪽 작은 섬들 사이에는 큰 항구가 있다(왕궁도 그곳에 있다). 항구 최북단에는 파로스 등대(Pharos of Alexandria)가 솟아 있다. 세계 7대 불가사의 중 하나인 이 등대는 높이가 100미터를 넘었다. 꼭대기의 횃불은 거울에 반사되어, 50킬로미터 떨어진 바다에서도 보였다. 50킬로미터 밖에서도 보이는 등대라니, 어떤 비유인지 알 만하다. 알렉산드리아는 봉화 같은 도시였고, 등대는 개명된 사상이 약동하는 그 도시를 널리 자유롭게 만드는 동시에 도시로부터 자유롭게 독립한 랜드마크였던 것이다.

그런데 알렉산드리아 너머의 세계는 어땠을까? 기원전 3세기 초의 세계는 어떤 모습이었을까?

알렉산드리아 도서관은 과학과 수학 분야에서 성과를 거두었지만, 지리학은 아직 태동기였다. 그곳에서 최초의 지리학자들은 세계지도의 원형이라 할 만한 중요한 지도를 작성했는데, 그들이 근거로 삼은 자료는 그리스 역사학자 헤로도토스(Herodotos)의 글이었다. 아홉 권으로 이루어진 헤로도토스의 『역사』는 알렉산드리아 도서관이 세워지기 150년 전에 쓰인 책이었지만, 페르시아 제국의 흥망과 페르시아 전쟁에 대한 헤로도토스의 기록은 여전히 문명 세계를 통틀어 가장 자세한 자료였다. 더불어 호메로스의 기록들도 학자들에게는 지리 지식을 얻을 수 있는 중요한 자료원이었다. 호메로스의 『오디세이』에 묘사된 여행 이야기는 학자들의 상상력을 자극했다.

알렉산드리아에서 제작된 최초의 그 지도는 세계를 원으로 묘사했다. 정확한 원은 아니어도 하여간 둥그스름하게 묘사했다. 그것이 기원전 4세기의 정설이었으며, 아마 헤로도토스도 같은 견해였을 것이다. 어쩌면 그는 세계를 물에 뜬 평평한 원반처럼 상상했을 수도 있다.

그보다 앞서 기원전 8세기를 살았던 호메로스는 평평한 지구 이론의 추종자로서, 우리가 배를 타고 쭉 나아가 지구 끝에 도달한다면 결국 아래로 추락할 것이라고 믿었다. 하지만 그와는 반대로, 기원전 5세기의 피타고라스(Pythagoras)는 지구가 구라는 사실을 설득력 있게 주장했다.[4]

헤로도토스는 세계가 유로파, 아시아, 리비아(아프리카)의 세 부분으로 구성된다는 당시의 정설을 받아들였다. 그러나 세 대륙의 크기가 다 같으며 그것들이 지구의 전부라는 통념에는 반대했다. 헤로도토스의 기록에는 영국도, 스칸디나비아도 나오지 않는다. 나일 강은 아프리카를 완전히 꿰뚫어서 모로코의 아틀라스 산맥에까지 도달한다고 했다. 아시아는 일부만 언급되었고, 그나마 인도가 대부분이었다. 헤로도토스는 유럽이 바다로 완벽하게 둘러싸였는지 아닌지는 잘 모르겠다고 고백했지만, 아프리카는 그렇다고 주장했다. 또한 이전의 학자들과는 달리, 카스피 해가 거대한 내해(內海)[5]라는 사실을 정확하게 간파했다.

알렉산드리아 도서관이 장서를 늘리면서 다양하고 믿음직한 자료를 축적한 덕분에, 파편적인 정보일지언정 세계에 대한 지식이 방대하게 수집되었다. 더불어 그 지식을 지도에 반영할 가능성도 높아졌는데, 처음으로 그런 작업을 시도했던 학자는 키레네(오늘날의 리비

---

4) 콜럼버스가 살았던 15세기에도 사람들이 평평한 지구를 믿었다는 통설은 희한하게도 오래가는 착각이다. 왜 그럴까? 아마도 우리의 전반적인 무지, 그리고 재미난 이야기를 갈망하는 취향이 결합한 탓이리라. 콜럼버스의 함대가 지구 끝에서 거대한 낭떠러지를 만나 처박히지 않았다는 소식을 가지고 항구로 돌아오는 모습을 상상하는 것은 너무나 매력적인 일이니까.
5) 육지로 둘러싸이거나 육지에 가까운 든바다.

아)의 에라토스테네스(Eratosthenes)였다. 기원전 276년에 태어난 에라토스테네스는 일찍이 아테네에서 수학과 천문학을 공부했다. 두 분야의 지식을 결합해 최초의 원시적인 혼천의(아스트롤라베, astrolabe)를 만들기도 했다. '혼천의'란 천체 모형의 일종으로, 지구를 중심에 두고 여러 개의 금속 고리를 둘러싸서 천체의 위치를 알려주는 장치이다.

에라토스테네스는 마흔 살에 알렉산드리아 도서관의 3대 사서가 된 후, 곧바로 대작 『지리학(Geographica)』을 쓰기 시작했다. 당시는 의학이나 철학에 비견할 만한 학문으로서의 지리학이 존재하지 않았지만[6], 도서관에서 그는 밀레투스의 아낙시만드로스가 기원전 6세기에 『자연에 관하여』라는 책 속에 그려둔 추상적인 지도를 발견했다. 지금은 사라지고 없는 그 지도는 세계를 평평한 원반으로 묘사했으며 지중해, 이탈리아, 시칠리아 등의 지명이 표시되어 있었다고 한다. 같은 시기에 역시 밀레투스[7]에서 헤카타이오스가 작성했던 세계 여러 나라들과 부족들의 목록[8]도 에라토스테네스에게 유용했을 것이다.

그런데 에라토스테네스의 지리학 연구는 선배들보다 훨씬 더 큰 규모였다. 그는 도서관의 두루마리들, 이전 세기에 유럽과 페르시아를 탐사했던 사람들의 기록, 당대의 선구적인 역사학자들과 천문학자들의 견해를 남김없이 활용했다. 기원전 194년경에 에라토스테네스가 그린 세계 지도의 원본은 소실되었지만, 그가 남긴 기록에 의지

---

6) '지오그래피(geography)'라는 단어도 에라토스테네스가 그리스어로 지구를 뜻하는 '지오(geo)'와 묘사를 뜻하는 '그라피아(graphia)'를 결합하여 직접 만들었다고 한다.
7) 아마 오늘날의 터키에 해당하는 밀레투스는 고전 지리학의 온상이었던 모양이다. 최초의 도시 지도를 작성하여 도시 계획의 아버지로 불리는 히포다모스(Hippodamus)도 기원전 5세기에 밀레투스에서 활약했다.
8) 헤카타이오스는 이 목록을 '지구의 고리'라고 불렀지만, 실은 지중해를 둘러싼 고리에 가까웠다.

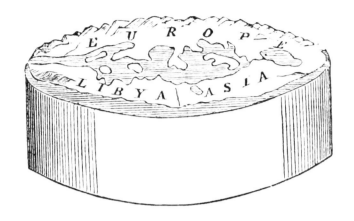

분수에 뜬 세 대륙. 기원전 6세기의 아낙시만드로스는
지구가 물에 둘러싸인 원반 같으리라고 상상했다.

해 복원한 지도가 빅토리아 시대에 다시 등장하여 널리 받아들여지
고 복제되었다.

그 지도는 공룡 두개골을 쏙 빼닮았다. 식별 가능한 대륙은 세 개
인데, 유럽이 북서쪽에 있고, 아프리카는 그 밑에 있으며(리비아와 아
라비아), 아시아는 지도의 동쪽 절반을 차지한다. 아시아 북쪽의 널따
란 지역은 스키티아(Scythia)라고 표시되어 있는데, 현대의 지명으로
는 동유럽, 우크라이나, 러시아 남부를 아우르는 영역이다.

에라토스테네스의 지도는 빈약하지만 세련되었고, 위선과 경선
으로 구성된 격자망을 쓴 초기 사례라는 점이 주목할 만했다. 그는
그리스의 로도스 섬을 동서로 통과하는 선을 그어 기준 위선으로 삼
았고, 남북으로 긋는 경선도 로도스 섬을 통과하는 선을 기준으로 삼
았다. 그리고는 크기가 제각각인 직사각형들과 정사각형들로 지도를
세분했다. 이 선들은 언뜻 격자처럼 보이지만, 에라토스테네스는 오

히려 여러 지역의 상대 비율을 정확하게 지키도록 해주는 안내선으로서 그 선들을 활용했다. 그 선들은 지구의 동서 길이가 남북 폭보다 두 배 이상 더 길다는 당시의 통념을 따랐다.

〰️〰️〰️〰️〰️

에라토스테네스가 지구를 본 관점은 동시대 사람들과 다르지 않았다. 그는 우주의 중심에 구처럼 생긴 지구가 있고 천체들이 그 주위를 24시간마다 한 바퀴씩 돈다고 생각했다.

그가 볼 때, 세계를 묘사하는 방법에는 두 가지가 있었다. 하나는 지구라는 행성 전체가 우주에 걸려 있는 모습을 묘사하는 것이었고, 다른 하나는 학자나 항해사, 무역 종사자의 머릿속에 존재하는 이른바 '알려진 세상'을 묘사하는 것이었다(훗날 로마인이 '문명 세계'라고 부른 것이 이와 비슷한 개념이었다). 그 세상에서 사람이 거주하는 지역은 북반구의 약 3분의 1을 망라했고, 인류는 모두 그 속에서 살았다. 거주 가능한 지역의 최북단은 오늘날 그린란드 서북쪽에 있는 툴레 섬으로, 최후의 전초 기지인 그곳을 넘어서면 인간이 견딜 수 없을 만큼 춥다고 했다. 최남단에는 시나몬국(오늘날의 에티오피아와 소말릴란드)이라는 매혹적인 이름이 붙었는데, 그 지점을 넘어서면 열기가 살갖을 익혀버린다고 했다.

에라토스테네스의 지도에서 바다들은 모두 연결되어 있었다. 북반구 대양은 유럽과 스키티아 위쪽을 덮고, 대서양은 리비아, 아라비아, 페르시아 제국, 정사각형으로 생긴 인도 해안을 떠받쳤다. 카스피 해와 페르시아 만은 거대한 내해로 그려져 있었는데, 둘 다 바다로 흘러든다고 잘못 표현되어 있었다. 브리타니아(영국)의 형태는 대충 옳지만 지나치게 길쭉했다. 위치는 지도의 북서쪽 구석이었고, 아일랜드와 유럽과의 위치 관계는 정확했다.

세 대륙은 느슨하게나마 모두 이어진 것처럼 보였다. 항해 가능한 내해나 산맥으로만 서로 구분되는 것 같았다. 더구나 세 대륙은 그들을 잠식하려는 바다와 광대한 미지의 세상에 힘을 합쳐 맞서기라도 하듯이, 애써 똘똘 뭉친 것처럼 보였다. 신세계는 없었고, 당연히 중국도 없었으며, 러시아가 일부 포함되어 있을 뿐이었다.

그럼에도 불구하고, 과학적 원칙에 기반을 둔 에라토스테네스의 지도는 과거의 선배들에 비해 방법론 면에서 장족의 발전을 보였다. 자신의 설계에 끼워 맞추기 위해서 대륙들을 일부러 잡아 늘이기는 했어도, 에라스토테네스는 정확하고 일관된 세계 지도를 작성한다는 새로운 목표를 내걺으로써 후대에 본보기를 보였다.

묘사로만 남은 세계 지도뿐이라면, 에라토스테네스는 고대 지도의 역사에서 조연 신세를 면하지 못했을 것이다. 실제로 그의 친구들은 그가 아리스토텔레스나 아르키메데스 같은 '알파' 천재보다는 뒤진다는 뜻에서 '베타' 천재라고 불렀다. 그러나 그 판단은 재고되어야 한다. 에라토스테네스가 지도 제작을 넘어선 위대한 업적을 하나 더 남겼기 때문이다.

에라토스테네스는 획기적인 계산법을 통해서 지구의 크기를 쟀다. '그노몬(gnomon)'이라는 커다란 바빌로니아 기둥을 이용한 그의 계산 원리는 비록 세련되진 못하지만, 시대를 초월한 정확한 기법으로 인정된다.

에라토스테네스가 그 원리를 떠올린 '유레카'의 순간은 훗날 그리스 과학자 클레오메데스가 기록으로 남겼다. 이 전설적인 이야기는 마치 뉴턴의 사과처럼 신화적으로 들리지만, 어쩌면 진짜 사실일 수도 있다.

에라토스테네스는 정오의 깊은 우물에 해가 비치는 모습을 보고, 나일 강변의 시에네(오늘날의 아스완)에서는 하지[9]에 태양이 정확히 머리 꼭대기에 위치한다는 사실을 발견했다. 낙타로 여행할 때 걸리는 시간을 계산해서, 시에네가 알렉산드리아에서 남쪽으로 약 5,000스타디아(800킬로미터) 떨어져 있다는 사실도 알았다(두 마을 모두 그가 로도스 섬을 기점으로 삼아 설정한 기준 자오선 위에 있었다). 그렇게 그는 하지의 같은 순간에 도서관에서 태양이 뜬 각도를 측정함으로써(7도) 지구의 둘레를 계산할 수 있었다. 지구가 구형이며 전체가 360도라고 가정하면, 7도에 해당하는 800킬로미터는 전체 둘레의 50분의 1일 것이다. 이런 이유로 에라토스테네스는 지구 둘레가 250,000스타디아(약 40,234킬로미터)라고 선언했다. 그러나 그는 숫자가 60으로 나누어떨어지도록 만들고 싶었기 때문에 252,000스타디아로 값을 약간 늘렸다.

에라토스테네스의 추정치는 놀라울 만큼 실제에 가까웠다. 오늘날 지구 둘레는 40,075.16킬로미터로 통하는데, 에라토스테네스의 계

---

9) 24절기의 하나. 망종과 소서 사이에 들며, 양력 6월 21일경으로, 북반구에서는 낮이 가장 길고 밤이 가장 짧다.

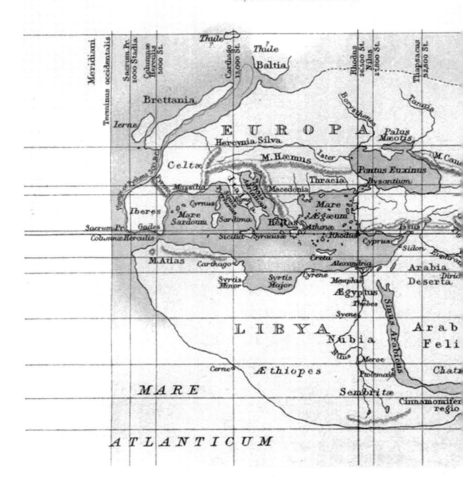

에라토스테네스의 두개골 모양 세계 지도. 빅토리아 시대에 재현된 그림이다.
적도가 로도스 섬을 통과하고, 시나몬국이 아프리카 최남단을 향기롭게 장식한다.

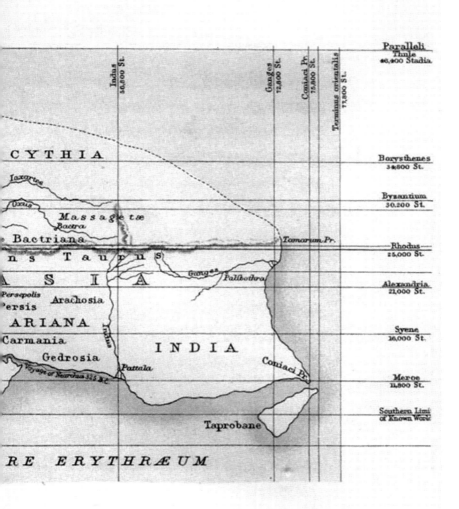

산값은 이보다 겨우 2퍼센트쯤 클 뿐이다. 스타디아라는 측정 단위가 아테네 것도 있고 이집트 것도 있어서, 그 값을 어떻게 정의하느냐에 따라 추정치가 크게 달라지긴 하지만 말이다. 어쨌든 에라토스테네스의 계산이 지극히 원시적인 어림짐작이었음을 감안해보면(사실 시에네는 알렉산드리아의 정남향이 아니고, 지구도 완벽한 구가 아니라 적도가 약간 불룩한 모양이다), 우리는 그의 정확성은 물론이거니와 그가 자신을 둘러싼 미지의 세상을 그토록 크나큰 규모로 묘사했다는 점에도 감탄하지 않을 수 없다. 탐험가들과 지리학자들에게 미지의 세상을 지도화하라고 꾀는 초대장으로서 그보다 좋은 것이 또 있었을까?

기원전 48년에 발생한 알렉산드리아 도서관 화재는(상상컨대 율리우스 카이사르의 군대가 클레오파트라의 남동생 프톨레마이오스 14세의 추격군을 물리치려고 스스로 자신들의 배에 불을 지른 탓이었을 것이다) 도서관이 겪을 일련의 파괴 행위 중 첫 번째에 불과했다. 도서관은 이후에도 최소한 세 번 더 파괴되거나 약탈당했고, 매번 똑같은 장소나 남서쪽으로 조금 떨어진 장소에서 재건되었다. 기원전 37년에는 마르쿠스 안토니우스(Marcus Antonius)가 페르가몬 도서관을 털어오고, 클레오파트라에게 주는 결혼 선물로 20만 권을 더 기부하여 장서를 채워주었다.

첫 화마가 휩쓸고 몇 년이 지났을 때, 세계에 대한 사람들의 지식을 획기적으로 바꿔놓은 사건이 나타났다. 과거의 어떤 책보다도 종합적으로 세계를 묘사한 열일곱 권짜리 『지리학』이 출간되었던 것이다. 역사가이자 철학자였던 저자 스트라본(Strabon)은 기원전 63년에 흑해 연안 아마시아에서 태어났고, 서력 기원을 넘어설 때까지 오래 살았다.

기원전 7년경 첫 권이 나왔을 때 스트라본은 벌써 예순에 가까웠으며, 마지막 권은 그가 85세를 일기로 사망하기 전해에 나왔다. 스트라본은 역사상 최초의 위대한 여행자로 꼽힐 만했고, 『지리학』은 주로 그가 직접 목격한 지역들에 대한 묘사 덕분에 가치를 지닐 수 있었다. 그는 자신의 여행담을 이야기할 때 겸손하지 않았다. 두 번째 권에서는 자신이 서쪽으로는 아르메니아에서 사르디니아까지 여행했고, 남쪽으로는 흑해에서 에티오피아 경계까지 가보았다고 뻐겼다. '지리책을 쓴 사람들 중 이 범위 내에서 나보다 더 많은 곳을 가본 사람은 없을 것이다'라는 식으로 말이다.

스트라본의 『지리학』은 한 권을 제외하고는 모두 남아 있다. 저자의 집필 목적은 로마와 페르시아 제국이 팽창함과 더불어 인간이 거주하는 세상에 대한 지식이 어떻게 발전했는지를 보여주려는 것이었다. 지리적 영역에 따라 분권된 이 책들은 지도의 역사에서 중요함은 물론이고, 율리우스 카이사르와 예수 탄생의 시대에 문명 세계가 스스로를 어떻게 바라보았는지 알려준다는 점에서도 가치가 무한하다. 지도 자체가 남아 있진 않지만, 스트라본은 아마도 세계 전체를 커다랗게 그린 지도를 눈앞에 두고 그것을 보면서 글을 썼거나 지도 여러 장을 모아 두고 머릿속으로 합성해서 썼을 것이다.

그런데 흥미롭게도, 스트라본의 세계는 그보다 200년 앞서 에라토스테네스가 묘사했던 세계보다도 좁았다. 지구의 남북 폭은 30,000스타디아로 줄었고(에라토스테네스는 38,000스타디아였다), 동서 길이는 에라토스테네스의 78,000스타디아에서 70,000스타디아로 줄었다. 어쩌면 인간이 거주하는 세계가 그렇게 좁다고 묘사한 것일지도 모른다. 스트라본은 인간이 거주하는 세계가 북반구 바다에 뜬 '섬'과 같다고 묘사했으며, 자신이 알고 묘사한 세상은 지구 전체의 4분의 1쯤 된다고 믿었다.

스트라본은 수학자가 아니었다. 그는 에라토스테네스가 실시했던 측정이나 지도 투사법(도법)과 같은 과학적 발전을 불신했고, 그 대신 점성술에 더 가까운 언어적 방식으로 세계를 묘사했다. 인간이 거주하는 세계 전체는 그리스 군인들이나 사냥꾼들이 입었던 짧은 역삼각형 망토 '클라미스(Chlamys)'를 닮았다고 했다. 영국과 시칠리아는 삼각형이었고, 인도는 마름모꼴이었다. 아시아 북부는 식칼을, 이베리아는 쇠가죽을, 펠로폰네소스는 플라타너스 잎을 닮았다고 했다. 메소포타미아는 유프라테스 강이 용골[10]에 해당하고 티그리스 강이 갑판에 해당하는 보트의 옆모습으로 묘사했다.

오늘날 스트라본의 『지리학』을 읽는 독자는 경외심과 어리벙벙함을 둘 다 느낀다. 그 방대한 규모에 경외심을 느끼면서도 그가 주장했던 몇몇 가정에는 고개를 흔들 수밖에 없다. 그에 따르면, 영국은 기후가 비참해서 사람이 살기 적합하지 않으므로 정복할 가치가 없다(영국에는 해가 거의 비치지 않는데, 오늘날 스코틀랜드에 해당하는 지역은 특히 더 그렇다고 말했다). 아일랜드는 식인 풍습이 만연한 곳이다. 인도에서 배로 이레 거리에 있는 실론 섬에서는 독특한 작물이 난다. '실론 섬은 코끼리를 생산한다'는 것이다.

---

10) 선박 바닥의 중앙을 받치는 길고 큰 재목. 이물에서 고물에 걸쳐 선체를 받치는 기능을 한다.

스트라본은 지도 제작자라기보다 지리학자였다. 그러나 자신의 묘사에 한계가 있음을 알았기에, 독자들에게 자신의 글을 평평한 표면 위에서 시각화해보라고 주문했다. 길이가 7피트(2.1미터), 폭이 3피트(90센티미터)인 양피지 위에 간단히 위선과 경선을 그어서 쓰면 좋을 것이라고 제안했다. 나아가 그는 자신의 연구를 그보다 훨씬 더 잘 표현할 수 있는 또 다른 방법도 떠올렸다. 바로 지구본이었다.

스트라본은 앞 세기에 말로스의 철학자 크라테스(Krates)가 제작했던 구형 모형을 언급했다. 그 지구본은 지름이 3미터였고, 세계를 대충 크기가 다 같고 모두 바다로 둘러싸인 네 섬으로 명확하게 나눴다. 그중 둘은 북반구와 남반구를 가르는 '열대'보다 위쪽에 배치하고 나머지 둘은 아래쪽에 배치했다.

오래전에 사라지긴 했어도, 이것이 우리가 아는 최초의 지구본이다. 뛰어난 비평가였던 말로스의 크라테스는 알렉산드리아 도서관의 최대 경쟁자였던 페르가몬 도서관의 사서였다고 알려져 있다. 그러나 그의 생애를 짧막하게 소개했던 여러 역사책은 그를 또 다른 이유에서 기억한다. 로마의 하수관을 조사하다가 다리가 부러진 사람으로 말이다.

에라토스테네스와 호메로스에게서 대부분의 정보를 얻었던 크라테스는 확실하게 인간이 거주하는 대륙은 자신이 사는 대륙뿐이라고 말했지만, 어쩌면 다른 세 대륙도 온대 기후라서 사람이 살 수 있을지 모른다고 생각했다. 그리고 적도 아래에도 사람이 일군 거주지가 최소한 한 군데 있는데, 그곳의 '에티오피아인'은 시나몬국의 에티오피아인과는 관련이 없다고 말했다.

스트라본은 자신이 글로 쓴 내용을 제대로 다 표현하려면 지구본의 지름이 최소한 3미터는 되어야 한다고 설명했다. 그러나 대부분의 독자들에게는 그런 물건을 제작할 여력이 없을 것이라고 인정했다.

꿿꿿꿿꿿꿿꿿꿿꿿꿿

알렉산드리아 도서관은 지도의 역사를 만드는 데 또 하나 결정적인 기여를 했다. 그것은 에라토스테네스와 스트라본의 업적에 바탕을 둔 작업이었지만, 그럼에도 불구하고 단 한 사람이 이룬 학문적 업적이라고 일컬을 만했으며, 그 작업은 향후 수백 년간 유럽과 아랍 세계에서 제작될 모든 지도의 기반을 닦았다.

다만 그것은 실제 지도는 아니었고, 서술적인 지도책이었다. 그것을 쓴 사람은 세계 최초의 현대적인 지도 제작자라고 부를 만했다. 그리스어로 쓰인 그 지침서는 세계를 보는 시각을 뿌리부터 바꿔놓았기에, 그로부터 약 1,350년이 흐른 1492년에 크리스토퍼 콜럼버스(Christopher Columbus)가 일본으로 항해에 나서면서 그 지도책을 변형한 판본 한 권을 중요한 도구로 챙겨 갈 정도였다.

그 지도책은 클라우디오스 프톨레마이오스의 작품이었다. 기원후 90년에서 170년 사이에 살았던 프톨레마이오스는 생애의 (전부는 아니라도) 대부분을 알렉산드리아에서 살면서 연구했고, 그리스 천문학을 집대성한 『알마게스트』를 펴냄으로써 후세에 크나큰 영향을 미쳤다. 『알마게스트』는 상세한 별자리표와 함께, 우주에서 지구가 어디에 있는지를 묘사한 다층적인 모형을 제안했다. 지구는 모형 한가운데에 가만히 놓여 있었고, 지구에서 가까운 순서대로 달, 수성, 금성, 태양, 화성, 목성, 토성이 매일 한 바퀴씩 지구 둘레를 돌았으며,

제일 바깥에는 반짝이는 별들이 붙박인 천구가 있었다. 프톨레마이오스는 또 광학을 과학적으로 연구함으로써 시각의 작동 과정, 빛과 색의 역할을 논한 글도 남겼다.

　그러나 프톨레마이오스의 저작 중에서 지금 우리가 살펴볼 대상은 『지리학』이다. 『지리학』에서는 두 부분으로 나누어 세계를 해석했는데, 앞부분에서는 방법론을 설명했고 뒷부분에서는 수많은 도시와 장소의 이름을 각각의 좌표와 함께 나열했다. 만일 오늘날의 지도책에 실린 지도를 그림으로 그리는 대신 말로 풀어 쓴다면, 프톨레마이오스의 책과 비슷한 형태가 만들어질 것이다. 그것은 수고롭고 지치는 작업이었으나, 프톨레마이오스는 단순한 격자망처럼 보이는 체계를 구축한 뒤 그것을 기반으로 삼아서 작업했다. 그는 『지리학』 7부(총 8부)에서 하나의 세계 지도가 아니라 그보다 더 좁은 영역을 묘사한 지도 26장을 그리는 방법을 자세히 설명했다. 원본 지도는 남은 게 없고, 우리가 구할 수 있는 최선의 증거는 10세기에 아랍에서 제작되었다는 채색 지도에 대한 서술이다. 그 지도도 원본 지도를 베낀 것인지 단순히 프톨레마이오스의 글을 보면서 그린 것인지는 알 수 없는데, 하여간 그마저도 지도 자체는 남아 있지 않다.

　쉽게 예상할 수 있듯이, 프톨레마이오스가 세계를 보는 시각은 왜곡되어 있었다. 그러나 아프리카와 인도가 극단적으로 왜곡되고 지중해가 너무 넓게 그려지기는 했어도, 그리스-로마 제국 내의 도시들과 나라들의 배치는 제법 정확했다. 프톨레마이오스는 독자에게 두 가지 원통형 도법[11]을 제공하면서, 하나는 '열등하지만 쉬운' 방법

---

11) 삼차원 구 표면의 정보를 이차원 평면에 투영하는 방법.

현대적인 변화의 바람. 1482년에 독일 아름슈하임의 판화가 요하네스 슈니처는
프톨레마이오스의 고전적 세계 지도를 아름답게 그려냈다.

이고 다른 하나는 '우월하지만 좀 까다로운' 방법이라고 말했다. 그리고 도법의 핵심적인 발상은 티레의 마리노스(Marinus)에게 얻었다면서 제대로 공을 돌렸다. 마리노스는 그로부터 몇십 년 전에 지명 사전을 발전시킨 인물이었다. 그는 모든 장소에 위도와 경도를 표시했을 뿐 아니라, 어느 두 장소 사이의 거리도 추정하여 표시했다. 마리노스는 또한 처음으로 중국과 남극을 둘 다 지도에 포함시킨 사람이었다.

그러나 프톨레마이오스는 지도 제작자가 활용할 수 있는 지명 목록을 자신이 크게 늘렸다고 자랑하면서(항목의 수는 약 8,000개였다), 마리노스의 측정은 정확하지 않다고 깎아내렸다. 그런데 그런 프톨레마이오스에게도 결함이 있었다. 지도 역사학자 R. V. 툴리에 따르면, 프톨레마이오스는 지도를 보는 안목이 탁월했다는 점에서 돋보였을 뿐 아니라 과학을 무시했다는 점에서도 돋보였다. 이전 제작자들은 별달리 아는 바가 없는 영역은 지도에서 기꺼이 빈 공간으로 남겨두었다. 하지만 프톨레마이오스는 가설에 지나지 않는 생각들로 빈 공간을 메우고 싶은 유혹을 물리치지 못했다. 툴리가 말했듯이, 만일 프톨레마이오스가 '변변찮은 인물이었다면 그 점이 그렇게 문제가 되진 않았을 것이다'. 그러나 프톨레마이오스의 명성은 워낙 대단했기 때문에 '그의 가설은 확고한 사실과 동등한 유효성을 획득하고 말았다'. 나중에 이야기하겠지만, 프톨레마이오스 지도의 이런 문제점은 오히려 콜럼버스를 비롯한 야심만만한 항해사들을 바다로 내보내 그들이 추구하지 않았던 뜻밖의 장소를 발견하게끔 만드는 소름 돋는 능력을 발휘했다.

알렉산드리아 도서관이 세워지기 이전에도 세계 지도는 있었다. 어느 지역에는 점토판에 새겨진 지도가 있었고, 또 다른 지역에는 파피루스에 그린 지도가 있었다. 그러나 그것들은 모두 유일하고 산발적인 물건들이었다.[12] 그에 비해 알렉산드리아 도서관에서 생산된 에라토스테네스, 스트라본, 프톨레마이오스의 지도는 논리적이고 체계적이었다. 알렉산드리아 도서관이 역사상 가장 중요한 도서관이었다는 명성은 이런 점에서 어느 정도 근거가 있다. 그리고 도서관이 이후 수백 년 동안 겪었던 숱한 파괴 행위도 전설을 더욱 낭만적으로 만드는 데 기여했다.

알렉산드리아 도서관이 끝내 파괴된 것은 프톨레마이오스가 죽

12) 대영박물관에 자랑스럽게 전시된 (또한 지도의 역사를 도판으로 보여주는 책들의 첫 페이지마다 자랑스럽게 인쇄된) 바빌론 점토판은 기원전 600년에서 550년 사이 페르시아 시대에 만들어진 듯하다. 신비롭고 상상력을 자극하는 이 점토판은 음모 이론이나 블록버스터 소설에 영감을 줄 만한 물건이다. 우리가 갖고 있는 것은 원래 점토판의 훼손된 일부분인데, 원본도 전체가 12.5×8센티미터를 넘지 않았을 것으로 보인다. 제작 목적은 불명확하지만, 제작자가 자신이 사는 세계를 한가운데에 새긴 것으로 보아 고대 세계 지도의 일반적인 패턴에 맞는 물건이기는 하다. 그래서 중앙에는 바빌론이 그려져 있고, 이름이 적히지 않은 동그라미 7개가 그 주변을 둘러싸고 있는데, 아마도 다른 도시나 나라일 것이다. 그 바깥에는 '소금강'이라고 표시된 바다가 에워싸고 있고, 유프라테스 강이 그곳으로 흘러들며, 7개의 삼각형 섬이 그 바깥에 배치되어 있다. 점토판 위쪽과 뒷면에 새겨진 훼손된 텍스트에서 유추하자면, 그 섬들은 바빌론에서 겨우 11킬로미터 떨어진 곳에 있다. 그리고 섬들은 주로 빛과 관련하여 묘사된다. 가령 정북쪽에 있는 섬은 완벽한 어둠에 덮여 있다고 하는데, 어쩌면 극지방에 대한 지식을 표현한 것일 수도 있다. 또 다른 섬들은 '아침이 동트는 곳'에 있거나 별빛보다 밝은 빛 속에 있다고 묘사된다. 어떤 섬에는 뿔 달린 황소가 살아서 '그곳으로 오는 사람을 공격한다'. 텍스트에는 동물 별자리들로 둘러싸인 천상의 바다도 묘사되어 있는데, 사자자리, 안드로메다, 카시오페이아로 짐작되는 별자리들이 포함되어 있다.

고도 500년 가까이 더 지난 641년, 알렉산드리아가 아랍인의 손에 넘어가면서다. 당시 도서관은 비록 예전과 같은 학문적 실세는 잃었다고 해도 새롭게 장서를 보충하여 여전히 수십 만 권의 책을 갖고 있었다. 그러나 새 정복자 우마르 1세는 책이 필요 없는 사람이었다. 신하들이 칼리프에게 도서관의 운명을 묻자, 그는 이렇게 대답했다. "만일 그 책들의 내용이 알라신의 말씀과 일치한다면, 우리는 알라의 말씀만으로도 충분하므로 그 책들이 필요 없다. 반면에 그 책들의 내용이 알라의 말씀과 일치하지 않는다면, 우리가 그 책들을 보존할 이유가 없다. 그러니 모두 없애버려라."

이 전설 못지않게 믿기 힘든 일이 또 있었다. 기원후 150년경 프톨레마이오스의 『지리학』이 등장했으니, 논리적으로 생각하자면 그 뒤로 지도 제작 분야는 응당 꾸준한 발전을 거듭했을 것 같다. 게다가 프톨레마이오스가 썼던 좌표와 도법은 보편적 체계였다. 이후 수백 년 동안 바깥세상에 대한 지식이 아무리 늘어났더라도, 사람들은 프톨레마이오스가 만든 체계를 확장하여 적용할 수 있었을 것이다. 프톨레마이오스의 체계는 새로운 정보를 포착해 적절히 펼쳐내는 거대한 그물망과 같았으니까.

그러나 현실에서는 일이 그렇게 굴러가지 않았다. 우리의 기대와는 달리, 지도 제작 분야는 꾸준히 발전하지 않았다. 4세기나 5세기의 프톨레마이오스는 어디에 있었을까? 1066년에 해럴드 2세가 헤이스팅스로 진군하면서[13] 머릿속에 그렸던 세계의 모습을 우리는 왜

---

13) 1066년 10월 14일, 잉글랜드 남동부 헤이스팅스에서 노르망디 공국의 정복왕 윌리엄과 잉글랜드 국왕 해럴드의 군대가 맞붙은 헤이스팅스 전투를 말한다.

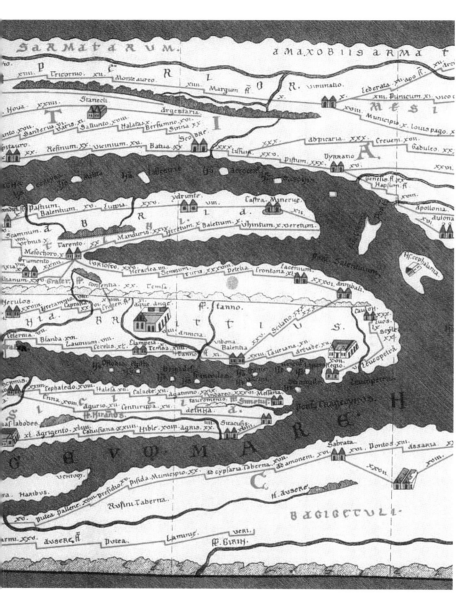

길고 구불구불한 제국. 달마티아 해안에서 지중해 연안 아프리카까지 뻗은
로마 제국의 도로를 보여주는 5세기 〈포이팅거 지도〉의 일부.

알 수 없을까? 살라딘[14]이 중동을 머릿속에 어떻게 그렸는지 왜 모를까? 왜냐하면 그런 모습을 보여주는 지도가 남아 있지 않기 때문이다.

로마도, 비잔틴 제국도 프톨레마이오스의 작업을 잇지 않았다. 이따금 특정 지역을 잘 묘사한 아름다운 지도가 등장하기는 했다. 5세기에는 〈포이팅거 지도〉가 있었고(로마 제국의 주요 정착지들을 보여주는, 길쭉하고 체계적인 도로 지도였다), 6세기에는 〈마다바 지도〉가 있었다(요르단의 성당에 보존된 모자이크로서 예루살렘의 도로망과 다른 도시들이 묘사되어 있다). 그러나 이런 지도들은 더 넓은 세계에 대해서는 호기심을 보이지 않았고, 지도 제작이라는 학문을 발전시키지도 않았다.

발전은커녕, 세계는 이후 1,000년가량 지도의 암흑시대로 빠져든 듯했다. 탐험, 정복, 재물을 추구하는 인간의 야망이 촛불 꺼지듯 돌연 사라졌단 말인가? 지구본은 어땠을까? 그것도 거꾸로 돌아갔다. 위도와 경도의 개념, 경위도망과 본초 자오선[15]의 등장, 이런 발전들은 모두 상자에 처박혔다. 그랬다가 1450년경에 와서야 풍요가 넘치던 베네치아와 뉘른베르크에서 다시 햇빛을 보게 되었다.

그때 그 르네상스의 절정기에 다시 등장했던 것은 구체적으로 무엇이었을까? 세계를 새로운 시각에서 바라본 어떤 그림? 새로운 대륙의 발견? 아메리카 대륙과 관련된 무언가? 아니다. 그때 나타났던 것은 영광스런 알렉산드리아 시절 이래 감쪽같이 사라졌다고만 믿었던 어느 그리스 작품의 라틴어 번역본이었다. 바로 프톨레마이오스

---

14) 이집트 아이유브 왕조의 시조로, 1187년에 십자군을 격파하고 예루살렘을 탈환하였으며, 제3차 십자군도 격퇴하여 세력을 확보하였다.
15) 지구의 경도를 결정하는 데 기준이 되는 자오선. 영국의 그리니치 천문대를 지나는 자오선을 기준으로 삼는다.

의 지도책이었다. 프톨레마이오스의 재발견은 유럽의 인쇄 붐과 맞물려 근대의 탄생을 예고했다.

그러나 잠깐, 우리는 조금만 더 암흑시대에 머물기로 하자. 보다 정확하게 말하자면, 1988년 겨울의 헤리퍼드로 가보자.

제2장

세계를 팔아넘긴 간 큰 남자들

중세에 만들어진 세계 최고 지도의
가격은 얼마나 될까

1988년 11월 16일 수요일, 헤리퍼드 대성당 주임사제인 피터 헤인스(Peter Haynes)와 한때 예술부 장관을 지냈고 당시 소더비 경매장 의장이었던 가우리(Gowrie) 경은 양복 차림으로 헤리퍼드 대성당 앞에 나와, 커다란 갈색 복사본 지도가 든 액자 옆에서 기념 촬영을 했다. 액자를 든 두 사람의 키에 얼추 육박할 만큼 큰 지도는 이듬해 6월 경매에 붙여질 계획이었다. 소더비는 350만 파운드의 최저 경매가를 보장하기로 했는데, 그 가격 그대로 성사될 경우 그것은 세계에서 제일 비싼 지도가 될 것이었다. 사진을 찍던 날, 소더비의 중세 필사본 전문가 크리스토퍼 더하멜 박사는 그 지도를 가리켜 "형태를 불문하고 모든 중세 지도를 통틀어 필적할 상대가 없을 만큼 중요하고 이름난 작품"이라고 설명했다.

가우리 경은 그토록 중요한 물건이 최고가를 부른 사람을 따라 영국을 떠나야 할지도 모른다는 사실에 아쉬워하면서도, 영국을 위해 지도를 지키려는 시도는 모조리 실패했다고 말했다. 지도를 영국에 묶어두려고 자신이 1년 가까이 노력했지만, 이젠 어쩔 수 없다고 고백했다. 주임사제는 영국에 남은 노르만 건축물 중 가장 인상적인 작품으로 꼽히는 자신들의 11세기 대성당이 타일 바닥으로 무너져 내리는 사태를 막으려면 700만 파운드가 필요하다며, 지도 처분만이 유일한 방안이라고 설명했다. 두 남자는 그렇게 발표한 뒤 성당 직원에게 액자를 넘겨주고 헤어졌다. 가우리 경은 런던으로 돌아갔고, 사제는 걱정거리를 간직한 자신의 예배당으로 돌아갔다.

곧 대중의 불만이 터져 나왔다.

❦　❦　❦

문제의 지도는 1290년 무렵에 그려진 헤리퍼드의 〈마파문디〉(Mappa Mundi, 중세에 그려진 세계 지도를 통상적으로 일컫는 말)였다. 그 지도는 썩 아름다워 보이는 물건은 아니었다. 세로 163센티미터, 가로 137센티미터로 큼직하고 질긴 가죽 한 장에 전 세계가 흐릿하게 그려져 있는데, 색이 바래고 글씨가 또렷하지 않아서 얼핏 봐서는 내용을 헤아리기 힘들었다. 그리고 프톨레마이오스 시대 알렉산드리아 도서관에서 순간 이동을 해온 사람이 보았다면 상당히 충격을 받을 만한 지도이기도 했다.

그 〈마파문디〉에서는 좌표와 격자선, 경도와 위도라는 세심한 과학은 사라졌고, 그 대신 도덕극이나 다름없는 장면이 펼쳐졌다. 그것은 당대 사람들의 두려움과 집착이 표현된 세계 지도였다. 중앙에는 예루살렘이 있고, 양 끝에는 천국과 연옥이 있으며, 머나먼 지방에는

52

전설 속 생물과 괴물이 버글거렸다.

이것은 제작자의 원래 의도에 정확히 들어맞는 내용이었다. '마파'(mappa, 중세에는 지도가 아니라 천이나 냅킨을 뜻하는 단어였다)는 형이상학적이고 고상한 야심을 지닌 지도를 말한다. 마파는 대체로 문맹이었던 대중에게 기독교인의 삶을 가르치는 지도였다. 이 지도는 한 치의 거리낌도 없이 지상의 지리와 천상의 이데올로기를 뒤섞었다. 지도 맨 위에는 세상의 끝을 시각적으로 보여주는 그림이 있다. 최후의 날 심판을 묘사한 그림인데, 한쪽에서는 예수와 천사들이 천국으로 오라고 손짓하고, 그 맞은편에서는 악마와 용들이 다른 곳으로 오라고 우리를 꾄다.

그렇기는 해도, 13세기에 지도를 처음 봤던 사람들은 틀림없이 오늘날 우리와 똑같이 행동했을 것이다. 즉, 지도에서 '내 현재 위치'를 찾아보았을 것이다. 그랬다면 그들은 크고 둥근 화면의 남서쪽 구석에 자신이 존재한다는 사실을 알게 되었으리라. 영국 땅에 표시된 소수의 지명 중에는 헤리퍼드가 있다. 영국 자체는 세계 전체의 이야기에서 그다지 눈에 띄지 않는 역할을 맡고 있다. 영국 너머에는 도시와 강과 나라가 가득한 넓은 세계가 있다. 어디에서나 사람들이 활동하고 괴상한 짐승들이 버글거린다. 고대의 탁월한 지도 제작 이론이 물러난 자리에 이야기로서의 지도, 삶으로서의 지도가 등장했던 것이다.

예전에는 그런 물건이 경매 카탈로그에 올라서 최저가를 보장받아야 할 일이 결코 없었다. 그러나 오늘날 지상에서 신을 대변하는 사람들의 말에 따르면, 이제는 심판을 받아야 할 때였다. 심판이 떨어진 날이 언제인지도 정확하게 알려져 있다. 그것은 1986년 2월, 소더

스캔들이 탄생하는 순간. 헤리퍼드 대성당 주임사제 피터 헤인스(왼쪽)와
소더비 경매장 의장 가우리 경이 〈마파문디〉의 경매를 선언한 순간이다.

비의 중세 물건 전문가가 대성당의 귀중한 소장품들을 감정하기 위
해 찾아온 날이었다.

　그때만 해도 〈마파문디〉는 헤리퍼드의 판매 목록에 올라 있지 않

았다. 성당 사람들은 체인 도서관[16]의 책들과 필사본들을 성당 최고의 보물로 여겼다. 그날 감정사는 돌계단을 빙글빙글 올라 도서관으로 가던 중 저 아래 어둑한 곳에 걸린 〈마파문디〉를 보았고, 성당 사람에게 보험을 얼마나 들어두었느냐고 물었다. 그러고는 겨우 5,000파운드라는 대답에 놀랐다. 감정사는 지도가 그보다는 더 가치 있을지도 모른다고 알려주었다.

지도를 판매하겠다는 선언에 대중이 분노하자, 성당 측은 정말 깜짝 놀랐다. 영국문화재보존기금은 "세계에서 가장 중요한 문서 중 하나를 경매에 붙이겠다는 발상에 격분"했다. 영국도서관은 자신들이 구입할 수 있을지도 모르는데 미리 의논하지 않았다고 불평했다. 물론 이에 대해 가우리 경은 "헛소리"라고 일축했지만 말이다. 《타임스》는 이런 사설을 게재했다. "마파는 영국에 남아야 하고, 대중에게 전시되어야 하며, 나아가 헤리퍼드에 남아 있는 편이 바람직하다. 고대에 그 지도가 도시와 맺었던 인연은 지도의 정체성을 구성하는 한 요소다. 그 지도는 예술 작품으로서 헤리퍼드에 남아 있는 편이 여러모로 좋다. 헤리퍼드야말로 그 지도에 어울리는 유일한 액자다."

이튿날 헤리퍼드 대성당 모금 위원회가 일동 사직하는 와중에, 여러 개인 구매자가 나타나서 일단 350만 파운드의 최저 경매가는 확보되었다. 그래도 성당 재정을 담당하는 참사위원 존 틸러는 "우리는 성당의 미래를 최우선으로 생각한다"고 말하면서 가능한 최고 금액을 확보하고자 예정대로 경매를 진행하겠다고 선언했다.

그 밖에도 다른 모금 계획들이 제기되었지만 소득은 없었다. 그렇

---

16) 책을 읽을 수는 있지만 훔칠 수는 없도록 책장에 체인으로 묶어둔 도서관.

게 몇 달이 흐른 뒤, 비로소 실효성 있는 제안이 나왔다. 폴 게티(Paul J. Getty, 자선 사업가이자 고서 수집가로도 유명했던 존 폴 게티 주니어를 말한다 - 옮긴이)가 100만 파운드를 기부하고 영국문화재보존기금이 200만 파운드를 내놓아 '〈마파문디〉 신탁 기금'을 마련했다. 지도를 수용할 건물을 새로 지어서 관람객에게 입장료를 받자는 계획도 나왔다. 그렇게 해서 지도는 영국에 남게 되었다. 계획이 진행되는 동안 성당은 런던의 영국도서관에 지도를 빌려주었고, 덕분에 그때까지 그 지도의 존재조차 몰랐던 수만 명의 사람이 지도를 관람했다.

❧　❧　❧

영국도서관 방문객들은 정확히 무엇을 보았을까? 색깔이 좀 더 희미해지고, 각주가 좀 더 자세하게 붙고, 경비가 좀 더 삼엄해졌을 뿐, 1290년 무렵 헤리퍼드에 도착한 순례자들이 보았던 것과 사실상 같은 것을 보았다. 우리는 〈마파문디〉를 그린 사람의 장인적 통찰을 통해서 세계에 대한 중세인의 지식과 기대를 엿볼 수 있다. 지도 속 장면들은 언뜻 대단히 단순해 보이지만, 좀 더 잘 아는 사람의 눈에는 로마 제국 말기까지 축적된 역사, 신화, 철학적 내용에 중세의 견해가 약간 첨가된 놀라운 그림으로 보인다.

지도는 광란적이다. 무수한 활동과 업적으로 붐빈다. 일단 그 광경에 익숙해진 사람은 도무지 시선을 뗄 수 없다. 1,100여 개의 지명, 그림, 글귀는 대(大) 플리니우스, 스트라본, 솔리노스에서 성 히에로니무스, 세비야의 성 이지도르(Isidore)[17]에 이르기까지 성서, 고전, 기독교의 여러 텍스트에서 가져왔다. 지도는 지리적, 역사적, 종교적 지식을 종합하고 증류함으로써 일종의 여행 일정, 지명 사전, 우화, 동물 우화집, 교육 보조 도구로 기능한다. 실제로 그 화면에는 인류의 온 역사가 동시에 펼쳐진다. 바벨탑, 뭍에 상륙한 노아의 방주, 황금 양털, 미노타우로스가 살았던 크레타의 미로…… 지역 주민이든 순례자든 당대 사람들에게는 지도의 광경이 그 도시에서 가장 매혹적이고 도착적인 쇼처럼 보였을 것이다. 똥을 갈기는 동물, 개의 머리나 박쥐의 귀를 가진 인간, 처녀의 얼굴을 가진 날개 달린 스핑크스가 속출하니까 말이다. 이 작품은 그리스의 과학적 지도보다는 히에로니무스 보슈(Hieronymus Bosch)[18]의 그림에 가까워 보인다.

이 지도는 제프리 초서(Geoffrey Chaucer)보다 90년쯤 앞서 있다(대중이 읽을 수 있도록 제프리 초서가 중세 영어로 쓴 최초의 책 『캔터베리 이야기』가 90년 뒤인 1380년에 출간되었기에 하는 말이다 – 옮긴이). 또렷한 고딕체의 라틴어와 프랑스어로 많은 문구가 쓰여 있기 때문에 읽으려 들면 읽을 것이 많았지만, 대부분의 방문자는 그냥 그림에서 지식을 얻었을 것이다. 인쇄기가 등장하기 150년 전이었으니, 이 그림은 (원시적이고, 원근이 없고, 탑이 솟은 여러 건물을 분간하기가 거의 불가능하지만) 사람들이 난생 처음 보는 거대한 스토리보드였을 테고, 그 속의 이미지들은 사람들의 꿈에까지 나타났을 것이다.

현대인의 시선으로 보자면, 이 지도는 핵심을 잡아내기 힘든 수수께끼다. 사물들은 우리가 예상하는 위치에 있지 않다. 우리가 북쪽으로 여기는 방향이 왼쪽을 향하고 있고, 대신 동쪽이 위쪽에 있다. 이

---

17) 세비야의 대주교를 지낸 스페인의 성인.
18) 네덜란드의 화가. 독창적인 지옥 지형과 무시무시한 악마, 끔찍한 고문의 이미지 등을 소재로 인류의 역사를 비관적인 시선으로 그린 작품들을 남겼다.

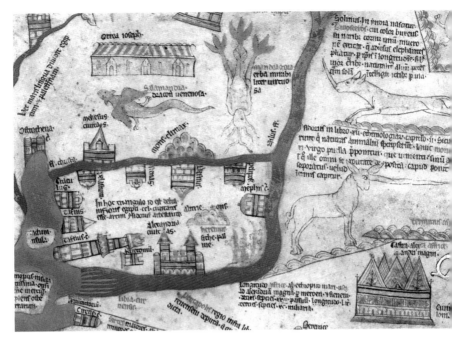

요즘 이런 그림을 그린다면 아마 약물 검사를 받게 되리라. 나일 강 삼각주에 의해 반으로 나뉜 마법의 세계에 유니콘, 성, 특이하게 생긴 만드라고라(Mandragora)[19]인간이 존재한다.

런 배치 때문에 '오리엔테이션(Orientation)'이라는 단어가 '방위'를 뜻하게 되었다('오리엔트'는 '동방'을 뜻한다 - 옮긴이). 넓은 바다는 없다. 그 대신 물길이 액자처럼 지도를 에워쌌고, 그 속에 기형적인 생물이 가득한 섬들이 떠 있다.

사뭇 울적한 오기(誤記)도 있다. 유럽이 '아프리카'로, 아프리카가 '유로파'로 잘못 표기되어 있다. 도시나 상징적 구조물은 중요성, 소

---

19) 신화에 등장하는 사람의 형태를 가진 뿌리 식물. 실제로 존재하는 가지과의 약용 식물로서 중세 사람들은 이 식물을 '마녀의 풀'이라고 불렀다.

문, 시사성, 변덕을 오묘하게 섞은 기준에 따라 선택된 듯하다. 위치가 잘못된 로도스의 거상(巨像)이 통상이나 학문 측면에서 더 중요한 베네치아 같은 도시들보다 더 큰 공간을 차지한다. 노르웨이와 스웨덴은 둘 다 지도에 등장하지만 이름은 노르웨이만 적혀 있다.

영국 제도는 지도 북서쪽 구석, 공간에 끼워 맞추기 위해서 옆으로 누인 채 그려져 있다. 잉글랜드 북동부에는 이런저런 이름들이 적혀 있지만, 남서부는 거의 무시되었다. 에드워드 1세가 카나번에 새로 지은 성도 보이는데(건설이 시작된 지 몇 년밖에 지나지 않은 시점이었다) 이것은 지도의 연대를 짐작하게 할 뿐 아니라 지도 제작자가 고대의 지형지물만큼이나 지역의 새로운 랜드마크도 중요하게 여겼다는 사실을 보여준다.

기묘한 변칙은 그 밖에도 많다. 모세는 뿔 달린 모습으로 등장한다. 원래 의도했던 '빛나는(cornutus)' 얼굴이라는 표현을 '뿔 달린(cornu)' 얼굴이라는 표현으로 혼동한 이 현상은 중세에 흔했다. 괴물 스킬라(Scylla)[20]는('스빌라(Svilla)'라고 표기되었다) 두 곳에서 등장하는데 한 번은 예의 단짝인 소용돌이 카리브디스(Charybdis)와 함께 나오고, 다른 한 번은 실리(Scilly) 제도가 있는 위치에서 나온다. 아마도 필경사가 잘못 들어서였을 것이다.

대부분의 〈마파문디〉가 으레 그렇듯이, 이 지도는 이면에 또 다른 이야기를 담고 있었다. 무시무시한 존재들과 미지의 땅으로 표현된 야만의 세계는 보는 사람에게 문명과 질서와 (자기) 통제를 칭송하는

---

20) 키가 약 3.7미터, 머리 6개, 목은 뱀처럼 길고, 머리마다 상어 이빨과 같은 날카로운 이빨이 3줄로 나 있었으며, 허리에는 짖어대는 개의 머리들이 둘려 있는 괴물. 오디세우스 신화에 등장한다.

메시지를 안긴다. 옛날 사람들에게
그것은 정해진 길만 따르라는 기독
교 교리의 메시지와 같았다. 그러나
현대의 관람자들에게는 그 기묘함이
야말로, 가령 퉁퉁하게 부은 하나밖
에 없는 발을 쳐들어 햇빛을 가리는
스키아포데스(Skiapodes)처럼 풍성하
고 악마적이고 우스꽝스러운 존재들
이야말로 지도에서 가장 매혹적인 부분이다.

지도 역사학자들은 헤리퍼드 〈마파문디〉를 'T-O' 지도로 분류
한다('O 속의 T' 지도라고도 부른다). 원형의 지구를 간단히 세 부분으로
나누는 이 방법은 로마 황제 아그리파 시절(기원전 12년 이후)에 개발
되었다. 고대인이 알았던 세 대륙(아시아, 유럽, 아프리카)을 나누는 것
은 물길이다. 지도 한가운데에서는 돈 강과 다뉴브 강이 가로로 흐르
고, 왼쪽의 에게 해와 오른쪽의 나일 강은 세로로 흐르는 널찍한 지
중해로 흘러든다.

그러나 헤리퍼드 〈마파문디〉는 동그라미를 넘어섰다. 공간을 한
뼘도 남김없이 활용하겠다는 결심에 따라, 동그라미 위아래를 기념
비적인 장면들로 둘러쌌다. 세계의 꼭대기에는 최후의 심판을 묘사
한 그림이 왕관처럼 씌워졌고, 바닥에서 왼쪽에는 아우구스투스 황
제가 조사자들에게 '너희는 넓은 세계로 나가서 목격한 모든 땅을 원
로원에 보고하라'고 지시하는 그림이 그려져 있다. 그 오른쪽에 있는
그림은 내용이 분명하지 않다. 어쩌면 '방금 들어온 속보입니다' 하
는 식으로 게시판에 해당하는 부분일지도 모른다. 말 탄 기수와 사냥

'T·O' 지도의 기본 형태. 아시아, 유럽, 아프리카로 거칠게 나뉘었다.
12세기 스페인 필사본에 그려진 지도다.

꾿이 대화하는 장면인데, 대사는(지도는 다른 곳에서는 라틴어를 썼지만 여기에서는 프랑스어를 썼다) '그렇게 하시오'라는 뜻이다. 인물들의 신원도 불명확하다. 지도가 그려질 당시 헤리퍼드에서 벌어졌던 사냥권 소송 사건의 장본인들이라는 해석도 있다.

영국 정기 간행물 〈의견과 질의응답〉 1955년 1월호에는 맬컴 레츠(Malcolm Letts)라는 학자가 헤리퍼드 지도의 선명한 그림들을 분석하여 그 의미를 추측한 논문이 실렸다. 레츠는 감동을 잘 받는 사람이었던 모양으로, 지도의 순수한 경이로움을 전달하는 면에서 그의 숨 가쁜 문장들을 능가할 것은 이후에도 없었다. 그는 금을 파내는 개미들의 위업을 자세히 묘사했고, 샐러맨더(salamander)[21]에게도 한 문단을 할애했다. 갠진(Gangines)이라는 존재들이 '나무에서 바삐 과일을 따는' 모습에 감탄하면서 '사과 향을 맡고 산다고 전해지는 이 피조물들은 어디를 가나 사과를 지니고 다니며, 사과가 없으면…… 금세 죽는다'고 설명했다. 근처에는 스라소니가 있는데 '녀석의 오줌은 돌처럼 저절로 단단하게 굳는다(화가가 생생하게 묘사해두었다)'고 했다. 지도 중앙 프리지아 근처에는 보나콘(Bonnacon)이 있다. 보나콘의 '방어술은 자기 분뇨를 주변 3에이커의 땅에 흩뿌리고 그 안의 모든 것에 불을 지르는 것'이다. 이 피조물은 습관적인 방어 자세로 그려져 있다. 그렇다면 레츠는 오른쪽 구석의 그림은 어떻게 해석했을까? 레츠는 그것을 '두 남자가 껴안은 모습'이라고 묘사한 뒤, 그들은 솔리누스의 가라만테스 부족인데 그 사람들에 대해서는 '전쟁을 꺼리고 이방인을 싫어한다는 사실 외에는' 알려진 바가 별로 없다고 말했다.

대체 어떻게 이런 경이로운 물건을 팔아서 비 새는 지붕을 수리하겠다는 생각을 할 수 있었을까?

🦀　🦀　🦀

〈마파문디〉를 팔아넘길 뻔했던 사람을 만나려면, 차로 헤리퍼드 시내를 빠져나와 언덕길을 오르고, 포도밭을 지나고, 많은 밭과 헛간

---

21) 뱀의 형상을 한 서양의 전설상의 동물. 불 가운데를 걷고 불을 끄는 힘이 있으며, 동물 중에서 가장 강한 독을 가지고 불 속에서 산다고 전해진다.

을 지나야 한다. 그러면 피터 헤인스 목사가 사는 나무 들보 가옥이 나타난다. 그는 1992년에 은퇴하여 지금은 모형 기차에 열정을 쏟으면서 살고 있다. 2011년 여름에 그를 만나는 순례길에 올랐던 나는 홍차와 레몬 케이크와 얇은 스크랩 파일로 환대받았다. 파일에는 신문 기사, 보도 자료, 결국 성공하진 못했지만 '〈마파문디〉 유한책임회사'를 만들려고 했을 때 발행했던 주식 안내서가 끼워져 있었다.

87세의 헤인스는 아직 대성당의 명예사제였다. 일요일에 성당에 가면 신자들은 아직도 그를 '주임사제님'이라고 부른다. 그는 전쟁 중에 공군에서 복무했고, 옥스퍼드에서 신학을 공부한 뒤 서품을 받았으며, 1970년에 글래스톤베리에서 첫 록페스티벌이 열렸을 때 그곳 교구 목사가 되었다. 그러고는 1974년에 웰스로 옮겨 부주교가 되었다가, 1982년에 마거릿 대처의 개인적 청원에 따라 헤리퍼드의 주임사제로 취임했다.

헤인스에 따르면, 그가 헤리퍼드로 와서 처음 한 일은 성당의 회계 자료를 복사해서 클락스 신발 회사에서 재무 책임자로 일하던 오래된 회계사 친구에게 극비로 보여준 것이었다. "친구는 안절부절 어쩔 줄을 모르더군요. 내게 자료를 돌려주면서 '자네 엄청난 골칫거리를 떠안았어'라고 말하더군요." 성당은 오랫동안 운영 적자가 쌓인 상태였고, 은행의 당좌 대출금은 15만 파운드가 넘었다. "신도들은 매년 1만 7,000파운드쯤 모금하면서 자신들이 사제들의 월급을 댄다고 착각했지만, 그 돈은 사실 로이즈 은행으로 넘어가서 이자로 지불되고 있었죠."

전망은 더 나빴다. 직원들의 연금 계획은 적절하지 못했고, 건물 조사 결과 크고 위험한 균열이 발견되었으며, 합창단은 기부금이 필요했고, 성당의 역사적인 보물들은 허술하게 관리되는 데다가 엉성하게 전시되어 있었다. 1985년 4월에 찰스 왕세자 부부가 나서서 모금을 호소했으나, 건물 뼈대를 재건하기 위한 목표액 100만 파운드로는 부족하다는 사실이 곧 드러났다. 성당이 장기적인 안정과 자금을 확보하려면 700만 파운드의 자본이 유입되어야 했다. 그러니 〈마파문디〉를 보낼 수밖에 없었다(그러면 체인 도서관을 해체하지 않아도 될 것이었다). 당시에 사제는 사람들이 지도를 크게 아쉬워하지 않을 것이라고 생각했다. "성당에 손님이 찾아오면 가끔은 내가 직접 맞이했습니다. 그냥 감각을 유지하려고요. 그때마다 손님들에게 '아, 북쪽 성가대 통로에 무척 오래된 지도가 하나 있는데 원한다면 보시겠어요?'라고 물었지만, 그 물건을 별다르게 여기는 사람은 아무도 없었죠."

헤인스는 직접 지도를 살펴보고는 가장자리가 눅눅해진 것을 알아차렸다. 그래서 대영박물관의 아서 데이비드 베인스-코프에게 연락했다. "그 사람이 세계적인 곰팡이 전문가랍디다." 헤인스는 그렇게 말했지만, 베인스-코프 박사는 사실 화학자로서 종이와 고서 보존의 전문가이기도 했다. 2002년 사망하기 직전에 박사는 자신의 경력 중에서도 특히 필트다운인이 조작임을 폭로했던 과학 수사 연구가 자랑스럽다고 말했었다(필트다운인의 유골은 1912년에 영국 필트다운에서 발견되어 원시 인류 화석으로 유명해졌으나, 40년 후 위조로 판명되었다. 이것은 고생물학계 최대의 사기 사건으로 일컬어진다. 베인스-코프 박사는 가짜 화석 속 우라늄 함유량을 측정하여 폭로에 기여했다 - 옮긴이). 헤인스는 내게 계속 이야기했다. "그래서 그를 여기로 불렀죠. 그 사람은 지도를 슥 보고는 '어떻게 해야 할지 알겠습니다'라더군요. 그러고는 2주쯤 지난 뒤에 다시 와서 이 끈을 지도 가장자리에 둘렀어요. '그게 뭡

64

니까?'라고 물었더니 '아, 디킨스 & 존스 백화점에서 산 파자마 허리 끈입니다'라고 대답하더라고요."

헤인스는 자신이 성당에서 일하면서 그 밖에도 많은 일을 감독했지만 사람들에게 자신의 경력은 주로 〈마파문디〉 소동으로 기억되리라는 것을 잘 안다고 말했다. 그는 그 사실이 아주 기분 나쁘지만은 않은 눈치였다. 기금을 모으고자 주식을 발행할 계획을 세웠던 이야기를 할 때, 사제의 눈은 반짝거렸다. "처음에는 반드시 비밀을 지켜야 했지요. 그래서 우리는 애너그램으로 암호명을 붙였답니다. '마담 핀업'이라고."(애너그램은 어구를 구성하는 문자 순서를 바꾸어 다른 어구로 만드는 것으로, 여기에서는 'Mappa Mundi'를 남자들이 벽에 사진을 붙여 즐기곤 하는 여성 섹스 심벌을 뜻하는 말인 'Madam Pin-Up'으로 바꿨다 - 옮긴이)

※　※　※

요즘은 누구나 헤리퍼드 〈마파문디〉의 훌륭한 복사본을 구입해서 소장할 수 있다. 1988년에 피터 헤인스와 가우리 경이 대성당 앞에서 들고 포즈를 취했던 복사본은 1869년에 제작된 석판 복제본이었다. 당시로서는 그것이 가장 훌륭한 복제 기술이었다.

그러나 2010년에 폴리오 소사이어티 출판사는 새롭게 근사한 복사본을 선보였다. 실물의 10분의 9 크기인 그 복사본은 (예술의 죽음을 선고하는 기술로서 더 자주 이야기되는) 디지털 복제 기술의 이점을 취한 데다가, 영국도서관의 지도 책임자 겸 헤리퍼드 〈마파문디〉의 신탁인인 피터 바버를 비롯한 21세기 전문가들의 상상력과 지식에 크게 의존하여 제작되었다. 지도는 시각적으로 더 깨끗해졌고, 원본에 가깝다고 여겨지는 선명한 색깔들로 채색되었다. 윤기 흐르는 빨강, 파랑, 초록, 황금색…… 출판사는 가죽과 비슷한 '네오본드'라는 소재에 지도를 인쇄한 뒤, 캔버스 천을 덧대고, 아래위에 헤리퍼드산 참나무 지지대를 붙인 뒤, 풍부한 정보를 담은 자료집을 첨부하여 판매했다. 1,000부 한정으로 제작된 이 복제본을 구입하려면 745파운드(약 130만 원)가 든다.

최근에는 〈마파문디〉에 대한 학술적 연구도 부흥했다. 경매 취소가 가져온 또 하나의 바람직한 결과라고 할 것이다. 요즘의 추세는 해석보다는 조사와 과학 수사에 기우는 분위기다. 그러나 여태 결정

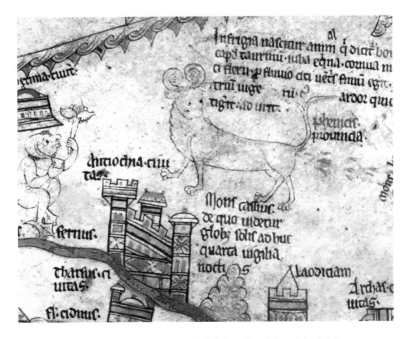

보나콘이 분노를 흩뿌리는 이 지역에 살고 싶은 사람은 없을 것이다.

적인 답을 얻지 못한 기본적인 질문들이 많다. 예를 들어 누가 지도를 만들었는가 하는 의문이 그렇다.

주된 단서는 지도의 왼쪽 구석에 있다. 그곳에는 지도를 '듣고 읽고 보는' 모든 사람에게 그것을 '만들고 계획한' '홀딩엄과 래퍼드의 리처드'를 위해 기도하자는 호소가 적혀 있다. 지명은 링컨셔의 홀딩엄과 슬리퍼드라고 짚어낼 수 있지만, 리처드라는 사람은 누구일까? 그가 정확히 무엇을 '만들었다'는 걸까? 1999년, 헤리퍼드에서 열린 심포지엄에 모였던 〈마파문디〉 학자들은 '배틀의 리처드'라는 사람이 작업했으리라는 가설에 대체로 합의했다. 라틴어로 '벨로의 리처드'라고 알려진 그 인물은 링컨과 솔즈베리의 참사회원이었고, 슬리퍼드에서도 참사회원이었으며, 홀딩엄에서 살았을 가능성도 있다. 그러나 배틀의 리처드가 한 사람이었는지, 아니면 친척이든 아니든 시니어와 주니어 두 사람이었는지는 확실하지 않다.

4년 뒤, 지도 역사학자 댄 터클러(Dan Terkla)는 하버드에서 열린 국제 지도학 역사학회에서 〈마파문디〉에 관한 논문을 발표하여, 지도 제작에 직접 관여한 사람이 네 명이었고 그중 셋의 이름이 리처드였다는 가설을 제기했다. 세 명의 리처드는 각각 홀딩엄과 래퍼드의 리처드, 벨로의 리처드, 스윈필드의 리처드였고, 나머지 한 명은 캔틸루프의 성 토머스였다. 터클러에 따르면 두 번째 리처드는 첫 번째 리처드의 어린 친척이었고, 첫 번째 리처드는 링컨에서 헤리퍼드로 옮긴 뒤 지도를 만들었던 사람이다. 세 번째 리처드는 그 친구로서, 성당 재정 담당자 겸 주교로 일했다. 캔틸루프의 토머스는 스윈필드의 리처드의 전임자로서, 지도에 그려진 말 탄 사냥꾼의 모델이었을지도 모른다.

터클러는 1320년에 시성 (諡聖)[22]된 그 주교, 즉 토머스의 소지품과 관련 유물을 모아둔 공간에 '캔틸루프 순례 전당'이라는 이름을 붙인 뒤, 지도도 원래 그곳에 포함된 물건이었다고 주장했다. 성당 북쪽 객실에 있는 캔틸루프의 성 토머스 제단은 그가 시성되기 전부터 많은 순례자를 끌어들였다. 그곳에서 기이한 기적이 벌어진다는 소문이 퍼졌기 때문이다. 제단 관리자들의 기록에 따르면, 1287년에서 1312년까지 기적적인 사건이 500건 가까이 보고되었다. 1287년 4월 한 달에만 71건의 기적이 기록되었고, 그해에는 왕족도 다녀갔다고 했다.

2000년, 좀 다른 부류의 〈마파문디〉 학자인 스콧 웨스트렘은 유리를 치우고 지도를 직접 조사하기 위해서 미국에서 헤리퍼드로 건너왔다. 그의 과학 수사 보고서는 셜록 홈스풍의 탐정 활동처럼 보이는데, 그는 이렇게 결론 내렸다. '지도가 그려진 피지는 송아지 한 마리의 가죽으로 만들어졌다. 도축될 때 생후 1년도 안 된 송아지였을 것이다.' 그는 피지 바탕에 은빛이 감도는 것으로 보아 지도가 가죽의 안면에 그려졌다고 지적했다. 그는 이어서 보존 처리한 가죽을 신중하게 긁어서 털과 남은 지방을 제거하는 과정을 설명한 뒤, 그 과정에서 가죽 벗기는 사람의 칼이 딱 한 번 미끄러져 꼬리 근처가 약간 찢어졌는데 아마도 상처 조직에 걸려서 그랬을 거라고 말했다. '가죽은 품질이 대단히 좋고 두께가 고른 듯하다. 갈비뼈나 다른 뼈에 눌려서 생기는 잔물결 모양 자국도 거의 없는데, 이것은 송아지에게 지속적으로 먹이를 잘 먹였음을 암시한다.'

---

22) 가톨릭에서 교회가 죽은 사람을 성인으로 확정하는 일.

2011년 5월, 헤리퍼드 대성당의 홍보 담당자인 도미닉 하버 (Dominic Harbour)는 손님 한 쌍을 〈마파문디〉로 안내했다. 내가 그중 한 명이었다. 지도는 2주 전에 새 액자에 설치된 참이었다. 액자는 예전보다 30센티미터쯤 더 밑으로 내려온 위치에 걸려, 이제 대부분의 관람객이 예루살렘을 눈높이에서 볼 수 있었다. 하버는 이렇게 설명했다. "예전에는 건축학적으로 허용된 공간에 맞춰서 지도를 전시했습니다. 하지만 이제 사람들은 인체공학적으로 지도와 접하지요. 관람객의 키, 즉 관람객이 볼 수 있고 만질 수 있는가를 고려해서 전시해야 하는 겁니다."

　　접촉은 중요하다. 물론 성당 측은 관람객이 지도를 보고서 저도 모르게 하는 행동, 즉 손가락을 유리에 대고 원시적인 방식으로 이리저리 지도를 항해하는 행동을 적극 장려하지는 않는다. 하지만 그렇다고 나무라지도 않는다. 성당 측은 저녁마다 유리에서 지문을 닦아내는데, 그때 보면 예루살렘 위에도 지문이 좀 찍혀 있고, 그날 방문했던 손님들의 출신을 반영하여 유럽 여기저기에도 찍혀 있다. 미국 사람들은 손가락을 잘 간수하는 편이다. 그러나 뭐니 뭐니 해도 기름기가 제일 많이 묻는 곳은 헤리퍼드 주변이다. "사람들의 지문이 들려주는 이야기는 지도가 새것이었을 때도 똑같았을 겁니다. 오랫동안 사람들은 지도가 처음 만들어지고 한참 지난 뒤에야 '헤리퍼드'라는 지명이 추가되었다고 믿었습니다. 지도가 원래는 다른 곳에서 만들어졌을지도 모른다는 거죠. 하지만 요즘은 생각이 다릅니다. 헤리퍼드라는 글씨가 나중에 더해진 건 사실이지만, 그건 사람들이 하도

만져서 처음에 썼던 글씨가 닳아버렸기 때문에 다시 써넣은 거라는 겁니다."

삼십 대 후반인 하버는 스물두 살부터 지도에 관련된 작업을 해왔다. 1991년에 미술대학을 갓 졸업하고 이곳에 왔을 때는 지도 자료집과 영어로 번역된 지도 복사본을 디자인하는 일을 거들었다. 하지만 반년의 계약 기간을 더 연장해야 할지도 모른다는 사실을 곧 깨달았다. 하버는 지도를 좀 더 통일성 있고 효과적인 방식으로 전시할 방법을 궁리했고, 회랑에 있는 지금의 인상적인 전시 공간을 새로 만들도록 거들었다. 1996년 완공된 전시 공간은 〈마파문디〉와 체인 도서관을 함께 수용하도록 설계되었는데, 말이 좋아 전시실이지 사실은 달개집[23]에 지나지 않는다. 15세기 돌벽과 11세기 돌벽이 만나는 역사적인 달개집이기는 하지만 말이다.

하버는 지도가 지난 수백 년 동안 전시되었거나 감춰졌던 여러 장소로 우리를 안내했다. 성모 예배실, 이런저런 객실, 성구실[24]……. 심지어 성구실에서는 바닥널 아래에 깔려 있었다고 했다. 하버는 지도가 움직였던 경로를 언젠가 지도로 그려보았더니 "성당 전체에 낙서를 휘갈긴 것처럼 되더라"고 말했다. 자신이 여덟 살에 처음 지도를 봤던 일도 말해주었다. "웬 희한한 갈색 물건이 틀에 들어 있더라고요. 무슨 딴 세상 물건처럼 마법적으로 느껴졌고, 꼭 유리병에 든 실험 표본 같았지요. 따로 설명을 듣진 못했어요. 적어도 제가 알아들을 수 있는 말은 없었죠. 그냥 '이게 〈마파문디〉인데, 아주 중요한 거

---

23) 큰 건물 등에 지붕을 비스듬히 달아내어 붙여 지은 별채.
24) 성당의 예식 도구와 예사복 등을 보관하기 위해 만든 부속실.

란다'라고만 했던 것 같아요."

함께 지도를 보고 있노라니, "이 지도는 지금도 계속 뭔가 새로운 것을 보여준답니다."라는 하버의 말에 절로 고개가 끄덕여졌다. 현대인이라도 누구나 그 지도를 보면 여행벽이 솟구칠 것이다. 무릇 거대한 지도들의 매력은, 그중에서도 특히 세계 지도들의 매력은, 어떤 여행이든 다 가능하다는 점이다. 헤리퍼드 〈마파문디〉를 보노라니 튼튼한 배만 있으면 천국을 제외한 모든 장소에 갈 수 있을 것 같았고, 흉포한 야수들조차 더없이 유순해 보였다. 그러다 문득 이런 생각이 떠올랐다. 요즘과 달리 1290년에는 세상에 더 이상 탐험할 공간이 없는 것처럼 보였을 것이다. 여행자를 오래 지체하게 만들 거대한 황야나 바다는 이제 없는 것처럼 보였을 것이다. 정체 모를 바다 괴물이나 거대하고 새하얗고 괴괴한 극지방은 후대에서야 등장했다. 헤리퍼드 〈마파문디〉의 메시지는 간결했다. 우리가 이처럼 인간이 거주할 수 있는 세계 전체를 송아지 등판에 펼쳐보였으니, 이제 우리가 지상에서 해야 할 일은 다 끝난 셈이로다. 그러니 우리 같은 보통 사람들에게 무엇이 더 남았겠는가? 기적과 고결한 소명, 그리고 우리의 이해를 영영 뛰어넘는 일들만 남았도다. 순례자여, 어서 가서 이 말씀을 퍼뜨리게나.

지금은 1250년, 어느 길로 가야 하나요?

요즘 우리는 '로드맵(road map)'이라는 말을 발전의 전망을 나타내는 정치적 용어로 사용한다. 비록 현 상황은 희망이 없어 보이더라도 최소한 우리에게는 계획이 있다는 것이다. 우리가 A 지점까지만 갈 수 있다면, 다음 단계로 B 지점까지 갈 수 있을지도 모른다. 물론 가끔은 아무 데도 가지 않는 사람들도 이 용어를 쓴다. 조지 부시와 토니 블레어처럼 2002년 중동 평화 문제에 관여했던 사람들이 대표적인 사례다.

13세기로 돌아가자. 헤리퍼드 〈마파문디〉가 그려지기 몇십 년 전, 매슈 패리스(Matthew Paris)라는 수도사는 중동으로 가는 진짜 로드맵을 구축하는 일에 손을 댔다. 지도의 종착지는 예루살렘이었는데, 당시에는 비교적 온건한 무슬림이 예루살렘을 통치하고 있어서 수많은 기독교 순례자가 그곳으로 여행했다.

패리스는 런던 북쪽 세인트올번스 수도원에서 필사본 채식자[25]

---

25) 필사본을 빛깔, 무늬, 장식 글자 등으로 꾸미는 사람.

예루살렘은 이쪽으로(어쩌면 저쪽일지도).
매슈 패리스의 인터랙티브 로드맵은
구원으로 가는 여러 길을 알려준다.

겸 역사가로 일했다. 그 작업들은 수도사가 반드시 해야 하는 여러 의무 가운데 하나였다. 그 수도원은 예전에 어느 대학이 소장했던 자료를 보관하고 있었으며, 패리스는 자신의 학식을 정제하여 시각적 형태와 문자적 형태로 표현하는 데 열심이었다. 그리고 그 결과는 창세기부터 현재까지의 세계 역사를 서술하겠다는 목표를 지닌 책, 『크로니카 마조라』였다. 패리스는 세인트올번스 수도원의 선배였던 로저 웬도버가 남긴 글에 자신의 경험담을 결합하여 고대 프랑스어와 라틴어로 글을 썼다. 그는 직접 유럽을 두루 여행했던 경험과 헨리 3세의 궁정을 방문했던 경험은 물론이고 수도원을 찾아온 손님들에게서 주워들은 이야기들도 포함시켰다.

런던에서 예루살렘까지 가는 길을 묘사한 패리스의 지도는 『크로니카 마조라』의 첫 일곱 페이지를 차지한다. 이것은 실로 매력적인 문서였다. 본문 외에도 자잘한 딴소리나 글상자가 많아서 독자들에게 즐거움을 주었으며, 종잇조각을 풀로 붙여 펼칠 수 있게 함으로써 여정이나 설명을 위나 옆으로 더욱 연장시켰다. 가령 어느 페이지에는 위쪽에 종이를 덧붙이고 시칠리아 섬과 에트나 화산을 그린 뒤 그곳을 지옥의 입구라고 설명했다. '인터랙티브(대화를 나누는 듯한)' 속성은 그것만이 아니었다. 작가는 독자가 대안으로 선택할 수 있도록 하나가 아니라 몇 가지 경로를 소개하기도 했다. 그래서 독자는 여러 경로로 프랑스와 이탈리아를 통과할 수 있었다.

이 지도는 독자가 조작 가능한 요소가 포함된 최초의 지도였을까? 그 답은 모르겠다. 하지만 실제 현실 따위는 아무려면 어떠냐는 느슨한 태도를 취한 지도로서는 우리가 아는 한 틀림없이 최초의 지도였다.

패리스의 독자들은 눈앞에 그려진 여정에 실제로 나서겠다는 생각은 딱히 하지 않았을 것이다(오히려 그 반대였으리라). 그러나 상상속에서 떠나는 영적인 여행, 가상의 십자군 원정은 즐겼을 것이다. 그리고 요즘 우리처럼, 지도를 보면서 머릿속에서 실제 여정을 떠올려보는 일에 매료되었을 것이다.

이 지도가 중요한 이유는 또 있다. 패리스는 이 지도를 '여정'이라고 불렀는데, 고대 프랑스어로 '하루'를 뜻하는 '조르니(jornee)' 또는 '주르니(jurnee)'에서 파생된 영단어 '저니(journey)'가 이 지도에서 처음 등장했다. 이때 '저니'는 '노새를 타고 대충 하루에 갈 만한 거리'를 뜻했다. '저니'라는 단어는 지도의 여러 장소들 사이에 적혀 있다. 한번은 도중에 다른 볼거리가 전혀 없었던 탓인지, 역동적인 효과를 주기 위해서 '저-어-어-어-니-이(Ju-r-r-r-n-ee)'라고 쓰여 있다.

패리스의 지도는 한 페이지에 세로로 두 줄씩 길이 그려져 있고 그것을 아래에서 위로, 왼쪽에서 오른쪽으로 따라가는 형식이다. 그 한 페이지가 대충 일주일 동안 가야 할 노정이다. 출발점은 런던이다. 총구가 있는 건물들과 첨탑들이 여러 개 모여 있고, 세인트폴 대성당이 압도적으로 솟아있으며, 그것을 배경으로 '템스 강', '오드게이트', '빌링스게이트' 같은 지명들이 적혀 있는 성벽 도시다. 그곳에서 하루를 가면 로체스터가 나오고, 하루를 더 가면 캔터베리가, 하루를 더 가면 도버와 프랑스 북부가 나오며, 그곳에서 랭스, 샹베리, 로마로 이어진다. 파리를 넘어가면 지도의 정확성이 떨어지기 시작하지만, 플뢰리 수도원이 파리 바로 다음에 나오지 않고 상소 다음에 나온다고 비판하는 것은 지도의 의도를 곡해한 일이다. 이 지도의 전개 방식에 따르면 성 베네딕트의 유골이 묻힌 장소가 좀 더 일찍 나오지

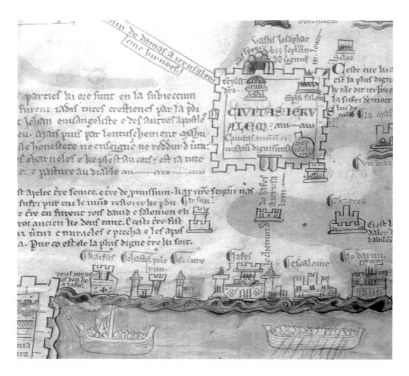

아직 멀었나요? 긴 여정의 끝에 드디어 예루살렘이 눈에 들어온다.

않고 그 위치에 오는 편이 더 명료하기 때문이다(유명한 베네딕트회 수도원인 플뢰리는 실제로는 파리 바로 밑에 있기 때문에 상소를 거쳐서 가려면 한참 우회하게 되는데, 패리스가 자신의 이야기를 위해서 일부러 그렇게 짰다는 뜻이다 – 옮긴이).

책장에 종잇조각으로 덧붙여진 또 다른 글에는 지도 제작의 고단함을 내비치는 말이 적혀 있다. '이 해안을 따라 베네치아 해와 콘스탄티노플 쪽으로 가면 까마득히 먼 도시들이 있다.' 어쨌든 지도는 결국 최종 목적지인 예루살렘에 다다른다. 예루살렘에는 바위 사원과 성묘 교회가 그려져 있고, 관문이 되는 아크레 항구에서 그 너머 베들레헴까지 이어진 해안선도 상당히 제대로 그려져 있다.

패리스는 축척에는 별로 신경 쓰지 않았다. 영국이 묘사된 네 지도 중 하나에는 자못 안타깝다는 듯이 '공간이 허락한다면 섬을 더 길게 그렸을 것이다'라고 (런던 위에) 적어두었다. 그의 말에 영향을 받은 후배 지도 제작자들이 있었으리라고 생각해보면, 썩 바람직한 가르침은 아닌 것 같다. 어쨌든 패리스는 찌부러진 형태로나마 스코틀랜드를 제법 널찍하고 불룩하게 그려두었는데, 당시에는 드문 일이었다. 또 다른 지도에는 영국 전체가 오싹할 만큼 정확한 비례로 그려져 있다. 웨일스와 잉글랜드 남서부도 상당히 정확하다. 영국도서관은 현존하는 지도들 중 영국을 이렇게까지 상세히 묘사한 것은 패리스의 지도가 최초였다고 보는데, 일리가 있는 주장이다.

패리스의 지도들 중에서 지금까지 남은 것이 또 하나 있다. 런던에서 이탈리아 동남부 지방 아풀리아까지 가는 도로 지도인데, 이것은 예루살렘 지도보다는 덜 정밀한 데다가, 『부록서』라는 책의 한 페이지에 욱여넣어져 있다. 『부록서』는 던스터블을 중심에 두고 로마 제국의 도로망을 그린 지도나 세계의 주요한 바람들의 방향을 (지구를 중심에 두고) 그린 지도 같은 특이한 지도들을 묶은 두툼한 역사서에 딸린 부록이었다.

매슈 패리스가 이런 지도를 통해서 이룬 성취는 한 가지 더 있다. 학자들이 간과하기 쉬운 그 성과는 패리스가 헤리퍼드 〈마파문디〉보다도 약 50년 앞선 시점에 이미 감상자에게 매혹적이고 독특한 경험을 제공하는 지도를 만들었다는 점이다. 패리스는 호기심이 가득해지는 아름다운 지도가 감상자에게 즐거움을 줄 수 있다는 사실을 보여주었다는 점에서 유례없는 선견지명을 발휘한 셈이다. 패리스의 지도는 실제로 감상자의 상상력을 북돋았고 반응과 개입을 끌어냈다. 또한 그 지도는 우리가 아이였을 때 그린 지도들과 놀랍도록 닮았다.

제3장
드디어 세계가
모양을 갖추다

세상의 중심,
예루살렘에서 지도를 그리다

헤리퍼드의 〈마파문디〉가 독특하기는 해도, 그 지도는 더 큰 장르에 소속된 한 사례일 뿐이었다. 12세기에서 15세기까지 서유럽과 아랍 세계에서는 〈마파문디〉가 많이 그려졌는데, 그중 지금까지 살아남은 지도들은 중세 세계가 스스로를 어떻게 바라보았는지를 알려주는 중요한 증거물이다. 지도들의 형태는 다양했다. 비교적 알아보기 쉬운 것도 있었고, 굉장히 기이한 것도 있었다. 그러나 목적은 대부분 같았다. 그 지도들은 실제로 쓰려고 만든 게 아니었다. 적어도 여행용은 아니었다. 그보다는 철학적, 정치적, 종교적, 백과사전적, 개념적 관심사를 진술하는 지도들이었다.

이런 특징은 헤리퍼드 지도를 만든 사람을 비롯한 유럽 제작자들에게 적용되었는데, 더 나아가 바그다드라는 문화적 중심지(칼리프 통치의 중심지이기도 했다)를 기반으로 활동했던 아랍 학자들에게도 적용되었다. 아랍 학자들은 세계의 모든 지식을 그러모으겠다는 알렉산드리아의 욕심을 물려받았다. 그들은 프톨레마이오스의 기록뿐 아니라 아랍 항해자들과 중국 탐험가들이 들려준 경험담도 자료로 삼았다.

　그런데 얄궂게도 중세의 지도 제작자들 중에서 최고로 뛰어나고 현대적이었던 사람은 유럽에서 활약한 아랍 지리학자였다. 무함마드 알 이드리시(Muhammad Al-Idrisi)는 무슬림 지역이었던 안달루시아의 귀족 집안 출신으로, 집안의 족보는 예언자 무함마드에게까지 거슬러 올라갔다. 그는 젊을 때 스페인, 북아프리카, 아나톨리아를 두루

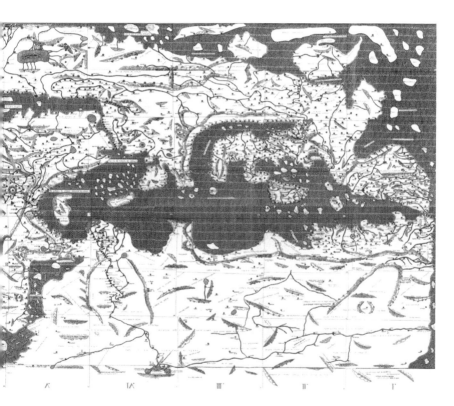

이드리시가 시칠리아의 로제르 2세를 위해 만든 지도책『머나먼 지역을 즐겁게 여행하는 사람의 책(로제르의 서)』중에서 유럽과 북아프리카.

여행한 뒤 시칠리아의 노르만 왕 로제르 2세의 궁정에 정착했다. 그곳에서 그는 1150년경에 최고의 작품을 완성했다. 여러 지역들의 지도를 결합해서 지구 전체를 묘사한 그 작품은 초기의 지도책이나 마찬가지였다.

기독교 신자였던 왕과 종교가 달라서인지, 그의 지도에는 특이하게도 종교적 상징이나 우화가 등장하지 않는다. 그 대신 이슬람의 지도들과 여행자들의 기록, 나아가 노르만 선원들의 기록까지 활용했던 그의 지도는 제작자가 지리적 정확성을 앞세우면 어떻게 되는지를 보여주었다. 그의 세계관은 이후 수백 년에 걸쳐 등장했던 다른 지도들보다도 오히려 우리에게 더 친숙하게 느껴진다. 실제로 그가 나일 강과 그 발원지 호수들을 묘사한 부분은 700년 뒤에 헨리 모턴 스탠리(Henry Morton Stanley)가 직접 그곳을 탐사할 때까지 바뀌지 않고 계속 사용되었다.

‖⟨⟨⟨∘∘∘⟩⟩⟩‖

1360년대, 일본의 한 불교 승려는 인생의 우선순위에 관하여 전혀 다른 시각을 보여주는 세계 지도를 그렸다. 그것 또한 순례자를 위한 지도였으나, 목적지는 예루살렘이 아니었다. 노년에 접어든 지도 제작자는 명쾌하기 그지없는 설명을 적어두었다. ‘나는 후세에 불교가 발흥하기를 기원하는 마음으로, 늙어서 흐려진 눈을 비비며, 나또한 스스로 인도를 여행하는 것처럼 느끼며, 이 그림을 그리는 일에 몰두했다.’

그의 지도는 망망대해에 둥실 뜬 등불처럼 보인다. 수미산이 정중앙을 점령했고, 이름난 사원들이 실크로드를 따라 줄줄이 표시되어 있다. 그중 많은 부분은 중국의 현장 법사가 15년 동안의 여행담을 기록한 7세기의 『대당서역기』에서 가져왔다. 지도에 빨간 선으로 표시된 현장 법사의 여정은 실제 여행으로부터 700년이 지난 뒤에야 호화로운 지도의 형태로 표현된 것이었다. 그리고 그로부터 다시 그 절반의 세월이 지난 뒤에야 서구에 그의 이름이 전해질 것이었다.

그렇다면 기독교 이데올로기가 지배하던 서구 사회는 이 시기에 중요한 지도나 아름다운 지도를 한 장도 생산해내지 못했을까? 그건 아니었다. 중세 필사본에는 추상적인 형태로 신성한 지리를 표현한 지도들이 마주보는 페이지에 양면 가득 그려져 있었다. 어떤 지도들은 향후 수백 년 동안 탐험가들이 아무리 찾아 헤매도 발견하지 못할 흥미로운 장소들을 버젓이 표시해두기도 했다. 그중에서도 주목할 만한 사례는 리에바나의 베아투스(Beatus)라는 베네딕트회 스페인 수도사가 남긴 글에 따라 그려진 〈베아투스 지도〉였다. 8세기 말쯤 그려진 이 지도는 이후 수많은 중세 필사본에서 충실하게 모사되었다(12세기와 13세기에 유럽에서 그려진 모작이 14점 남아 있다).

그중에서도 유독 양식화된 한 작품은 1109년에 그려진 것으로 현재 영국도서관에 소장되어 있는데, 크기는 43×32센티미터이고 꼭 큼직한 생선 접시처럼 생겼다(실제로 지도 테두리를 에워싼 바다 속에 위쪽으로 헤엄치는 물고기들이 그려져 있다). 놀라운 상상력으로 세계를 묘사한 이 지도는 지리적 정확성이라고 할 만한 요소들을 철저히 무시했다는 점에서 더 매력적이다.

여기에서도 알레고리와 성서의 두려운 가르침이 모든 것을 압도한다. 요한계시록과 세비야의 성 이지도르가 남긴 기록이 전면에 부

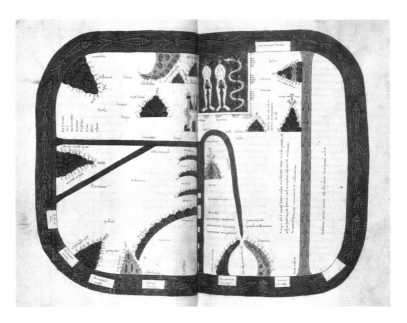

영국도서관이 소장한 〈베아투스 지도〉의 꼭대기에는 아담과 이브가 있다.
그런데 오른쪽의 수수께끼 같은 제4의 대륙은 무엇일까?

각되었다. 해부학적으로 거의 정확하게 묘파된 아담과 이브가 지도 위쪽의 에덴동산에 뱀과 함께 그려져 있고, 그 왼쪽에 인도가 있다. 예루살렘이 아니라 알렉산드리아가 중앙을 차지하고(파로스 등대가 곁에 있다), 아프리카가 그 밑에 있다. 비잔틴 제국의 문화적, 정치적 핵심이었던 라벤나와 롬바르드 제국도 북쪽에 제법 크게 그려져 있다. 지도 아래쪽에는 마치 제자리에 배열되지 않은 스크래블 게임 조각처럼 상자들이 놓여 있는데, 그 속에는 영국과 극락도를 비롯한 여러 지명이 적혀 있다. 산맥은 뭉게뭉게 김을 피우는 똥 무더기처럼 생겼다.

그러나 이 지도는 지리학적 이유에서도 주목할 만하다. 홍해가 지도 남쪽을 끝에서 끝까지 가르면서 사람들에게 알려진 세 대륙과 어쩌면 존재할지도 모르는 수수께끼의 네 번째 대륙을 나누고 있기 때문이다. 네 번째 대륙에 대한 설명은 너무 간략해서 미지의 열대 사막이라는 것 외에는 알 수 없지만, 어쨌든 이 대륙은 대부분의 〈베아투스 지도〉들에서 특징적으로 등장한다.

서양의 〈마파문디〉는 벽 장식용으로 그려진 것이 많았기에, 후에 무너지거나 덧칠이 된 경우가 많았다. 살아남은 것들은 대개 나중에 종이에 모사한 것으로, 크기가 훨씬 더 작았다. 그중에서 가장 섬세하고 중요한 작품은 〈시편 지도〉라고 불리는 것으로, 1262년 이후 언젠가 그려져서 작은 기도책 속에 완벽하게 보존되어 있던 물건이다. 지도의 크기는 15×10센티미터에 불과하지만, 약 30년 뒤에 등장할 헤리퍼드 지도의 구성 요소들이 벌써 제법 많이 나타나 있다. 이를테면 지도 중앙에는 예루살렘이 있고, 동쪽이 위쪽이며, 무역 도시들이 두드러지게 그려져 있고, 홍해는 방대한 데다가 생생한 색깔이 흘러넘친다. 새로 시성된 성인들이(이 경우에는 치체스터의 리처드가) 마감 직전에 포함된 것도 그렇다.

〈시편 지도〉는 규모에 비해서 세부도 풍성하다. 템스 강과 세번 강이 보이고, 아담과 이브는 담으로 둘러싸인 에덴 속에 우울하게 갇혀 있다. 동쪽에는 적그리스도의 동맹이라고 일컬어지는 무시무시한 곡(Gog)[26]과 마곡(Magog)이 보이는데, 알렉산드로스 대왕이 쌓은 방벽에 갇힌 모습이다. 이것은 〈마파문디〉에 반영된 알렉산드로스 대왕의 여러 무용담 중 한 장면이다(방벽에도 이름이 붙어 있는데, 통념과는 달

84

리 '중국 만리장성'이라고 잘못 적혀 있다).

지도 역사학자 피터 윗필드는 〈시편 지도〉와 비슷한 지도들을 '종교적 상상력의 지도'라고 설명했다. 그 점을 가장 근사하게, 또는 가장 충격적으로 보여주는 사례로서 니더작센 지방 엡슈토르프의 베네딕트회 수도원에서 1832년에 발견된 지도보다 더 나은 것은 없을 것이다. 지름이 약 3.5미터로 헤리퍼드 지도의 두 배쯤 되는 〈엡슈토르프 지도〉는 헤리퍼드 지도만큼이나 백과사전적이며 그 못지않게 기이하다. 지도의 기원은 확실하지 않지만 늦어도 1234년에는 제작되었던 것으로 보이는데, 수도원 수녀들이 자신들의 지식과 도서관에 소장된 필사본들의 내용, 방문자들의 이야기를 종합하여 그렸을 것으로 짐작된다(영국 법학자로서 볼로냐에서 가르쳤던 틸버리의 저버스가 만들었다는 가설도 있다).

오늘날 〈엡슈토르프 지도〉는 그리스도를 알레고리적으로 표현했다는 점에서 주로 명성을 얻었다. 그리스도가 (십자가에 매달렸을 때처럼) 사지를 활짝 펼치고 누워서 세계를 껴안은 모습이 그려져 있기 때문이다. 그리스도의 머리는 지도 위쪽의 천국 옆에 있고, 두 손은 북쪽 끝과 남쪽 끝에 있으며, 다리는 아래쪽인 서쪽으로 비어져 나와 있고, 배꼽은 예루살렘에 해당한다. 모든 인류를 껴안은 기독교라는 관념이 지도에 반영됨으로써 지도 자체가 어엿한 성서 연구회 활동이 된 것이다.

〈엡슈토르프 지도〉에는 갖가지 이야기와 문구가 빼곡히 적혀 있

---

26) 성경에 나오는 고대의 왕. 대군을 이끌고 이스라엘에 쳐들어갔다. 후세에 마곡과 함께 반(反)기독교 지도자로 알려졌다.

다. 한 대목에는 이 지도가 '여행자들에게 방향을 알려주고, 도중에 만날 즐거운 눈요깃거리도 알려주기를' 바란다고 적혀 있다. 그러나 이 지도에서도 역시 시간은 멈춰 있기 때문에, 여행자가 지도에 그려진 장면을 현실에서 실제로 찾아본들 허사일 것이다. 노아의 방주나 황금 양털은 물론, 불길한 가능성이 가득 그려진 아프리카도 그렇다. 아프리카에는 여태 불을 발견하지 못한 사람들, 코나 입이 없어서 몸짓으로 말하는 사람들, 걸을 때마다 얼굴을 처박고 고꾸라지는 사람들, 윗입술이 엄청나게 잘 늘어나기 때문에 위장하거나 숨고 싶으면 윗입술을 잡아당겨 머리를 덮어버리는 사람들 등이 그려져 있다. 안타까운 점은 〈엡슈토르프 지도〉의 원본이 1943년의 연합군 폭격으로 소실되었기 때문에 이런 경이로운 장면을 이제 사진으로만 볼 수 있다는 것이다.

많은 중세 지도에서 똑같은 특징들과 랜드마크들이 반복적으로 등장하는 까닭은 무엇일까? 어쩌면 이유는 단순할지도 모른다. 다들 똑같은 지침에 따라 그렸기 때문이다. 2002년, 프랑스 역사학자 파트리크 고티에 달시는 『마파문디 해설』이라는 제목의 두 권짜리 필사본을 발견했다고 보고했다. 이것은 세계 지도의 작성 방법을 알려주는 지침서였다. 달시가 발견한 필사본은 15세기 중엽에 독일에서 필사된 것이었지만, 원본은 영국에서 쓰였고 시기도 훨씬 일러서 제3차 십자군 원정 시절인 1188년에서 1192년 사이에 만들어졌던 것으로 보인다(사자왕 리처드의 군대에 소속되었던 사람들이 만들었을 가능성도 있다).

〈엡슈토르프 지도〉에 나타난 세계는 살아 움직인다.
특히 맨 밑에 보이는 예수 그리스도의 발을 주목하자.

이 지침서에는 수많은 지명이 나열되어 있는 것은 물론이거니와 지명들 사이의 공간 관계도 명시되어 있다. 각각의 장소는 다른 장소들의 '위'나 '아래'나 '맞은편'에 있다고 설명되어 있으며, 각각의 지역은 어디까지가 '경계인지' 적혀 있다. 각각의 강은 어디에서부터 어디까지 '가로지르는지'도 소개되어 있다. 그리고 이『마파문디 해설』에 포함된 항목 484개 중에서 약 400개가 헤리퍼드 〈마파문디〉에 정확하게 표시되어 있다.

사람들이 모호한 형태로나마 세계에 대한 지식을 갖기 시작했음

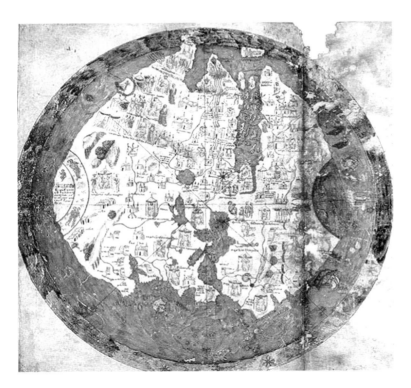

〈안드레아 비안코 지도〉. 이윽고 극지방이 나타났다.

을 보여주는 또 다른 단서는 1436년 무렵에 그려진 또 다른 〈마파문디〉에 나와 있다. 지도를 그린 항해사 겸 지도 제작자 안드레아 비안코(Andrea Bianco)의 이름을 따서 〈안드레아 비안코 지도〉라고 불리는 〈마파문디〉다. 지도가 베네치아에서 제작되었고 지금도 그곳에 보관되어 있다는 사실에 어울리게도, 이 지도 속 세계는 접시에 담긴 거대한 물고기처럼 보인다. 아마도 가자미 같다. 유럽, 아시아, 아프리카는 사방이 바다로 둘러싸였다. 세계의 테두리를 온전히 감싼 짙푸른 띠에는 하늘의 별자리들이 반짝거린다. 여기에서도 지구는 마치 더 큰 형이상학적 구체 속에서 회전하는 구슬처럼 상징적으로 묘사되었던 것이다.

영국, 스페인, 프랑스는 비교적 정확하게 그려져 있다. 지나치게 넓은 대서양 속에는 당시에 갓 발견되었던 아조레스 제도가 조심스럽게 들어가 있다. 그런데 이 지도의 진정한 지리적 뉴스는 따로 있었다. 잉크가 채 마르지 않았을 때 지도를 보았던 사람들만큼이나 오늘날의 우리에게도 충격적으로 느껴지는 그 뉴스는 아프리카 남단에 아마도 남극으로 보이는 동그라미가 그려져 있다는 점이다. 동그라미 속에는 인어 하나, 그리고 밧줄에 매달려서 위험스럽게 대롱거리는 남자가 그려져 있다. 북반구에도 비슷한 원이 그려져 있는데, 여기에는 '동토의 툰드라'라는 설명이 적혀 있다. 지도의 다른 지역에는 코끼리, 낙타, 천막을 친 왕좌에 앉은 왕, 아기 예수를 안은 성모 마리아처럼 예의 익숙한 피조물들이 등장하고, 좀 더 낯선 지역에는 날개 달린 야수, 개의 머리를 한 사람 등이 그려져 있다. 이 지도에 남극과 북극을 암시하는 부분이 등장했던 것은 순수한 추측이나 학습된 통찰에 따른 결과였을까? 아니면 당시 사람들이 인간의 거주 지역을 넘어선 장소들에 대해서도 좀 더 많이 알게 되었음을 보여주는 증거였을까? 어느 쪽인지 알 길은 없지만, 〈안드레아 비안코 지도〉가 현대적인 방향으로 한 발 더 나아갔다는 사실만은 분명하다.

여기에는 용이 출몰함

박학한 칼럼니스트 토머스 프리드먼(Thomas L. Friedman)은 2012년 2월 29일자 《뉴욕 타임스》에서 썩 좋지 않게 끝난 '아랍의 봄' 혁명에 관한 기사를 이런 문장으로 열었다. "중세에는 위험하거나 미답사한 지역을 지도에 표시할 때 '용이 출몰하니 조심하시오!'라는 경고를 적어 넣곤 했다. 오늘날의 지도 제작자가 중동 전체에 적어 넣고 싶은 말이 바로 이것 아닐까."

근사한 역사적 대비지만, 정확히 말해 진실은 아니다. 왜냐하면 '여기에는 용이 출몰함'이라는 문구가 실제로 옛날 지도에 등장했던 사례는 한 건도 없기 때문이다. 이 문구는 수많은 문헌에서 때로는 아이러니하게, 때로는 향수 어리게, 때로는 무시무시하게 사용되었지만, 우리가 막상 중세나 황금기의 지도에서 그 문구를 찾으려 들면 헛물만 켤 것이다. 네덜란드에서 제작된 큼직한 지도책이든, 15~20세기에 독일 또는 영국에서 제작된 상상력 넘치는 지도든 마찬가지다. '여기에는 용이 출몰함'이라는 문구는 용만큼이나 신비롭고 인상적인 지도계의 전설이다. 어쩌다 그런 전설이 생겼는지 궁금한 것도 당연하다.

만일 지도에 여백이 있다면, 뭔가 결정적인 정보가 빠진 것처럼 보인다. 그래서 우리는 뭐든지 집어넣어 수치스러운 현실을 감춘다. 국명을 무진장 크게 휘어서 적어 넣기도 하고(멕-시-카-나), 그 나라의 독특한 식생을 소개하는 글을 한 단락씩 적어 넣기도 하고, 새로운 도법을 자랑스레 설명하는 제작자의 메시지를 적어 넣기도 한다.

그리고 옛날에는 미답의 영역을 묘사하는 문구가 하나 더 있었다. '테라 인코그니타(미지의 땅)'. 그러나 아무리 낭만적인 발음을 지닌 문구라도 동물을 이길 순 없는 법. 그리고 상상의 동물이라면 더

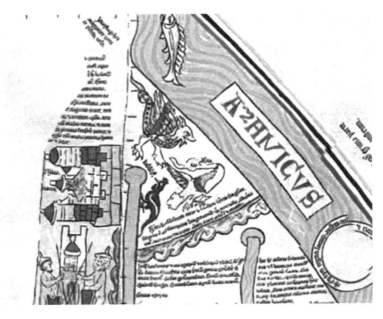

13세기 〈엡슈토르프 지도〉에 등장한 초창기 용들의 활약.

좋았다. 앞에서 보았듯이 중세 최초의 지도들은 도덕적 교훈을 주려는 의도에서 무서운 피조물을 그려 넣는 경향이 있었기 때문에, 실제 선원들이 목격한 어떤 물고기보다도 성질이 사납고 비늘이 날카롭고 이빨이 뾰족한 물고기를, 현명한 선주민들이 용감한 식민지 개척자들에게 경고한 어떤 야수보다도 크고 흉측하고 날개 달린 괴물을 지도에 그려 넣는 게 유행이었다. 가끔은 귓속말 잇기 놀이 같은 일도 벌어졌다. 처음에는 코끼리였던 것이 매머드로 바뀌었고, 그 소식이 유럽으로 건너와서 런던이나 암스테르담 제작자가 아프리카나 아시아 지도를 그릴 때는 아예 악몽과도 같은 괴물로 바뀌었다. 그러니 중국을 그릴 때는 자연히 그 나라의 신성한 문화적 상징 중 하나인 용을 그려 넣었다.

그런데 지도가 아닌 지구본에서는 '여기에는 용이 출몰함'이라는 문구가 실제로 한 번 등장했을 수도 있다. 이것도 해석과 번역에 따라 판단이 달라지는 문제지만 말이다. 레녹스 지구본은 기원이나 제작자는 알려지지 않았으나 대충 1505년쯤에 만들어졌다고 알려진 물건이다. 지름이 12센티미터도 안 되는 그 작은 지구본은 속이 빈 구리 공의 겉면을 새긴 물건으로, 우리가 아는 한 세계 최초로 '문두스 노부스(Mundus Novus, '신세계'라는 뜻의 라틴어)'를 새겨둔 지구본으로서 현재 뉴욕공립도서관에 자랑스레 전시되어 있다. 물론 지금 우리는 그보다도 '히크 순트 드라코네스(HIC SUNT DRACONES, 여기에는 용이 출몰함)'라는 라틴어 문구에 더 관심이 많은데, 이 지구본에서는 적도 바로 아래의 '동인도(중국)'에 그 문구가 새겨져 있다. 어쩌면 지구본 제작자는 정말로 중국에 용이 산다고 생각해서 그 말을 새겨 넣었을 수도 있다. 그러나 산통을 좀 깨자면, 어떤 학자들은 그 문구가

'여기에는 다그로니안이 있다'고 번역할 수도 있다고 한다. 그렇다면 마르코 폴로(Marco Polo)가 『동방견문록』에서 언급했던 다그로니아 왕국의 식인 행위를 언급하는 표현일지도 모른다.

용이 지도에서 그림으로 등장하는 것은 또 다른 이야기로, 그런 경우라면 근사한 사례가 수두룩하다. 미국 역사학자 에린 블레이크(Erin C. Blake)와 동료들은 용이 등장하는(혀가 있는 전갈처럼 용을 빼닮은 피조물들도 포함시켰다) 고지도와 고지구본을 죄다 찾아서 목록으로 만들어 보았다. 여기에는 우리가 앞에서 만났던 1262년경의 〈시편 지도〉도 포함되어 있다. 지도의 맨 밑에 용이 한 마리 그려져 있기 때문이다. 블레이크에 따르면, 〈엡슈토르프 지도〉에도 아프리카 동남부 쪽에 '드라코'라는 단어가 적혀 있다.

블레이크는 지도가 아니라 문헌에서 그 문구가 언급된 사례들도 조사했는데, 그녀가 확인할 수 있었던 최초의 사례는 놀랍도록 후대의 일이었다. 1928년에 도러시 L. 세이어스가 발표한 「드래건의 머리를 찾는 박식한 모험」은 보물 사냥을 다룬 단편 소설인데, 그 속에서 한 등장인물이 웬 고지도에 '히크 드라코네스(hic dracones)'라는 문구가 적힌 걸 보았다고 말하는 대목이 있다.[27] 어쩌면 정말로 그는 보았을지도 모르겠다. 여태 그걸 발견하지 못한 우리가 딱한 것뿐일지도.

---

27) 도러시 L. 세이어스는 이 가능성 넘치는 문구를 아주 좋아했던 게 분명하다. 1918년에 출간한 시집 『가톨릭 이야기들과 기독교 노래들』에는 모든 사람이 염원할 만한 세계관을 보여주는 다음 구절이 나온다. '여기에는 우리가 벨 용이 출몰하고, 우리가 거둘 보상이 풍성하다. 만일 추구하다 쓰러지더라도, 그깟 죽음이란 대수롭지 않은 일이 아닐런가!'

제4장

베네치아, 중국, 달을 여행하다

그들은 어떻게 책상 앞에 앉아서
세계 최고의 지도 제작자가 되었나

어떤 지도는 자신이 있어야 할 곳에 있다. 헤리퍼드 〈마파문디〉는 헤
리퍼드 대성당에 있고, 아메리카 대륙을 처음 언급한 지구본(과 지도들)
은 미국으로 건너갔다. 그런데 가장 정교하고 중요한 세계 지도 중 하
나로 꼽히는 것이 베네치아의 싸늘한 계단통 위 어둑한 복도에 걸려
있다고? 그것도 말이 된다.

베네치아 산마르코 광장의 서쪽 구석으로 가서, 코레르 박물관
의 돌계단을 올라간 뒤, 16유로를 내고 들어가, 대리석과 주화와 지
구본이 가득한 전시실 열아홉 개를 슬렁슬렁 통과하면, 눈앞에 유리
문이 나타난다. 그곳이 마르차나 도서관이다. 1530년대에 설립된 그
시립 도서관은 원래 방대한 그리스 및 로마 필사본 컬렉션을 보관할
용도로 만들어졌다가, 나중에는 베네치아에서 출간된 책이라면 뭐든
지 한 부씩 보관하게 되었다. 그 도서관과 박물관 사이에, 유리 너머
로 구경할 수는 있지만 그 이상 접근하려면 안내원의 특별한 허가를

받아야만 하는 물건이 있다. 프라 마우로(Fra Mauro)라는 베네치아 수도사가 1459년에 만든 지도다(사실은 '프라'가 '수도사'라는 뜻이다 – 옮긴이). 당시 프라 마우로는 세상 어느 곳에 무엇이 있는지를 세상 누구보다 속속들이 꿰고 있었다.

마우로는 베네치아의 무나로 섬에서 살고 일했다. 마우로가 그곳에 지도 제작 공방을 세운 1440년대에도 벌써 그 섬은 유리 공예로 유명했다. 마우로는 일찍이 누구보다도 널리 세상을 여행했다. 그가 초기에 제작한 해도들과 무역로 지도들은 자신의 경험을 일부 반영한 것이었다. 그의 최대 걸작인 원형 세계 지도는 포르투갈의 아폰수 5세를 위해서 제작되었는데(양피지에 잉크로 채색했고, 지름은 약 2미터다), 원본은 소실되었지만 다행히도 베네치아 군주를 위해서 만들었던 복사본이 남아 있다.

그 세계 지도에는 지명이 3,000개 가까이 적혀 있고, 설명도 아주 많이 적혀 있다. 당시의 여느 지도처럼 강이나 지역의 위치가 틀린 부분이 많지만, 그래도 지리학의 걸작으로 부르기엔 손색이 없다. 마우로 세계 지도는 구세계와 신세계 사이에 걸쳐 있고, 세계를 하나의 '평면 구형도'로 묘사하던 중세 방식과 16세기에 등장한 이중 반구 도법 사이에 걸쳐 있기 때문에, 과도기의 지도로서도 결정판이라고 할 만하다. 이 지도는 옛 시절의 최후를 장식한 거대 지도였고, 액자에 담기자마자 역사가 될 운명이었다.[28] 당시 베네치아는 '유럽의

---

28) 프라 마우로의 세계 지도는 지도 제작 분야에서 하나의 이정표였을 뿐만 아니라, 천국의 죽음을 알렸다는 점에서도 중요했다. 둥글게 그려진 세상과 액자 사이의 공간에는 별들의 거리, 조수의 흐름, 원소 이론 등 갖가지 천문학적인 글과 그림이 배치되었다. 천국이 그려져 있기는 하지만, 세상에서는 떨어져 있다. 이제 에덴 정원은 인간이 거주하는 세계와는 분리되었다.

경첩' 역할을 잃어가고 있었다. 세계를 어항에 담긴 모습으로 묘사한 마우로의 관점도 곧 우위를 잃을 것이었다. 그로부터 몇십 년 지나지 않아 콜럼버스가 돛을 올릴 것이었고, 메르카토르는 항해사들을 유혹하듯 활짝 열린 바다가 그려진 지도 위에 콜럼버스의 항해를 기록할 것이었다.

이 지도가 베네치아에 있는 것이 타당한 이유가 더 있다. 마우로가 당시로서는 획기적으로 중국, 일본, 인도네시아 자바 섬을 지도에 그려 넣었던 것은 베네치아 출신의 모든 여행자를 통틀어 가장 유명한 마르코 폴로의 기록을 참고했기 때문이다. 폴로는 제노바 감옥에 1년간 갇혀 있을 때 자신의 여행담을 구술했다(투옥된 이유는 확실히 알려지지 않았다. 일설에는 1298년에 제노바를 공격한 베네치아 함선을 폴로가 후원했기 때문에 적들이 전리품 삼아 그를 가뒀다고 한다). 폴로의 보즈웰은 루스티켈로 다 피사(Rustichello da Pisa)라는 감방 동료였다(작가 새뮤얼 존슨의 전기를 씀으로써 누군가의 말을 듣고 기록하는 사람의 대명사가 된 제임스 보즈웰을 가리킨다 - 옮긴이). 그의 여행기 중 일부 내용은 후대에 진실을 의심받았지만(폴로는 이야기꾼으로 유명했으며, 로맨스 소설 작가였던 피사는 완벽한 대필자였다), 그 기록이 엄청난 영향을 미쳤다는 점만큼은 의심의 여지가 없다. 폴로의 책은 옛 프랑스어로 처음 인쇄된 1300년부터 지도 제작자들에게 영향력을 미쳤고, 그러다 150년 뒤에 베네치아 출판사들이 찍어내면서부터는 아예 당대의 가장 인기 있는 여행기로 등극했다. 리알토 섬의 상인들은 오늘날 우리가 기차 시간표를 확인하듯이 폴로의 책을 참고했다.

마르코 폴로의 여행담은 사실 근거가 거의 없다. 그 여행의 가치는 발견에 있다기보다(폴로 이전에도 여러 사람들이 놀라운 동방 여행을 수

옛것과 새것의 중간쯤에 해당하는 지도. 프라 마우로의 세계 지도를 뒤집은 모습이다.
왼쪽에 영국, 아일랜드, 유럽이 확실히 보인다. 육지를 뒤덮은 회색 얼룩은 글자들이다.

행했다) 기록에 있었다. 그의 여행담에 담긴 것은 탐험 자체가 아니라 탐험이 남긴 역사적 발자취고, 그 점에서 그의 책은 지도와 닮았다.

이야기는 1260년 무렵에 시작되었다. 베네치아 출신의 니콜로와 마페오 폴로 형제는 자신들이 무역 기지로 삼았던 크림 반도의 항구 도시 솔다이아를 떠나 오늘날 러시아의 볼고그라드에 해당하는 곳으로 향했다. 그곳의 몽골인들과 보석을 거래하기 위해서였다. 여행은 전쟁 때문에 늘어졌고, 형제는 중앙아시아의 부하라에 체류하는 동안 쿠빌라이 칸의 사절을 만나서 그의 초대로 칸의 궁정을 방문하게 되었다. 칸은 형제에게 언젠가 예루살렘 성묘 교회의 선교사로 활약할 로마의 교육자 100명을 데리고 다시 돌아오라고 권했다. 형제는 15년 만에 베네치아로 돌아왔는데, 니콜로는 아들 마르코를 이때 처음 보았다. 그로부터 2년 뒤, 이번에는 마르코까지 세 사람이 함께 동방으로 여행을 떠났다.

마르코 폴로의 여행 기록은(모두 피사의 기록이라고 해야 할지도 모른다) 성지에서 출발하여 카타이(중국 북부)에 있는 쿠빌라이 칸의 여름 별장에 다다른다. 폴로는 자신이 궁정에서 없어서는 안 될 존재가 되었다고 허풍을 떤다. 자신이 그래서 인도로 자주 파견되었다고 말하며, 귀국길에는 수마트라와 페르시아를 거쳐 유럽으로 돌아오기 전에 자바와 일본에 대해서도 알게 되었다고 주장한다. 그러나 『동방견문록』은 요즘 우리가 읽는 여행기들과는 전혀 다르다. 여정을 자세히 설명한 대목은 거의 없으며, 바다나 육지를 전혀 언급하지 않은 채 무역에 대해서만 이야기한 대목이 많다. 독자는 각 지역의 지리 못지않게 그곳에서 사파이어, 자수정, 실크, 향수, 향신료가 얼마나 나는지를 알게 된다.

일설에 따르면, 죽기 전에 폴로는 자신이 구술한 내용은 목격한 내용의 절반에도 못 미친다 말했다고 한다. 그러나 그가 정말로 실크로드를 완주했는지, 또한 일본에 가깝게 항해했는지에 대해서는 아직도 확실한 판정이 내려지지 않았다. 그러나 비록 그의 여정이 분명하지는 않아도, 엄청난 인기를 누렸던 그 책에 신비로운 나라들이 언급되었다는 점만으로도 15세기 유럽인의 세계관을 넓히는 데 크나큰 도움이 되었다. 『동방견문록』을 애지중지 소장했다고 전해지는 콜럼버스에게도 그 책은 목표이자 영감의 원천이었을 것이다.

그러나 폴로의 『동방견문록』에서 막대한 영향을 받은 사람으로 프라 마우로를 능가할 이는 없을 것이다. 마우로는 자신의 세계 지도를 뒤덮은 설명문에서 폴로를 여러 차례 언급했다. 폴로가 여행했던 시점과 마우로가 그 여행담을 시각적으로 표현한 시점 사이에는 200년의 세월이 있었지만, 그동안 다른 어떤 서구인의 탐험기도 카타이에 대한 폴로의 기록을 능가하지 못했다. 프라 마우로와 동료 안드레아 비안코는 폴로의 지명과 전설을 활용했으며, 또한 역시 폴로의 여행담에 기반하여 도제(Doge)[29]의 궁전에 그려졌던 벽화도 참고했을지 모르는데 그 벽화는 나중에 화재로 소실되었다. 지리학자 조반니 라무시오는 1550년에 쓴 글에서 폴로가 카타이에서 직접 그렸던 지도도 마우로에게 참고가 되었다고 말했지만, 그 지도가 실제 발견되지는 않았다.

폴로의 참신한 발견에 대한 프라 마우로의 열광적인 반응은 오늘날까지도 전염성이 있다. 마우로는 대도시 칸사이(Cansay, 항저우)가

---

29) 선거를 통해 뽑힌 옛 베네치아 공화국의 지도자를 일컫는 말.

베네치아처럼 물 위에 지어졌다고 썼고, 그곳에 1만 2,000개의 다리가 있으며 무려 90만 명의 인구가 산다고 적었다. 또한 양쯔 강의 장엄함에, 도자기와 생강과 대황이라는 이국적인 무역품에 감탄했다.

※　※　※

서양의 지도가 착취의 전망을 기대하면서 중국을 바라본 것은 당연한 일이었다. 그토록 거대하고 수익성 좋은 시장을 '연다'는 것은 최초의 실크로드 시절이나 지금이나 변함없이 매력적인 일이다. 한편 중국인 스스로가 중국을 본 모습은 마르코 폴로의 여행담을 프라 마우로가 해석한 지도와는 전혀 달랐다.

극동의 지도 제작 전통에 대한 자료는 2세기로 거슬러 올라간다. 당시 장형(張衡)이라는 학자가 크기와 축척을 수학적으로 표현하는 체계를 마련했다고 한다. 장형의 지침을 더욱 발전시킨 것은 배수(裴秀)였다. 관료였던 배수는 진나라의 공식 역사서인 『진서(晉書)』에 설명된 원칙에 따라 18장으로 구성된 지도책을 작성했다. 그는 직사각형 기본틀 위에 각도를 이루며 교차하는 선, 곡선, 직선을 그어 세계를 형상화했는데, 이것은 그 결과가 '자신의 형상을 조금도 숨길 수 없도록' 하려는 의도였다고 한다. 아쉽게도 지금은 장형의 지도도 배수의 지도도 남아 있지 않다.

지금까지 살아남은 최초의 중국 지도는 1137년의 것이다. 큼직한 석판에 새겨진 두 지도는 현재 시안의 베이린 박물관에 소장되어 있다. 넓이가 얼추 1제곱미터쯤 되는 두 지도는 중국 지도 제작의 전통적인 두 양식을 대변하는데, 그중 엄격한 격자 체계에 따라서 그려

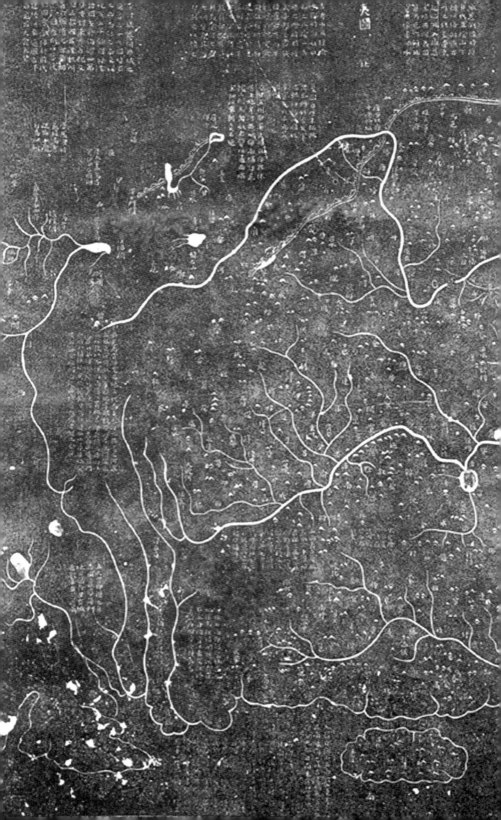

진 쪽은 오늘날의 제도사가 작업하는 제도판에 올려두어도 퍽 어울릴 것이다. 그보다 좀 더 고전적인 첫 번째 지도는 〈화이도(華夷圖)〉라고 불리는데, 이 이름은 '중국과 다른 나라들의 지도'라고도 번역할 수 있고 '중국과 오랑캐 나라들의 지도'라고도 번역할 수 있다. 중국이 세계에서 차지하는 위치를 표현한 이 지도에는 주석이 잔뜩 달려 있으며, 머나먼 지역의 강이나 해안보다는 지방의 행정 중심지들이 훨씬 더 두드러지게 그려져 있다는 점에서 묘사가 대단히 정치적이었다. 이것은 무역을 기록하는 지도가 아니었다. 관료 시험을 준비하는 사람들을 위해서 제작된 보조 교재였다. 여기에는 중국이 '중화(中華)', 즉 세계의 중심이므로 중국 황제는 '하늘 아래 모든 나라들을 다스린다'는 뜻이 담겨 있었다.

두 번째이자 좀 더 현대적으로 보이는 지도는 중국 외의 나머지 세상을 아예 없애버렸다. 〈우적도(禹跡圖)〉라고 불리는 이 지도도 실용적 목적보다는 교육적·역사적 목적에서 제작된 듯하지만, 여러 강의 위치와 흐름은 12세기 지도치고는 으스스하리만치 정확하다. 지도 전체에 격자가 그어져 통일성을 부여하는데, 작은 정사각형 하나의 변은 약 50킬로미터에 해당한다(그런 정사각형이 수백 개 있다). 프톨레마이오스의 수학적 지도 제작법과 비교해도 썩 뒤떨어지지 않을 뿐더러, 이후 수백 년 동안 서양 탐험가들이 사용할 해도들과 비교해도 이쪽이 훨씬 더 정확하다.

사실 중국에도 그들만의 프톨레마이오스가 있었다. 그가 비록 편협한 시각을 지닌 인물이기는 했지만 말이다. 다른 어느 나라보다도

돌에 새겨진 지리 정치학. 현재 시안에 있는 〈화이도〉는 중국을 세계의 중심에 두었다.

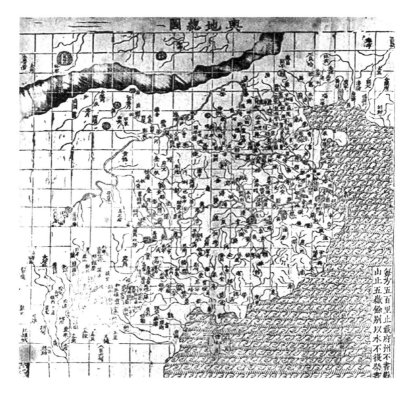

1555년경 그려진〈광여도(廣與圖)〉는 지금까지 남아 있는
주사본의 중국 지도 모사본들 중 가장 오래된 것이다.

지도가 권력의 도구로서 중요했던 나라에서, 주사본(朱思本)의 지도
는 향후 500년 동안 그려질 모든 지도의 공식적인 본보기였음은 물
론이거니와(처음에 사람들은 그의 지도를 놓고 탁본을 떴고, 나중에는 인쇄
를 했다), 중국인이 바깥 세상에 대해 품었던 두려움과 고의적인 무지
를 잘 보여주는 자료였다. 주사본의〈여지도(與地圖)〉는 당연히 제작
자의 고국에 집중했으며, 만리장성이 상징적으로 두드러지게 그려져
있었다. 더 넓은 세상에 대한 지식은 대개 아랍 상인들에게서 얻었는

데, 주사본은 그 내용의 진위를 의심하여 이렇게 썼다. '남해 남동쪽과 몽골 북서쪽 오랑캐 나라들이 끊임없이 우리에게 공물을 바치고 있지만, 그곳들은 너무나 멀기 때문에 직접 조사할 방법이 없다. 그런 나라들에 대한 이야기는 확실한 것이 없고, 확실한 이야기는 믿을 수가 없다. 따라서 나는 그런 나라들은 제외하겠다.'

※   ※   ※

이탈리아 북부로 돌아가자. 베네치아의 탐험 전통은 마르코 폴로 이후에도 길게 이어졌다. 프라 마우로가 세계 지도를 그린 지 40년이 지난 뒤, 영국 헨리 7세의 의뢰로 탐험에 나섰던 베네치아인 조반니 카보토(존 캐벗, John Cabot)는 신세계에 발을 디디고서는 영국 국기 옆에 베네치아의 산마르코 깃발도 함께 꽂았다. 그 아들 세바스티아노 카보토도 새로 발견한 도시를 자기 것으로 주장했고, 남아메리카의 일부 미답 지역을 탐험했으며, 어쩌면 북서 항로를 통한 무역로를 처음으로 발견한 사람들 중 하나였을 수도 있다. 역시 베네치아 토박이였던 알비세 데 모스토는 1450년대에 서아프리카 깊숙이 탐사했으며, 북대서양의 카보베르데 제도를 발견한 사람으로 인정된다.

이런 탐험들은 곧 베네치아에서 제작된 지도들에 반영되었다. 프라 마우로 세계 지도의 베네치아 복사본 제작을 도맡았던 안드레아 비안코는 부유한 귀족 상인들을 위한 항해 지도도 만들었다. 역시 생애 대부분을 베네치아에서 일했던 자코모 가스탈디(Giacomo Gastaldi)는 16세기 중엽에 신세계의 여러 지역을 최초로 지도화했다. 가스탈디는 도제의 궁전에 아시아와 아프리카를 묘사한 커다란 벽화를 그렸으며, 1548년에는 신세계와 구세계를 둘 다 포함하도록 변형시킨 프톨레마이오스 세계 지도를 출간함으로써 최초의 포켓용 지도책이라고 부를 만한 물건을 선보였다. 가스탈디는 지도 인쇄 분야에서도 기술적 혁신을 이루었다. 목판 대신 구리판을 썼던 것인데, 그러면 훨씬 더 세밀하게 표현할 수 있었다.

베네치아에서 의식 있는 지도 제작자가 많이 나온 까닭은 무엇이었을까? 그들의 지도가 온 유럽의 부러움을 받은 까닭은 무엇이었을까? 그것은 대체로 권력 때문이었다. 고귀한 공화국은 자기 도시뿐 아니라 자신의 통제가 미치는 모든 지역에서 공화국의 통치력과 부를 확고하게, 반박할 수 없게 과시하고 싶었다. 지도는 기록으로써 과시하는 한 방법이었던 셈이다. 그런데 그 이름난 지도 제작자들이 제 고향을 바라본 시선은 어땠을까? 오늘날 우리를 숨죽이게 하는 경탄스러운 감정을 그들도 똑같이 느꼈다. 마르코 폴로가 여행을 떠나는 시점으로부터 얼마 전에 작가 본콤파뇨 다 시냐(Boncompagno da Signa)는 베네치아를 이렇게 묘사했다. '(이 도시는) 다른 어디와도 비교할 수 없다……. 바다가 바닥이고, 하늘이 지붕이고, 물길이 성벽이다. 이 독특한 도시는 방문객의 말문을 막히게 만든다. 이런 곳은 달리 어디에서도 찾아볼 수 없고, 앞으로도 영영 찾아볼 수 없을 것이다.' 그러나 말로는 표현할 수 없어도 지도로는 묘사할 수 있을지 모른다.

베네치아를 그린 지도들 중에서 제일 유명한 작품이자 부산하고 흥미롭고 비잔틴적인 도시라는 이미지를 굳히는 데 얼마간 도움이 된 작품은 화가 겸 판화가 야코포 데 바르바리(Jacopo de' Barbari)가 1500년에 발표한 작품이었다. 그것은 거대한 목판 여섯 개로 구성된 대작으로서, 위에서 내려다본 베네치아의 모습을 묘사했다. 그 모습

베네치아의 항공 사진이나 다름없는 야코포 데 바르바리의 목판화.
항공 사진이 등장하기 수백 년 전에 제작되었다.

은 베네치아가 상인들의 무역 활동에 얼마나 편리한 도시인지를 잘
보여주었고, 도시가 깍지 긴 두 손처럼 생겼다는 인상, 또는 (더 유명
한 비유를 들자면) 괴물처럼 커다란 가자미를 닮았다는 인상을 굳혔다
(실제로 그렇게 생겼다). 데 바르바리의 지도는 베네치아를 위에서 내려
다보았다는 점에서 더더욱 주목할 만하다. 항공 사진술이 등장하여
조감도라는 것이 흔해진 때로부터 400년이나 앞선 시점에 제작된 조
감도였던 것이다.

　　그러나 무엇보다도 데 바르바리의 지도는 베네치아가 상상력의
장소라는 사실을 시사한다. 그 지도 속에는 베네치아가 신비로우면
서도 불가해한 도시라는 생각이 담겨 있다. 1500년이든 2012년이든,
베네치아는 관광객이 길을 잃는 도시다. 챙겨온 지도가 아무리 훌륭
해도 소용없다. 좁은 '칼레(calle)'와 혼란스러운 '세스티에레(sestiere)'

는 방향 감각 상실을 부추길 뿐이다('칼레'는 거리, '세스티에레'는 구라는 뜻으로 둘 다 베네치아의 독특한 구역 체계다 – 옮긴이). 이곳에서는 위성 항법 장치도, 휴대 전화에 담긴 디지털 지도도 소용이 없다. 관광객은 그저 걷고, 행운을 바라고, 묻고, 가리키는 수밖에 없다. 그러고도 (도시에서 유일한 격자인) 산마르코 광장의 네 귀퉁이를 벗어나면 방향을 잃을 것이다. 차들이 안 보인다는 사실을 의식하지 않게 된 지 한참이 지나고도, 곤돌라에서 바가지를 쓴 뒤 한참이 지나고도, 우연히 들어간 교회에서 찬란한 조르조네(Girgione)의 그림을 마주치는 경험을 한 지 한참이 지나고도 당신은 여전히 길을 잃을 것이다. 그래서 더 좋을 것이다. 지도화를 거부하는 매력적이고 오래된 그 특징은 벨리니(Bellini)나 카르파초(Carpaccio)의 작품 못지않게 당신을 과거로 끌어들이는 요소이니까.

※　　※　　※

이 이야기에서 중요한 장소가 한 군데 더 있다. 카타이보다도 훨씬 더 먼 곳, 바로 달이다. 1971년 2월 5일, 아폴로 14호의 우주 비행사 앨런 셰퍼드와 에드거 미첼은 지구에서 보이는 쪽의 달 표면에 착륙했다. 그들이 내린 곳은 운석 때문에 생긴 지름 300미터의 크레이터 옆이었다. 그들은 골프공을 치거나 펄쩍펄쩍 뛰어다니는 와중에 귀한 짬을 내어 암석 표본을 수집했는데, 그들이 가지고 돌아온 암석의 나이는 패서디나의 캘리포니아 공대 연구자들이 예상했던 것보다 약간 더 어렸다. 연구자들의 예상은 45억 년이었지만, 실제로는 39억 년이었다.

108

우주선이 착륙했던 장소에는 프라 마우로층이라는 이름이 붙었다. 지름이 80킬로미터로 달에서 가장 큰 크레이터 중 하나로 꼽히는 프라 마우로 크레이터의 이름을 딴 것이다. 프라 마우로 크레이터는 인간이 1969년에 최초로 착륙했던 장소인 '고요의 바다'처럼 아름답고 매끄러운 고리를 갖고 있진 않다. 국제천문연맹 사람들이 행성 명명 체계에 작지만 의미 있는 명칭을 하나 더 추가할 때 굳이 15세기 베네치아 수도사의 이름을 추천했던 이유가 무엇인지는 공식 기록에 남아 있지 않다. 그러나 우리는 그들이 프라 마우로의 작품을 좋아했던 지도광들이라서 그랬다고 추측해도 괜찮지 않을까.

제5장

미지의 대륙,
빈랜드의 수수께끼

콜럼버스보다 일찍
아메리카 대륙을 만났던 사람들

자신이 하는 일을 잘 안다면, 희귀 도서 및 지도 판매자는 돈을 많이 벌 수 있다. 그러나 자기 이름을 역사에 남기는 일은 좀처럼 없을 것이다. 로런스 클레이번 위튼 2세(Laurence Claiborne Witten Ⅱ)는 그 법칙에서 예외였다. 지도 판매상이었던 그가 발견한 지도는 세계에 대한 우리의 지식을 바닥부터 바꿔놓았다.

위튼은 코네티컷 주 뉴헤이븐에서 일했지만, 재고를 확보하기 위해 종종 유럽으로 여행을 떠났다. 1957년 가을, 그는 제네바에서 동료 중개인의 재고를 뒤적거리다가 심장이 쿵쾅거리는 물건을 발견했다. 피지에 그려진 조잡한 지도였는데, 콜럼버스로부터 약 500년 전에 고대 북유럽 탐험가들이 북아메리카 대륙을 발견하고 정착했음을 암시하는 내용이 그려져 있었던 것이다.

바이킹이 그곳으로 항해한 적이 있다는 이야기는 지리학계에 널리 알려진 전설이었으나, 지도 형태의 증거가 발견된 적은 없었다. 그런데 지금 그 증거가 나타난 것일지도 몰랐다. 지도에는 캐나다 뉴펀들랜드나 래브라도의 일부로 보이는 지역이 그려져 있었다. 그렇다면 그것은 구체적인 지역을 막론하고 신세계를 기록한 최초의 유럽 문서일 가능성이 있었다. 하지만 어마어마한 논란도 뒤따를 것이었다. 우리가 학교에서 배웠던 내용이 몽땅 거짓이었다고? 아니면 혹시 그 지도는 세계 최고의 지도 역사학자들을 속일 만큼 정교한 위조품일까? 위조품이라면, 누가 위조했을까?

〈빈랜드 지도(Vinland Map)〉이야기는 (1000년경 바이킹이 북아메리카에 붙였던 이름이 빈랜드 또는 와인랜드였기 때문에 이렇게 불린다) 지도의 역사를 통틀어 가장 중요하고 매혹적인 이야기로 꼽힌다. 이 이야기는 또한 지도의 낭만적이고 신비로운 매력을 완벽하게 보여주는 사례이자, 지도가 겉보기와는 사뭇 다를 때가 많다는 인상을 굳히는 일화다.

래리 위튼은 버지니아에서 담배 농장을 경영하다가 가구 제조업으로 업종을 바꾼 부유한 집안에서 태어났다. 그는 1951년에 뉴헤이븐에서 희귀본을 다루는 서점을 열었고, 중세와 르네상스의 훌륭한 필사본을 판매하면서 빠르게 이름을 알렸다. 그가 시장에 진출한 타이밍은 완벽했다. 당시 유럽의 많은 도서관과 수집가가 경제적 곤궁 때문에 귀중한 소장품을 팔아 치웠고, 전쟁 중에 약탈된 물건들은 거저나 다름없는 가격으로 중개인에게 흘러들었기 때문이다.

위튼이 신뢰했던 공급자 중에는 니콜라스 라우흐라는 스위스의

〈빈랜드 지도〉는
과거에서 온 진실한 목소리일까,
역사상 최고로 정교한 날조일까?
빈랜드는 맨 왼쪽에 있다.

한량이 있었다. 라우흐는 유럽의 외환 거래 제약이 심하던 시절에 거래를 주선했고, 제네바에 있는 자신의 살롱에 희귀본 거래자들을 모아 정보를 나누도록 도왔다. 거액의 거래를 앞두고 열리는 라우흐의 축하 파티는 놓칠 수 없는 자리였다.

라우흐에게 정기적으로 물건을 공급하는 사람들 중, 이따금 출처가 모호한 물건을 가져오는 엔초 페라욜리 데 리(Enzo Ferrajoli de Ry)라는 남자가 있었다. 전직 이탈리아 장교였던 페라욜리는 이탈리아, 스페인, 포르투갈, 스위스를 쏘다니면서 찾아낸 희귀 도서와 필사본을 '유통'시켜서 당장 손에 돈을 쥐는 업자였다. 1957년 9월, 위튼이 마침 라우흐와 함께 있을 때, 그 페라욜리가 피아트 토폴리노를 몰고 와서 새로 입수한 물건을 내려놓았던 것이다.

그때 나타난 희귀한 물건들 중 하나가 오늘날 〈빈랜드 지도〉라고 불리는 물건이었다. 지도는 가로가 41센티미터, 세로가 27.8센티미터였고 가운데가 세로로 한 번 접혀 있었다. 그리고 『타타르 이야기』라는 얇은 필사본에 딸려 있었다. 『타타르 이야기』는 프란체스코회 수도사 조반니 피안 델 카르피네가 1247년부터 1248년까지 몽골을 방문하고 쓴 여행기로, 그 책은 피지와 종이에 손으로 쓰여 있었다. 지도도 책도 1430년에서 1450년 사이에 만들어진 듯했다. 위튼이 처음 봤을 때는 현대적인 장정으로 묶여 있었지만 말이다.

만일 지도가 진짜라면, 두 가지 충격적인 사실을 알려주는 셈이었다. 첫 번째는 콜럼버스로부터 약 50년 전에 바이킹이 북아메리카로 항해했던 사실을 유럽인들이 알고 있었다는 사실이었다. 두 번째는, 지도에서 빈랜드가 그려진 부분에 고딕체로 깨알같이 적힌 설명을 참고하건대, 바이킹이 무한한 가능성을 품은 거대한 섬을 발견한 시

점 자체는 985년에서 1001년 사이라는 사실이었다.[30]

20세기 중엽에 스위스에 있는 친구의 가게에서 그 지도를 보고서, 위튼은 어떤 생각이 들었을까? 그는 흥분을 느끼면서도 일면 회의적이었다. 그가 보기에는 지도가 진짜 같았지만(지도 중개인들은 자신의 육감을 믿는다), 중세 지도에 관해서는 자신보다 훨씬 뛰어난 전문가가 많다는 사실을 잘 알았다. 그리고 당시에 그가 몰랐던 사실은 그런 전문가들 중 몇몇이 벌써 그 지도를 보고서 찜찜하게 느꼈다는 것이었다.

위튼은 지도와 그것에 딸린 필사본을 살 것인가 말 것인가를 두고 몇 시간쯤 고민했다. '당시 내가 위조가 아니라고 판단했던 근거들은 지금도 변함이 없다.' 위튼은 30년 뒤에 이렇게 썼다. 그의 설명에 따르면, 위조품은 보통 단박에 알아볼 수 있다. 게다가 위조에는 넘어야 할 장애물이 굉장히 많다. 우선 적당한 가죽, 올바른 필기도구, 적절한 성분으로 만들어진 잉크를 구해야 한다. 당대의 필기 양식과 언어를 완벽하게 구사해야 하고, 지도 제작에 관한 이론적, 실제적 지식을 든든하게 갖춰야 한다. 한 사람이 모든 기술을 다 갖고 있기란 극히 드물 테고, 여러 명이 팀을 이룬 경우라도 필요한 재료를 모

---

30) 전체 설명은 다음과 같다. '신의 섭리에 따라, 뱌르드니와 레이프 에이릭손은 그린란드에서 얼음을 헤치며 남쪽으로 내려가 서쪽 바다의 가장 머나먼 지역을 향해 오랫동안 항해한 끝에, 새로운 땅을 발견했다. 그들은 대단히 풍요롭고 심지어 포도나무까지 있는 그 섬을 빈랜드라고 이름지었다. 교황의 특사이자 그린란드 일대의 주교인 에릭은 신성한 파스칼 신부의 마지막 해에 전능하신 신의 이름으로 진정 방대하고 풍요로운 이 땅에 당도했다. 주교는 여름과 겨울을 모두 겪으면서 오래 머무른 뒤에 북동쪽으로 그린란드를 향해 항해했으며, 돌아가서는 곧장 겸허하게 복종하는 자세로 상부에 나가 고했다.'
발견이 985년에서 1001년 사이에 이뤄졌다는 말은 14세기에 여러 여행자의 이야기를 모아서 냈던 책에서 이들의 여행을 소개할 때 나온 말인데, 이론의 여지가 있다. 그리고 뱌르드니와 에이릭손은 함께 항해한 것이 아니라 따로따로 항해했을지도 모른다.

두 충당하려면 여간 어렵지 않을 것이다.

동기의 문제도 있었다. 누가 되었든, 엄청난 수고를 들여서 그토록 훌륭한 위조품을 만들 이유가 무엇일까? 어떤 금전적 보상이 있을까? 출처는 또 어디일까? 그 지도는 공개 경매에 나온 적이 한 번도 없었고, 이전에 중개인들끼리 거래한 기록도 전혀 없었다. 그것은 다락방에서 렘브란트(Harmensz van Rijn Rembrandt)의 그림을 발견한 것이나 마찬가지였다. 있을 법하지 않은 일이기 때문에 있을 법하지 않았지만, 아주 불가능하지는 않았다.

지도는 언뜻 지나치게 단순해 보일 만큼 간결했지만, 알고 보면 지도 제작에 관한 당대의 온갖 지식이 반영되어 있었다. 내용은 대부분 적어도 하나 이상의 중세 지도에서 베낀 게 분명했다. 중세인의 세계를 구성했던 세 대륙(유럽, 아시아, 아프리카)이 그려져 있었고, 북쪽이 위쪽이며, 대충 타원형이고, 사방은 바다로 둘러싸여 있었다. 그러나 필치는 조악하고, 지명은 많지 않았다. 도시는 겨우 다섯 개만 표시되어 있었다. 알렉산드리아, 로마, 예루살렘, 메카, 카이로. 제일 붐비는 대륙은 아시아로서 강과 산맥을 비롯한 여러 요소의 이름이 적혀 있는데, 그중 다수가 『타타르 이야기』에도 언급된 것들이었다.

영국은 서쪽으로 서머싯, 데번, 콘월이 툭 튀어나온 모습이라 확연히 알아볼 수 있었고, 아일랜드(이베르니아)와 와이트 섬의 형태도 알아보기 쉬웠다. 스코틀랜드는 아직 떠올리지 못했던 모양이지만, 그 너머에 셰틀랜드와 페로 제도로 보이는 작은 섬들이 흩어져 있었다. 국경은 없고, 채색이나 장식도, 알레고리나 우화적인 표현도 없었다. 그래도 이 지도는 몇몇 세부적인 지점에서 충격적일 만큼 정확한데, 그런 부분은 거의 틀림없이 직접 탐사한 내용을 반영한 결과였을

〈빈랜드 지도〉에 그려진 그린란드와 오늘날 그린란드의 윤곽.
15세기 제작자의 시도치고는 수상쩍을 만큼 정확하다.

것이다.

예를 들어 그린란드의 윤곽과 축척은, 비록 대륙에서 멀찍이 떨어진 섬으로 그려지기는 했어도, 요즘 지도의 윤곽선과 겹치면 오싹하게 들어맞을 정도로 정확하다. 이 점은 나중에 지도가 가짜임을 주장하는 강력한 근거로 거론되었다. 빈랜드는 오늘날 우리가 아는 북아메리카보다 훨씬 더 작게 그려져 있지만(세로 길이가 영국의 두 배에 불과하다), 동해안의 형태는 현대 지도와 얼추 비슷하다. 빈랜드가 그린란드 서쪽에서 살짝 내려간 지점에 존재한다는 사실은 표현상의 문제일 뿐이다. 양피지에서 서쪽으로 제일 멀리 나아간 지점이 거기였던 것이다. 제작자는 가죽의 크기에 제약되었고, 중세의 여느 제작자와 마찬가지로 빈 공간을 놔두기를 꺼렸을 것이다. 빈랜드에는 내륙으로 깊이 파고든 만이 두 개 있다. 빈랜드가 사실 빈랜드, 헬룰란드, 마크란드라는 세 섬으로 이루어졌음을 암시하는 것일 수도 있다.

그런데 무엇보다도 위튼의 마음을 찜찜하게 만든 것은 벌레 구멍이었다. 지도에도 문서에도 벌레 먹은 구멍이 나 있었지만, 위치가 서로 맞지 않았다. 두 물건이 동시에 만들어진 게 아니라면(필적은 둘 다 같은 사람이 쓴 것 같았다), 위조자가 애초에 벌레 구멍이 나 있었던 서로 다른 두 피지에 현대의 잉크로 지도와 문서를 따로따로 위조했단 말인가?

이런 의문이 떠올랐는데도, 위튼은 페라욜리에게 3,500달러라는 적잖은 돈을 주고 물건을 구입했다. 위튼은 2주 뒤에 집으로 돌아올 때까지 구입 사실을 아무에게도 밝히지 않았으나, 돌아오는 비행기에서는 더 참지 못하고 옆자리에 앉은 미국인 엔지니어에게 말해버렸다. 위튼은 자신이 탄 비행기가 구불구불 미국으로 날아가는 항로가(아이슬란드에 연료 주입차 기착했다가, 그린란드와 래브라도 남단의 상공을 난 뒤, 뉴펀들랜드에 두 번째로 기착했다) 옛 북유럽 탐험가들의 항로와 아주 비슷할지도 모른다는 사실을 깨달았다.

■　■　■

집으로 돌아온 위튼은 예일 대학에 있는 친구들에게 지도와 필사본을 보여주었다. 친구들도 벌레 구멍이 서로 일치하지 않는다는 점, 출처가 불명확하다는 점을 걱정했다. 심란한 수수께끼가 하나 더 있었다. 지도 뒷면에 '스페쿨룸의 첫 번째, 두 번째, 세 번째 부분에 대한 도해'라는 말이 적혀 있다는 점이었다. 대체 무슨 뜻일까? 이 문구가 모든 수수께끼를 풀 열쇠일 수도 있었다.

위튼은 그 지도가 논란을 일으키리라는 사실을 인식하고 있었고,

당시로서는 자신이 진위를 증명하기 위해서 할 수 있는 일이 없다고 판단했다. 페라욜리는 지도의 과거에 대해 더 상세한 정보를 주기를 거부했는데, 위튼은 자신이 그 문제를 더 추궁하면 꼭 집착하는 것처럼 보여서 비웃음을 살까 봐 두려웠다. 처음의 흥분이 잦아들자, 위튼은 그 문제는 잠시 내버려두기로 했다. 그는 지도를 판매 카탈로그에 올리지 않고 아내 코라에게 선물했다. 그래서 이후 2년 동안 지도는 위튼의 뉴헤이븐 집에 보관되었다. 가끔 손님을 저녁 식사에 초대했을 때 꺼내서 보여주곤 했지만, 폭발적 잠재력을 지닌 역사적 문건이라기보다는 호기심을 자아내는 수집품으로 여겼다.

시간이 흐르면서, 위튼은 자신이 친구네 가게에서 우연히 그 지도를 마주쳤던 게 위대한 발견은 아니라는 사실을 깨닫게 되었다. 세계 최고의 지도 전문가 중 적어도 두 사람이 이미 그 물건을 철저히 조사했다는 정보를 알게 된 것이었다. 위튼이 그 정보를 더 일찍 알았다면, 자신이 농간에 빠졌다고 믿을 수도 있었다.

위튼이 제네바를 방문했던 1957년 9월로부터 불과 몇 달 전, 〈빈랜드 지도〉와 『타타르 이야기』는 대영박물관에서 그곳 지도실 책임자인 R. A. 스켈턴(R. A. Skelton), 그리고 인쇄본 부책임자이자 마르셀 프루스트(Marcel Proust)[31]와 윌리엄 캑스턴(William Caxton)[32]의 전기 작가이기도 한 조지 D. 페인터(George D. Painter)의 검사를 받았다. 세상에 그 문건의 족보를 확인할 수 있는 사람이 있다면 그건 분명 그 두 사람이었다. 스켈턴은 꼼꼼한 전문가이자 중세 지도의 최고 권위자

---

31) 『잃어버린 시간을 찾아서』에서 인간 의식의 깊이를 추구하여 의식의 흐름 기법을 창시한 프랑스 소설가.
32) 영국에서 활판 인쇄 기술을 처음 개발한 인쇄업자, 번역가.

였으므로, 〈빈랜드 지도〉는 반드시 그의 승인을 받아야 했다. 그런데 어쩐 일인지 그는 자기 의견을 이후 8년이나 비밀로 지켰고, 심지어 자신이 그 지도를 봤다는 사실조차 숨겼다.

스켈턴과 페인터는 애초에 어떻게 그 지도를 봤을까? 페라욜리는 위튼에게 지도를 보여준 시점으로부터 적어도 3개월 전에 런던의 제일가는 중개상 어빙 데이비스에게 그 물건을 내보였다. 데이비스는 물건을 점검해보고 괜찮으면 구입한다는 조건으로 빌렸지만, 출처가 의심스러웠기 때문에 곧장 대영박물관으로 가져갔다. 그렇게 해서 며칠 동안 스켈턴과 페인터가 지도를 조사하게 되었다. 두 사람은 지도를 본떠 베끼기까지 했는데, 일반적으로 탐탁지 않게 여겨지는 행동이었다.

사실은 페인터도 스켈턴도 지도가 진짜라고 믿었다. 세월이 흐른 뒤, 페인터는 〈빈랜드 지도〉를 가리켜 '세계 역사와 아메리카 대륙 발견의 역사에서 이제껏 알려지지 않았던 순간을 가르쳐주기 위해서 중세가 우리에게 보내온 중요하고 진실한 메시지'라고 평가하며, '과거에서 온 진실한 목소리는 여전히 생생하게 살아 있으며 두 번 다시 침묵되어서는 안 될 것'이라고 말했다.

그러나 당시에 페인터와 스켈턴은 그 지도에 대한 자신들의 견해가 과거에 내렸던 어떤 결정보다도 더 큰 논란거리가 되리라는 사실을 잘 알았다. 스켈턴은 자신의 평판을 걸면서까지 그 지도가 진품이라고 보증할 마음은 내키지 않았다. 지도가 장물일지도 모른다고 걱정했을 수도 있다. 그래서 결국 지도는 데이비스에게 돌아갔고, 데이비스는 다시 페라욜리에게 돌려주었다.

위튼은 대영박물관 일화를 까맣게 몰랐으니, 그 지도가 진짜라고 믿는 사람이 자기 혼자라고 결론 내릴 수밖에 없었다. 그러나 1958년 겨울, 벼락같은 행운이 찾아왔다. 위튼은 비로소 자신이 세기의 지도를 구입했다는 사실을 확신하게 되었다. 발단은 예일대 도서관에서 중세 및 르네상스 문헌을 담당하는 학예사 톰 마스턴(Tom Marston)의 전화였다.

마스턴은 위튼에게 흥미로운 진품 필사본을 몇 점 입수했으니 보여주고 싶다고 말했다. 위튼은 처음엔 내키지 않았다. (위튼의 친구이자 정기적인 고객이었던) 마스턴이 자랑하려고 그러겠거니 생각했기 때문이다. 그래도 마지못해 새로 입수했다는 물건들을 구경했는데, 그 중 하나가 눈길을 끌었다. 도미니크회 수도사 뱅상 드 보베가 쓴 백과사전적 세계사 『스페쿨룸 히스토리알레』의 일부를 담은 필사본이었는데, 표지는 새로 댄 것 같았고, 심하게 닳은 장정은 15세기에 작업한 것 같았다. 위튼은 그 책의 고딕 필기체를 〈빈랜드 지도〉나 『타타르 이야기』의 필체와 비교해보면 괜찮겠다고 생각했다. '스페쿨룸'이라는 단어도 어쩐지 낯익었다.

위튼은 그 책을 하룻밤 빌려서 두 필사본을 비교해보았다. 희한하게도 두 필사본은 황소의 머리 모양을 한 워터마크(watermark)[33]가 같았다. 위튼은 1989년 10월에 이렇게 회고했다. '두 번째 엄청난 충격은 자를 손에 들었을 때 왔다. 두 필사본의 페이지 크기가 정확하게 같았던 것이다.' 게다가 본문 필체도 비슷했고, 여백을 준 방식도 같았다. 그러고도 한 가지 더 있었다. 그것이야말로 수수께끼의 마지막

---

33) 텍스트, 이미지, 비디오, 오디오 등의 원본 데이터에 본래 소유주만이 아는 표식을 사람의 육안이나 귀로는 구별할 수 없게 삽입하는 기술. 기존의 예술품에 화가의 도장이나 서명을 찍던 낙관이 현대적으로 변형된 것이다. 여기서는 낙관을 비유적으로 나타내는 말이다.

조각이었다. 벌레 구멍이 서로 일치했던 것이다. 『스페쿨룸 히스토리알레』 앞면의 구멍은 〈빈랜드 지도〉와 정확히 같은 위치였고, 뒷면의 구멍은 『타타르 이야기』와 정확하게 겹쳤다. 위튼은 한때 세 문서가 하나로 묶여 있었다고 결론 내렸다. '아드레날린이 치솟기 시작했다. 도로 합친 부분들은 서로를 보완했을 뿐더러 이제 어느 한 부분이라도 현대의 위조품일 가능성은 상상할 수 없었다.'

위튼은 그날 밤 마스턴에게 전화를 걸었다. 마스턴은 위튼이 1957년에 유럽에서 돌아온 뒤 처음 〈빈랜드 지도〉를 보여준 사람 중 하나였다. 마스턴은 그때부터 지도에 열광했지만, 그도 역시 엉뚱한 벌레 구멍이 신경 쓰인다고 했다. 그러나 이제 『스페쿨룸 히스토리알레』가 '샌드위치'처럼 중간에 끼었으니, 두 사람은 사건의 경과를 그럴싸하게 재구성해볼 수 있었다. 페라욜리는 원래 〈빈랜드 지도〉와 『타타르 이야기』, 그리고 『스페쿨룸 히스토리알레』를 동시에 손에 넣었다(그때 이미 분리되어 있었을 것이다). 그러나 그것들이 예전에 한 권이었다는 사실을 알아채지 못한 채, 『스페쿨룸 히스토리알레』만 런던의 어빙 데이비스에게 팔았다. 데이비스는 그것을 카탈로그에 올렸고, 카탈로그를 본 마스턴이 100파운드도 안 되는 가격에 사들였던 것이다.

다음으로 위튼과 마스턴은 지도가(세 부분 중에서 명백히 가장 값지고 중요한 부분이었다) 위조품일 가능성에 대한 갖가지 설명을 떠올려보았다. 위조자가 『스페쿨룸 히스토리알레』를 '향상시키기' 위해서(이 필사본의 진실성은 추호도 의심되지 않았다) 중세의 아무 필사본이나 골라(즉 『타타르 이야기』) 빈 장에 지도를 그린 뒤 하나로 엮었을 가능성은 없을까? 그러나 거기에는 그럴듯한 동기가 부족했다. 위조자가 기껏

래리 위튼(왼쪽)과 대영박물관의 전문가 R. A. 스켈턴.
스켈턴은 지도가 진짜라고 믿었지만, 자신의 평판을 거는 데는 신중했다.

그렇게까지 하고서 본문을 도로 떼어낸 이유를 도통 짐작할 수 없었기 때문이다. 그 본문이야말로 지도에 진실성을 부여하는 요소인데 말이다. 마스턴은 문서들이 다시 흩어지지 않도록 보장하기 위해서, 『스페쿨룸 히스토리알레』를 코라 위튼에게 증여했다. 마스턴은 훗날 이렇게 썼다. '내 입장에서 그 행동이 전적으로 돈키호테적인 짓만은 아니었다. 그 너그러운 조치 때문에, 나중에 혹시 위튼 부인이 지도를 팔기로 결정하면 우리 예일 도서관이 그 거취에 조금이나마 통제권을 행사할 수 있기를 바란 것이었다.'

이제 위튼과 마스턴은 자신들의 발견을 남들에게 차근차근 설득시켜 나갔다. 그들이 모두를 설득할 수는 없었지만, 그 지도에 유달리 매료된 사람이 한 명 있었다. 부유한 독지가이자 예일 졸업생인 폴 멜론이었다. 멜론은 〈빈랜드 지도〉가 진짜라고 믿었고, 자신이 그것을 익명으로 예일에 기부해서 좀 더 연구하도록 하고 그 결과 그것이 정말 진품으로 밝혀진다면 영구 전시하도록 하겠다는 뜻을 밝혔다. 그러려면 먼저 그가 지도를 소유해야 했다. 멜론은 코라 위튼에게 그녀의 남편이 치른 가격의 여든다섯 배인 30만 달러를 제시했다. 그녀는 수락했다.

그런데 곧 그 돈을 도로 물러줘야 할지도 모르는 상황이 발생했다. 1961년에 엔초 페라욜리가 사라고사 대성당에서 고서를 훔친 죄로 스페인 경찰에게 체포되어 구금되었던 것이다. 페라욜리는 감옥에서 18개월을 살고 가석방으로 나왔고, 위튼은 페라욜리와 성당의 거래는 모두 참사위원들의 축복하에 이뤄진 것이었다고 주장하면서 줄곧 그의 결백을 항변했다. 불확실한 몇 달이 흐른 뒤, 위튼은 페라욜리가 훔쳤다는 기나긴 물품 목록에 〈빈랜드 지도〉나 관련 필사본은 이름이 들어 있지 않은 것을 확인하고 한숨을 돌렸다.

■　　■　　■

이후 5년 동안, 세계 최고의 지도 전문가들이 비밀 엄수를 맹세한 채 〈빈랜드 지도〉의 온갖 측면을 파헤쳤다. 예일대는 온 유럽의 피지, 잉크, 장정 전문가에게 조언을 구했다. 대영박물관의 스켈턴과 조지 페인터는 예일로 날아와서, 한 작업에 들인 시간으로는 최고로 긴 시간을 그 문서를 점검하는 데 쏟았다. 톰 마스턴을 포함한 예일의 전문가들도 마찬가지였다. 그리고 마침내, 사람마다 확신의 정도는 차이가 있었지만, 다들 같은 결론에 이르렀다. 그들은 그 지도가 진짜라는 데 자신들의 명성을 걸기로 결심했다. 그리고 그 주장을 뒷받침할 두툼한 자료를 준비하기 시작했다.

예일대 도서관의 지도 담당 학예사인 알렉산더 오어 피에토르는 이렇게 적었다. '몇몇 중대한 역사적 문제에서는…… 단 하나의 새로운 문서가 발견됨으로써 기존에 정설로 인정되던 패턴이 심대하게 달라질 수 있다. 그런 문서의 출간은 피할 수 없는 의무다.' 피에토르는 자신은 소개하는 대상이 그렇듯 '극적으로 새로운' 물건이라고 주장하며, 자신이 이제 그 부담을 질 준비가 되었다고 말했다. 그는 〈빈랜드 지도〉가 '구체적인 지역을 불문하고 아메리카 대륙을 반박할 수 없을 만큼 확실하게 표시했던 지도들 가운데 우리가 아는 최초의 사례'라고 주장하며, 모든 증거와 모든 전문가의 의견이 '일말의 유보도 없이 이 필사본의 진실성을' 보증한다고 결론지었다.

지도와 두 필사본은 1965년 10월 9일에 대중에게 공개되었다. 예일대 출판부는 문서를 해독하고 그 기원을 짐작하여 분석한 300쪽짜리 해설서를 냈다. 지도와 책은 얼마 전에 막 문을 연 바이네케 도서관에 전시되었는데, 인상적인 외관을 자랑하는 그 신축 건물은 예일의 탁월한 희귀 도서 및 필사본 컬렉션을 소장하기 위해서 특별히 설계된 것이었다. 그렇게 하여 〈빈랜드 지도〉는 구텐베르크 성서 곁에 자리하게 되었다.

언론의 뒤이은 폭발적 관심은 작은 폭탄이 터진 것이나 다름없었다. 로런스 위튼의 회상에 따르면, '이탈리아 사람이나 이탈리아계 미국인은 한 명도 빠짐없이 웬 인간이 감히 콜럼버스에게서 신대륙 발견의 선취권을 강탈하려 든다며 분개했다. 예일대의 발표일이 하필 콜럼버스의 날 직전이었기 때문에 모욕이 더욱 가중된 것 같았다.' 위튼은 언론의 공세에 시달렸다. 기자들은 위튼의 집 대문을 두드리기까지 했는데, 1965년만 해도 그런 짓은 관행적인 취재 활동이 아니었다. 위튼은 기자들에게 사연을 있는 그대로 알려주었지만, 자신이 정확히 어디에서 어떻게 문서를 손에 넣었는지는 신중을 기하는 차원에서 밝히지 않았다.

지도의 진위를 증명할 의무는 당연히 그 진실성을 믿지 않는 사람들에게 넘어갔다. 이후 몇 년 동안 사람들은 지도의 재료와 출처에 관한 예의 익숙한 주장들을 들먹이면서 옥신각신했다. 1966년에 스미스소니언 박물관에서 관련된 내용으로 국제 학회가 열렸고 그 이듬해에는 대영박물관에서 추가로 분석이 이뤄졌지만, 별다른 변화는 없었다. 그러던 1974년, 지도에 대한 과학적 검사가 최초로 이뤄지면서 모든 것이 뒤집혔다.

현미경 분석 기술의 발전에 힘입어, 시카고의 선도적 연구업체 '매크론 어소시에이츠'는 지도의 잉크를 분석해보았다. 결과는 참혹했다. 월터 매크론과 루시 매크론 부부는 지도의 29군데 지점에서 잉크 미세 입자를 채취하여 분석한 뒤, 그 속에 티타늄이 아나타제의 형태로 3~50퍼센트까지 들어 있다고 발표했다. 문제는 순수한 이산화티타늄 염료인 아나타제가 1920년 무렵부터야 상업적으로 사용되었다는 점이었다. 분석가들은 위조자가 속임수를 쓴 방법도 알아낸 것 같다고 말했다. 먼저 황갈색 잉크를 칠하고 그 위에 검은 잉크를 칠한 뒤 전체적으로 함께 긁어내어 '퇴색한 잉크처럼 꾸민' 것이라고 했다. 월터 매크론은 자신이 검출한 아나타제가 중세 잉크에 들어 있을 가능성은 '넬슨 제독이 트라팔가 해전에서 썼던 기함이 호버크라프트(Hovercraft, 수륙 양용 배)일 가능성'에 맞먹는다고 표현했다. 예일은 마지못해 지도가 '현대의 위조품일 수도 있다'고 인정해야 했다.

위튼과 페인터를 비롯한 여러 관계자는 이 분석을 최종 선고로 받아들이지 않았다. 그들은 자신들의 육감과 역사적 근거를 믿었다. 그리고 〈빈랜드 지도〉는 이후 반격에 나서는 듯했다. 1985년, 전문가들이 다시 한번 지도를 분석했다. 그동안에도 과학은 발전하여, 캘리포니아 대학 데이비스 캠퍼스의 크로커 핵 연구소가 새로 장만한 자랑스러운 엑스선 기계가 이야기를 한 단계 진전시켰다. 연구소가 사이클로트론(cyclotron)[34]의 양성자 빔을 지도에 쏘여서 얻은 결과는 매크론의 보고서에 의문을 던졌다. 매크론이 시료로 썼던 잉크 입자들은 지도의 잉크 전체를 대변하지 못하는 것으로 밝혀졌기 때문이다. 데이비스의 과학자들에 따르면 티타늄 원소는 극미량만 검출될 뿐이었고, 그들이 조사한 영역의 절반가량에서는 아예 전혀 검출되지 않았다. 사이클로트론에서는 구리, 니켈, 코발트, 납 같은 다른 미량 원소도 스무 가지가 더 검출되었는데, 매크론이 대개 놓쳤던 그 원소들은 중세 잉크에는 흔했지만 현대 잉크에는 결코 포함되지 않는다고 말해도 좋은 천연 물질이었다. 게다가 문제의 티타늄은 구텐베르크 성서에서도 검출되었으며, 그것도 〈빈랜드 지도〉에서 검출된 양보다 더 많았다.

그리하여 지도는 다시금 활약에 나섰다. 또 한 번 국제 학회가 조직되었고, 예일대 출판부는 1965년에 지도를 공개하면서 펴냈던 해설서를 업데이트하겠다고 발표했다. 편집자들은 1995년에 출간된 개정판에서 그 해설서를 통해 '역사상 가장 중요한 지도학적 발견 중 하나가 복권되기를' 바란다고 말했다. 거의 40년 전에 대영박물관에

---

34) 수소·헬륨 따위의 가벼운 원자 이온을 가속시켜 원자핵을 파괴하고 인공 방사능을 일으키는 장치로, 원자핵 연구나 원자핵의 인공 파괴에 쓸 빠른 속도의 입자를 얻는 데 널리 쓰인다.

서 처음으로 〈빈랜드 지도〉를 검사했던 조지 페인터는 '과거에서 온 진실된 목소리는 여전히 생생하게 살아 있으며 두 번 다시 침묵되어서는 안 될 것'이라고 말했다.

그러나 어떤 전문가들은 여전히 회의적이었다. 아메리카나(미국의 역사와 문화에 관련된 각종 물건을 통칭하는 말로, 지도 분야에서는 아메리카 대륙이 표시된 고지도나 고서 등을 뜻한다 - 옮긴이)의 세계적 권위자인 윌리엄 리스(William Reese)는 〈빈랜드 지도〉를 여러 차례 조사한 뒤 '가짜일 가능성이 80퍼센트, 진짜일 가능성이 20퍼센트'라고 최종 결론 내렸다.[35]

2004년에 지도 역사학자 커스틴 시버(Kirsten Seaver)는 〈빈랜드 지도〉가 가짜임을 주장하는 것을 넘어서, 앞선 조사자들이 종종 간과했던 문제인 위조자의 정체에 대해서도 의견을 냈다. 시버는 오스트리아의 예수회 수도사였던 요제프 피셔(Josef Fischer)에게 비난(또는 공로)의 화살을 돌렸다. 피셔는 중세 지도와 바이킹의 탐험 역사에 정통한 전문가였는데, 시버는 피셔에게 금전적 소득보다 더 깊은 동기가 있었다고 주장했다(금전적 소득은 미미해 보인다). 그것이 일종의 복수였다는 것이다.

피셔와 동료 예수회 수도사들은 1930년대 중엽에 나치와 사이가 틀어졌다. 전쟁이 터지자 피셔는 살던 곳을 떠나 여러 차례 옮겨

---

35) 윌리엄 리스는 예일대의 바이네케 도서관에서 '아메리카를 창조하다'라는 제목으로 전시회를 열면서 또 다른 논쟁적인 지도 하나를 〈빈랜드 지도〉와 나란히 전시했는데, 그것은 니콜로와 안토니오 체노 형제가 감행했다고 알려진 항해를 표시한 지도였다. 어쩌면 체노 형제는 1380년 무렵에 북아메리카를 봤을지도 모른다. 형제에 관한 기록은 그로부터 200년 넘게 흐른 뒤 베네치아의 후손들이 지도로 기록한 것이 전부이지만 말이다. 그 지도에는 그린란드가 유럽 본토의 일부로 그려져 있다. 그러나 '에스토틸란드'와 '드로고'라는 흥미로운 문구가 삽입되어 있는데, 어쩌면 그것이 래브라도와 뉴펀들랜드를 뜻할지도 모른다.

야 했고, 결국 독일 남서부 바덴-뷔르템베르크의 볼페그 성에 정착했다. 어쩌면 피셔는 그곳에서 나치 학자들을 갖고 놀 요량으로 지도를 그렸을지도 모른다. 나치는 빈랜드 발견의 우선권이 북유럽인에게 있다는 지도의 주장을 승인하면서도, 그 발견이 로마 가톨릭의 교세를 확장하려는 욕망에서 추진되었다는 생각에는 실망했을 것이다. 그러나 선도적인 지도학 학술지 「이마고 문디」는 이 가설에 대해서 '기발하고 설득력 있다'면서도 증거는 거의 없다고 평가했다.

〈빈랜드 지도〉와 그에 딸린 필사본은 지금도 바이네케 도서관 카탈로그에서 가장 귀중한 소장품일지 모른다. 보험가를 책정하기 위해서 감정했을 때 가격이 2,000만 달러(약 224억 원)에 달했으니까 말이다. 그리고 우스울 만큼 줄여서 말한 표현이지만, 이 지도는 여전히 '상당한 논쟁의 대상'이다. 그러나 만에 하나 〈빈랜드 지도〉가 위조품이라도(확실히 알기는 영영 어려울지도 모른다), 그 지도의 진정하고 영속적인 가치는 진품이냐 날조품이냐 하는 문제를 넘어선다. 〈빈랜드 지도〉의 가치는 그 속에 담긴 이야기에 있기 때문이다. 빈랜드의 미스터리는 우리에게 보여준다. 지도는 우리를 매료시키고 흥분시키고 자극한다는 것, 역사의 경로에 영향을 미친다는 것, 또한 우리가 어디에 있었고 어디로 가는지에 관한 설득력 있는 이야기를 묵묵히 전달한다는 것을.

제6장

아메리고에 오신 것을 환영합니다

다시 부활한 프톨레마이오스의 세계

15세기 중엽, 피렌체의 학자 야코부스 앙겔루스(Jacobus Angelus)는 호메로스의 초기 그리스어 판본을 찾아 라틴어로 옮길까 해서 콘스탄티노플의 필사본 판매상들 사이를 어슬렁거리고 있었다. 그런데 그는 그 대신 더 귀한 것을 발견했다. 그가 발견한 것은 사람들이 세계를 바라보는 방식을 또 한번 바꿔놓을 작품이었다. 프톨레마이오스의 『지리학』이 세상에 돌연히 재등장했던 것이다.

앙겔루스가 번역하고 처음으로 인쇄술을 써서 제작된 프톨레마이오스의 책은 1475년, 비센차에서 지도가 딸리지 않은 형태로 출간되었다. 그러나 그 책이 당시에 가장 많이 팔리고 영향력이 큰 출간물로 부상한 건 2년 뒤 볼로냐에서 출간된 판본 덕분이었다. 이유가 뭐냐고? 그 판본은 총 61쪽 중 26쪽이 지도로서, 고대 지도를 현대 인쇄술로 구현한 최초의 지도책이었기 때문이다.

아랍 세계에서는 이미 8세기부터 프톨레마이오스의 작품이 유통

되었다는 증거가 있다. 그러나 15세기 이탈리아에서는 이야기가 달랐다. 『지리학』은 계시처럼 여겨졌다. 목판이나 구리판에 새긴 뒤 채색하여 시각화한 지도들은 아름다운 물건이기도 했으며, 게다가 프톨레마이오스의 지도에 정교한 카투시(지도의 테두리를 화려하게 장식한 부분 - 옮긴이), 식자(植字)한 지명, 발그레한 뺨으로 구석에서 후~ 하고 바람을 부는 천사 같은 장식들이 처음으로 보충되었다. 그것은 복잡하고 엄격하게 배치된 세계의 재발견이었다. 이후 도법은 바뀔 테지만(그리고 지리적 내용도 확장될 테지만), 이탈리아 르네상스의 절정기에 재창조된 프톨레마이오스의 세계관은 요즘 우리가 보는 지도에서도 그 흔적을 알아차릴 수 있을 정도로 후대 모든 지도의 본보기가 되었다. 마침내 그 지도에서 사람들이 실제로 살아가는 세계가 나타났던 것이다.

『지리학』의 재발견은 지도 제작의 황금기를 알렸다. 생생하게 교훈적이고 진정으로 흥미로운 새 판본의 프톨레마이오스 지도책은 지도가 예술인 동시에 과학이라는 새로운 개념을 구축했다. 또한 최초의 수집 열풍을 일으켜, 지도와 지구본은 부와 권세를 표현하는 수단이 되었다.

그런데 유럽에서 지도가 (특히 세계 지도가) 다시 중요하게 여겨지기까지 왜 그렇게 오랜 시간이 걸렸을까? 아마도 우연한 결과였을 것이다. 그때가 되어서야 비로소 인쇄 산업이 융성했고, 여행과 무역에 사용할 튼튼한 배가 등장함으로써 업데이트된 지도의 수요가 늘었고, 자금을 댈 새로운 은행가 및 상인 계급이 등장하는 등 여러 변화가 동시에 벌어졌기 때문이다. 지적인 이유도 있었다. 과거 수백 년 동안 지식의 추구는 겸손한 기독교인의 삶에 적합하지 않은 요소로

1507년 〈발트제뮐러 지도〉에 묘사된 르네상스 지도 제작의 상징,
클라우디오스 프톨레마이오스.

여겨졌지만, 르네상스기에 종교적 세계관이 덜 경건하게 바뀜으로써
이제 모두들 지식을 추구하기 시작했던 것이다.

이제 지도는 성당, 신전, 왕궁에만 있는 물건이 아니었다. 교회
가 중세 지도에 남긴 훌륭한 업적은 1459년 베네치아에서 완성된 프
라 마우로의 지도가 마지막이었다. 양피지에 손으로 채색한 마우로
의 지도와 현대적 인쇄술로 업데이트된 프톨레마이오스의 1470년대
판본만큼 그렇게 짧은 기간 사이에(20년 차이 밖에 나지 않는다), 그렇게
큰 대조를 보이는 문화적 물건이 만들어진 예는 또 없을 것이다. 마
치 과거의 수학적 지리학과 신기술이 결합함으로써 하룻밤 만에 온
세계가 현대화된 것 같았다.

그러나 이탈리아 부자들은 산뜻하게 인쇄된 프톨레마이오스의
지도를 골똘히 들여다보면서, 오늘날 자신들이 사는 세상은 고대 그
리스-로마 세계가 아니라는 깨달음을 떠올렸을 것이다. 머지않아 제

작자들은 기원전 150년부터 이뤄진 지리적 발견들을 반영한 현대적 지도들을 활용하여 프톨레마이오스 지도를 보완했다. 그중 가장 훌륭한 작품은 1482년에 아름슈타임의 요하네스 슈니처가 울름에서 인쇄한 작품이었다. 독일이 지도 제작에 중요하게 기여한 첫 사례였던 그 작품에는 새로운 목판 지도가 다섯 장 추가되었고, 인쇄된 세계 지도로서는 처음으로 그린란드를 포함했다.

그러나 제작자들이 그린란드보다 더 중요하게 처리해야 할 대상이 있었다. 바야흐로 유럽에서는 발견의 시대가 동트고 있었다. 세계를 열어젖히고 싶어서 안달 난 위대한 항해사들의 시대가 밝아오고 있었다. 바르톨로메우 디아스(Bartholomeu Diaz), 존 캐벗, 크리스토퍼 콜럼버스, 바스쿠 다가마(Vasco da Gama), 에르난 코르테스(Hernán Cortés)에게는 프톨레마이오스 지도가 그 특징적인 구조까지는 아니더라도 최소한 그 속에 담긴 내용만큼은, 금세 한계로 느껴질 것이었다. 예상 밖의 새로운 대륙이 시야에 흘러들어 온 만큼 더더욱.

❋ ❋ ❋

크리스토퍼 콜럼버스가 1492년부터 1504년까지 유명한 네 차례 대서양 횡단 항해에 나섰을 때 어떤 지도를 갖고 있었는지, 우리가 정확히 알 수는 없다. 그러나 아마도 프톨레마이오스의 최신 인쇄본, 마르코 폴로의 『동방견문록』, 파올로 달 포초 토스카넬리(Paolo dal Pozzo Toscanelli)의 편지는 갖고 있었다고 봐도 괜찮을 것이다. 피렌체의 의사이자 천문학자였던 토스카넬리는 몇십 년 전에 포르투갈 왕에게 보냈던 그 편지에서 아프리카 남단을 돌지 않고 서쪽으로 곧장 항해하면 아시아의 노다지에 더 쉽게 도달할 수 있다고 제안했다.

콜럼버스는 그 '탁월한 발상'을, 더불어 지구 크기를 심대하게 과소평가했던 토스카넬리의 계산 결과를 마치 자기 생각인 양 후원자들에게 제시했다. 콜럼버스가 스페인 궁정을 설득하여 후원을 얻어내는 데 성공한 이유가 바로 그것이었고, 그가 바하마 제도를 중국이나 일본으로 착각한 이유도 역시 그것이었다.

콜럼버스의 항해는 다들 잘 알 것이다. 그의 충격적인 오산(誤算)에 대해서도 아마 알 것이다. 콜럼버스는 토스카넬리를 좇아 리스본에서 일본까지의 거리는 약 1만 해리가 아니라 2,400해리에 지나지 않는다 주장했고, 일본에서 조금만 더 가면 거대하게 번쩍거리는 보석처럼 카타이 왕국이 나타나리라고 믿었다. 그러나 우리는 그를 비난하기 전에 당시 그가 '추측 항법'을 썼다는 사실을 잊지 말아야 한다. 나침반과 별자리라는 불안한 조합에 의지하여 항해하는 추측 항법으로는 정확한 경로를 측정하기가 불가능했다.[36]

1492년 8월 3일 금요일, 스페인 남부의 팔로스 데 라 프론테라 항구에서 콜럼버스가 마침내 닻을 올렸다. 그가 항해의 가치를 설득시키려고 유럽 여러 궁정을 돌아다닌 지 10년이 흐른 뒤였다. 포르투갈 왕은 디아스가 1488년에 희망봉을 돌아오자 동방으로 가는 바람직한 항로는 정해졌다고 믿었기 때문에 콜럼버스의 계획을 기각했다. 그래도 다행인 것은 오랜 설득 끝에 스페인의 이사벨 1세와 페르난도 2세 부부가 콜럼버스의 계획을 지지하게 되었다는 사실이다. 하지

---

36) 위도의 개념은 고대 그리스 때 확립되었지만, 시간에 따른 함수인 경도를 정확하게 측정하는 일은 18세기 말에 존 해리슨이 크로노미터 제작 대회에서 우승했다고 전해지는 때부터야 비로소 가능해졌다.

만 그것은 추밀원의 조언을 거스른 결정이었는데, 추밀원은 콜럼버스의 계산이 틀렸고 그의 요구가 지나치다고 주장했다. 결국 콜럼버스는 자신이 발견할 땅의 통치권과 천연 보물의 가치를 일부만 인정받고 나중에 그것을 가족에게 물려주는 정도로 합의했다.

콜럼버스는 배 세 척과 장정 아흔 명을 데리고 항해에 나섰다. 그의 망상이 깨지는 데는 긴 시간이 필요하지 않았다. 일본은 기대했던 시점에 나타나지 않았고, 콜럼버스는 그에게 속았다고 생각한 선원들의 반란을 진압해야 했다. 수시로 바뀌는 바람과 예상보다 훨씬 오래 걸린 항해 끝에(어떤 날은 하루에 150마일을 갔고, 어떤 날은 25마일밖에 못 갔다), 10월 11일 또는 12일에 이윽고 육지가 시야에 잡혔다. 콜럼버스는 바하마 제도의 과나하니라는 작은 섬에 상륙하여 그곳을 산살바도르(구세주) 섬으로 개명했다. 그는 자신이 아시아에 도달했다고 생각했기 때문에, 그곳에 사는 타이노 부족을 '인디언'이라고 불렀다.

콜럼버스는 며칠 동안 근처 섬들과 쿠바 북해안을 돌아다녔다. 처음에 그는 쿠바를 중국으로 착각했다. 이후 그는 스페인을 연상시킨다는 이유에서 '히스파니올라(Hispaniola, '스페인의 섬'이라는 뜻)'라고 이름 붙인 섬을 한 바퀴 돌았고, 폭풍우로 배 한 척이 침몰하는 바람에 아이티 만의 라나비다드에 선원 서른 명을 내렸다. 그것이 우리가 아는 한 유럽인이 아메리카 대륙에 정착한 최초의 사례였다.

첫 번째보다 길었던 1494년의 두 번째 항해에서 콜럼버스는 바하마 제도를 더 깊숙이 탐사했다. 그때도 그는 자신이 아시아 동해안에 있다고 믿었다. 세 번째 항해였던 1498년 8월 4일, 콜럼버스와 선원들은 현재의 베네수엘라에 해당하는 파리아 반도에 내림으로써 남아메리카 본토에 발을 들인 첫 유럽인이 되었다.

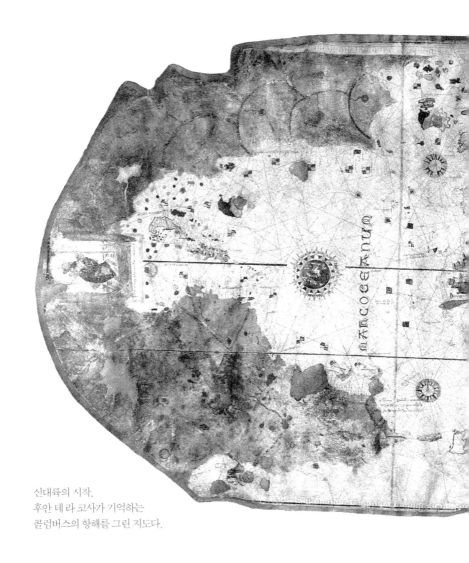

신대륙의 시작.
후안 데 라 코사가 기억하는
콜럼버스의 항해를 그린 지도다.

콜럼버스의 발견을 보여주는 최초의 지도는 그의 이야기만큼 유
명하지는 않다. 1500년, 콜럼버스와 함께 항해했던 스페인 바스크 출
신의 항해사 후안 데 라 코사(Juan de la Cosa)는 역사상 가장 유명하고

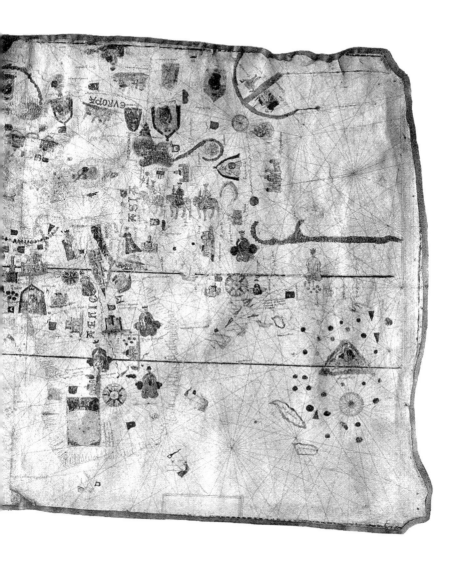

오래 기억되는 지도 제작자의 명예를 스스로에게 안겨주어야 마땅한 그림을 그렸다. 그런데 왜 현실에서는 그렇게 되지 않았을까? 라 코사의 작품이 300년 넘게 묻혔다가 1832년에야 파리에서 재발견되었

기 때문이다.[37]

크기가 99×177센티미터이고 여러 색깔의 잉크로 군데군데 채색된 데 라 코사의 지도는 신세계에 대한 순수한 경이감을 중세의 상징들과 결합시켰다. 지도에는 천막 속 왕좌에 앉은 왕들과 성채들이 보이고, 아시아를 총총 가로지르는 세 동방 박사도 등장하며, 나침반들의 몸체에는 그리스도 성탄화가 그려져 있다. 현재 마드리드의 해군 박물관으로 가면 유리에 깔린 이 지도를 볼 수 있는데, 이 지도는 다른 무엇보다도 중요한 이야기를 하나 더 들려준다. 동방으로 가는 일사천리의 서쪽 항로를 막아선 장애물 육지가 그려져 있는 것이다.

양피지 여러 조각을 이어서 만든 지도 속의 글과 그림을 다 보려면, 둘레를 찬찬히 한 바퀴 돌아야 한다. 구세계는 그럭저럭 정확하게 그려져 있다. 영국과 아일랜드가 확연히 식별된다. 아프리카에는 산맥이 그려져 있지만 특이하게도 동물은 없다. 인도가 새롭게 접근 가능한 장소로 그려져 있고, 바스쿠 다가마가 1498년에 그곳에 도착했다는 설명이 적혀 있다. 한편 신세계는 개인적으로 작성한 해도와 기억에 의존하여 그려졌다. 후안 데 라 코사는 1492년과 1494년에 산타마리아 호의 수석 항해사로서 콜럼버스와 함께 항해했으며, 이후에도 카스티야의 다른 배들로 항해했던 사람이기 때문이다.

이 지도는 〈포르톨라노 해도〉라는 지도 역사의 특수한 전통에 속하는 작품이다. 〈포르톨라노 해도〉는 유럽 선원들의 자석 나침반만큼이나 오래된 물건으로, 두 물건은 200년가량 서로 의존하면서 지중

---

37) 이 지도를 발견한 사람은 독일 탐험가 알렉산더 폰 훔볼트였다. 훔볼트는 지리학 분야와 한창 떠오르던 기상학 분야에서 이밖에도 숱한 업적으로 이름을 남겼는데, 가령 1816년에는 지표면에서 기온이 같은 지점들을 연결한 등온선 개념을 창안했다.

해 무역의 성장과 안전한 항해를 이끌었다. 항해사들이 해도에 서로 교차하는 직선(항정선)들을 그어 해상과 해안의 바닷길을 표시하기 시작한 것은 1300년 무렵부터였다. 모든 선은 나침반의 최대 32개 방위에서 뻗어나왔다('포르톨라노, portolano'는 항구와 관련된 단어였다). 항정선은 도로 지도 위의 도로처럼 실제로 갈 수 있는 길을 뜻한다기보다는 갈수록 담대해지는 선원들을 뒷받침하는 안전망으로 기능했다. 흡사 신화 속 영웅에게 길을 알려주었던 실꾸러미처럼, 뭍으로 돌아오는 길을 표시한 것이었다.

후안 데 라 코사의 지도는 〈포르톨라노 해도〉의 마지막 세대였고, 머지않아 세계를 좀 더 정확하게 투사한 인쇄본 지도가 〈포르톨라노 해도〉를 교체할 것이었다(항정선은 지구의 곡률을 고려하지 않기 때문에 짧은 거리에서만 정확하다). 데 라 코사의 지도는 특정한 무역 지역이나 해안 항로만을 담지 않고 전 세계를 묘사했다는 점에서 독특했다. 그래서 나침반이 여러 개 그려져 있었고, 나침반마다 각각 고유의 방향을 표시했다. 그러나 그 지도는 항해에 가져갈 지도는 아니었다. 그보다는 대단한 뉴스와 중요한 발견을 알리는 지도였다. 특히 북아메리카의 래브라도와 뉴펀들랜드 해안에 존 캐벗이 상륙했다는 소식은 깃발 그림과 더불어 '영국인이 발견한 바다'라는 문구로 지도에 또렷하게 표현되어 있다. 물론 이미 선주민이 살고 있었던 섬이라는 사실을 감안하면 '소유'니 '발견'이니 하는 단어는 거북하지만 말이다.

바하마 제도의 새로운 발견들은 약간 더 크게 표시되어 있다. 과나하니 제도, 라나비다드 정착지, 아이티의 마을 이사벨라. 마르티니크 섬과 과들루프 섬은 캐너벌 제도(The Cannibal Islands)라는 이름으로 묶여 있는데, 콜럼버스도 데 라 코사도 그곳에서 직접 식인 행위를

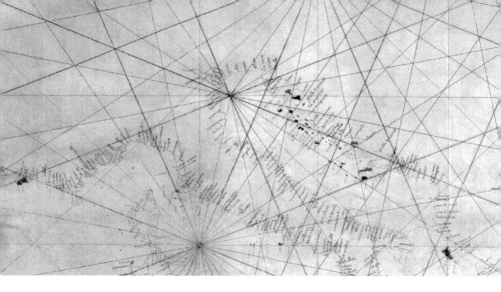

아프리카 해안을 묘사한〈포르톨라노 해도〉의 항정선들.
1492년경 제노바에서 그려진 듯하다.

목격했다. 지도의 맨 서쪽, 제일 폭 좁은 부분에는 기독교 도상학[38]이
남긴 잔재가 있다. 콜럼버스가 새 땅에 기독교를 전파했음을 상징하
는 의미에서 지팡이를 쥔 성 크리스토포로스가 그려져 있는 것이다.
지도 서쪽에서 바다가 끝나는 지점에는 커다란 초록색 호가 그어져
있는데, 짐작컨대 정체가 묘연한 풍요로운 육지를 의미한 듯하다. 데
라 코사가 실제로 그 땅을 확인했다면 틀림없이 카타이라고 잘못 이
름 붙였으리라.

　　그로부터 6년 뒤, 조반니 콘타리니(Giovanni Contarini)는 정확히 그
렇게 했다. 콘타리니의 원뿔형 세계 지도는 신대륙을 포함시킨 최초
의 지도이자 신대륙의 이름을 잘못 기재한 최초의 지도였다(콘타리
니의 지도가 로마에서 출간된 프톨레마이오스의『지리학』에 실렸기 때문에, 잠

---

38) 주로 기독교나 불교 미술 등에서 조각이나 그림에 나타난 여러 형상의 종교적 내용을 밝히는
　　학문.

간이나마 그의 그릇된 명명이 여기저기에서 활개 쳤다). 콘타리니는 쿠바와 카타이 사이에 지팡구(Zipangu, 일본)를 배치했고, 그 밑에 아프리카보다 크고 텅 비고 별다른 설명이 없는 또 다른 땅덩어리를 배치하고는 '테라 상 크루키스(Terra S Crucis, 성스러운 십자가의 땅)'라고 명명했다.

그러나 불과 1년 뒤, 세계는 영원히 바뀌었다. '아메리카'라는 단어가 처음으로 지도에 등장했다. 안타깝게도 그 단어의 유래가 된 인물 아메리고 베스푸치(Amerigo Vespucci)는 사실 대륙의 '발견'과는 아무런 관계도 없었지만 말이다.

2003년, 미국 의회도서관은 100년 동안 쫓은 물건을 구입하는 데 성공했다. 주요 작성자의 이름을 따서 〈발트제뮐러 지도〉라고 불리는 그 지도는 세계 각지를 보여주는 12개의 목판으로 이루어졌고, 그것들을 다 이으면 2.4×1.2미터쯤 되었다. 〈발트제뮐러 지도〉는 16세기 초에 1,000점쯤 찍은 듯하지만 지금까지 남은 것은 이 한 점뿐이었다. 의회도서관은 독일 소유자들과 지루한 협상을 벌인 끝에 무려 1,000만 달러를 주고 그 물건을 워싱턴 DC로 가져오기로 합의했다. 지도 하나의 가격으로는 역사상 최고 액수였다.

워싱턴 DC의 토머스 제퍼슨 빌딩으로 찾아가서 고요하고 어둑한 방에서 유리 밑에 전시된 지도를 본 사람들은 한눈에 그 돈을 쓰기를 잘했다고 인정했다. 〈발트제뮐러 지도〉는 역사상 가장 매혹적이고 역사적으로 중요한 지도 중 하나다. 헤리퍼드의 〈마파문디〉처럼, 이 지도는 아무리 쳐다봐도 물리지 않는다. 설령 내용을 온전하게 이해하지 못하더라도 말이다.

〈발트제뮐러 지도〉는 1507년에 만들어졌다. 그 작성자는 이 지도가 사람들을 어리둥절하게 만들 것임을 짐작했다. 작성자가 전한 몇몇 새로운 소식은 워낙 낯선 내용이었기 때문에, 그는 보는 사람들에게 부디 관용의 아량을 베풀어달라고 부탁하는 글귀를 지도에 적어두었다. 그를 비웃을 일이 아니었다. 이 지도에는 서반구에 생전 못 보던 대륙이 떡하니 그려져 있었으니까. 그러나 현대인에게 지도에서 제일 이상한 점은 아메리카 대륙의 존재가 아니다. 우리에게 최대 수수께끼는 왜 작성자가 새 대륙을 콜럼버스라고 부르지 않았는가 하는 점이다.

〈발트제뮐러 지도〉에 관해 알려진 사실은 변변치 않다. 지도는 프랑스 북동부 생디에 마을에서 만들어졌고, 주로 작성을 담당한 사람은 독일인 성직자 마르틴 발트제뮐러(Martin Waldseemüller)였다. 그리고 발트제뮐러와 함께 신학과 지리학을 토론했던 지적 모임인 김나시움 보사겐세의 친구들도 아마 거들었을 것이다. 지도는 원래 발트제뮐러와 마티아스 링만이 함께 쓴 『코스모그라피아이 인트로둑티오』라는 책의 일부였다. 책에는 작은 지구본을 만들 수 있도록 고어(gore, 지도를 세모꼴로 그리거나 인쇄한 것으로서 이것을 둥글게 구부려 지구본을 만드는데, 자세한 설명은 18장에 나온다 – 옮긴이)로 나뉜 훨씬 더 작은 세계지도가 하나 더 실려 있었고, 지리학과 기하학을 설명한 글들, 신세계 여행기들도 담겨 있었다.

〈발트제뮐러 지도〉에 표현된 지식은 이전의 어떤 지도도 능가할 만큼 상세했다. 지도는 대체로 프톨레마이오스 도법을 따랐지만, 아프리카와 인도 해안에 관해서는 최신 정보를 반영했다. 발트제뮐러는 여러 정보원과 최신 지도에 의존했다. 1492년에 콜럼버스가 첫 항해에 나선 시점으로부터 불과 몇 주 전에, 동포 독일인 마르틴 베하임(Martin Behaim)이 지구본을 제작한 일이 있었는데, 발트제뮐러는 틀림없이 그 지구본도 활용했을 것이다. 그러나 정작 베하임은 발트제뮐러가 지도에 아시아 해안까지 탁 트인 대양을 그려 넣은 것을 보았다면 깜짝 놀랐으리라. 그 해안은 명백히 태평양을 묘사한 것이었는데, 문제는 그 시점이 바스코 누녜스 데 발보아(Vasco Nuñez de Balboa)가 처음 태평양을 묘사한 때로부터 6년 전이었고 페르디난트 마젤란(Ferdinand Magellan)이 최초로 세계 일주에 성공하여 태평양의 존재를 증명한 1522년으로부터는 15년 전이었다는 점이다.

발트제뮐러는 어떻게 그 사실을 알았을까? 지도 제작자의 신들린 육감이었을까? 아니면 사라진 지 오래되어 우리는 모르지만 다른 탐험의 소식을 반영했던 또 다른 지도가 앞서 존재했던 것일까?

발트제뮐러의 또 다른 위대한 폭로인 새로운 서반구는 지도 왼쪽에 세로로 이어진 패널 세 장에 걸쳐 그려져 있다. 대륙의 형태는 가까스로 알아볼 만한 정도이고, 북아메리카와 남아메리카 사이에 지협[39]이 아니라 명백한 물길이 그려져 있는 것도 우리가 용서해야 할 것이다. 그러나 왼쪽 아래 구석에 외롭게 적힌 단어에는 우리도 놀라지 않을 수 없다. 그전까지 세계가 알지 못했던 그 단어는 '아메리카(America)'였다.

그 단어는 남아메리카 중부쯤 되어 보이는 땅 위에 적혀 있고, 그

---

39) 두 곳의 육지를 연결하는 좁고 잘록한 땅. 아시아와 아프리카 대륙을 연결하는 수에즈. 남아메리카와 북아메리카 사이의 파나마. 그리스의 코린트 따위가 있다.

12개 패널로 구성된 장대한 〈발트제뮐러 지도〉. 맨 왼쪽에 보이는 길쭉한 아메리카 대륙 덕분에 더 훌륭하다. 위에 그려진 두 인물은 프톨레마이오스와 아메리고 베스푸치다.

아래 글상자에 라틴어로 설명이 적혀 있는데, 설명문의 내용은 그 땅이 '옛날에는 전혀 언급되지 않았던' 존재라는 것, 지도 제작자는 '진

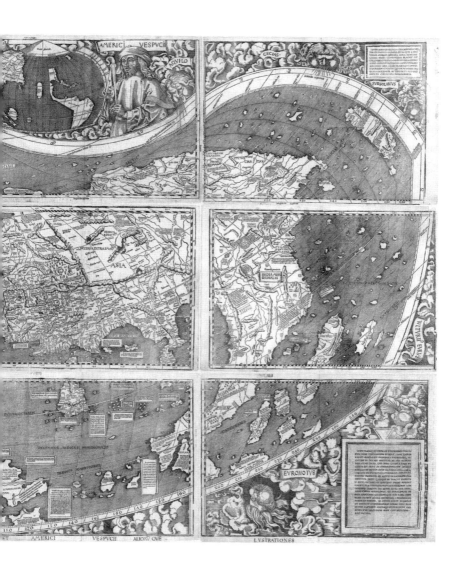

실하고 정확한 지리 지식'에 바탕을 두어 그 땅을 여기에 포함시킨다
는 것이다. 글상자가 그 속에 담긴 텍스트에 비해 제법 더 큰 점이 흥
미로운데, 어쩌면 더 상세한 설명을 적으려고 계획했다가 이루지 못

했을지도 모른다.

'아메리카'라는 단어는 아메리고 베스푸치의 이름을 딴 것이었다. 피렌체 출신으로서 능숙하되 그다지 대단치 않은 항해사였던 베스푸치는 원래 금융업에 종사했다. 그는 한동안 세비야의 은행에서 일했는데, 그 은행은 콜럼버스의 초기 항해에 일부 자금을 댄 곳이었고, 베스푸치는 그때 콜럼버스와 친구가 되었다. 베스푸치가 콜럼버스 때문에 탐험에 대한 열정을 품었을 가능성도 있다. 그러나 결국에는 둘 중 한 명만이 1497년에 항해에 나서서 베네수엘라 해안에 상륙할 것이었다.

베스푸치가 은행에서 일자리를 잃었던 1495년부터 남아메리카 행 스페인 선박에 탑승한 것으로 확인된 1499년 사이에 어디에서 무엇을 했는지는 기록이 없다. 콜럼버스가 파리아 반도에 상륙한 때로부터 1년도 더 지나서 출발했던 그 여행에서, 베스푸치는 스페인 정복자 알론소 데 오예다(Alonso de Ojeda)의 지휘 아래 있었다(후안 데 라 코사도 그 배의 승무원이었다). 어쩌면 오예다가 베스푸치에게 브라질 해안을 좀 더 항해해보라고 권했을지도 모른다. 말년에 베스푸치는 '지도 행정부'라고 부를 만한 부처에서 일했는데, 남아메리카 해안을 항해하는 많은 스페인 선박들에 해도를 제공하는 부서였다. 그가 1512년에 예순의 나이로 죽자 경제적으로 곤궁해진 미망인은 국가에 지원을 신청했는데, 그 죽음의 순간까지도 아메리고 베스푸치는(라틴어로 '아메리쿠스 베스푸티우스'라고도 불렸다) 자기 이름의 다른 형태가 자신을 불후의 존재로 만들어 주리라고는 꿈에도 생각지 못했을 것이다.

어쩌다 일이 그렇게 되었을까? 인쇄본으로 널리 나돌았던 두 통의 편지 때문이 아니었을까 싶은데, 둘 중 적어도 한 통이 1507년에 프랑스 북부에서 지도를 그리고 있었던 마르틴 발트제뮐러의 눈길을

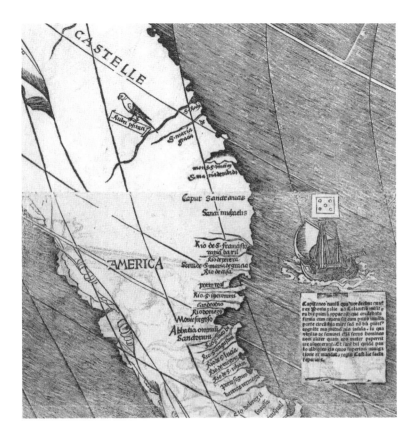

발트제뮐러가 붙인 이름표. 새로운 대륙과 새로운 이름이 모습을 드러냈다.

끌었다. 첫 번째 편지는 네 쪽짜리 원본의 복사본으로서, 확실히 베스푸치가 쓴 것으로 보인다. 1503년에 피렌체에서 출간된 그 편지의 내용은 1501년 여름에 남아메리카 해안을 항해했던 이야기다. 항해 자체는 별달리 중요하지 않았지만, 항해를 기록한 그 글은 중요했다. 베스푸치의 그 편지를 통해서 '신세계'라는 용어가 대중화되었기 때문이다. 또한 그 편지는 굉장히 매혹적이고 풍요로운 해안선, '우리가 아는 어떤 지역보다도 온화하고 쾌적한 기후'를 묘사한 최초의 기록이었다.

한편 1504년에 쓰인 베스푸치의 두 번째 편지는 피렌체 정부의 요직에 오른 어린 시절 친구에게 보낸 것으로, 32쪽에 걸쳐서 네 차례의 항해를 서술한 내용이었다. 베스푸치는 1499년에서 1502년 사이에 이뤄진 두 번째와 세 번째 여행에서 첫 편지에서 이야기했던 곳과 비슷한 해안을 탐사했다. 그러나 1503년에서 1504년까지 이뤄졌다는 네 번째 여행은 사실 실행에 옮겨지지 않았을 가능성이 높다. 베스푸치가 당시 스페인 땅에 머물러 있었다는 기록이 남아 있기 때문이다. 그야 어쨌든, 시끄러운 논란을 일으킨 것은 첫 번째 여행이었다. 편지에서 베스푸치가 자신이 콜럼버스보다 1년 앞서서 남아메리카 대륙을 밟았다고 주장했기 때문이다.

수사 과학적 기법으로 지도를 연구하는 역사학자 시모어 슈워츠(Seymour Schwartz)는 『잘못 그려진 아메리카』라는 책에서 베스푸치의 항해 기록이 '사기'라고 거리낌 없이 주장한다. 항해가 '실제로는 콜럼버스보다 1년 뒤인 1499년에 이뤄졌다는 사실을 철저히 왜곡한' 기록이라는 것이다. 그러나 누가 사기를 주동했는지 (또는 아예 편지를 위조했는지) 그리고 왜 그랬는지는 확실하지 않다.

편지가 위조라는 사실을 어떻게 알까? 슈워츠는 여러 면에서 증거를 제시했다. 베스푸치는 1500년에서 (아마도) 1504년 사이에 진본임이 틀림없는 편지를 세 통 남겼는데, 그중 하나에서는 자신이 콜럼버스보다 1년 뒤에 파리아 반도에 상륙했다고 분명하게 밝혔다. 그리고 슈워츠에 따르면, 알론소 데 오예다도 평생 베스푸치가 아닌 콜럼버스의 우선권을 지지했다. 또 다른 증거는 콜럼버스의 후손이 1516년에 스페인 재무부를 상대로 제기했던 소송 기록인데(콜럼버스는 유명해지긴 했지만 유산은 남기지 못했다), 재판에 나섰던 100명의 증인 중에서 콜럼버스가 남아메리카에 처음 발 들인 사람이라는 사실을 반박한 이는 한 명도 없었다.

만일 그렇다면, 발트제뮐러의 오판이 더욱 의아하게 느껴질 수밖에 없다. 발트제뮐러는 지도 꼭대기에 베스푸치의 초상을 그려 넣어 영예를 바쳤는데, 그 외에 지도에 등장하는 인물은 맞은편에 그려진 프톨레마이오스뿐이다. 지도에는 두 개의 지구본도 그려져 있는데, 프톨레마이오스 곁에는 동반구라고 알려진 오래된 지구가 있고 베스푸치 곁에는 서반구라고 불린 새로운 지구가 있다. 더구나 베스푸치의 이름은 '프톨레마이오스의 전통과 아메리고 베스푸치를 비롯한 다른 사람들의 여행담에 따라 그린 지구'라는 지도의 정식 제목에도 들어가 있다. 그러니까 크리스토퍼 콜럼버스는 그 '다른 사람들' 중 하나인 셈이다. 발트제뮐러는 지도를 소개하는 글에서 전혀 미안하지 않은 어투로 자신이 '발견한' 대륙의 이름을 다음과 같이 정당

발트제뮐러의 지도에 그려진 아메리고 베스푸치. 옆에 새로운 서반구가 보인다.

화했다. '유럽과 아시아는 둘 다 여성에게서 이름을 땄으니[40], 이 지역만큼은 뛰어난 능력의 소유자였던 발견자 아메리고의 이름을 따서 '아메리고의 땅'이라는 뜻의 아메리게, 혹은 아메리카라고 부르는 데 반대할 사람이 없으리라 생각한다.'

그러나 불과 몇 년 뒤에 발트제뮐러가 자신의 선택을 후회했음을 보여주는 증거가 있다. 1513년에 발트제뮐러는 새로운 지도들을 더한 프톨레마이오스 지도책 초판을 스트라스부르에서 출간했는데, 그 중 신대륙을 보여주는 페이지에서 남아메리카에는 '테라 인코그니타'라는 이름이 붙어 있으며 '이 땅과 근처 섬들은 카스티야 왕의 재가로 파견된 콜럼버스가 발견했다'라고 번역되는 글귀도 함께 적혀 있다. 이번에는 발트제뮐러가 오히려 베스푸치를 언급하지 않았던 것이다. 그로부터 3년 뒤, 발트제뮐러는 '카르타 마리나'라는 12쪽짜리 새 세계 지도를 펴내면서 이번에는 두 사람을 동등하게 취급했다. 이제 두 사람의 이름이 모두 설명문에 나왔지만, 남아메리카의 이름은 어느 쪽에도 공을 인정하지 않는 새 이름으로 바뀌었다. '테라 노바' 또는 '테라 파파갈리(앵무새의 땅)'라는 이름이었다.[41]

하지만 이미 늦었다. 아메리카라는 이름은 벌써 다른 지도들에 등장하기 시작했다. 특히 페터 아피안(Peter Apian)이나 오롱스 피네(Oronce Finé)가 대량 생산했던 지도는 당대에 큰 영향력을 미쳤다. 그리고 이후에도 영원히.

---

40) '유럽'이라는 명칭이 그리스 신화 속 페니키아의 왕녀 이름인 '에우로페'에서, '아시아'라는 명칭은 프로메테우스의 부인 이름인 '아시아'에서 유래되었다고 보는 주장을 가리킨다.

41) 이런 이야기에는 거의 필연적으로 흥미로운 여담이 따라붙게 마련인데, 이 이야기도 예외가 아니다. 〈발트제뮐러 지도〉는 수백 년 동안 사라졌다가 1901년에서야 독일 남부 볼페그 성에서 재발견되었다. 그런데 어쩌면 바로 그 성에서 불과 수십 년 뒤에 요제프 피셔가 〈빈랜드 지도〉를 위조했을지도 모른다.

잘못 지어진 이름인 '아메리카'에 대해서 이후 500년 동안 사람들은 경악스럽다는 반응과 재미있다는 반응을 둘 다 보였다. 17세기 스코틀랜드의 중요한 지도 제작자였던 존 오길비(John Ogilby)는 '아메리카라는 이름이 아프리카라는 이름과 잘 어울리기' 때문에 베스푸치가 '요행히' 콜럼버스보다 선호되었을 것이라고 짐작했다. 그게 사실이든 아니든 우리는 또 다른 이야기를 하나 더 들면서 지도상의 엉뚱한 이름에 대한 이야기를 마무리하자. 스페인 정복자 에르난 코르테스의 사연이다.

코르테스는 지도 역사에서 중요한 위치를 차지하는 인물이다. 그는 인쇄본 지도로서는 최초로 멕시코만을 표시한 지도를 작성했고, 제작 시기가 알려진 지도로서는 최초로 '플로리다'라는 지명이 등장하는 지도도 작성했으며, 아메리카 대륙의 도시에 대한 도면을 최초로 작성하고는 그곳을 '테믹스티탄(Temixtitan)'이라고 명명했다(현재의 멕시코시티 자리다). 그러나 코르테스의 이름이 지도 세계에 영원히 남게 된 것은 그가 또 다른 장소를 명명했던 다른 일화 때문이었다.

1519년, 코르테스는 멕시코 상륙을 앞두고 선주민 몇 명을 자기 배로 초청해 대화를 나눴다. 그러다가 자신이 곧 약탈하려는 장소의 이름을 그들에게 물었는데, 한 남자가 "마 쿠바 단"이라고 대답한 것을 코르테스와 부하들은 '유카탄'이라고 알아듣고 지도에 그렇게 적어 넣었다. 그로부터 정확히 450년이 흐른 뒤, 마야어 전문가들은 이 일화를 확인해보고 사실을 알아냈다(물론 어차피 꾸며진 이야기일지도 모른다). '마 쿠바 단(Ma c'ubah than)'은 '무슨 말인지 모르겠네요'라는 뜻이라는 것을.

캘리포니아는 섬이다?

'비치 보이스' 이전에도, 할리우드 이전에도, 심지어 골드러시 이전에도, 캘리포니아는 미국의 나머지 지역과는 확연히 다른 장소였다. 그곳은 사실 섬이었다.

요즘 우리는 캘리포니아가 오리건, 애리조나, 네바다 주에 단단히 붙은 땅이란 걸 잘 안다. 지도에서 봤으니까. 샌디에이고 남부도 결국 멕시코의 바하칼리포르니아 주로 편입되었지만 본토에 단단히 붙어 있기는 마찬가지다. 그러나 1622년에는 상당히 황당한 일이 벌어졌다. 81년 동안 공식적으로 거대한 땅덩어리에 붙어 있었던 캘리포니아가 그 순간부터 섬처럼 자유롭게 떠다니기 시작했던 것이다. 그것은 정치적 의지에 따른 급진적 조치가 아니었고, (어느 조각가의 손이 미끄러졌다거나 하는) 한 사람의 실수도 아니었으며, 그저 지도 제작자들의 오판이 지속적으로 이어진 사건이었다. 그런데 더욱 이상한 점은 캘리포니아를 한 바퀴 완전히 돌아보려고 시도했던 항해사들이 (틀림없이 너무나 당황스러워하면서) 족족 실패한 뒤에도 오류가 오랫동안 지도에 남아 있었다는 사실이다.

'캘리포니아(California)'라는 이름이 처음 지도에 나타난 것은 1541년이었다. 에르난도 데 알라르콘의 항해에서 키를 잡았던 도밍고 델 카스티요가 멕시코의 일부로 지도에 그려 넣었는데, 이때는 반도로 제대로 그려져 있었고 이름도 적혀 있었다. 캘리포니아가 인쇄된 지도에 처음 등장한 것은 1562년으로, 스페인 키잡이 겸 도구 제작자 디에고 구티에레스(Diego Gutierrez)가 역시 반도의 끄트머리에 그 이름을 적어두었다. 복작복작 아름답게 신대륙을 묘사한 구티에레스의 지도에서, 캘리포니아는 몹시 사소한 세부 항목에 지나지 않았다. 크기가 107×104센티미터인 구티에레스의 지도는 당시 신대륙을 묘사한 지도들 중에서 제일 컸는데, 어쩌면 구티에레스가 죽고 나서 히에로니무스 더콕이라는 화가가 제작했을 수도 있다. 더콕은 상상력 넘치는 설정을 대단히 좋아했던 화가였음에 분명하다. 지도 속 바다에는 거대한 배들과 범례들이 붐비고, 포세이돈이 바다에서도 달릴 수 있는 전차를 몰고 있으며, 고릴라를 닮은 커다란 피조물이 물고기로 식사를 하면서 파도를 가른다. 브라질에서는 끔찍한 일이 벌어지고 있다. 원주민들이 인육을 잘라 나무에 매달아 숙성시켰다가 구워 먹는 장면이 그려져 있다.

캘리포니아는 이후 60년 동안 본토에 붙은 모습으로 그려졌으나, 어느 순간 태평양으로 떨어져 나와 이후 200년 넘게 지도상의 섬으로 행세했다.

우리가 알기로 캘리포니아가 처음 섬으로 등장한 것은 1622년이었고, 스페인에서 나온 『이스토리아 헤네랄』이라는 책의 제목 페이지에 포함된 지도에서였다. 2년 뒤, 아브라함 호스(Abraham Goos)라는 네덜란드인이 그린 지도에서는 캘리포니아가 '페르메이오 해'와 '수르 해'에 포위된 채 바다에 떠 있었다. 그러나 뭐니 뭐니 해도 섬으로서의 캘리포니아를 가장 널리 알린 것은 1625년에 런던에서 '북부 아메리카'라는 제목으로 출간된 지도였다. 그 지도는 수학자 헨리 브리그스(Henry Briggs)가 북서 항로 수색에 관해 쓴 글에 딸린 것이었는데, 브리그스는 북극을 향해 널따랗게 펼쳐진 미답의 빈 공간에 자기 지도의 멋진 요소를 선전하는 문구를 써넣었다. '뉴펀들랜드, 뉴잉글랜드, 버지니아, 플로리다, 뉴스페인…… 저 서쪽으로는 널따랗고 풍요로운 캘리포니아까지 포함했음.' 지도에서 아메리카 대륙 동해안을 보면, 플리머스와 케이프코드는 매사추세츠 주에 표시되어 있지만 아직 보스턴은 없다(맨해튼도 없다. 인쇄된 지도에서 맨해튼이 처음 언급된 것은 5년 뒤 요아너스 더라트가 제작한 지도에서였고, 당시 이름은 '만하터스'였다).

오해는 수십 년 동안 이어졌다. 그것은 오늘날의 위키피디아 오류에 견줄 만한 17세기판 사건이었다. 위키피디아에 오류가 있을 경우, 웬 똑똑한 사용자가 용케 눈치채고 과감하게 수정할 때까지 무수히 많은 아이가 학교 숙제에서 그 오류를 고스란히 반복하지 않는가. 1995년, 글렌 맥러플린과 낸시 H. 메이요는 캘리포니아지도협회의 의뢰를 받아 골든 스테이트(Golden State, 캘리포니아 주의 별명)가 둥둥 뜬 섬으로 그려진 지도를 모두 모아보았는데, 총 249점이었다(세계 지도는 포함하지 않았다). 그 지도들의 제목은 다른 가능성이라곤 없다는 듯 하나같이 자신만만했다. 어떤 지도는 '새롭고 가장 정확한 아메리카 지도'라고 주장했고, 어떤 지도는 '가장 최신에 이루어진 가장 훌륭한 관찰에 따라 그린 아메리카'라고 다짐했다. 특히 프랑스 역사학

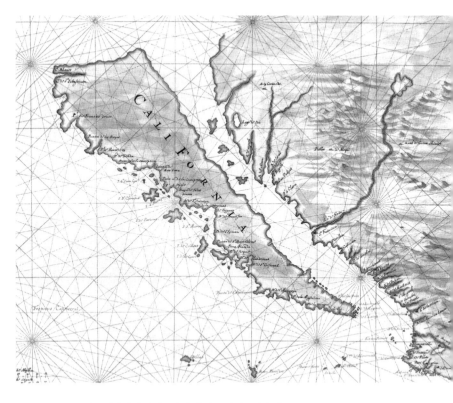

1650년 네덜란드 지도에서 바다에 행복하게 떠 있는 캘리포니아 섬.

자 니콜라 상송(Nicolas Sanson)은 1650년에서 1657년까지 캘리포니아를 섬으로 묘사한 지도를 여러 점 출간했는데, 그 지도들은 네덜란드어와 독일어로 번역되어 이후 50년 동안 브리그스의 지도 대신에 가장 영향력 있는 미신 제조자로 활약했다. 그러나 상송의 지도는 더 새롭고 진실한 발견들도 선전했다. 가령 오대호의 다섯 호수를 모두 표시한 것은 상송의 지도가 처음이었다.

캘리포니아를 본토에 붙은 모습으로 그린 새 지도들이 나오고서도(제일 중요한 것은 예수회 수도사 에우세비오 키노의 사적인 기록에 딸린 1706년 지도였다), 섬은 잊을 만하면 불쑥불쑥 나타났다. 결국 섬을 말살한 것은 스페인의 페르난도 7세가 1747년에 내린 칙령이었다. 칙령은 '캘리포니아는 섬이 아니다'라는 명료하기 그지없는 선언으로 북서 항로의 가능성을 전면 부인했다. 그러나 뉴스는 더디게 전달되었다. 캘리포니아는 1865년까지도 일본에서 만들어진 지도에서 섬으로 등장했다.

그런데 애초에 어쩌다가 그런 소동이 시작되었을까? 지도학적 진원지는 1602~1603년에 세바스티안 비스카이노와 함께 서해안을 항해하면서 일기를 썼던 카르멜화 수도사 안토니오 데 라 아센시온(Antonio de la Acensión)에게로 거슬러 올라간다. 그는 그때의 여정을 20년 뒤에 지도로 그렸는데, 바로 그 그림에서 캘리포니아가 섬나라로 나와 있었다. 그 지도는 스페인으로 보내졌으나, 도중에 배가 네덜란드에 나포되는 바람에 암스테르담에서 여행을 마쳤다.

1622년 런던의 헨리 브리그스는 바로 그 캘리포니아 지도를 보았다고 기록했고, 얼마 지나지 않아 '홀란드 사람들이 확보한' 지도를 베긴 브리그스의 지도는 동판에 인쇄되어 전 세계를 여행하기 시작했다.

제7장

메르카토르가
대체 무슨 소용이지?

세계를 바라보는 매우 다양한 방법

그는 커다란 해도를 하나 샀는데,

육지라곤 찾아보려야 찾아볼 수 없는 지도였다.

선원들은 매우 기뻐했다. 그것은

자신들이 속속들이 이해할 수 있는 지도였으니까.

"메르카토르 도법의 북극점이니 적도니,

회귀선이니 열대니 자오선이니 따위가 다 무슨 소용이지?"

그렇게 종잡이가 외치겠지. 그러면 선원들은 화답하겠지.

"그런 건 다 진부한 기호일 뿐!"

"다른 지도들은 섬이니 곶이니 온갖 형상들이 그려져 있지만,

고맙게도 우리에게는 용감한 선장이 있어."

(그렇게 선원들은 주장하겠지) "최고의 지도를 사다주었다네 —

완벽하게 텅 빈 백지를!"

— 루이스 캐럴, 『스나크 사냥』 중에서

그러게, 메르카토르의 유명한 1569년 세계 지도는 대체 무슨 소용이었을까? 그 지도는 왜곡된 부분이 많았고, 실제보다 몇 배 넓게 그려진 나라가 수두룩했다. 그러나 놀랍게도 그 지도는 요즘 우리가 사용하는 지도와 사실상 같다. 당연히 옛날보다 더 많은 나라가 추가되었고, 해안선과 국경선은 제대로 수정되거나 정치적으로 조정되었지만, 르네상스의 최후에 태어나서 계몽 시대를 지켜보았으며 빅토리아 시대의 교실을 장식했던 그 지도는 오늘날까지도 우리가 선택한 표현 방식으로서 최신 구글 맵스에까지 쓰인다. 〈메르카토르 지도〉는 우리가 사는 세상에 대한 최종적 상징이다. 그것을 함부로 주무르는 건 꼭 테러 행위처럼 느껴진다. 그래서 그동안 시도한 사람이 없었는가 하면, 당연히 그건 아니었다.

물론, 우리가 이야기하는 것은 특정한 하나의 지도가 아니라 세계를 투영하는 특정한 방식(도법)이다. 메르카토르의 도법이 모든 지도의 본보기가 되었다는 뜻이다. 조금은 얄궂게도, 헤라르뒤스 메르카토르는 작품을 많이 남긴 제작자는 아니었다. 그는 플랑드르 출신이었지만, 그 지도를 만들 때는 라인 강변의 뒤스부르크에서 살았다. 1569년에 57세의 나이로 그 유명한 세계 지도를 그리기 전까지 그가 만든 지도는 채 열 개가 안 되었다. 그야 어쨌든 그의 새 작품은 의심할 여지없이 경이로웠다. 지도는 수학적으로 정밀했고, 원대한 규모

158

와 원대한 야심에 따라 제작되었다. 총 18장의 종이에 인쇄되어 크기가 약 2×1.25미터인 그 지도는 모든 구경꾼을 깜짝 놀라게 만들었을 것이다.

오늘날 우리에게 틀린 것처럼 보이는 부분들은 (그린란드의 넓이가 오스트레일리아의 3분의 1이 아니라 엇비슷하다는 점, 남극대륙 해안선이 지도 밑바닥에 깔쭉깔쭉 무한히 이어졌다는 점) 당시에는 그다지 이상하지 않았다. 아직 대륙들의 비례가 정확하게 알려지지 않았고 극지방은 으스스한 전설에 지나지 않던 시기였기 때문이다. 오히려 당시 사람들에게 이상했던 점은, 바다에 한 번도 나간 적 없는 (이후에도 평생 나가지 않을) 메르카토르의 지도가 선원들이 수백 년 동안 육감으로 어림짐작해야 했던 실제 항로를 좀 더 효과적으로 표시하도록 돕는다는 점이었다. 군대도 메르카토르에게 고마워해야 했을 것이다. 포탄을 좀 더 정확하게 쏘도록 도와주었으니까.

〈메르카토르 지도〉의 주된 특징은 기술적인 측면이었다. 그 지도는 사람들이 세계가 구(球)의 형태라는 사실을 깨달았을 때부터, 즉 아리스토텔레스 시절부터 지도 제작자를 골탕 먹였던 수수께끼에 대한 해답이었다. 수수께끼란 이것이었다. 어떻게 지구의 굽은 표면을 평평한 해도로 표현할까? 엄격하게 확립되어 있었던 위도와 경도 격자 체계는 이론적 좌표로서는 더할 나위 없었다. 그러나 현실에서 어떤 항로를 나아가는 항해사는 직선이 아니라 곡선 위를 움직이는 셈이었다. 메르카토르는 일찍이 그 굽은 경로를 고리 또는 '항정선'으로 지구본에 표현한 바 있었는데, 이제 그것을 지도로 옮겨서 항해사들이 자신의 위치를 금세 파악하고 어떤 목적지로든 경로를 쉽게 찾도록 돕고 싶었다.

메르카토르는 한동안 이 문제와 씨름했다. 여러분도 시도해볼 수 있다. 포슬포슬한 테니스공을 가져다가, 그 표면에 나라를 뜻하는 도형을 몇 개 그린 다음 반으로 쪼개자. 자른 면에 칼집을 더 넣어 평평하게 펼치자. 그래도 나라들은 가운데가 불룩 튀어나왔을 것이다. 테니스공 지도가 더 납작해지려면, 가운데 부분은 줄어들어야 하고 가장자리는 늘어나야 한다. 그 작업을 정확하게 하려고 시도해보라. 선원들이 뱃짐을 가지고 무사히 돌아올 수 있도록. 메르카토르는 수학식을 통해서 바로 그 방법을 찾아내려고 노력했다.

1546년, 메르카토르는 친구에게 보낸 편지에서 어느 두 장소를 잇는 똑같은 바닷길이 항해 일지마다 서로 다른 위도로 기록되기 일쑤라고 지적했다. 지도들은 잘못된 길을 안내했다. '내가 볼 때 모든 해도가…… 제 목적을 수행하지 못합니다.' 물론 메르카토르가 그 문제를 최초로 인식했던 것은 아니지만, 그 문제가 정말로 문제로 부각되기 시작한 것은 나침반이 개선되고 낯선 바다를 가르는 고전적인 탐사가 시도되기 시작한 16세기부터였다. 몇십 년 만에 새롭고 종종 괴상한 도법이 무수히 쏟아졌다. 방위 도법과 정지 방위 도법, 정사영 도법, 그노몬 도법, 입체 투영 도법, 심장형 도법, 의사 심장형 도법, 구면 도법, 사다리꼴 도법, 타원형 도법…….

거의 모든 도법이 위선과 경선으로 구성된 그물망을 바탕에 깔았고, 대부분 회귀선과 적도도 표시했다. 뱃사람을 위한 도법만 있는 것은 아니었다. 어떤 도법은 천체나 극지방을 지도화하는 데 더 알맞았고, 어떤 도법은 단순히 도해적이거나 인상적이었다. 레오나르도 다빈치도 알브레히트 뒤러도 이 문제에서 예술적 재능을 발휘한 바 있었다.

프톨레마이오스도 당연히 이 문제와 씨름했다. 그것도 두 번이나. 프톨레마이오스는 '열등하지만 쉬운' 도법과 '우월하지만 좀 더 까다로운' 두 도법이 있다고 말했다. 전자는 이제 고전이 된 격자 체계를 가리켰는데 자연히 한계가 있었다. 가령 그 도법에서 위도는 적도에서 시작되었고(지도는 남위 16도 25분~북위 63도에만 걸쳐 있었다), 경도는 180도만 아울렀다. 본초 자오선은 오늘날 카나리아 제도나 카보베르데 제도로 보이는 극락도라는 곳을 통과했다. 좌표 공급이 부족했던 한계에도 불구하고, 프톨레마이오스 도법은 적어도 그 속에 묘사된 영역에서만큼은 오늘날 우리가 아는 그 나라들의 실제 지리적 상관관계와 놀랍도록 비슷하다.

메르카토르의 지도는 프톨레마이오스의 지명 사전에 크게 의지했다. 그리고 최신 발견들을 반영하여 더욱 개선했다. 특히 북아메리카의 윤곽은 온전히 현실화되어, 거의 불룩해 보인다. 그러나 뭐니 뭐니 해도 메르카토르가 가장 영구적으로 기여한 것은 위도를 뜻하는 고리들의 위치를 조정함으로써(위선들의 간격이 적도에서 극으로 갈수록 좁아지게 만들었다) 이전에는 굽은 선으로 그려야 했던 길을 모두 직선으로 펼쳐낸 새로운 정각 도법이었다. 덕분에 이제 선원들은 나풀거리는 나침반 바늘이 가리키는 방향과 일치되게끔 지도에서도 직선으로 항해할 수 있었다.

메르카토르는 미답의 북아메리카 내륙과 텅 빈 바다 공간을 활용하여, 새 도법을 낯설게 여길 사람들에게 자신의 기법을 정당화하는 설명을 적어두었다. 그는 '구의 표면을 평면에 펼치는 과정에서 모든 장소가 다른 모든 장소에 대해 어떤 방향으로든 방향과 거리가 제대로 표현되도록, 또한 경도와 위도가 정확하게 표현되도록' 의도했다

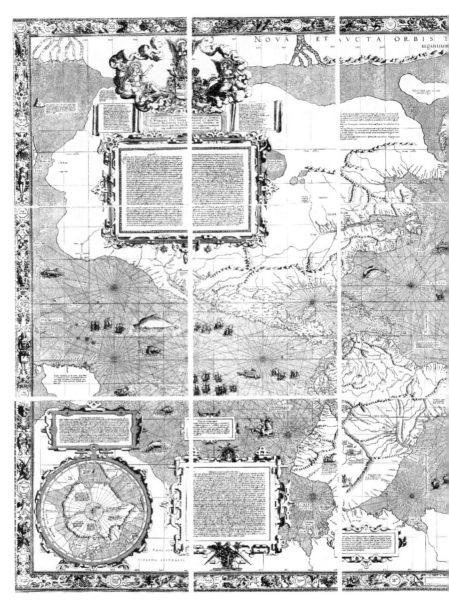

예나 지금이나 세계가 그려지는 방식. 메르카토르가 1569년에 만든 이 고전적 지도는
18장의 종이에 인쇄되었다. 어느 책에서든 두 쪽을 할애해야 전체를 보여줄 수 있다.

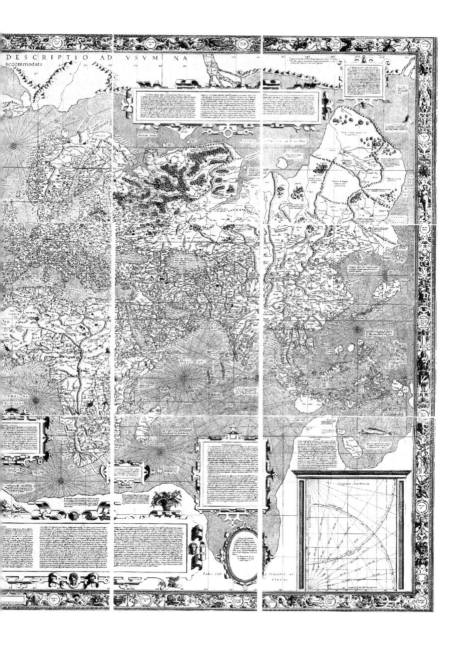

고 설명했다. 최근 메르카토르의 전기를 쓴 니컬러스 크레인의 말을 빌리면, 메르카토르는 그럼으로써 '코페르니쿠스의 행성 이론만큼 시대를 초월하는 격자 체계를 창조했다. 그는 공간적 진실의 요체를 추구하는 과정에서 현대 지도의 아버지가 되었다.'

※　※　※

메르카토르 도법은 이후 어떤 일을 겪었을까? 그것도 당연히 수정되고 개선될 수밖에 없었다.

수정은 메르카토르의 세계 지도가 출간된 순간부터 바로 시작되었다고 할 수 있으며(특히 에드워드 라이트, 에드먼드 핼리, 요한 하인리히 람베르트의 수정이 주목할 만했다), 오늘날 구글까지 이어지고 있다. 구글은 메르카토르의 깔끔하고 대칭적인 직사각형들이 자신의 디지털 지도를 구성하는 픽셀화된 타일들에 완벽하게 맞아든다는 사실을 발견했다.

지난 450년 동안 메르카토르 도법을 괴롭혔던 세력들을 고려하면, 도법의 맷집이 더더욱 놀랍게 느껴진다. 1745년에 프랑스의 세자르 프랑수아 카시니 드 튀리(César-François Cassini de Thury)는 '원통형 도법'을 제안했다. 각각 남극과 북극을 중심에 둔 두 반구를 위아래로 쌓은 모습으로도 그려지는 이 도법은 본초 자오선에 놓인 모든 장소와 그와 직각을 이루는 모든 장소를 정확한 축척으로 보여주지만, 다른 지역들은 다양한 수준으로 왜곡한다. 스코틀랜드 천문학자 제임스 골(James Gall)은 1855년에 글래스고에서 열린 모임에서 그보다 더 급진적으로 변형된 형태를 제안했다. 골은 메르카토르 도법의 핵심적인 홈, 즉 땅덩어리의 형태는 대충 옳지만 넓이가 틀린 점을 부각시켰다. 골은 자신의 새로운 '입체 투영 원통형 도법'을 먼저 별자리에, 다음에 지구에 적용함으로써 지구를 좀 더 압축적으로 펼쳐내면서도 메르카토르의 왜곡을 일부 줄이는 방법을 개발했다(물론 새로운 왜곡이 더해지기도 했다).

세월이 흘러 1970년대 중엽, 독일인 아르노 페터스(Arno Peters)는 마땅한 감사의 말 없이 골의 작업에서 많은 특징을 가져다가 자신의 도법에 적용했다. 게다가 페터스는 도법의 문제를 뜨거운 정치적 싸움으로 비화했는데, 그 싸움은 아직 완전히 잦아들지 않았다. 그의 주장은 비교적 단순했다. 〈메르카토르 지도〉는 고위도에서 왜곡이 심하기 때문에, (보통 적도에 가까운) 저개발 국가들을 희생한 채 선진국들의 크기와 중요성을 과장되게 표현한다는 것이다. 따라서 자신의 원

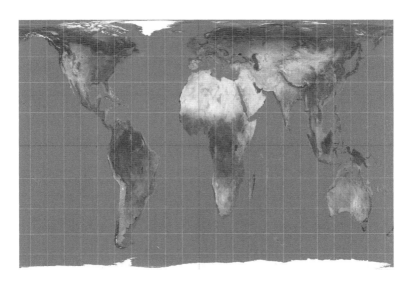

골—페터스 도법. 나라들이 빨랫줄에 걸쳐 있는 것처럼 보인다.

통형 도법은(요즘은 보통 '골-페터스 도법'이라고 부른다) 구조적으로 정확한 대안일뿐더러 정치적으로도 정확한 대안이라고 했다. 그의 주장이 완전히 새로운 내용은 아니었으나(그리고 사람들은 페터스의 지도가 나라들을 빨랫줄에 널어 말리는 것처럼 보인다고 묘사하곤 했다), 그의 도법은 〈메르카토르 지도〉의 '지도학적 제국주의'와 '유럽 중심의 인종적 편견'에 대한 대안으로 간주되어 유행의 물결을 탔다.

극작가 애런 소킨은 2001년에 텔레비전 드라마 「웨스트 윙」의 한 에피소드에서 이 사태를 신랄하게 요약해 보여주었다. 에피소드에서, 백악관 대변인 C. J. 크레그와 비서실 차장 조시 라이먼은 '사회적 평등을 위한 지도 제작자들의 모임(OCSE)'이라는 가상 단체의 회원들을 만나 브리핑을 듣는다. OCSE는 모든 학교가 〈메르카토르 지도〉 대신 〈페터스 지도〉를 쓰도록 의무화하는 법안을 대통령이 '공격적으로' 밀어달라고 청원한다. "지도가 잘못됐다는 말입니까?" 크레그가 묻는다. "아, 그럼요." OCSE 대표가 대답한다. 그의 등 뒤에는 아프리카와 그린란드가 같은 넓이로 그려진 지도가 슬라이드로 떠 있다. "실제로는 아프리카가 열네 배 더 넓다고 말씀드리면 완전 대충격이겠지요?"

OCSE의 또 다른 회원이 나서서, 〈메르카토르 지도〉에서는 유럽이 남아메리카보다 상당히 더 넓게 그려졌지만 현실은 남아메리카가 690만 제곱마일(1,787만 제곱킬로미터)로 380만 제곱마일(984만 제곱킬로미터)인 유럽의 두 배 가까이 된다고 설명한다. 독일은 또 어떻고. 독일은 유럽 중앙에 그려져 있지만, 실제로는 최북단 구석에 처박혀 있어야 한다. "잠깐." 조시 라이먼이 끼어든다. "상대적 크기는 그렇다 쳐도, 독일이 우리가 생각하던 그 위치에 있는 게 아니란 말입니까?"

"무엇도 당신이 생각하는 위치에 있지 않습니다." OCSE 대표는 이렇게 대답한 뒤, 딸깍 단추를 눌러 페터스 도법을 띄운다. 그러고는 OCSE는 더 나아가 북반구가 아래에 오도록 세계 지도를 뒤집을 것을 제안한다고 말한다. 새 슬라이드가 떠서 그러면 어떻게 될지 보여 준다.

그러자 C. J. 크레그가 말한다. "무슨 말인지는 잘 알겠지만, 그렇게 하진 못할 겁니다. 왜냐하면 내가 소름 끼치거든요."

✻ ✻ ✻

페터스는 이 에피소드가 방영되고서 1년 뒤에 죽었다. 페터스 도법은 그 추종자들의 우쭐대는 우월감 때문에 적잖은 비아냥을 들었다. 페터스 도법에 반대하는 사람들은 그 도법을 지지하는 사람들의 주장과 분노가 지나치게 과장되었다는 점, 그들이 〈메르카토르 지도〉가 북반구에는 3분의 2를 할애하고 남반구에는 나머지 3분의 1만 할애한다는 미신을 계속 조장한다는 점을 비판했다. 게다가 골—페터스 도법도 나름대로 왜곡이 있다고 지적했다(북위 35도에서 남위 35도 사이, 위도 65도에서 극점까지가 특히 심하다). 일부 아프리카 나라들과 인도네시아는 실제보다 남북으로 두 배나 더 길게 표시되기 때문이다. 영국 왕립지리학회의 계간지는 아르노 페터스의 『새로운 지도학』(1983)에 대한 서평을 이렇게 시작했다. '나는 이 책을 독일어와 영어로 몇 번이나 읽었지만, 어떻게 이 작가가, 다른 어떤 작가라고 해도, 이런 헛소리를 쓸 수 있는지 여전히 감탄스러울 따름이다.'

그 밖에도 나름대로 지지를 얻은 다른 도법들이 있다. 미국의 지도 회사 '랜드 맥널리'는 미국의 지도 제작자 아서 로빈슨이 메르카토르와 골—페터스 도법을 결합하여 만든 도법을 채택했다. 그 도법은 냉전이 한창이던 1960년대 초에 등장했는데, 미국이 인식한 소련의 위협에 반대하는 의미에서 소련의 표면적을 상당히 줄여서 표시했다.

제각기 독특한 정치적 의제와 한계를 지닌 도법이 무수히 가능하다 보니, 도법의 공간적 왜곡을 도표로 측정하는 방법까지 존재한다. '티소 왜곡 인디카트릭스'라는 기법이다. 가령 1921년의 빈켈 트리펠 도법을 가져다가(그렇다. 정말로 이런 도법이 있다) 잡아 늘인 원들로 구성된 어떤 패턴을 그 위에 씌우면, 도법이 어느 지역에서 어느 정도 왜곡을 일으키는지 알 수 있다(완벽한 원이 나오면 전체가 진실되게 투영된다는 뜻이고, 남북으로 잡아 늘인 타원이 나오면 남북 방향으로 왜곡이 일어난다는 뜻이다).

수많은 그 도법들 중 결국 어느 하나가 승자로 떠오를까? 벌써 그렇게 되었다. 메르카토르의 지도는 500년 전 새로운 통상로를 열었던 항해사들의 세계에서처럼 오늘날의 디지털 세계에서도 제 존재를 투사하고 있다. 미래의 조작 가능성도 무한하다. 구글 맵스만이 아니라 그 경쟁자인 마이크로소프트의 빙 맵스, 오픈스트리트맵도 (구형으로 해석된) 메르카토르 도법을 쓴다. 가상 시대에도 최소한의 저항으로 바다를 건너게 해주는 방법은 여전히 메르카토르 도법인 것이다. 그 대안이 득세하려면 최소한 유엔(UN)보다는 큰 단체가 중앙에서 강제로 결정하는 수밖에 없을 텐데, 말이 나왔으니 말이지만, 유엔의 로고는 북극권을 중심에 두고 세계를 투영한 지도에 올리브 가지를 두른 그림이다. 이 지도에 사용된 도법은 메르카토르 도법으로부터 12년 뒤에 만들어졌다.

그러니 기욤 포스텔(Guillaume Postel)이 1581년에 제안했던 방위 등거리 도법은 아직 유력한 지지자를 거느린 셈이다. (아래의 유엔 로고에 나타난 지도가 바로 방위 등거리 도법에 따라 제작되었다 - 옮긴이)

국가 기밀이었던
드레이크의 은빛 항해

1580년, 프랜시스 드레이크(Francis Drake) 제독은 의도하지 않았던 세계 일주 항해를 마치고 의기양양 귀환했다. 그런 그에게 엘리자베스 1세 여왕은 두 가지를 당부했다. 제독이 싣고 온 뱃짐으로 국가 부채를 청산할 수 있어서 기쁘다는 심정과(이듬해 제독에게 기사 작위를 주었다), 아무도 손대지 않은 보물 창고로 향하는 드레이크의 항로를 비밀로 지키기 위해서 지도에는 표시하지 않았으면 좋겠다는 바람이었다. 영국의 지도 제작자들은 여왕에게 불복했다가는 목이 달아날까 두려워서 칙령을 지켰다. 최소한 종이 위에서는. 그렇게 아홉 해가 흐른 뒤, 드디어 한 사람이 비밀을 폭로했다. 그 폭로자가 만든 지도는 정밀했고, 정확했으며, 심지어 순은(純銀) 메달로 주조되어 목에 걸 수 있었다.

〈순은 드레이크 항해 지도〉는 아홉 개가 존재한다고 알려져 있다. 대영박물관에 두 개, 미국 의회도서관에 한 개가 있다. 그중 여덟 개는 모두 엇비슷하다. 지름은 69밀리미터고, 구멍을 뚫어 체인을 끼우도록 위쪽에 작은 슴베가 튀어나와 있다. 그러나 의회도서관에 소장된 마지막 하나는 좀 다르다. 그것만 한쪽 면에 작은 타원이 그려져 있고, 그 속에 '미카엘 메르카토르, 1589, 런던'이라고 메달을 만든 시점과 사람과 장소가 새겨져 있다.

미카엘 메르카토르는 헤라르뒤스 메르카토르의 손자였다. 그가 순은 지도에 묘사한 세계는 네덜란드, 플랑드르, 영국의 여러 자료를 활용한 것이었다. 그가 할아버지의 유명한 도법을 사용했다는 점도 의미심장하다. 그런데 그가 어떻게 드레이크의 항로를 자세히 알

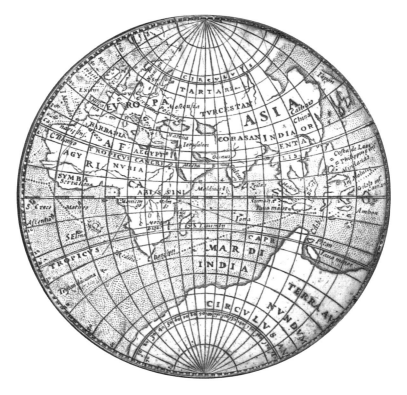

목에 걸 수 있는 세계. 드레이크의 항로를 기록한 순은 메달이다.
구불구불한 세계 일주 항로를 상세히 보여주기 위해서 약간 확대했다.

게 되었는지는 분명하지 않다(항로는 지도에 점선으로 표시되어 있다). 그가 순은 지도를 주조하기 직전에, 드레이크의 위대한 항해를 소개한 글이 몇 편 출간되기는 했다. 특히 영국 지리학자 리처드 해클루트의 글이 주목할 만했다. 그러나 순은 지도에 표시된 여러 가지 새로운 발견이 드레이크 제독의 업적으로 공공연히 확인된 것은 스페인 무적함대가 패배한 이듬해인 1589년이 되어서였다.

드레이크와 선원들은 자세한 세계 일주 내용을 9년이나 숨기느라 얼마나 힘들었을까? 1492년에 콜럼버스는 그런 제약을 겪지 않았다. 1522년에 마젤란을 이어 세계 일주를 완성했던 후안 세바스티안 엘카노(Juan Sebastian Elcano)도 마찬가지였다. 드레이크는 약 1,000파운드의 값어치가 나가는 재물로 속상한 마음을 위로할 수밖에 없었을 것이다.

비밀은 추측을 낳게 마련이다. 그리고 당대의 가장 유명한 지도 제작자였던 헤라르뒤스 메르카토르와 아브라함 오르텔리우스(Abraham Ortelius)보다 더 잘 추측할 수 있는 사람은 없었다. 드레이크가 플리머스 항에 귀환한 것은 1580년 9월 말이었다. 불과 10주 뒤, 메르카토르는 '최고의 친구 오르텔리우스 씨에게' 편지를 써서 이렇게 말했다. '내가 볼 때 그들이 항해의 경로를 그토록 조심스럽게 감추는 이유, 정확한 항로와 방문한 지역에 대해서 일부러 틀린 이야기를 내놓는 이유는 유럽인이 지금까지 발견하지 못했던 대단히 부유한 지역을 발견했기 때문이라는 이유 외에는 마땅한 설명이 없습니다.' 메르카토르는 사실 잘못 짚었다. 그는 드레이크가 '막대한 은과 귀금속'을 '약탈로 얻은 척' 꾸미고 있다고 생각했는데, 꾸민 게 아니라 실제로 그랬던 것이다.

메르카토르와 오르텔리우스는 드레이크의 화물뿐 아니라 항간에 드레이크가 목격했다는 소문이 도는 두 장면에도 관심이 있었다. 만일 그 목격담이 사실이라면, 세계를 보는 시각은 다시금 바뀔 것이었다. 그리고 소문은 사실이었다. 드레이크와 선원들이 캘리포니아 북부에 상륙했다는 소문도 사실이었고(그들은 그곳을 '노바 알비온'이라고 명명했다), 이전까지 '테라 아우스트랄리스'라는 거대한 미답의 남쪽 대륙에 속한 땅이라고 여겨졌던 티에라델푸에고 제도를 지나쳤다는 소문도 사실이었다.[42]

그런 발견들이 드레이크의 업적으로서 처음 기록된 장소가 다름 아니라 엘리자베스 시대 특권층의 목에 걸도록 만들어진 장식용 귀금속이었다니, 놀랍지 않은가. 그런데 메달의 놀라운 점은 그것만이 아니었다. 그 메달은 중요한 지리적 정보와 무자비한 해적질의 역사를 동시에 기록한 지도들 중에서 의심할 여지없이 최고로 작은 작품이었다.

그 지도에는 110개의 지명이 담겨 있다. 유럽에는 히베르니아(Hybernia, 아일랜드의 옛이름), 스코티아(Scotia, 스코틀랜드의 옛이름), 모스코비아, 갈리아[43]처럼 쉽게 알아볼 수 있는 지명들이 있고, 아프리카는 이집트, 마로코, 모잠비크, 세라리온을 뽐낸다. 중국과 일본도 나와 있지만 더 자세한 내용은 없다. 서쪽을 보면, 북아메리카에는 노바

---

42) 일찍이 마젤란이 세계 일주 항해에서 티에라델푸에고를 목격하고 명명했다. 스페인 탐험가 프란시스코 데 오세스도 1525~1526년에 그렇게 했다. 그러나 그 소식을 반영하여 바뀐 지도는 거의 없었다. 대부분의 지도 제작자는 여전히 거대한 미지의 남반구 땅덩어리가 남아메리카에 꼭 붙어 있다고 믿었다.

43) 오늘날 북이탈리아 · 프랑스 · 벨기에 일대, 즉 라인 · 알프스 · 피레네 및 대서양으로 둘러싸인 지역을 말한다.

알비온과 칼리포르네아가 적혀 있고, 남아메리카에는 파나마, 리마, 칠리, 페루가 등장한다. 대서양에는 여전히 신비로운 프리슬란드가 떠 있고, 태평양에도 카소네스(산타도밍고), 로스레예스 섬(아마도 크리스마스 섬일 것이다), 인포르투나테스 섬(상상컨대 이스터 섬일 듯하다) 같은 매혹적인 가능성들이 떠 있다.

그 세계를 누비고 다녔던 드레이크의 항로는 점선으로 표시되어 있다. 점선은 16세기에 벌써 잘 확립된 기법이었다(드레이크보다 60년 앞서 세계 일주를 했던 마젤란과 선원들도 여러 지구본과 지도에 자신들의 여정을 점선으로 표시했다). 점선에 더해 여덟 개의 설명문이 드레이크의 항해에 관하여 예상 외로 풍부한 추가 정보를 제공한다. 출발과 도착 일시, 마젤란 해협을 통과한 경로, 노바 알비온 발견 등등. 그렇다고는 해도, 지도가 모든 것을 보여줄 수는 또 없는 법이다.

1900년에 역사학자 밀러 크리스티는 순은 지도에 대한 연구를 발표했다. 크리스티가 메달에 그려진 드레이크의 항로를 쫓아보았더니, 그 항해는 거의 전적으로 우연에 기댔다는 사실이 확실히 드러났다. 선원이라면 누구나 순풍과 맑은 하늘과 좋은 날씨에 기대는 법이지만, 16세기에는 계획이랍시고 세운 일정을 망칠 만한 장애물이 그밖에도 더 많았다. 항해 도구는 믿음직하지 않았다. 다른 왕국들이 파견한 다른 탐험가들도 똑같은 것을 원했기 때문에, 싸울 일도 종종 있었다. 지도는 유럽을 벗어나서는 불완전한 데다가 틀린 것투성이였다. 드레이크의 항로는 그 모든 요인의 영향을 받았다. 그는 1577년 12월 13일에 다섯 척의 배로 플리머스를 떠났다. 남들의 눈을 피하고자 얼른 스페인에서 멀어져, 2주 뒤에는 아프리카 북서 해안에 다다랐다. 그 다음에는 카보베르데 제도로 갔고, 브라질 해안을 따라 남하한 뒤, 8월에 마젤란 해협으로 들어섰다. 메달에는 드레이크가 새로 엘리자베스 섬이라고 이름 붙인 섬이 나와 있다. 그러나 이후 두 달 동안 그는 계속되는 폭풍 때문에 의도와는 달리 줄곧 남하해야 했고, 그 덕분에 티에라델푸에고가 제도라는 사실과 그 밑에 훗날 드레이크 해로라고 불릴 바닷길이 있어서 대서양과 태평양을 이어준다는 사실을 우연히 목격했다(드레이크는 심한 멀미를 유발하게 만드는 것으로 악명 높은 그 해로를 직접 통과하지는 않았다).

순은 지도에 묘사된 드레이크의 이후 행보도 이전 사건들 못지않게 파란만장했다. 우선 수송선 두 척이 폭풍에 침몰했다(대서양을 건널 때 이미 두 척이 망가진 뒤였다). 그러고는 남아메리카 해안을 따라 북상하다가 그가 확보한 보물 중에서 가장 많은 양을 차지하는 은을 스페인 사람들에게 빼앗았고, 그 못지않게 중요한 지도도 몇 점 빼앗았다. 번쩍거리는 화물을 배에 가득 채운 드레이크는(어쩌면 순은 지도도 그 은으로 주조되었을지 모른다) 길을 되짚어 갔다가는 자칫 복수를 당할까 봐 두려웠기 때문에 가던 방향으로 계속 나아갔다. 그러다 보니 본의 아니게 샌프란시스코를 지나고 인도양을 통과하여 희망봉을 돌아 귀국하게 되었던 것이다. 밀러 크리스티의 주장에 따르면, '드레이크는 아마 그 시점까지 지구를 일주하겠다는 생각은 전혀 하지 않았을 것' 이다.

제8장

책 속으로
들어간 세계

지도, 다채로운 색상으로 화려하게 비상하다

헤라르뒤스 메르카토르가 82세를 일기로 세상을 떠난 뒤 5개월이 흐른 1595년 봄, 유럽의 사전들은 그에게서 유래한 단어 하나를 새롭게 등재했다. 지도책을 뜻하는 '아틀라스(atlas)'였다. 메르카토르가 영감을 받은 대상은 우리가 친숙한 그 인물, 그러니까 어깨에 하늘을 짊어진 근육질의 티탄 족 거인이 아니었다. 그보다 좀 더 학식 있는 인물, 턱수염을 기르고 자홍색 가운을 늘어뜨린 채 컴퍼스로 농구공만 한 천체 모형을 측정하고 있는 수학자 겸 철학자였다. 적어도 메르카토르의 『아틀라스』 첫머리에 등장하는 인물은 그런 모습이었다. 그 책에는 창세기에 관한 3만 6,000단어짜리 논고, 라틴어로 된 시 여러 편, 지도 107장이 함께 들어 있었다.

그 책은 일생의 열정을 집약한 장엄한 걸작이었다. 사람들은 말하자면 그해의 프랑크푸르트 도서전이라고 부를 만한 자리에서 그 책을 살 수 있었으며, 어려움을 극복한 채 기어이 집으로 끌고 돌아오는 데 성공했다면(다섯 권이 한데 제본되어 있었다) 각 나라마다 가장 정확하고 완전한 지도를 골라 솜씨 좋게 손으로 채색한 지도들이 첫 장부터 끝까지 펼쳐진 것을 구경하며 감탄했을 것이다. 지도 속 세계는 세상을 바꿔놓은 메르카토르의 참신한 도법에 따라 깔끔하게 펼쳐져 있었다.

『아틀라스』는 화려한 장식이 아니라 내용에 들인 수고를 자랑스러워하는 사람의 작품이었다. 메르카토르가 작품을 많이 남기진 않았다는 사실은 앞에서 이야기했다. 상업적인 다른 경쟁자들은 대중을 상대로 삼았지만, 메르카토르의 지도와 지구본은 좀 더 안목 있는 소비자들을 노렸다. 그가 1590년에 뇌졸중을 일으키자 그를 대신하여 『아틀라스』를 완성하고 인쇄와 제본을 진행했던 아들 뤼몰트와 손자 미카엘도 그의 헌신적인 태도를 공유했다. 그들은 최신 발견과 정확한 좌표를 알기 위해서 라인란트의 근거지에서 런던까지 여행하기를 마다하지 않았다.

『아틀라스』는 엘리자베스 여왕에게 헌정되었다. 그래서인지 영국을 설명한 대목에는 막대한 찬사가 퍼부어져 있다. 영국은 '천상과 지상의 온갖 좋은 것들을' 선사받은 섬으로, '겨울은 지나치게 춥지 않고…… 여름은 지나치게 덥지 않다……. 참으로 영국은 자연이 즐거운 마음으로 빚어낸 작품이다. 자연은 세상 밖의 다른 세상을 본떠서 영국을 만든 듯하다.' 고대 그리스인이 영국을 사시사철 비 내리는 끔찍한 곳이라고 묘사했던 것과는 사뭇 대조적이다. 『아틀라스』에는 우리로서는 뭔지 알 수 없는 새로운 내용들도 담겨 있다. 동그란 북극 지도는 바위투성이 섬이 네 줄기 강물로 나뉜 모습으로 그려져 있고, 당시의 여러 지도에서 아이슬란드 근처에 자주 출몰하는 유령이었던 상상의 섬 프리슬란드도 보인다.

그런 참신한 내용에도 불구하고, 『아틀라스』는 잘 팔리지 않았다.[44] 어떤 사람들은 장식이 부족하다고 여겼고, 어떤 사람들은 기존의 다른 책들로 만족했다. 같은 크기의 지도 여러 장을 묶은 책을 가리키는 이름을 우리에게 준 사람은 메르카토르였지만, 그 개념까지 그가 발명한 것은 아니었다. 그 발명은 이탈리아 북부에서 일찌감치 이뤄졌다.

ㄴ　ㅡ　ㄱ

1477년 볼로냐에서 프톨레마이오스의 고대 지도 27점을 묶은 책이 인쇄되었다. 이것을 최초의 지도책으로 보아도 틀리지 않을 것이다. 1513년에는 마르틴 발트제뮐러와 두 동료가 프톨레마이오스 지도에 자신들이 직접 제작한 목판화 지역 지도 20점을 합하여 최초의 현대적인 지도책을 펴냈다. 그 속에는 최초의 컬러 인쇄물 중 하나로 꼽히는 지도도 있었고, 지도책에 실린 지도로서는 최초로 아메리카만을 다룬 지도도 있었다. 그 지도의 제목은 바로 '타불라 테레 노베(Tabula Terre Nove, 신세계 지도)'였고, 이례적이게도 제노바의 탐험가 콜럼버스가 카스티야 왕의 명을 받아 항해했다고 설명하는 문구도 적혀 있었다.

지도책이 일대 유행이 된 것은 베네치아에서였다. 1560년대의 판

---

44) 메르카토르의 『아틀라스』가 15년 뒤에 인기를 끌기는 했다. 메르카토르의 아들이 죽자, 네덜란드 지도 제작자 요도쿠스 혼디우스가 메르카토르 집안의 동판을 구입했다. 그러고는 자신이 만든 지도 약 40점을 더하여 새롭게 내놓았다(아프리카와 아메리카를 새롭게 해석한 지도도 있었다). 새 책은 이후 스물아홉 가지 판본으로 개정되고 번역되면서 대충 그와 비슷한 햇수 동안 잘 팔렸다.

ATLAS
SIVE
COSMOGRAPHICÆ
MEDITATIONES
DE
FABRICA MVNDI ET
FABRICATI FIGVRA.

Gerardo Mercatore Rupelmundano,
Illustriſsimi Ducis Julię Clivię & Mõ
tis &c.ª Coſmographo Autore.
Cum Privilegio.

아틀라스는 메르카토르의 1595년 걸작 지도책에 등장함으로써
이후 지도책을 가리키는 용어로 제 이름을 빌려주게 되었다.

매상들은 자신들이 전시한 재고 중에서 고객이 원하는 것을 골라 각자 자신만의 지도책을 만들면 어떨까 하는 발상을 떠올렸다. 가게에 있는 스페인 지도들이 하나같이 마음에 들지 않는다면, 아예 책에서 빼면 된다. 바야흐로 그 얼굴을 드러내던 남아메리카 대륙에 관심이

있다면, (아마도 서로 내용이 상충되는) 두세 점을 집어넣으면 된다. 대부분의 구매자는 선도적인 제작자들의 최신 작품 중에서 한 장짜리 지도를 하나씩만 골라 넣을 것이었다. 자코모 가스탈디는 아프리카와 아라비아에 강했고, 남아메리카는 파올로 포를라니를 고를 가능성이 높았으며, 영국은 조지 릴리일 것이었다. 그렇게 고른 지도들을 접은 뒤, 원하는 표지로 감싸 엮으면 된다. 독특하고 안목 있는 그 컬렉션은 당대의 지도학적 아이팟이나 마찬가지였다.

맞춤형 서비스는 로마에서도 인기가 많았다. 그곳의 출판업자 안토니오 라프레리는 그런 판매 방식을 가리키는 말로 자기 이름을 빌려주었고, 우리가 아는 한 최고로 멋진 예시도 제작했다. 두 권으로 된 『라프레리―도리아 아틀라스』였다. 그 속에는 인쇄본이나 필사본 지도 186점이 담겨 있었다. 이 책은 2005년에 런던 소더비 경매장에서 무려 146만 4,000파운드에 팔렸다.

『라프레리―도리아 아틀라스』가 엮인 것은 1570년 무렵이었다. 그해에는 또 오늘날 우리가 진짜 지도책이라고 생각할 만한 물건, 즉 크기와 스타일이 일정하고 주로 한 사람이 그렸거나 취합한 지도로만 이뤄진 지도책이 처음 출간되었다. 아브라함 오르텔리우스의 『테아트룸 오르비스 테라룸』이었다. 『테아트룸 오르비스 테라룸』은 그때까지 생산된 지도책 중에서 제일 비쌌는데도 단숨에 성공을 거두었다. 이 책은 이후 42년 동안 다양한 판본으로 출간되면서 무려 228곳의 지도를 포함할 터였으니, 과연 적절하고도 드라마틱한 제목이라 할 수 있었다. '테아트룸 오르비스 테라룸(Theatrum Orbis Terrarum)'은 '세계의 극장'이라는 뜻으로, '아틀라스'라는 단어는 25년 뒤에야 나타났다. 이 책에 포함된 지도는 팔레스타인, 트란실바니아, 이스키아 섬의 지도에서 아메리카, 중국, 러시아의 최신 지도까지 다양했다. 역사적이고 신화적인 지도들도 있었다. 알렉산드로스 대왕의 왕국 지도, 로마 제국의 지도, 이아손과 아르고나우타이[45]가 황금 양털을 찾아 떠났던 항해 지도까지.

책은 크리스토프 플랑탱 출판사에서 제작되었다. 색깔은 풍성하고 강렬했으며, 라틴어 글자는 정묘한 필기체였다. 카투시에는 생생한 추가 정보가 가득했다. 해당 지역의 자연사, 도시 계획 지도, 그리고 족보도 있었다. 오르텔리우스는 또한 너그러운 출판업자였다. 자신이 참고한 지도 제작자들의 명단을 색인에 실음으로써 미래의 역사학자들에게 귀중한 체크리스트를 제공했다.

『테아트룸 오르비스 테라룸』은 31가지 판본으로 7,300부가 팔렸고, 그중 최소한 900부가 살아남았다. 오늘날 그중 한 권을 넘겨보면, 세계는 이미 온전히 구현된 사업이라는 (그릇된) 느낌을 받게 된다. 지도 제작자가 지리적 어림짐작과 종교의 고압적인 영향력으로 지도를 희롱하던 시절은 물러가고, 이제 세계는 과학과 이성이 득세한 질서 정연한 장소가 되었다는 느낌이 든다. 아직 탐험의 시대가 완전히 끝나진 않았지만, 오르텔리우스의 걸작은 이미 더는 개선할 수 없을 것처럼 보인다. 그 지도책을 열렬히 사들였던 당시 사람들에게도 틀림없이 그렇게 보였으리라.

⌐ ⌐ ⌐

---

45) 아르고 호의 선원들이란 뜻으로, 그리스 신화에서 영웅 이아손과 함께 황금 양털을 구하기 위해 콜키스로 떠난 50명의 영웅을 말한다.

『테아트룸 오르비스 테라룸』이 이탈리아가 아니라 안트베르펜에서 출간되었다는 사실은 지도 업계의 세력 판도가 변하기 시작했음을 알리는 사건이었다. 인기 지도책들이 등장한 경로는(처음은 이탈리아였고 다음은 라인란트와 벨기에, 그 다음은 네덜란드, 프랑스, 영국) 지도 제작의 황금기가 거쳤던 길을 정확하게 보여주는 풍향계다. 그런 이동을 결정한 요인이 무엇이었는지는 충분히 알 만하다. 그것은 통상과 해군력이 가져다준 경제력의 흥망성쇠였다. 그 능력은 군주에게 새로운 탐험을 의뢰할 능력과 의향이 있는가 하는 점을 반영했고, 숙련된 제도사, 종이 제작자, 인쇄업자, 제본사가 존재하고 번성하느냐 하는 점도 반영했다.

그러나 다른 요인도 있었다. 지도를 조사하고, 설계하고, 그리고, 새기고, 취합하고, 꾸미고, 채색할 사람들의 타고난 영감과 학습된 장인적 솜씨가 결합된 희귀한 재능. 그것은 재정적 요인이나 여타 경제적 관점만으로는 온전히 설명되지 않는 요인이었다. 세계를 새롭게 바라보는 시각과 그것을 표현하는 능력이야말로 발트제뮐러, 메르카토르, 오르텔리우스를 걸출한 존재로 만든 요소였다.

지도 제작의 패권이 유럽의 한 나라에서 다른 나라로 이동했던 궤적을 몇십 년의 단위로 쫓는 것은 지나치게 단순한 생각일 것이다. 그러나 분명 경향성은 있었다. 15세기 말에 프톨레마이오스가 부흥한 데는 독일의 역할이 있었고(울름과 쾰른에 중요한 인쇄소가 있었다), 마르틴 발트제뮐러와 마르틴 베하임은 흥분되는 새로운 발견들과 그것을 보여줄 새로운 방식을 반영한 지도와 지구본을 제작했다. 같은

탁월하고 상세한 도판 228점을 수록했던 오르텔리우스의 '세계의 극장'에 멋지게 묘사된 신세계.

182

시기에 이탈리아의 활기 넘치는 인쇄 산업도 분명 지도 제작에 유익하게 작용했다. 그러나 누가 뭐래도 지도 제작을 새로운 상업적 예술 양식으로 탈바꿈시킨 주역은 저지대 국가들(북부 유럽의 지대가 낮은 삼각주 지역, 현재의 벨기에와 네덜란드 지역에 존재했던 나라들을 통칭하는 말 – 옮긴이)이었다. 16세기 말과 17세기의 신세대 지도 제작자들은 고풍스럽고 지적이고 배타적이었던 활동을 융성하는 산업으로 바꿔놓았다.

그 작업은 물론 지도책에만 국한되지 않았으나, 지도의 변화를 가장 잘 예시한 물건은 암스테르담에서 출간된 한 지도책이었다. 블라우의 『아틀라스 마요르(Atlas Maior)』는, 딱 잘라 말해서, 지금까지 세상에 존재한 모든 지도 중에서 가장 아름답고, 정교하고, 비싸고, 무겁고, 근사한 물건이었다. 그 뒤에 온 것들은 (현재까지도) 이 지도와 비교하면 하나같이 약간 시시해 보인다.

ㅁ ㅁ ㅁ

블라우 가문은 세계 최고의 크기를 자랑했다는 거대한 인쇄기의 덕을 톡톡히 보면서 한 세기 가까이 유럽 지도 업계를 장악할 예정이었다. 그러나 그 시작은 모호하다. 그 집안에서 처음 지도를 만들기 시작했던 빌럼 블라우(Willem Blaeu)가 언제, 정확히 어디에서 태어났는지도 확실히 알려지지 않았다. 가장 그럴듯한 조합은 1571년에 알크마르(홀란드 북부)에서 태어났다는 가설이다. 블라우는 청년이 된 뒤 암스테르담으로 갔다. 그곳에서 그는 '빌럼 얀스존(Willem Janszoon)'이라는 이름으로 통했는데, 암스테르담에는 '빌럼 얀스존'

이라는 사람이 적어도 네 명 더 있었다. 그가 자기 이름에 '푸르다(blue)'는 뜻을 가진 '블라우'를 추가한 것은 그 때문일지도 모른다. 블라우는 처음에는 아버지의 청어 가공 회사에서 일했고, 그러다가 수학과 도구 제작에 흥미를 느껴 천문학자 티코 브라헤(Tycho Brahe)의 문하에서 일했으며, 그 후 서적상 겸 해도 제작자가 되었다. 그는 초기에 항해도로 명성을 쌓았다. 그의 항해도는 네덜란드 선박들이 주요하게 참고하는 항해 도구였다.

블라우는 수입을 늘리기 위해서 차츰 육상 지도 분야로 진출했다. 다만 그의 재주는 직접 그리는 것보다는 취합하는 데 있었다. 그는 동네의 제작자들에게 종종 동판화를 의뢰했지만, 그보다는 유럽의 다른 인쇄업자들이 새겨둔 동판을 사들여서 몇몇 항목과 화려한 색깔을 더하여 향상시키는 경우가 더 많았다.

그런데 블라우의 제작 규모와 야심을 둘 다 가속시켰던 요소는 요하네스 얀스존(Johannes Janssonius)이라는 지역 경쟁자와의 열띤 승부였던 것 같다. 두 경쟁자는 수십 년 동안 갈수록 수익이 커지는 시장을 놓고 겨루면서 함께 네덜란드 지도 산업을 장악했다.

얀스존도 블라우도 지원 세력이 있었다. 얀스존은 처남 헨드릭 혼디우스와 함께 일했고, 블라우는 두 아들 요안과 코르넬리스의 도움을 받았다. 그들의 관심은 곧 지도책이라는 특수한 전문 영역으로 좁혀졌다. 신기하고 존경스럽게도, 그들은 서로의 지도를 베끼지 않고 오로지 더 호화롭고 더 폭넓은 작품으로 상대를 앞지르려고 경주했다. 1634년에 빌럼 블라우가 210장의 지도를 엮은 최초의 '큰 지도─책'을 내겠다고 선언했던 것은 이런 상황을 염두에 둔 일이었으나, 공교롭게도 얀스존이 이미 320장짜리 지도책을 준비하고 있다는 사실을 알게 되었다. 판은 더 커졌다. 블라우는 더 장대한 프로젝트를 다짐했다. 그리고 1638년에 그가 세상을 뜨자, 아들 요안이 과제를 물려받았다. 1659년에서 1672년 사이에 출간된 『아틀라스 마요르』는 거의 파괴적인 결과물이었다. 호화롭다는 말로는 그 인상을 절반도 표현할 수 없었다.

블라우의 『아틀라스 마요르』는 11권의 폴리오판(52.7×32.1센티미터)[46]으로 출간되었다. 어떤 나라들은(독일, 영국, 네덜란드, 이탈리아, 미국) 각각 한 권씩 할당받았고, 스페인과 포르투갈은 아프리카와 한 권으로 묶였으며, 그리스는 스웨덴, 러시아, 폴란드와 함께 엮였다. 첫 라틴어판에는 지도가 594점 실려 있었다. 그런데 이 지도책은 지도에만 그친 것이 아니었다. 이 책은 지리학을 역사로서 신격화했다. 권두 삽화도 21점 실렸고(창세기를 묘사한 그림, 광학 도구와 측정 도구 그림, 지구본과 나침반 그림, 프톨레마이오스와 그리스 신들의 초상), 3,368쪽의 텍스트에서 블라우와 동료들은 각 나라의 역사와 풍습을 어떤 면에서는 철저하게, 또 어떤 면에서는 축소하여 설명했다. 독일은 '통상, 금은과 금속 광물, 그리고 곡물, 가축, 그 밖의 생산물 덕분에 대단히 부유하다'고 했다. 스코틀랜드는 '지역이 배출한 똑똑한 인물들'로 칭찬받았다. 중국을 묘사한 대목은 저자들이 잘못된 설화에 의존했다는 것을 보여준다. '페킹 지방에는 털이 길고 새하얗고 귀가 펄럭거리는 고양이가 있어서 몰티즈 개만큼 귀하게 여겨지며, 여성들의 사랑을 차지한다.'

『아틀라스 마요르』 속의 아메리카 지도는 '뉴암스테르담'을 '뉴

---

46) 전지(全紙)를 둘로 접어 네 페이지로 한 것. 또는 그렇게 만든 인쇄물. 가장 큰 판형의 책 이름이다.

네덜란드'의 수도로 표시한 최초의 지도였다. 물론 그 이름은 곧 과거가 될 것이었다. 1664년부터 '뉴욕' 시로 바뀌었기 때문이다. 블라우에게도 아메리카 대륙 전체는 여전히 머나먼 세계였다. 그는 또 그린란드와 아이슬란드가 둘 다 아메리카 '최북단'의 일부라고 여겼다. 그리고 '아메리카의 나머지 절반은 서쪽으로 뻗어' 있으나 '그 내륙에 대해서는 알려진 바가 전혀 없다'고 말했다.

모든 지도는 호사스러운 바로크풍이었다. 카투시는 천사나 문장(紋章)이나 유니콘으로 장식되지 않으면 공간 낭비라고 여겼다. 바다에는 무역풍과 항로의 방향이 그려져 있거나, 아니면 범선, 바다뱀, 위협적인 물고기가 한가득 그려져 있었다. 글씨는 가동 활자로 찍거

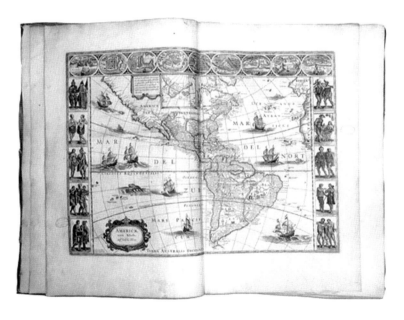

정신 나간 듯 화려한 바로크풍 지도책. 역사상 가장 아름다운 지도책이었던 블라우의 『아틀라스 마요르』는 1659년에서 1672년 사이에 출간되었다.

나 손으로 썼다. 육지를 에워싼 바다의 이름은 요란하고 구불구불한 필체일 때가 많아서 꼭 낚싯줄처럼 보였다. 해안선은 음영을 넣어 극적으로 두껍게 표현했고, 높이가 대개 일정한 산맥은 고집스레 돋아난 뽀루지들처럼 보였다.

네덜란드 학자 페터르 판더 크로흐트의 계산에 따르면, 블라우의 인쇄 사업은 이 지도책을 13년 동안 펴내면서 약 1,550권을 제작했다. 쪽수로는 183만 쪽쯤 된다. 고객이 지불하는 비용에는 제작 경비가 포함되어 있었다. 채색되지 않은 판본의 가격은 330에서 390길더 사이로 매겨졌고, 채색본은 번역 여부와 지도 개수에 따라 430에서 460길더 사이였다. 오늘날의 가치로 환산하면 채색본은 대략 2만 5,000파운드 또는 4만 달러인 셈이다. 17세기 중엽에 그만한 돈으로 달리 무엇을 할 수 있었을까? 40길더면 노예 10명을 살 수 있었다. 1626년에 60길더를 내면 아마 선주민들로부터 맨해튼 섬을 구입할 수 있었을 것이다.

블라우가 자신의 업적을 자랑스러워했다는 사실은 지도책 첫머리의 '관대한 독자에게' 보내는 인사말에서 분명히 드러난다. 블라우는 이렇게 썼다. '지리학은 인류의 행복과 평안은 물론이거니와 영광으로 가는 길을 닦았다. 강물, 산맥, 해협, 지협, 바다가 왕국들을 나눠주지 않는다면, 제국들은 경계를 모를 것이고 전쟁도 종결되지 않을 것이다.' 사실 여기에 '전쟁을 일으킬 이유나 목적도 없을 것이다' 라고 덧붙여도 좋았을 테지만, 그는 그 대신 시대를 불문하고 어느 때든 지도를 집어든 사람들이 느끼는 기쁨에 관해 이야기하기 시작했다. 그것은 바로 '집을 떠나지 않고도 머나먼 장소들을 볼 수 있는' 능력이었다. 블라우는 프톨레마이오스, 오르텔리우스, 메르카토르,

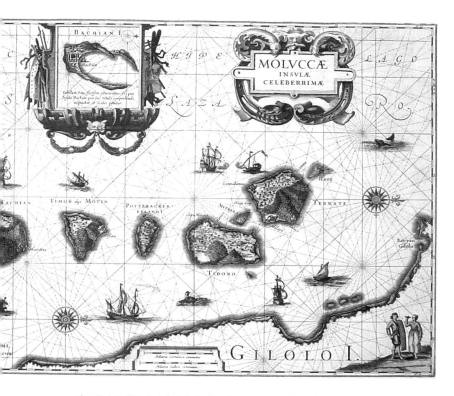

인도네시아 해상에 이빨처럼 떠 있는 것들은 몰루카 제도로, '향료 제도'라고도 불렸다. 블라우의 『아틀라스 마요르』 부록에 그려진 모습이다.

영국의 윌리엄 캠던(블라우는 캠던의 영국 지도를 베꼈다)을 칭송했다. 그리고 독자에게 '한 번도 본 적 없는 장소를 묘사할 때 쉽게 저지르게 마련인' 자신의 실수를 용서해달라고 부탁하고는, 독자가 손수 제작한 지도가 있다면 보내달라고 요청하면서 글을 맺었다. 뒤에 이어질 거창한 결과물을 감안하면 참으로 겸손한 머리말이었다.

더욱 놀랍게도, 블라우는 그보다 더 큰 지도책을 만드는 데도 도움을 줄 예정이었다. 『클렝크 지도책』은 요하네스 클렝크를 비롯한 네덜란드 상인들이 영국 왕 찰스 2세의 왕정복고를 축하하는 선물로 1660년에 제작한 일회성 작품이었다. 높이가 1.78미터, 폭이 1.05미터인『클렝크 지도책』은 세계 최대의 지도책이었고, 블라우와 혼디우스 집안 지도책에 나온 모든 나라와 대륙을 수록했다. 이 지도책은 200년 가까이 영국도서관에 보관되어 있고,『기네스 세계 기록』이 시작된 시점부터 최대의 지도책 기록 보유자로 등재되었다.

경이로운『클렝크 지도책』처럼, 블라우의 지도책도 항해에 가져갈 지도 묶음은 아니었다. 그것은 부자의 장난감으로서, 요즘과 다른 시대라면 번들거리는 잡지 지면에 페라리 자동차와 나란히 소개될 만한 물건이었다. 블라우의 지도책이 늘 최신 내용만 담고 있진 않다는 점은 크게 문제가 되지 않았다(가령 영국 지도는 30년도 더 지난 것을 썼다). 왜냐하면 당시 지도 제작은 과거와는 다른 시기에 접어들었기 때문이다. 그것은 과시와 장식의 시기, 지도책의 실용적 품질과 정확성보다 사치스러움과 육중한 무게가 더 높게 평가되던 시기였다. 이런 경향성이 역전되려면 (프랑스의 '과학적' 지도 제작 학파가 등장하기까지) 한 세기는 더 기다려야 했다.

요안 블라우가 비용을 회수할 수 있었는지 여부는 알려지지 않았다. 결국에는 신들이 최후의 회계를 했을지도 모르겠다.『아틀라스 마요르』의 개정판을 계획하던 1672년, 블라우 공방에 큰 불이 나서 나중에 인쇄할 때 필요한 동판이 상당수 파괴되었다. 요안 블라우는 이듬해 76세를 일기로 죽었다. 이후에는 누구도 그처럼 비극적으로 장대한 지도책을 만들지 못할 것이었다. 그러나 어쨌든 노력한 사람은 많았다. 그중 가장 유명한 작품을 만나보려면, 우리는 미래로 200년을 건너뛰어야 한다.

1895년 1월 2일 수요일, 런던 《타임스》 광고란에 짤막한 광고가 실렸다. 4월 초에 117쪽의 지도와 12만 5,000건 이상의 지명 색인을 수록한 지도책이 출간된다고 선전하는 광고였다. 당시 유행처럼, 그 지도책은 시리즈 형태로 일주일에 한 권씩 15주 동안 발간되어 권당 1실링씩에 팔릴 것이었다. 한 달 뒤에는 더 많은 정보와 더 적극적인 선전을 담은 광고가 또 한 번 실렸다.

'오늘날의 신문 독자들에게는 훌륭한 지도책이 반드시 필요합니다. 우리는 독자들이 신문에 담긴 정보를 온전하게 이해하도록 돕기 위해, 누구나 감당할 만한 가격에 대단히 뛰어난 품질의 지도책을 제공하기로 결정했습니다. 이 지도책은 신문을 읽을 때 없어서는 안 되는 단짝이 되어줄 것입니다.'

그리하여 『타임스 아틀라스』가 탄생했다. 117쪽의 본문은 43 × 28센티미터 크기였고, 173장의 컬러 지도가 수록되었다. 아프리카에 11쪽이 할애되었고, '인도 문제', 중국과 일본의 전쟁, 극지방 탐험 소식에도 상당한 지면이 할애되었다. 광고에는 《맨체스터》의 서평도 실렸다. '기존의 어떤 영국 지도책보다 훌륭한 지도책이 단돈 10기니다. 주저 없이 단언하건대, 이 지도책의 출간은 영국의 지리 교육 및 학습 분야에서 신기원을 이룰 것이다.' 나중에 지도책이 제본되어 출간되었을 때는 애초 12만 5,000건이었던 지명이 13만 건으로 늘었다. 목차 페이지에는 그에 관한 설명이 있었다. '지도에…… 그동안 추가되거나 수정된 사항들이 반영되었고, 때에 따라서는 인쇄하기 불과 며칠 전에 반영해야 하는 경우도 있었기 때문에, 현재 판본의 색인에 모든 지명을 다 기록하기는 불가능했다.' 그래서 부록 색인이 딸렸다. 거기에 지명 수천 개가 더 수록되어 있었는데, 대다수는 아프리카와 남아메리카 지명이었다.

6년 뒤에는 업데이트된 개정판이 나왔다. 이때부터는 17세기 네덜란드 지도책들의 호화로움을 모방하는 쪽으로 방침이 흘러갔다. 24실링을 내면 '고급 천 제본판'을 살 수 있었고, 30실링을 내면 '모로코 가죽 반(半)제본판'을 살 수 있었으며(염소 가죽을 말하는 모로코 가죽은 독자들에게 〈마파문디〉를 연상케 할 것이었다), 50실링을 내면 완전

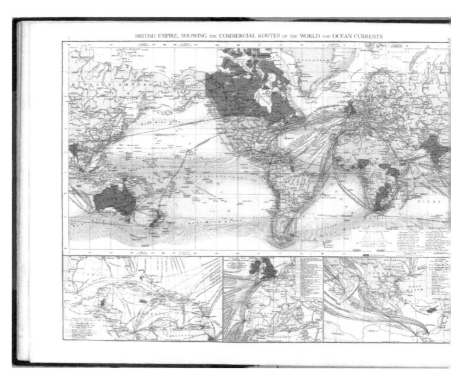

『타임스 아틀라스』.
1895년의 대영 제국을 표시하기에 부족하지 않을 만큼 크기가 넉넉했다.

히 가죽으로 제본된 '디럭스판'을 살 수 있었다.

『타임스 아틀라스』 초판은 인상적이고 인기 있는 제품이었지만, 처음에는 경쟁자들에 비해 딱히 월등하진 않았다. 필립스나 스탠퍼드 지도 가게에서 펴낸 육중한 경쟁자에 비교하면 특히 그랬다. 그 지도책들은 제각기 사소하되 경쟁자에게는 없는 정보를 제공했고, 저마다 자신이 가장 종합적이고 후손에게 물려줄 만한 작품이라고 주장했다. 그러나 50년 뒤에 등장한 개정판 『타임스 아틀라스』는 다른 책들을 모두 구닥다리로 만들어버렸다. 1955년 판본은 다섯 권으로 출간되었다. 내용이 이전보다 훨씬 더 풍성해졌고, 사서들이 (22파운드에) 당장 주문을 넣게끔 유인하려고 작정한 홍보물도 함께 내놓았다. 이 지도책은 새로운 정치적 국경선을 반영했다는 점과 잉크 색에 섬세한 농담을 주어 고도를 표현했다는 점을 자랑했다. 지리학 분야의 변화도 반영했다. 최초의 『타임스 아틀라스』는 독일에서 제작된 지도에 의존했지만, 차츰 스코틀랜드의 지도 회사 '바살러뮤'의 제품으로 바꿔서 개정판에서는 아예 완벽한 스코틀랜드산이 되었다.

⸺ ⸺ ⸺

비슷한 시기에 서로 경쟁하는 제작자들이 나타나서 굵직한 혁신을 이루곤 했다는 사실은 참 신기하다. 얀스존과 블라우처럼, 새 『타임스 아틀라스』에게는 만만찮은 경쟁자가 있었다. 이 경쟁자는 대서양 너머에 있었다.

그 신참은 1953년에 시카고에서 출간된 『세계 지오-그래픽 아틀라스』였다. 사람에 따라서는 이 책을 역사상 가장 아름답고 독창적인 현대적 지도책으로 꼽기도 한다. 한때 바우하우스 스쿨의 선생이었다가 1930년대에 뉴욕으로 이주한 헤르베르트 바이어(Herbert Bayer)가 편집한 이 지도책은 초창기 인포그래픽의 대담한 사례였다. 바이어와 디자이너들은 기존의 지도를 인쇄하여 묶기만 해서는 충분하지 않다고 믿었다. 그들은 지도가 정확히 무엇을 보여주는지를, 세계가 어떻게 변하는지를 설명하고 싶었다. 달리 말해, 제2차 세계 대전 이후 격변기를 살아간다는 일이 과연 어떤 것인가 하는 현실을 보여주고 싶었다. 실제로 바이어는 선도적 광고 대행사인 J. 월터 톰프슨에서 잠깐 일한 적이 있었다. 전형적인 매드맨(Mad Men, 「매드맨」은 1960년대 미국 광고 회사를 배경으로 한 텔레비전 드라마다 – 옮긴이)이었던 셈이다.

이 지도책은 미국 컨테이너 조합이 비매품으로 적은 수량만 찍은 것이라서 상업적으로 팔리진 않았다. 그러나 세계 유수의 참고 자료 도서관들은 이 지도책의 가치를 알아차려, 어떻게든 한 부씩 손에 넣었다. 출간된 지 60년이 지난 오늘날에도 이 책은 충격으로 다가온다. 역시 1950년대에 등장했던 헬베티카 서체[47]만큼이나 지금껏 신선하고 획기적이다. 둘 다 냉철한 모더니즘을 반영한 걸작이기 때문이다. 지도책의 부제는 '인류의 모든 환경'이었고, 표준적인 세계 지도에 경제학, 지질학, 지리학, 인구통계학, 천문학, 기후학적 내용을 소개한 설명문을 곁들였다. 그러나 무엇보다도 이 책을 돋보이게 만든 요소는 도표와 회화적 이미지를 동원하여(삽화, 표, 상징 등이 2,200

---

47) 스위스 모더니즘과 동일시되는 서체. 1960∼70년대에 붐을 이룬 다국적 대기업들의 시각적 아이덴티티 구축 등에 폭넓게 사용되었고, 오늘날에는 아이폰의 전용 서체로 쓰이고 있다.

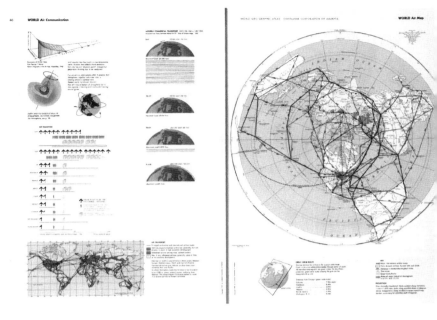

세계가 모더니스트를 만났다. 1953년 출간된 바이어의
『세계 지오-그래픽 아틀라스』는 근사한 작품이었던 데다가 큰 영향력을 미쳤다.

개쯤 쓰였는데, 컴퓨터가 없었던 시절임을 잊지 말자) 인류의 생활 방식을
보여준 점이었다. 약간 어색한 제목('지오-그래픽')은 그림, 도표, 기타
인포그래픽을 사용했다는 사실을 강조하기 위해 바이어가 일부러 붙
인 것이었다.

어떤 도해는 그냥 재미였다. 가령 미국의 모든 주를 빠짐없이 거
치면서 메인 주에서 워싱턴 주까지 가는 최선의 동서 경로를 표시한
〈화살표 지도〉가 그렇다. 생태적 관심사를 강조한 지도도 있었다. 빠
르게 늘어나는 세계 인구를 먹일 자연 자원이 고갈되고 있다는 사실,
하물며 인류가 요구하는 광물 연료 수요를 충족하기는 더더욱 어렵

다는 사실은 1953년에도 확실히 알려져 있었다. 바이어가 서문에서 똑똑히 밝혔듯이, 이 지도책은 평화주의적이고 환경주의적인 '전 지구적' 접근법을 의식적으로 염두에 두고 설계되었다. 그런 접근법이 1960년대 진보주의자들의 초석으로 자리 잡기까지는 몇 년을 더 있어야 하는 시점이었다. 바이어는 '정치적 의미는 가급적 배제했다'고 했는데, '왜냐하면 우리 지구, 인류, 생명 자원을 세계적으로 바라보는 시각에서는 세력, 전략, 힘, 억압이라는 속뜻을 거부할 수밖에 없기 때문이다'라고 적었다. 그래도 사실 이 지도책은 속속들이 도발적이었다. 이를테면 미국에서 아메리카 선주민들과 북유럽 이민자들이 이주했던 경로를 지도로 보여주는 식이었다.

또한 이 지도책은 최신 정보를 수록했다. 부록에는 '2만 9,002피트라는 세계 최고(最高) 등반 기록이' 새로 세워졌다고 적혀 있는데, 1953년 5월의 에베레스트 산 등반을 말하는 것이었다. 이 책에는 좀 더 웅장하고 전통적인 지도책에는 없는 신속성과 시의성이 있었다. 이 지도책은 보는 사람들에게 영감을 주는 작품이었다.

⎵　⎵　⎵

『세계 백서 지도』를 만든 급진적 이인조, 마이클 키드론과 도널드 시걸은 모르면 몰라도『세계 지오-그래픽 아틀라스』에 푹 빠졌던 게 아닐까. 급진적 사회주의를 표방한 출판사 플루토 프레스가 1981년에 처음 펴낸『세계 백서 지도』는 금세 베스트셀러가 되었다. '지도 저널리즘'을 자칭했던 이 책은 지리학인 동시에 반(反)자본주의 선언이었다. 이 책은 독자가 세계를 새로운 시각으로 보게끔 만들었다. 우리가 피카소의 초상화 작품을 보고 나면 초상에 대한 통념이 바뀌는 것처럼 말이다.

본문은 처음부터 끝까지 양면에 걸친 디자인으로, 구조는 다 같았지만(나라들을 실제 형태나 직사각형 덩어리로 간결하게 표시한 세계 지도였다) 그 위에 불평등에 관련된 각종 메시지가 얹혀 있었다. 내용은 각국 노동조합 현황부터 국가 검열 현황까지 다양했으며, 각국의 자유주의(또는 반자유주의) 수준에 따라 나라들을 분류했다. 보람 없이 땀 흘리는 노동자들을 뜻하는 '새끼 돼지들', 공기 오염을 뜻하는 '헐값의 먼지'처럼 재치 있는 제목을 단 지도들은 선전 선동을 기지 넘치는 그래픽 아트로 바꿔놓았다. (초판으로부터 10년 뒤의) 제4판에 도입되었던 여러 상징은 영국 〈육지측량부 지도〉에서 아직까지 쓰인다. 맹꽁이자물쇠, 샴페인 잔을 든 양복 차림의 남자들, 무장한 민병대, 구걸 그릇을 든 야윈 사람들……. 2008년에 나온 제8판에서는 주제가 더 넓어져, 테러리즘, 비만, 섹스 관광, 동성애자 권리, 아동 권리까지 포함했다.

『세계 백서 지도』다음에는 시각적 농담은 줄고 퇴각하는 군대가 더 많이 등장하는 『세계 전쟁 지도』가 나왔고, 이후 『세계 식량 지도』, 『세계 물 지도』, 『세계 담배 지도』 등등 다른 정치적 주제를 다룬 책들이 잇따랐다. 자칫 처참하리만치 지루한 도표로만 이뤄졌을 수도 있는 내용을 그림으로 잘 소개한 이 지도책들은 모두 현재까지 출간되고 있으며, 온라인에서도 볼 수 있다.

대뜸 들어올리려다가는 탈장을 겪을 만큼 무진장 큰 지도책,
1660년대에 요안 블라우의 지도책과 사람만큼 큰『클렝크 지도책』으
로 정점을 이루었던 대형 지도책은 어떻게 되었을까? 그런 지도책도

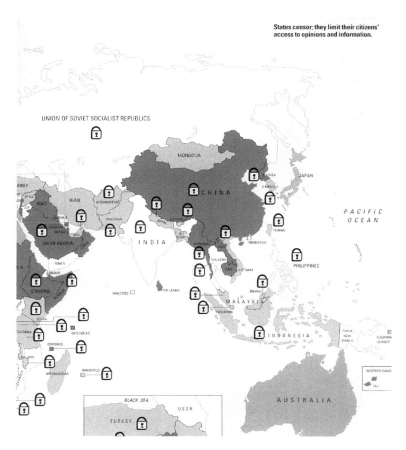

발언의 자유가 많지 않은 세계. '듣지도 보지도 말하지도 말라'라는 제목이 붙은
국가 검열 현황 지도. 1990년판『세계 백서 지도』에 실린 그림이다.

책장에 베이기라도 했다가는 큰일 날 듯한 지도책.
『지구 플래티넘 에디션』이 한 쪽 한 쪽 묵직하게 공개되고 있다.

돌아왔다. 탈장을 일으키는 능력을 한층 보강하고서.

2009년에 밀레니엄 하우스라는 회사는 크기가 61×47센티미터에 580쪽이나 되는 괴물 같은 지도책, 『지구』를 펴냈다. 홍보 문구에 따르면, 각종 지도와 그림과 펼치면 183센티미터나 되는 접은 페이지가 수록되어 있고 '홍콩의 서예가'가 한 권 한 권 일일이 일련번호를 써넣은 이 거대한 지도책은 '지도 제작과 출판을 새로운 차원으로' 올려놓을 것이었다.

출판사가 '미래 세대를 위한 유산'이라고 선전한 이 지도책은 가죽으로 장정한 뒤 손으로 일일이 무늬를 찍고 금박을 입혔는데, 아마 다른 방도가 없었을 것이다. 판본은 두 가지다. '로열 블루 에디션'은 2,000부를 찍었고, 가격은 2,400파운드다. '임페리얼 골드 에디션'은

1,000부를 찍었고, 가격은 문의하면 알려준다고 했다. 그러나 당장 문의를 넣을 생각이라면 잠깐 멈추자. 밀레니엄 하우스가 뒤이어 『지구 플래티넘 에디션』을 내놓았으니까. 다른 판본을 우표처럼 보이게 만드는 이 책은 지금까지 제작된 모든 지도책을 통틀어 제일 거대하다. 크기가 1.8×1.4미터이니, 영국도서관의 『클렝크 지도책』보다도 크다. 게다가 판매용이라니 더 좋지 않은가. 가격이 10만 달러이기는 하지만. 이 에디션은 딱 31부만 찍었다고 한다.

부유한 구매자에게 이 지도책을 배달하는 데는 전용 비행기가 필요했고, 운반할 사람도 여섯 명이 필요했다. 『기네스 세계 기록』도 이 지도책이 특별하다는 사실을 인정했다. 2012년부터 이 지도책은 세계에서 가장 크고, 가장 비싸고, 가장 사용자 친화적이지 않은 지도책으로 『기네스 세계 기록』에 등재되었다.

pocket map

사자, 독수리,
그리고 제리맨더

블라우의 『아틀라스 마요르』는 지도책의 명확성과 포괄성을 유례없는 수준으로 끌어올렸다. 그러나 그러면서도 포기하지 못한 것이 하나 있었으니, 바로 동물들이었다. 동물들은 수백 년 동안 지도에서 자유롭게 뛰놀았다. 보통은 가장자리를 장식했고, 육지나 바다의 빈 공간을 장식할 때도 있었다. 가끔은 아예 땅덩어리를 접수해버렸다.

저지대 국가들에서 출중하게 활약했던 '지도 동물'은 '레오 벨기쿠스'였다. 이 사자는 1583년 지도에 처음 등장한 이래 좀처럼 떠날 줄을 몰랐다. 사자가 오래갔던 이유가 있었다. 지도에 딱 맞았던 것이다. 처음 사자를 그려 넣은 사람은 오스트리아 출신 귀족이자 지도 제작자로서 쾰른에서 활동했던 미헬 아이칭거(Michael Aitsinger)였다. 당시 벨기에와 네덜란드는 스페인 제국에 속했고(스페인의 문장에는 사자가 등장한다 – 옮긴이), 네덜란드는 거의 모든 지방의 문장에 사자가 있었다. 그때만 해도 다른 지도 '농담(jokes)'이 별로 없었기 때문에, 사자는 단숨에 히트하여 저지대 국가들의 집집마다 걸리는 인기 포스터가 되었다.

　최초의 사자 지도는 책에 접어 넣은 페이지에서 등장했고, 이후 여러 판을 거치면서 모습이 조금씩 변형되었다. 아이칭거의 원래 그림에서는 사자가 오른쪽을 향한 채, 혀를 내밀어 헐떡거리고 있다. 위턱은 트란실바니아에 있고 왼발에는 룩셈부르크라고 적혀 있다. 영국은 사자에게 정치적 매질을 당하고 있다. 사자가 노리치, 입스위치, 콜체스터, 런던 위로 꼬리를 휘두르고 있기 때문이다. 한편 1609년에 암스테르담의 판화가 콜라스 얀스존 피스허르(Claes Janszoon Visscher)가 시도한 그림에서는 이제 사자가 쪼그려 앉았다. 움직임이나 흉포함도 덜하고, 아래턱은 자위더르 해가 점령했다. 뒷배경도 영국이 아니라 네덜란드 상인들의 모습, 문장들, 그리고 안트베르펜, 브뤼셀, 암스테르담의 풍경이다. 그러나 피스허르가 1611년에 종이 사자를 다시 그렸을 때는 사자가 도로 반대편을 보았고, 몸통이 훨씬 길어졌으며, 자위더르 해가 궁둥이 쪽에 왔다.

　사자의 몸통은 국경과 통치자가 바뀜에 따라 시기에 따라 달라졌다. 1648년 뮌스터 조약으로 80년 전쟁이 마감되고 네덜란드 공화국이 남쪽 스페인령 네덜란드에서 분리되자, 피스허르는 사자를 또 새로 그렸다. 사자는 다시 한 번 뒤로 돌았고, 흙투성이에다가 지친 듯하며, 훨씬 적은 인구를 포함한 것처럼 보인다. 신생 독립국이 된 네덜란드만을 대변하여 이름도 '레오 홀란디쿠스'라고 바뀌었으니 당연한 일이었다.

　인기 지도에 사자를 등장시킨 예는 19세기 초까지 이어졌다. 그쯤 되니 조각가들도 수집가들도 그 농담에 질린 것 같았다. 그러니 수명이 짧고 약간 억지스러웠을망정 꽤 드라마틱해 보이는 새 동물

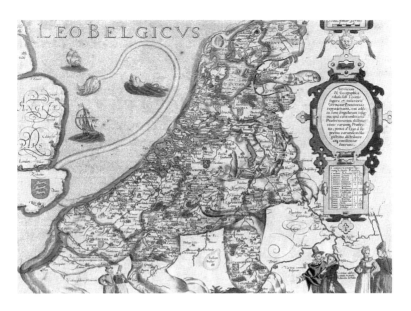

1617년 지도에 등장한 상냥한 사자.
저지대 국가들 위에서 반쯤 몸을 일으킨 '레오 벨기쿠스'.

이 등장하기에 알맞은 타이밍이었는데, 그 동물이란 미국 독수리였다. 1833년, 판화가 아이작 W. 무어(Isaac W. Moore)는 빠르게 환골탈태하는 미국 지도 위에 독수리를 펼쳤다. 그 그림은 『미국 청년들과 호기심 많은 외국인을 위한 기초적 국가 지식』이라는 조지프 처치먼의 지리학 책에 담겨 필라델피아에서 출간되었다. 크기가 42×53센티미터에 대단히 희귀한 이 지도는(가격이 늘 2만 달러를 호가한다) 빛의 장난 덕분에 탄생했다.

처치먼은 이렇게 회상했다. 그가 벽에 걸린 미국 지도를 보고 있는데, 방 안의 어둑한 빛이 지도에 그림자를 드리워서 문득 지도가 독수리 모양으로 보였다. 대수롭지 않은 일로 넘기려던 처치먼은 그

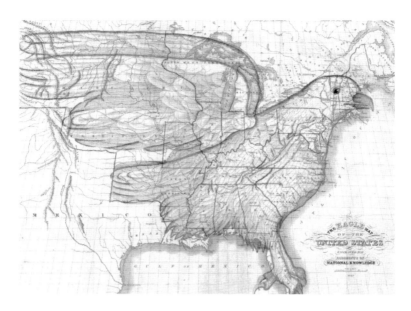

미국 지도에 스케치된 죽은 앵무새. 원래 독수리라고 그려졌다.

런 이미지가 '젊은이들의 뇌리에 (지리적) 교훈을 깊이 각인시키고 유지시키는 데 유용하리라'는 생각이 들었다.

　그렇게 탄생한 지도 위의 새는 선명한 빨간색으로 그어진 주 경계선과 국경선 위에 칙칙한 갈색으로 그려졌다. 새는 자신의 영역을 확실히 간수하려고 애쓰는 모습이다. 발과 발톱은 플로리다를 거쳐 쿠바까지 멋지게 뻗었고, 가슴은 동해안을 효과적으로 덮었다. 그러나 버몬트에 눈을 둔 머리는 충분히 크지 않아서 메인을 다 덮지 못했다(작성자는 이 점을 사과했다). 꼬리 깃털은 겨우 아칸소까지만 뻗었고, 날개는 엉성하게 묘사된 '미주리 영토'를 덮었다. 더구나 16년 뒤에 캘리포니아가 편입되고부터는 새를 가지고 미국을 덮기가 불가능해졌다.

어색하고 이상해 보이는 점이 또 하나 있다. 독수리라는 녀석이 오히려 앵무새처럼 보인다는 점이다. 작성자에게는 타당한 이유가 있었다. 그는 이렇게 설명했다. 독수리는 보통 먹이를 덮쳐서 살점을 뜯는 맹금으로 묘사되지만, 이 지도의 '독수리는 벌써 온 나라를 소유했고 더는 겨룰 상대도 없기 때문에, 여기에서는 반대로 국가적 자유와 독립을 대변하는 평온한 존재로, 자애로운 온화함과 평화적인 태도를 지닌 존재로 묘사했다.'

그렇다면 지도 위의 공격성을 보기 위해서는 세계 어느 지역으로 눈을 돌려야 할까? 당연히 러시아였다. 방대한 러시아 영토에는 독수리나 사자가 아니라 문어가 그려졌다. 문어는 탐욕, 흡인력, 만족할 줄 모르고 촉수를 뻗어대는 야망을 지도에 표현하고 싶을 때 그리는 동물이다. 문어는 지도학적으로 다재다능하다. 사실상 여덟 마리 동물을 하나로 합친 셈이기 때문이다. 뭍에서든 물에서든 문어의 전 지구적 활동 범위에 대적할 동물은 달리 없다. 문어는 (양서류인 용을 제외한다면) 해양 생물 중에서는 유일하게 뭍에서도, 시베리아에서도, 심지어 흔히 먹이로 삼는 고둥이나 조개나 다른 연체동물이 없는 지역에서도 희한하게 행복해 보인다. 왜냐하면 그 대신 다른 것을 몽땅 먹어치울 수 있으니까.

프레더릭 왈론드 로즈가 그린 〈심각하고 웃긴 1877년 세계 전쟁 지도〉는 유명한 작품이다. 그 속에 담긴 강력하고 불길한 메시지는 역사를 통틀어 위협적인 분위기를 가장 명쾌하게 표현한 지도의 사례로 꼽기에 손색이 없을 것이다. 뚱뚱한 러시아 문어는 굵은 다리로 페르시아, 터키, 폴란드의 목을 감고 있다. 독일은 빌헬름 1세 카이저로 그려졌고, 영국은 인도, 트란스발, 수에즈라고 적힌 돈주머니를 찬 식민주의자 사업가로 그려졌다. 킬트를 두르고 칼을 걸친 스코틀랜드 사람은 잉글랜드의 어깨에 올라앉았고, 스페인은 유럽에 등을 돌린 채 졸고 있다. 프랑스는 망원경을 쥔 장군이고, 이탈리아는 롤러스케이트를 탄 채 교황처럼 생긴 나무 조각상을 갖고 노는 아이고, 터키는 총을 움켜쥔 가무잡잡한 해적이며, 홀란드는 풍차가 있는 온화한 땅이다. 요즘이라면 과장을 좀 보태어 감옥에 갇힐 만큼 과장된 선입견들이다.

로즈의 이미지는 뇌리에서 쉽사리 떨쳐지지 않았다. 그러니 이후

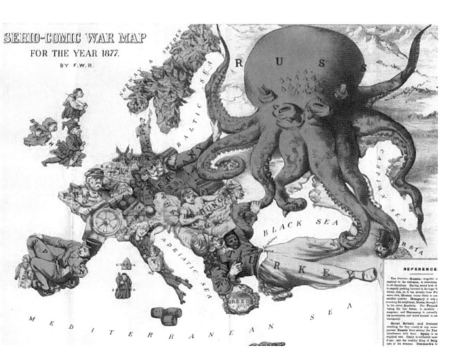

'모두 내 밥이지.' 유럽에 전횡을 휘두르는 1877년의 러시아 문어.

에도 수많은 문어가 지도를 더럽혔던 것은 이해할 만한 일이다. 10년 뒤, 어느 미국 만화가는 일렁거리는 바다에 잠겨 싱글싱글 웃는 존 불(John Bull, 전형적인 영국인. 그중에서도 잉글랜드인을 묘사한 캐릭터 – 옮긴이)의 모습으로 대영 제국의 그칠 줄 모르는 식민주의 야욕을 풍자했다. 이 영국인은 문어보다 더 심하다. 손이 열한 개나 된다. 그 손은 자메이카, 오스트레일리아, 인도, 몰타 등등에 얹혀 있고, 팔 안쪽으로는 아일랜드와 독일 북부에 있는 헬골란트 섬을 바싹 끌어안고 있다. 어떤 소유물은 든든하게 간수된 듯하고, 이집트 같은 일부 소유물은 벌써 떠내려가기 시작한 듯하다.

1890년에 미국은 신문들이 '문어발 복권'이라고 명명한 현상에 사로잡혔다. 그것은 지도 제작자들이 또 한번 재주를 발휘할 기회였기에, 그들은 루이지애나에 몸통을 두고 메인에서 워싱턴까지 여러 주들로 다리를 뻗은 뱀 같은 생물체를 지도에 그려 넣었다. 1860년대 말에 뉴욕에서 시작된 그 복권은 기차를 통해 미국 전역으로 티켓을 배포하면서 부패한 사업자에게 큰돈을 쥐여주었다. 그러다가 1892년에 복권 사업 허가를 갱신할 때가 되었다. 사업자는 교회가 이끄는 광범위한 반대 운동을 무마할 시간으로 3년의 말미를 얻었지만, 결국 여론을 돌리는 데 실패했다. 1895년에 복권은 사라졌고, 문어도 지도에서 지워졌다.

그러나 뭐니 뭐니 해도 지도에서 가장 큰 영향력을 발휘했던 동물의 영예는 샐러맨더에게 돌아간다. 이 양서류는 동사로도 쓰일 수 있고 명사로도 쓰일 수 있는 영단어를 우리에게 제공해주었다. 이야기의 시작은 1812년 2월이었다. 매사추세츠 제9대 주지사였던 엘브리지 게리(Elbridge Gerry)의 지지자들은 보스턴 북부 에식스 사우스

선거 패배를 안긴 양서류. 1812년 보스턴을 감싼 게리맨더(제리맨더).

카운티의 선거구를 살짝 조정하면 게리의 소속 정당인 민주공화당에
게 유리하겠다고 생각했다. 계획은 간단했다. 선거구 몇 군데를 야당
인 연방당 투표자로 채움으로써 하원 몇 석을 희생하는 대신, 더 많
은 선거구에서 공화당이 과반을 차지하자는 것이었다.

　이때까지는 예측 가능한 수순이었다. 그런 정치적 책략은 딱히 새
로운 일도 아니었으므로, 게리의 반대자들도 곧 이면의 의도를 알아
차렸다(게리 본인은 독립선언서에 서명했던 이름난 외교관이자 의회도서관

설립을 도왔고 훗날 부통령을 지낼 인물로서, 스스로 나서서 이런 '선거구 조정' 계획을 부추기진 않았다). 그러던 어느 날, 저녁 식사 모임이 있었다. 사람들은 소고기 요리를 먹으면서 대화하던 와중에 재편된 선거구가 샐러맨더를 닮았다는 사실을 깨달았다. 동물의 몸이 왼쪽에서 오른쪽으로 휘었다고 본다면 궁둥이는 첼시였고, 몸통은 댄버스와 앤도버였고, 머리는 솔즈베리였다. 그 자리에는 신문기자도 여럿 참석했던 터라, 불후의 문장이 탄생한 것도 당연했다. "이건 샐러맨더가 아니라 게리맨더로군!"

그 다음 달, 올 것이 왔다. 보스턴의 유명한 세밀화가 겸 만화가였던 엘카나 티스데일이 지도에 음영을 입혀 샐러맨더를 더욱 두드러지게 만들고 발톱, 날개, 살무사 같은 부리도 덧붙여 메시지를 못 박았던 것이다. 엘브리지 게리는 결국 주지사 자리를 잃었다. 지도가 조금이나마 책임이 있었을지도 모른다.[48]

---

48) 우리도 잃은 것이 있다. 원래 '게리Gerry'의 'G'는 된소리였으나, 오래전부터 잘못 발음되기 시작하여 요즘은 '게리맨더'가 아니라 '제리맨더'라고 불린다.

제9장

도시를 세세하게
지도화하기

지도 제작의 선구자,
존 오길비의 위대한 업

몇 장(章) 뒤에 우리는 역사상 가장 유용하고 가장 널리 사용된 지도 중 하나인 『런던 A−Z』를 만나보고, 그 탄생에 얽힌 신화도 들어볼 것이다. 그러나 도시를 다룬 훌륭하고 유용한 지도라는 개념이 20세기에 발명된 것은 아니었다. 그런 명성의 기원은 1593년까지 올라가서 살펴봐야 한다. 그해에 존 노던(John Norden)은 『시골 사람을 위한 유명한 도시 런던 안내도: 이 지도가 있으면 어떤 장소든 그곳까지 거리를 알 수 있고, 어떤 거리든 그곳까지 문제없이 갈 수 있음』을 펴냈다.

　　노던의 지도는 북쪽으로는 이즐링턴까지, 남쪽으로는 런던 탑 근처 세인트캐서린 부두까지 망라했다. 교회를 비롯한 여러 공공건물의 위치는 제대로 주의 깊게 반영되었다. 공터에는 나무를 그려서 표시했고, 지도를 세로로 감싼 두 줄의 테두리에는 런던 동업조합들(식료품점, 직물점, 생선 가게)의 문장을 그려 넣었다. 중심지에는 그레이즈 인, 크레플 게이트, 램버스 머시, 모어 필드 등이 포함되었다. 템스 강에는 다리가 딱 하나, 서더크에만 있었다. 그러나 블랙 프라이어스, 브로큰 와프, 쓰리 크레인스, 올드 스완, 벨링스 게이트 등등 다른 랜드마크는 많이 표시되어 있었다. 이 지도를 네덜란드 사람 피터르 판 덴 케이러(Pieter van den Keere)가 디자인했다는 사실도 눈에 띄는 특징이었다.

옛날 영어로 쓰인 지명들이 요즘 우리에게는 발음 연습처럼 낯설게 느껴지지만, 이 지도에는 진정으로 현대적인 도로 지도의 특징이 하나 있었다. 중요한 장소마다 알파벳과 숫자가 매겨져 있고, 지도 아래쪽에 그 이름들을 나열한 표가 있다는 점이었다. 가령 'a'는 부숍스 게이트 스트리트를, 'c'는 올할로스 인 더 월을, 'k'는 홀번 콘덕트를, 'z'는 콘힐을 뜻했다. 따라서 이 지도는 최초의 색인형 런던 지도라고 떳떳하게 주장할 수 있을 것이다. 1653년 개정판에서는 색인이 훨씬 더 늘어, 그럽 스트리트에서 (패스터 레인과 파이 코너를 지나) 나이트프라이데이 스트리트까지 95곳의 장소를 더 포함했다.

여러분이 그 시절에 살았다면, 뉴게이트 근처 길트스퍼 거리의 화이트호스 건물에 있는 피터 스텐트의 가게에서 노던의 지도를 살 수 있었을 것이다. 스텐트는 1660년에 런던에서 인쇄물과 지도를 팔았던 여섯 명의 주요한 판매자 중 하나였지만, 금세 치열한 경쟁에 휘말렸다. 1690년에는 판매자가 세 배로 늘었다. 폭발적인 활동은 두 가지 변화를 반영한 현상이었는데, 런던이 템스 강을 활용한 통상의 요지로서 번영을 누리게 되었다는 점, 그리고 지도 인쇄 및 수집이

More feyldes

Creple gate

Moregate

Weſt Smithfeld

Ludgate

Brides

Bryde wel

Black friers

Baynardes caſtle

Paules wharfe

Quene hythe

Broken wharfe

Three cranes

The ſtilliarde

Shrewſburye howſe

A M Y S

Bunckes ſyde

S. Marye Queryes

The Beare howſe

The play howſe

Peter Stent at y White horſe in ... ſtreete neere Newgate.

대대적으로 유행하게 되었다는 점이었다.

알려진 세계를 구석구석 다루었던 새로운 지도들은 대개 탐험에 쓸 용도는 아니었다. 그것은 오히려 탐험의 기록이었다. 대부분의 지도는 위신이나 영향력을 과시하려는 상징도 아니었다. 그것은 보통 사람들이, 적어도 새뮤얼 피프스를 포함한 런던의 상인 계층이 지도를 매력적인 물건으로 여기기 시작했음을 보여주는 첫 신호였다. 누구나 어렵지 않게 구입할 수 있는 형태로 제작된 새로운 지도들은 교육적이었고, 장식적이었고, 상상력을 자극했고, 일종의 저널리즘이었으며, 사람들의 눈앞에 새롭게 열린 세상을 반영했다.

기록으로 남은 최초의 공공 신문이었던 《런던 가제트》에는 1668년부터 1719년까지 런던 지도 판매상들의 광고가 400건 넘게 실렸다. 광고문의 어조는 평이한 것에서부터 열광적인 것까지 다양했다. 어떤 광고는 지리적 발견을 종이에 표현한 물건을 파는 게 아니라 발견된 땅 자체를 파는 듯한 느낌마저 주었다. 경매 카탈로그나 스트랜드 거리의 스탠퍼드 지도 가게가 등장하기 한참 전이었던 그 시절의 신문 광고들은, 당시 런던의 상업적 지도 산업을 엿보게 하는 사진이나 다름없다.

그래서 그 사진이 보여주는 풍경은 어떨까? 1672년 11월의 한 광고는 이런 내용이었다.

'폴란드 왕국의 영지를 보여주는 새로운 지도를 입수했습니다. 프러시아, 쿠자비아, 마조비아, 러시아—니그라, 리투아니아, 볼히니아,

최초의 색인형 런던 지도라 불리는, 노던과 판덴 케이러가 만든 1593년 〈런던 지도〉.

포돌리아, 우크라이네 등등 왕국 내 모든 공국과 지방이 포함되어 있습니다. 모든 주요한 도시와 마을과 요새가 표시되어 있어서, 터키 군대가 어떤 경로로 진격하고 행진했는지를 알 수 있습니다.'

이 지도는 세 군데에서 판매한다고 했다. 왕이 지정한 수로(水路) 학자인 존 셀러가 익스체인지 앨리에 낸 가게, 콘힐에 있는 로버트 모던의 가게 '아틀라스', 그리고 '스트랜드의 솔즈베리 하우스 맞은편에' 있는 아서 투커의 가게였다.

다른 가게들은 네덜란드 지도, 프랑스 지도, 독일 지도, 그리고 영국 식민지를 특히 신경 써서 표시한 새 북아메리카 지도를 팔았다. 신기한 흥밋거리도(일례로 존 셀러는 달 지도를 팔았다), 새로 작성된 해도도 팔았다. 수학 도구 제작자였던 제임스 앳킨슨은 1673년 3월에 마젤란 해협의 '모든 수심, 정박지, 기슭, 위험 지점을 보여주는' 지도를 세인트세이버리 선창 동안(東岸)에서 판매한다고 광고했다.

1714년, 런던의 지도 제작자 겸 판화가 존 세넥스는 솔즈베리 코트의 가게 '글로브'에서 새로운 천체 및 천문학 지도를 판매할 예정이라고 광고했다. 그 지도에는 '(에드먼드) 핼리 교수께서 태양 개기일식 때 영국의 어느 지역에 달그림자가 드리울지 알려주는 글'이 딸려 있다고 했다. 4월 22일이 되면 '사위가 갑자기 캄캄해져서 태양 근처 별들이 보일 텐데, 이런 일식은 영국 남부에서 지난 500년 동안 볼 수 없었던 것'이며, 그의 '지도는 그때 영국에서 완전히 캄캄해질 지역이 어디인지를 빠짐없이 보여준다'고 했다.

물론, 런던 지도도 있었다. 런던 지도 광고들은 새로움을 강조하는 경향이 있었다. 당연한 일이었다. 1666년 대화재 이후 완전히 새로 건설된 도시를 묘사한 지도들이었으니까. 실제로 화재 덕분에 런던의 지도 제작 활동은 유례없을 만큼 폭발적으로 증가했다. 화염에서 살아남은 사람은 누구나 뻔히 알 수 있듯이 노던의 지도는 이제 유효하지 않았으니까 말이다. 찰스 2세 왕이 스스로 지도광이었던 사실도 도움이 되었다.

1675년, 로버트 그린은 버지 로의 '로즈와 크라운'이란 가게에서 웨스트민스터의 '도로, 골목, 마당, 기타 주목할 만한 장소들을 있는 그대로' 표시하도록 특별히 신경을 쓴 새 런던 지도를 판다고 광고했다(그는 '윌리엄 펜 씨가 작성한 펜실베이니아 지도'도 팔고 있었다).

1697년, 로버트 모든은 크기가 2.4×1.8미터이고, 구와 교구로 나뉘어 있고, '근래 지어진 새로운 건물과 개선 사항을 모두 담은' 새 런던 지도를 판다고 광고했다. 그런데 주요한 판매 포인트는 크기가 아니라(가격이 무려 40실링이었으니, 보통 1실링에 팔리던 당시 런던 지도들 중에서 제일 비쌌다), 지도에 그려진 지역을 '실제 조사했다'는 점인 듯했다.

그로부터 10년 뒤에도 또 다른 보물 같은 런던 지도가 등장했다. 세인트폴 처치야드의 비숍스 헤드로 가면, 여덟 부분으로 나뉘어 있고 두 권으로 이뤄진 인쇄물을 살 수 있었다. 그 인쇄물은 '이제까지 세계 어떤 도시에 대해 출간된 어떤 책보다도 특별한 묘사'를 제공한다고 자랑했다. 그 속에는 '모든 도로, 광장, 거리, 마당 등등'이 포함되었을 뿐 아니라 채링 크로스, 세인트폴 성당, 런던 탑에서 그곳들까지의 거리도 적혀 있었다. 모든 감옥, 조각상, 교회, 병원, 구빈원, 분수, 도랑, 대중목욕탕, 그리고 '바뇨(Baños, 욕탕일 수도 있고, 유곽일 수도 있고, 둘 다일 수도 있다)'의 목록도 적혀 있었다.

모든 광고와 지도를 통틀어, 인쇄자나 지도 제작자의 이름이 '제목 위에' 적히는 사람이 딱 한 명 있었다. 요즘 영화를 홍보할 때 할리우드 스타의 이름을 제목 위에 적는 것처럼 말이다. 그 이름은 믿을 수 있었다. 왕실의 인가를 얻었기에 더욱 그랬다. 그 이름은 존 오길비였다.

오길비가 얼마나 각광받는 제작자였는가 하면, 1668년 5월에 그는 정식으로 허가받은 복권을 발행하여 그 당첨자들에게는 자신이 향후 발표할 근사한 새 프로젝트의 주식을 구입할 기회를 주겠노라고 선언했다. 그러고도 그는 5년이 더 지나서야 당첨자들을 근심에서 건져주었다.

그가 발표한 '브리태니아 프로젝트'는 잉글랜드와 웨일스를 측량 조사하여 호화로운 여러 권짜리 지도책을 만들겠다는 것이었다. 모든 카운티의 지도, 모든 도시의 지도, '온 왕국'을 지형학적으로 묘사한 지도를 담겠다는 얘기였다. 오길비는 투자자를 '모험가'라고 부르며, 그들에게 왕립거래소 근처의 개러웨이 커피하우스로 와서 '저자에게 돈을 투자하라고' 권했다. 돈을 많이 내는 사람은 지도의 카투시에 이름을 올려주겠다고 했다. 지도책이 완성되기를 기다리는 동안, 모험가들은 미국 지도가 담긴 『오길비의 영국 아틀라스』 제2판을 보면서 즐길 수 있었다. 중국, 일본, 아프리카의 지도나 지형학적 묘사를 감상할 수도 있었는데, 그런 지도는 판화가 웬세슬라우 홀라의 손으로 장식된 것이 많았다.

존 오길비는 존 스피드(John Speed)와 더불어 영국의 지도 산업을 존중할 만하고, 실용적이고, 상업적으로 인기 있는 활동으로 만드는데 누구보다 기여한 인물이었다. 오길비는 이 업종에 늦깎이로 입문한 편이었기에, 그 업적이 더더욱 놀랍다. 같은 직종에 종사했던 사람들 중에서 오길비만큼 초년의 인생이 다채롭고, 불운하고, 끊임없이 쇄신하는 과정이었던 사람은 아무도 없었다.

오길비의 인생사는 서커스에서나 들을 법한 이야기처럼 보인다. 그는 1600년에 던디 근처에서 태어났다. 여섯 살에는 런던에 와 있었는데, 아버지는 빚 때문에 감옥에 갇혀 있었다. 오길비가 처음 빠진 일은 춤이었다. 그는 그레이스 인 레인의 선생님에게 배운 뒤, 금세 런던에서 가장 근사한 무도회를 찾아다니며 공연하게 되었다. 그러

존 오길비가 찰스 2세와 브라간자의 캐서린 왕비에게
'브리태니아 프로젝트' 주식 신청자 명단을 제출하고 있다.

나 제임스 1세를 모신 자리에서 특별히 복잡한 동작을 하다가 그만 다리가 부러졌고, 이후로 영영 발을 절게 되었다. 오길비는 아일랜드에서 제자를 가르치고 극장을 운영하는 일로 관심을 돌렸다.

뒤따른 시기는 경제적으로 어려운 시절이었다. 영국으로 돌아오는 배에서는 하마터면 난파될 뻔했다. 그런 오길비의 회복을 도운 은인은 예전에 춤을 출 때 고객이었던 스트래퍼드 경이었다. 스트래퍼드 경은 오길비에게 문학적 재능이 있다는 사실을 알아차리고, 베르길리우스와 호메로스, 이솝 우화를 번역하도록 지원했다. 이 책들은 모두 잘 팔렸다. 오길비는 1665년에 흑사병이 대대적으로 발병하자 킹스턴온템스로 대피하면서 자신이 또 한 번의 개인적 재앙을 면했다고 생각했다. 그러나 몇 달 뒤 대화재가 발생하여, 런던의 집과 책이 깡그리 불타고 말았다. 오길비가 지도로 관심을 돌린 것은 그 후였다.

오길비는 일찍이 찰스 2세의 대관식을 미사여구로 묘사한 글을 썼던 일로 왕실의 총애를 받고 있었다. 덕분에 그는 런던의 재건을 기록하는 '선서한 관찰자(측량 조사자)'로 임명되었다. 대화재의 피해를 묘사하는 일은 자칫 감옥에 갇힐 수도 있는 범죄로 정해져 있었지만, 새로 건설되는 도시를 스케치하고 지도를 그리는 일은 널리 장려되었다. 그래서 여러 지도 제작자가 관료를 거들어 지도를 작성했는데, 오길비의 지도는 그중에서도 단연코 가장 야심찬 작품이었다. 그는 자신의 지도가 '세계의 어느 도시에서도 시도되지 않았던 수준으로 정밀하고 정확하게' 작성되었다고 다짐했다. 그렇게 공들인 보답으로 그는 15년 동안 저작권을 인정받았는데, 이것은 지도 제작자가 작업을 보호받은 최초의 사례 중 하나다.

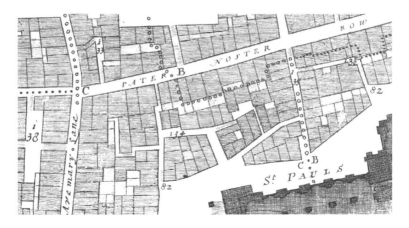

1677년의 런던. 오길비와 모건이 대화재 이후 '세계의 어느 도시에서도 시도되지 않았던 수준으로' 작성한 지도에서 세인트폴 성당 부분을 확대했다. 숫자는 그때까지 출간된 어떤 런던 지도보다도 (나아가 아마도 당시의 다른 어떤 지도보다도) 상세한 색인을 보여준다.

오길비는 혼자 일하지 않았다. 그의 수석 조사자는 수학자 겸 천문학자였던 윌리엄 레이번으로, 그의 임무는 새로 생긴 거리를 걸으면서 모든 건물과 정원을 낱낱이 기록한 뒤 화이트프라이어스로 돌아와서 그날의 발견을 지도에 기입하는 일이었다. 그것은 정말이지 진 빠지는 일이었다. 레이번은 1674년에 쓴 글에서 '하느님이 도우사 몇 달 안에 작업이 완료되기를' 바란다고 지친 듯이 말했으나, 작업은 그로부터 두 해가 더 걸렸다.

100피트당 1인치의 축척(1:1200)으로 작성된 지도는 1677년 1월에 처음 판매되었다. 그 출간은 이듬해 나온 존 버니언의 『천로역정』[49] 출간에 맞먹는 중대 사건이었다. 지도는 20장의 종이에 인쇄되었다. 뒤

---

49) 신의 노여움을 두려워하는 한 기독교인이 갖은 고난을 겪고 천국에 이르는 과정을 그린 작품으로, 신앙 형성 문제를 다룬 소설이다.

에 천을 대어 전부 하나로 이으면 되었는데, 전체 크기가 무려 2.6×1.4미터나 되었다. 지리적 내용 면에서도 야심찬 작품이었다. 서쪽으로는 그레이스 인과 링컨스 인부터 동쪽으로는 화이트채플까지 포함했고, 북쪽으로는 어퍼 무어필즈부터 남쪽으로는 템스 강변까지 포함했다. 제목은 '크고 정확한 런던 지도: 모든 도로, 거리, 골목, 정원, 마당, 교회, 홀, 건물을 평면 도법으로 묘사했고, 실제 조사한 내용을 그렸음'이었다. 평면 도법이란 보통의 조감도처럼 입체적으로 그리는 게 아니라 현실적인 평면도를 보여준다는 뜻이었다.

새 지도에 대한 공은 상당 부분 오길비가 의붓딸에게서 얻은 손자, 윌리엄 모건(William Morgan)에게 돌아가야 했다. 모건은 할아버지의 뒤를 이어 왕립 천지학자(天地學者)가 되었고, 후속 판본들을 개선했다. 그때까지 런던에 대해 수행된 조사 중에서 가장 완전하고 역사적으로 중요했던 그들의 조사는 정확하고 수학적인 지도 제작 분야에서 새로운 기준점을 세웠다. 이전에는 그처럼 개별 건물과 부지를 일일이 표시한 지도가 공개적으로 제공된 적이 없었다. 물론 그 정밀도는 훗날 〈육지측량부 지도〉에 비하면 한참 떨어졌지만, 어쨌든 오길비의 지도는 우리가 이후 모든 도시 지도에서 기대하게끔 되는 제일 중요한 의무를 만족시킨 최초의 지도였다. 그 의무란 도시를 방문한 사람이 그 지도를 보고 길을 찾을 수 있어야 한다는 점이었다.

빽빽한 선으로 까맣게 음영을 넣은 오길비의 지도를 손가락으로 훑노라면, 지금도 흥분이 느껴진다. 거리는 예전보다 넓어졌고, 플리트 강은 다시 배가 항해하게 되었고, 도시는 더 깨끗해 보였다. 오늘날의 도시 계획가가 의뢰인에게 권할 만한 모범적인 수도의 모습, 즉 주상 복합 건물과 녹지가 쾌적하게 조화된 모습처럼 보인다. 무한한 기회, 완벽한 명료함, 잘 정돈된 직사각형 구획으로 이뤄진 장소들. 가축도 분뇨도 없는 초지는 그저 일요일의 산책을 위한 공간인 듯하다. 빌링스 게이트 선창은 런던 브리지 옆에서 조용히 화물을 기다리고 있다. 우리는 왕정복고 시절의 외설적인 희극들을 통해서 당시 런던에 빈민가와 누추함과 폭력이 넘쳤다는 사실을 알고 있지만, 이 지도에서 그 사실을 짐작할 수 있는 단서라고는 오길비와 모건이 별도의 소책자로 제공한 기다란 색인에 등장하는 지명들뿐이다. 후커스(창녀) 코트, 피어리(사나운) 필라, 스커머(쓰레기 걷어내는 사람) 앨리, 대거(단검) 앨리, 픽액스(곡괭이) 앨리, 다크 엔트리(어두운 입구), 슬로터(도살) 야드…… 아쉽게도, 오길비가 태어나기 전인 16세기에 영국의 여러 도시에서 융성했던 한밤의 환락가를 뜻하는 지명, '그로웁컨트(Gropecunt, 여성의 성기를 움켜쥔다는 뜻 – 옮긴이) 레인'은 등장하지 않는다.

모든 내용이 옳은 것은 아니었다. 윤곽선으로 그려진 세인트폴 성당은 최종 설계도가 아니라 렌의 초기 스케치들 중 하나를 바탕으로 한 것 같다. 오길비와 렌은 코번트 가든의 커피숍들에서 안면을 익혔을 가능성이 높다. 파괴된 도시의 미래가 여러 사람의 협동을 통해 실제적인 꼴을 갖춰가던 장소가 바로 그곳 커피숍들이었다. 그리고 템스 강변을 다른 유럽 도시의 강변에 비견할 만큼 매력적인 장소로 그린 것은 희망 섞인 표현이었을 뿐, 현실에서는 결코 실현되지 않았다. 적어도 1980년대에 '도크랜드(항만가)' 개발 붐이 일어나기 전까지는 말이다.

그러나 오길비의 지도가 이룬 최고의 업적은 뭐니 뭐니 해도 탁자에 펼쳐진 그 기념비적 지도를 보고서 관찰자가 받는 깊은 인상이었다. 그 지도는 정확했으며, 시민들에게 자긍심을 불어넣었다. 지도 제작에 막 착수했을 때, 오길비는 런던이 대화재 이후 그토록 신속하게 변모하는 것을 보면서 '굉장한 기적!'이라고 감탄했다. '사람들이 쓰레기를 치우기에도 모자랄 것이라고 믿었던 짧은 시간'만에 '혼란스러운 폐허로부터 도시가 솟아올랐다'고 말이다. 바로 그런 느낌이 그의 지도에 반영되어 있었다. 찰스 2세와 신하들이 오길비의 작업을 열심히 지원했던 것도 그 때문이었다. 더 넓어진 거리, 운항을 기다리는 듯한 템스 강과 새 부두를 담은 그 지도는 런던이 다시금 영업에 나섰다는 사실을 세상에 알리는 셈이었다.

그리고 만일 당신이 런던에 싫증이 났다면, 존 오길비는 당신이 런던을 벗어나도록 도울 수도 있었다. 오길비의 대대적인 런던 조사는 더 대대적인 '브리태니아 프로젝트'의 일부일 뿐이었다. 그 프로젝트는 그를 파산 지경으로 몰아갔다. 그로서도 그 작업이 너무 버겁다는 사실을 깨우치고는 영국의 모든 도시와 카운티를 자세히 보여주는 거대한 지도책을 만들겠다는 목표를 축소할 수밖에 없었는데, 다행히도 계획 중에서 살아남은 부분이 오히려 원래의 목표보다 훨씬 더 독창적인 작업이었다. 이 작업이야말로 오길비의 가장 유명하고, 아름답고, 탐나는 유산으로 남을 것이었다. 그것은 바로 〈거리 지도〉였다(여기에서 '거리 지도'는 'strip map'으로, 하나의 거리를 중심에 두고 양쪽에 있는 지형지물을 표시하면서 길게 이어진 그림을 말한다 – 옮긴이).

런던 지도와 마찬가지로, 이 지도에서도 오길비는 여행자들의 처지를 개선해주고 싶었다. 또는, 부유한 후원자들이 위험천만한 시골

길을 좀 더 빠르고 쾌적하게 여행할 수 있도록 돕는다면 돈이 벌릴 것이라고 판단했다. 그의 해결책은 대중적인 도로 지도책의 초기 형태였다. 호화롭게 디자인하여 동판에 새긴 뒤 두꺼운 종이에 인쇄한 지도 100장을 묶은 책이었다. 그것은 실제 마차 여행용이기도 했고, 집안 장식용이기도 했다.

가장 단순한 용도를 보자면, 이 지도는 여행자에게 런던에서 옥스퍼드셔의 애빙던으로 가는 길을 안내했다. 또 다른 지도는 애빙던에서 웨일스의 몬머스로 가는 길을 안내했다. 또 다른 지도에서는 런던을 빠져나와 북동쪽 케임브리지셔를 향해 뻗은 길이 월섬, 어드즈던, 웨어, 로이스턴, 헌팅턴을 거쳐 스틴턴에서 끝났다. 도판 6은 노팅엄셔의 턱스퍼드로 안내했고, 도판 7은 턱스퍼드에서 요크로, 도판 8은 요크에서 더럼 카운티의 체스터 리 스트리트로, 도판 9는 그곳에서 스코틀랜드 경계 바로 밑의 베릭으로 안내했다.

지도 중 14장은 런던에서 출발했다. 여행자가 A 지점에서 출발한다면, 그 다음으로 어떤 기착지, 늪, 강, 여관, 교회, 탄갱, 경작지, 그리고 오길비가 '무대 배경적 장식'이라고 불렀던 갖가지 요소를 만나게 될 것인지를 미리 알 수 있었다. 이 지도책 덕분에 여행자, 마부, 노상강도는 전에 없이 든든하게 계획을 세울 수 있었다. 이제는 거리를 읽고 계산함으로써 어디에 멈춰서 식사할지, 혹은 어디에서 야간 강도질을 할지 계획할 수 있었다.

지도들은 대단히 정확했다. 조사자는 실제 현장으로 나가서 측륜[50]

---

50) 불규칙한 경계선을 갖는 지역의 면적을 측정하는 데 사용되는 기계인 플래니미터의 부속품. 상대적인 높이 변형을 감지해 수직 거리로 옮길 수 있다.

을 돌리면서 도로를 일일이 걸었고, 말 탄 동료가 장비를 싣고서 그 뒤를 따랐다. 오길비는 모든 지도에 사실적 정보가 풍부하게 담겨야 한다고 주장했다. 그는 거리 측정 단위인 '마일'을 표준화했는데, 좀 짧은 '로마 마일'도 아니고(1마일이 1,617야드) 좀 긴 '옛 영국 마일'도 아닌(1마일이 2,428야드) 1,760야드로 정했다. 그러고는 지도에 1마일마다 분명하게 표시를 해두었다(1마일당 1인치의 축척이었다). 그는 또 언덕을 피라미드 모양으로 묘사하고 그 꼭짓점이 경사진 방향을 가리키게 함으로써, 길이 얼마나 가파르고 힘든지도 표현했다.

오길비의 프로젝트를 가장 열렬히 지지했던 사람은 왕정복고 시절의 위대한 박식가, 로버트 훅이었다. 왕립협회의 '실험 책임자'였던 훅은 스스로도 대화재 이후 런던 지리를 조사한 경험이 있었다. 오길비는 이전 여러 작업에서 기존 지도에 카투시나 경계만 새로 그려 넣은 뒤 재포장하는 데 만족했는데, 당시에 이미 윌리엄 캠던과 존 릴런드가 전국을 대상으로 귀중한 지형학적, 고고학적 조사를 실시한 뒤였으니 이번에도 그들의 결과를 베껴서 다듬으면 간단할 것이었다. 그러나 훅은 오길비에게 완전히 새로운 것을 만들어보라고 종용했다.

오길비의 〈거리 지도〉는 유용하기만 한 게 아니었다. 보기에도 멋졌을 뿐더러 재미있었다. 요즘 장거리 자동차 여행을 할 때 아이들이 덜 지루하라고 지형지물 찾기 놀이를 하는 것과 비슷했다. 여기에 다리가 있고, 조금만 더 가면 풍차가 나오고, 3마일만 더 가면 올드 레

잉글랜드 남서부로 나아가는 길고 쾌적한 두루마리.
존 오길비의 〈거리 지도〉 중 런던에서 콘월까지 가는 길의 일부.

The Road from
Comencing
and Ex
By IOHN O

Contining
to Brantfort 10¼ Sta
10½ Andover 18 f
Crookhorn 14·6 Axm
Ashburton 9·0 Bren
goney 12·6. Mark

to Vxbridg through Osterley Park
Whthere Green
to Osterley
Hampton court
to Vxbridg Road
Isleworth
Sion house
& Church
Brent flu Stone br.
New Brant ford
Henry Chaples Que
Ioh. Trevers
Old Bransford
Eling
St John Mainards
Sutton Court
Lo. Crofts
Marq. of Worcesters
Cheswick
Turnham green
THAMES
Hamersmith
wood bridg
to Acton
to Fulham
Counters bridg of brick
Earl of Hollands
Camden house
the Church
Lo. Keeper Finchs
Kensington
to Fulham
Chelsey
the College
to Fulham
Hide Park
Knightsbridg
to Pudington
le Fields
ESTMINS
ER
ambeth
St Georges Field
FLVVIVS
outhwark
athward

SVRREY
MIDDLESEX

lodge
Windsor Park
New England a brook
Dean heath
to Bagshot
to Thorp
to Windsor
to Thorp
Egham
to Windsor
to Chertsey
Enter Surry
a wooden br.
Stanes
Thames fluvius
to Colnbrook
a brook
Stanwell
to Ashford
Bedfont
to Felton
to Vxbridg
a wooden bridg that runns to
over y. new river
Hampton Court
to Felton
to Longford
Sword Mills
Powder Mills
Baber bridg
a Pond
Hounslow heath
to BRISTOL by Colnbrook
to Kston
Hounslow heath
Hounslow

Enter Hampshire
to Fremley
Black water flu
to Chobham
to O
to Fremley
to Guildford
to Ockingham
to Guildford
to Ocking
Bagshot
to Guildfort
to Chersey
Winsham
to Chersey
Bagshot heath
Rill
Ba

드 라이온 술집이 나오고, 하는 식이었다. 우리가 보기에 오길비의 〈거리 지도〉는 슬롯머신의 회전통을 닮았다. 대개의 기호는 반복적으로 자주 등장하지만(나침반, 수풀, 교회), 소수의 몇몇 기호는 특별한 흥밋거리로서 가끔씩만 등장한다(세관, 성). 지도는 섬세한 음영을 가미한 트롱프뢰유 기법(그림이 삼차원 실물로 보일 만큼 실제적으로 표현하는 기법을 말하는데, 여기에서는 그저 종이 위에 지도 두루마리가 펼쳐진 것처럼 보이게 그렸다는 뜻이다 – 옮긴이)으로 그려져, 폭 좁은 두루마리에 그려진 도로의 저 앞쪽으로도 가상의 종이 뭉치가 무한정 펼쳐질 것처럼 보였다. 오길비는 자신이 뭔가 해냈다는 사실을 깨달았다. 〈거리 지도〉를 완성한 뒤, 그는 '세상에서 이와 견줄 만한 물건을 찾기란 참으로 무모한 과제일 것'이라고 자신했다. '이토록 막대한 비용, 무한한 노력과 탐구가 필요한 사업은 지금까지 시도되거나 구상된 적조차 없기' 때문이었다.

비싼 판본을 주문하면 손으로 채색한 지도책이 배달되었다. 그것은 벽에 걸어두고 싶을 만큼 아름다운 물건이었다. 사람들이 수많은 지도책을 쪼개어 자신이 관심 있는 지역의 지도만 뜯어낸 한 가지 이유는 바로 그렇게 벽에 걸기 위해서였다. 또 다른 이유는 여행자가 어느 특정한 길로 가려 할 때 다른 지역 지도까지 몽땅 가져갈 필요가 없다는 점이었다. 불과 1년 뒤에는 〈오길비 개정판〉, 〈포켓북 거리 지도〉 같은 더 작고 더 싼 판본도 나왔다. 오길비는 런던의 모든 인쇄업자가 자기 '책을 훔쳐서' 도용한다고 투덜거렸지만, 소용이 없었다.

알고 보니 그것은 그의 다른 문제에 비하면 아무것도 아니었다. 그의 〈거리 지도〉가 영국 사람들을 이전에는 가보지 못했던 곳으로 안내하기 시작한 지 얼마 되지 않았던 1676년, 오길비는 76세의 나이로 죽었다. 그는 '인쇄업자의 교회'라고 불리는 플리트 거리의 세인트브라이드 교회 묘지에 묻혔다. 교회는 대화재로 망가졌다가 렌에 의해 완전히 재건된 지 얼마 되지 않은 참이었다. 오길비는 1940년 12월 29일까지 그곳에 누워 있다가, 독일 공군의 폭격으로 런던이 다시금 대대적으로 재편될 수밖에 없었을 때 산산조각 나서 그만 허공으로 사라져버렸다.

제10장

영국 육지측량부에 얽힌 여섯 가지 이야기

지도 제작은 결코 끝나지 않는다

1790년 12월 3일과 4일, 런던 펠멜의 크리스티 경매장에서 사상 최초로 지도 경매가 열렸다. 품목은 엘리자베스 여왕 시절의 런던 지도 하나, 개인들의 의뢰로 작성되었던 영국 여러 카운티의 지도, 최신 북아메리카 해안 지도들, 20점 남짓한 스코틀랜드 지도들(미완성 필사본 원고도 몇 점 있었다), 카시니 가문이 작성한 프랑스 지도 78장이었다. 귀중한 도서들도 판매 대상이었다. 아프리카 내륙 탐사나 제임스 쿡(James Cook) 선장의 마지막 남극점 항해를 다룬 최신 서적들을 비롯하여 적잖은 수의 여행서가 있었고, 수학과 측량 분야의 다양한 주제를 다룬 전문서도 있었다. 특히 후자는 1780년대에 프랑스에서 출간된 것이 많았다. 카시니 드 튀리의 『프랑스의 기하학적 묘사』, 카뇰리의 『삼각 측량 개요』 등이었다.

여기에 더해, 경매 카탈로그에서 공학과 측정 도구의 '진귀한 컬렉션'이라고 소개된 항목이 있었다. 당시에 경매소가 그런 물품을 취급하는 것 또한 희귀한 일이었다(카탈로그에 '크리스티 씨'라고 적힌 인물이 사업을 세운 것이 고작 1760년대였다). 그 품목들은 호기심과 모험으로 가득한 삶을 연상시켰다. 사분의, 육분의, 나침반, 기압계가 많았다. 경위의, 망원경, '네 눈알 안경', 광학 도구의 명가인 존 돌런드와 피터 돌런드 부자가 만든 길이 1.2미터의 색수차 비보정 망원경도 있었다(돌런드 사가 애치슨 사에 합병되기 150년 전으로, 당시 넬슨 제독도 돌런드 망원경을 갖고 있었다). 각종 본, 온도계, 자, 휴대용 카메라인 옵스큐라, 건터 측쇄[51], '작은 전기 기계'라고만 적혀 있고 용도는 알 수 없는 물건도 있었다.

그것은 누가 소유했던 물건들이었을까?

그것은 모두 다섯 달 전에 죽은 윌리엄 로이(William Roy) 장군의 소유물이었다. 영국 육지측량부를 창설한 장본인이라고 봐도 무방한 인물의 활동 밑천이었던 셈이다. 그가 부추겨서 시행된 측량 사업은 영국 영토 전체를 지도화했을 뿐 아니라(종류를 불문하고 모든 과수원과 소택지 등등

18세기에 경위의와 측량이 활약하는 모습. 건터 측쇄를 제외한 모든 도구를 보여준다.

을 이전에는 상상도 못 했던 축척으로 철두철미하게 측량했다) 영국인들이 자기 나라의 풍경, 토지 경계, 도시와 시골 마을의 구조, 공학, 고고학,

---

51) 영국의 수학자 건터가 고안한 측량 도구. 각각 7.92인치인 철 고리 100개로 되어 있어 전체가 일종의 사슬을 이루고 있다.

선거구, 세법을 이해하고 인식하는 방식을 바꿔놓았다. 온 영국을 지도화하자는 사업은 완성까지 결국 60년이 넘게 걸렸는데, 처음에는 지도학적 토지 대장(둠즈데이 북)을 만들 요량으로 계획되었다. 그리고 끝내 효과적으로 그 목표를 달성했다. 〈육지측량부 지도〉는 영국을 대표하는 특징이 되다시피 했으며 (철도가 등장하기 조금 전부터, BBC 방송과 국민건강보험이 등장하기 한참 전부터) 세계의 부러움을 샀다.

〈육지측량부 지도〉는 오늘날 우리에게도 필수불가결한 물건일까? 피크 디스트릭트 국립 공원의 벼랑에서 비가 오나 눈이 오나 전천후로 작동하는 그 지도를 꺼내든 사람이라면, 우리 푸르른 지구에서 이보다 더 나은 지도는 아직 없다는 생각이 들지도 모른다. 그리고 어쩌면 그 생각이 옳을 것이다.

정식 명칭이 '군수국 삼각 측량 사업'이었던 대대적인 사업은 1791년 6월에 공식적으로 시작되었다. 요즘 어떤 사람들은 그 사업 이전에는 영국 시골이 거의 지도화되지 않았던 상황이라고 상상하는 모양이다. 갈아엎은 경작지와 길가 여관이 여기저기 흩어져 있는 풍경에서 산업 혁명이 서서히 기지개를 켜기 시작한 모습을 당시 사람들이 모호하게만 파악하고 있었다고 말이다. 그러나 사실은 정반대였다. 지도는 많았다. 〈육지측량부 지도〉의 엄밀성에 비하면 지도학적 무정부 상태였다고 할 수 있겠지만 말이다.

18세기가 동틀 무렵, 존 오길비의 〈런던 지도〉와 교외 〈거리 지도〉는 시대에 뒤진 지 오래였다. 크리스토퍼 색스턴과 존 스피드의 카운티 지도들은 더더욱 그랬다. 그러나 영국은 지도 제작에 푹 빠져 있었다. 1750년대부터 수많은 사람이 건터 측쇄와 접안렌즈를 휴대하고 밤낮없이 돌아다니면서 지도를 작성했다. 때로는 상업이나 토지 문제 때문이었고, 때로는 납세액을 감정하기 위해서였다(그런 지도를 '지적도'라고 한다). 캐링턴 보울스, 로버트 세이어, 존 캐리 같은 전문 측량가들이 작성한 카운티 지도들은 특히 주목할 만했다(또한 정확했다).

그러나 이런 지도들은 후원자의 특수한 요구만을 만족시켰다. 대부분의 지도가 단순히 위신의 상징이었고, 다루는 범위는 띄엄띄엄했고, 어떤 요소를 포함시키고 어떤 요소를 무시할 것인가에 대한 합의가 없었다. 표준화된 축척이나 기호도 없었다. 교회는 첨탑 그림으로 표시한다는 것, 거기에 가로줄 하나를 그으면 교구 교회, 2개는 수도원 교회, 3개는 대주교 교회를 뜻한다는 것쯤은 통일되어 있었지만 말이다.

민간에서 벌어지던 활동을 국가가 주도하게 된 것은 주로 군사적 방어의 관심사 때문이었다. 스코틀랜드에서는 영국에 충성하는 군대가 1745년 자코바이트 반란[52]을 겪은 후, 성과 요새만이 아니라 고산 지대까지 정확하게 표시한 지도의 필요성을 느꼈다. 그래서 육군 중령 데이비드 왓슨의 지휘 아래 윌리엄 로이가 1747년부터 1755년까지 측량을 진행했고, 그 결과로 100야드당 1인치 축척의 지도들을 작성했다. 나중에 로이는 그 결과물을 가리켜 '정확한 지도라기보다

---

52) 명예혁명 때, 프랑스에 망명한 영국 왕 제임스 2세와 그 자손을 받들고 왕위(王位)의 부활을 꾀한 정치 세력들이 군사를 모아 일으킨 반란 사건. 영화 「브레이브 하트」(1995년)의 배경이 된 사건으로 널리 알려져 있다.

는 멋진 군사적 스케치에 가깝다'고 평했다. 실제로 측량은 주로 말에 탄 채 이뤄졌고, 상당히 개량된 도구들(특히 영국과 독일에서 만든 망원경과 경위기)을 쓰기는 했어도 로이가 훗날 부르짖을 지도화 사업의 엄밀성에 비하면 한참 부족했다.

로이는 체계적 지도화 사업에 대한 발상을 바다 건너 프랑스에서 얻었다. 1733년에 시작되어 12년이 걸린 프랑스 전국 측량 사업의 결과물은 당시 유럽의 지도들 중에서 최고로 장식적인 지도라고는 할 수 없어도(아마도 그 영예는 프리드리히 대제가 다스리던 프로이센에게 돌아갈 것이다) 훗날 저 멀리 인도와 아메리카에까지 영향을 미칠 모범적인 지도였다. 지도를 작성하는 노동력, 행정, 인쇄 등에 든 비용은 국가적 지도화 사업으로서는 사상 최대임에 분명했지만, 그럴 가치는 충분했다.

182장으로 구성된 〈프랑스 지도〉는 1745년에 처음 출간되었다(그중 78장이 훗날 로이의 유품으로 경매소에서 팔릴 것이었다). 카시니 가문이 제작하고 루이 15세가 후원한 이 지도는 규모가 참으로 당당했다. 지도들을 모두 이어서 콜라주를 만들면 가로세로 약 11.5미터였다(제본한 지도책으로도 나왔다). 이 측량 사업은 새로운 프랑스의 재정적 기틀을 확립하는 데 기여했으며, (카시니 집안이 4세대에 걸쳐 1815년까지 계속 개선한 덕분에) 프랑스가 쉼 없이 유럽 국가들과 전쟁을 벌이는 동안 일종의 지형학적 헌법과도 같은 존재로 기능했다. 지금에 와서는 한 나라의 지도 제작 활동이 당연히 그런 식으로 발전하는 법 아니냐고 생각하기 쉽지만, 당시에 그것은 지리학적 기적이나 마찬가지였다. 미국의 역사학자 매슈 에드니가 말했듯이, '그런 고품질의 측량은 당시로서는 핵 과학이나 다름없었다'.

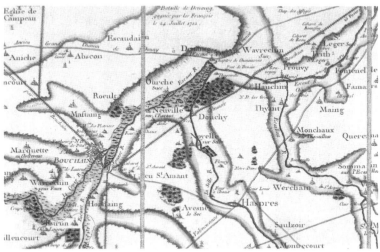

최초의 대대적인 측량 사업.
카시니 집안이 제작한 〈프랑스 지도〉는 1733년부터 1815년까지 작성되었다.

영국 육지측량부의 측량 사업은 프랑스에 헤아릴 수 없이 큰 빚을 졌다. 〈프랑스 지도〉는 개량된 삼각 측량법을 사용하여 제작되었다. 삼각 측량법은 고정된 기준선으로부터 2개의 각도를 측정함으로써 거리를 계산하는 방법이다. 이 기법을 널리 퍼뜨린 사람은 16세기의 네덜란드 지도 제작자 젬마 프리시우스였지만, 이론만 보자면 피타고라스도 익히 알 만한 내용이었다.

영국 육지측량부는 거의 2세기 뒤에 GPS(전역 위치 확인 시스템)가 등장할 때까지 모든 작업을 삼각 측량법에 의존했다. 그 기법을 처음으로 주창한 사람은 윌리엄 로이였다. 1763년에 부(副)병참감으로 재직하고 있었던 그는 온 나라를 1마일당 1인치 축척으로 삼각 측량 하자고 제안했다. 그는 2년 뒤에도 비슷한 제안을 했다. 이때는 런던 탑을 본부로 쓰면서 육군과 해군에게 무기와 각종 군수를(지도도 포함했다) 공급했던 군수국에서 해안 조사 담당자로 일하던 중이었다. 로이는 남부 해안을 더 든든하게 방어하기 위해서는 더 상세한 지도가 필요하다고 주장했다. 그러면서 그 계획을 자오선을 따라 더 확장하여 '프랑스가 그랬던 것처럼…… 오벨리스크에서 오벨리스크까지 섬 전체를 훑을 수도 있다'고 덧붙이기를 잊지 않았다. 그러나 그의 계획은 시간, 노동력, 비용을 이유로 기각되었다.

하지만 로이는 끝내 기회를 얻었다. 1784년에 조지 3세와 왕립협회의 위촉을 받아(첫 제안은 카시니 가문이 했다) 그리니치 천문대와 파리 천문대를 잇는 삼각 측량을 한 것이 계기였다. 로이가 도버에서 해협을 건너는 데는 꼬박 3년이 걸렸다. 일이 그렇게 지연된 것은 런던의 도구 제작자 제시 램즈던이 꾸물거린 탓이었다. 램즈던이 제작한 높이 1미터의 '대형 경위기'는 작업의 정확성을 담보하는 열쇠였

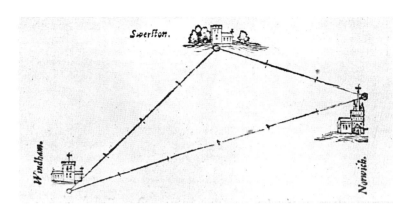

삼각 측량법을 묘사한 1550년대 그림.

지만, 역사학자 R. A. 스켈턴에 따르면, 로이는 램즈던이 지나치게 심사숙고하는 모습을 보다 못해 공식 보고서에서 욕설을 뱉기까지 했다. 물론 인쇄하기 전에 삭제하긴 했지만 말이다.

어쨌든 작업은 성공으로 평가되었다. 그것은 삼각 측량법의 승리이기도 했다. 로이는 왕립협회에 제출한 두 보고서에서 전국 측량 조사에 대한 야망을 다시금 밝혔는데, 마지막 보고서는 1790년에 그가 죽기 불과 몇 주 전에 쓰인 것이었다. 이즈음 그는 자신의 주요한 지지자이자 군수국 국장이었던 리치먼드 공작에게도 편지를 썼다. 오늘날 우리에게 '육지측량부 측량 사업'이라고 알려진 프로젝트를 이듬해 위촉한 사람이 바로 그 공작이었다.

프랑스가 유럽에서 군사력을 불리고 있었던 상황은 영국의 남부 해안을 측량하자는 로이의 주장에 틀림없이 힘을 실어주었을 것이다. 그러나 로이의 말을 빌리자면, 그의 계획은 '거대한 삼각형을' 사용함으로써 취약 지역이나 '삼림, 숲, 황야, 공유지, 늪지'는 물론이거니와 '에워싸인 영역들…… 모든 산울타리, 그 밖의 벌판 경계'까지도 다 측량하자는 것이었다. 그는 1마일당 2인치의 축척보다 더 줄여서는 목표를 이룰 수 없다고 믿었다. 다만 지도를 인쇄할 때는 '섬 전체를' 표현하기 위해서 1마일당 1인치로 줄여도 괜찮을 것이라고 했다.

영국에서 처음으로 측량이 진행된 곳은 로이가 영국−프랑스 작업에서 기지로 삼았던 하운즐로 히스(오늘날 히스로 공항이 들어선 곳 근처)였고, 그 다음에 서리, 서식스 서부, 햄프셔, 와이트 섬, 켄트로 확장되었다. 위대한 발상들이 으레 그렇듯이, 사업이 시작되고서 몇 주나 몇 달 동안 그 계획을 접했던 사람들은 그렇게 좋은 생각을 어째서 누군가 더 일찍 떠올리지 못했을까 하고 의아해했을 것이다.

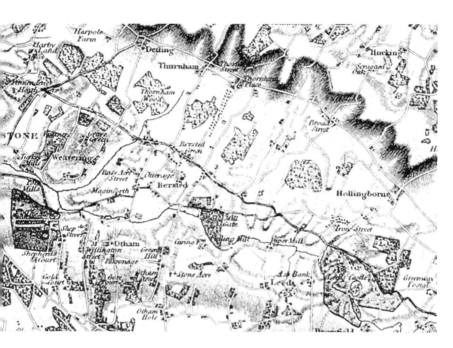

최초의 〈육지측량부 지도〉 일부. 1801년에 1마일당 1인치 축척으로 출간되었던 〈켄트 지도〉다.

236

1824년 가을, 육지측량부 측량 사업은 아일랜드에 당도했다. 그리고 당장 문제에 맞닥뜨렸다. 도무지 꿰뚫어볼 수 없는 안개였다. 영국에서는 새벽에 안개가 끼더라도 아침나절이면 보통 개었지만, 도니골, 메이오, 데리에서는 그렇지 않았다. 아일랜드 측량 사업은 6만 개쯤 되는 시골 '타운랜드'의 경계를 확정함으로써 체계적으로 세제(稅制)를 개혁하려는 시도에서 시작되었지만, 곧 북단에서 남단까지 1마일당 6인치 축척으로 온 섬을 지도화하자는 계획으로 발전했다. 대역사에는 어마어마한 인원이 동원되었는데(절정기였던 1830년대에는 2,000명이 넘었다) 그들의 작업을 가능케 하고, 그들의 산출을 풍성하게 하고, 그들의 시계를 틔워준 사람이 한 명 있었다. 윌리엄 로이처럼 그도 스코틀랜드 사람이었다.

토머스 드러먼드(Thomas Drummond)는 에든버러에서 태어나고 대학을 다녔다. 그러나 오늘날의 그를 만든 교육은 울리치의 왕립육군 사관학교에서 이뤄졌다. 그는 수학과 공학에 능했다. 그래서 육지측량부 책임자였던 토머스 콜비가 그를 영국 시골 지역 측량을 담당하는 중위로 끌어들였고, 몇 년 뒤에는 아일랜드 부책임자로 앉혔다. 드러먼드는 실용적인 사람이었다. 그는 더블린의 기지에서 지도 제작 기술을 개량하기 시작했는데, 그 속도가 어찌나 빨랐던지 왕립협회의 눈에 들어 협회의 요청으로 마이클 패러데이에게 그의 발명들을 보여주게 되었다. 드러먼드는 그 일을 평생 가장 자랑스러웠던 순간으로 회상했다.

아일랜드 측량 사업에서 세세한 부분은 대개 측쇄로 측정했다. 그러나 '땅의 초상을 온전히' 그려낸다는 목표를 달성하려면 새로운 시야를 열어주는 도구를 모조리 동원해야 했다. 드러먼드는 기압계, 노출계, 그리고 에테르 측정기라고 알려진 광학 기기를 약간씩 개량했지만, 뭐니 뭐니 해도 사람들의 관심을 끈 것은 이동식 헬리오스탯(일광 반사 장치)를 개선한 일이었다. 헬리오스탯은 햇살의 방향을 꺾어서 멀리 있는 표적으로 보내는 거울이다. 문제는 해가 진 뒤에는 어떻게 하느냐, 또는 자주 그랬듯이 진눈깨비, 연무, 스모그, 짙은 안개가 낀 날은 어떻게 하느냐였다. '완두콩 수프 안개'라고도 불렸던 짙은 안개에 대한 드러먼드의 해법은 '완두콩 불빛'이었다. 그것은 작은 덩어리로 뭉친 석회(산화칼슘)로서, 산수소 불꽃[53]으로 태우면 횃불이나 당시 널리 쓰였던 아르강 석유램프보다도, 또는 초창기 가스등보다도 훨씬 더 강력한 빛을 냈다. 측량자들은 강렬한 불빛 덕분에 삼각점 사이의 거리를 대단히 늘릴 수 있었고, 날이 어둡거나 눈이 와도 최대 150킬로미터 밖에서까지 신호를 볼 수 있었다.

그 과정에서 '라임라이트(limelight, 석회광)'라는 단어가 영어 어휘에 들어왔다. 라임라이트를 드러먼드가 발명한 것은 아니었다(최초의 산수소 발염 장치는 콘월 과학자 골즈워디 거니가 몇 년 전에 개발했다). 그러나 그는 그것을 처음으로 중요하게 활용한 사람이었고, 랜턴에서 쓸 수 있도록 응용하는 과정에서 안전성과 발광 시간을 상당히 개선했다. '드러먼드 불빛'을 '드러먼드 기준선'(금속 작대기를 사용하는 측정 기법)과 함께 사용함으로써, 아일랜드 전역을 세밀하고 정확하게 측량하는 사업은 21년 만에 완수되었다. 그들이 1820년대에 설정했던

---

53) 산소와 수소의 혼합 가스가 타며 내는 고온의 불꽃. 금속의 용접이나 백금·석영의 세공에 쓴다.

측량 기준선을 수십 년 뒤에 사람들이 다시 측정해보았더니 오차가 8마일당 1인치도 안 될 정도였다.

아일랜드 해 너머, 런던의 극장 관객들도 드러먼드에게 고마워해야 했다. 라임라이트가 무대에서 처음 사용된 것은 1837년에 코번트 가든의 왕립극장에서 음악 소극 「코번트리의 엿보는 톰」이 공연된 때였다. 라임라이트는 가스등을 보완하는 역할을 했고, 스타 공연자에게 조명을 집중하는 장면이나 극적인 등장 장면에서 주로 쓰였다. 댄 레노, 마리 로이드, 리틀 티치 같은 공연자들이 라임라이트를 받으며 일세를 풍미했다. 세기가 바뀌어 (전기가 들어오면서) 라임라이트가 희미해질 무렵에는 뮤직홀의 인기도 서서히 막을 내렸다.

대영 제국의 식민지 측량 사업은 아일랜드보다 훨씬 더 멀리까지 진출했다. 모든 작업을 통틀어 가장 위대했던 측량 작업은 심지어 지구에서 가장 높은 지점까지 진출했다. 1856년 초에는 세상에서 제일 높은 산을 부르는 이름이 데오둥가, 바이라바탄, 초모룽마, 15호 봉우리 등등 가지각색이었다. 그러나 1856년 말에는 다들 에베레스트 산으로 부르게 되었다.

그 작명은 좀 희한했다. 조지 이브리스트(George Everest)는 어느 모로 보나 독단적이고 무정하고 까다로운 사람으로서, 1830년에서 1843년까지 인도 측량국장을 지냈다. 그러나 그는 직접 그 산을 보지 못한 것이 거의 분명했고, 그 지역 사람들은 자기 이름을 발음하기 어려워하리라는 의견까지 내놓았다(우리도 마찬가지다. 사실 그는 자

기 이름을 '에베레스트'가 아니라 '이브리스트'라고 발음했으니까). 그러거나
말거나 대영 제국은 19세기 중엽에 자신들이 잘했던 일, 즉 자신들이
차지할 권리가 없는 땅인데도 지도를 펼쳐놓고서 사방팔방 자신들의
이름을 붙이는 일을 추진할 따름이었다. 이브리스트의 이름을 딴 명
칭은 주민들의 반대에도 불구하고 살아남았다. 측량이라는 신기술이
모국에서 식민지 인도로 들어오는 과정에서 발생했던, 사소하지만
의미심장한 부산물이었던 셈이다.

'인도 삼각 측량 사업'은(1799년에 구상되어 1802년에 개시되었지만 공

'인도 삼각 측량 사업'은 대영 제국의 야망이었다.

식 명칭은 1818년에 붙었다) 영국 육지측량부 측량 사업의 사촌 격이었고, 영국의 사업만큼이나 혁신적이었다. 그 사업은 인도 전통의 개략적인 지도화 기법(지형지물에 기반한 묘사적 기법으로 여행자나 상인에게 유용했다)에서 삼각 측량에 바탕을 둔 엄격한 수학적 기법(군사 계획에 알맞은 형태로서, 일단 표준 격자망이 설정되면 그 위에 다른 지도를 겹치거나 비교할 수 있었다)으로의 전환을 뜻했다. 경위기와 삼각점이 놓이는 곳이라면 어디서든 영국의 지배력이 강화되었다. 초기에 사업을 후원했던 동인도회사는 과학 발전의 허울을 쓴 채 새 영토에 대한 온전한 권리를 주장했다. 조사는 영국에서 들여온 무거운 측정 장치에게 의존해야 했고, 영국에서 훈련받은 측량사들에게 의존해야 했다(첫 감독관이었던 윌리엄 램턴은 윌리엄 로이에게 직접 감화를 받은 인물이었고, 램턴의 후임이었던 조지 이브리스트는 아일랜드 육지측량부에서 일한 경력이 있었다). 60년쯤 진행된 사업은 다른 의미에서도 자못 영국적이었다. 측량사들이 극한의 기후와 밀림을 지도학적으로 길들이느라 분투하면서 열병, 말라리아, 호랑이에게 만신창이가 되었던 과정은 몬티 파이손(Monty Python)풍으로 패러디해도 좋을 만큼 황당했기 때문이다.[54]

인도 측량 사업은 분명 영국에 정치적으로 유리한 활동이었으나, 실제로 과학적인 면에서 지리학적 돌파구를 열기도 했다. 2,600킬로미터가 넘는 거리를 측량함으로써 지구 표면을 가장 길게 측정하는 기록을 세웠던 것이다. 우리가 우주에서 지구를 내려다보게 되기까지는, 타밀 나두 주의 코모린 곶(현재는 '칸니야쿠마리'라고 불린다) 남단

---

54) '몬티 파이손'은 1970년대 영국에서 방영되었던 인기 코미디 프로그램이자 코미디언 그룹이다. 존 클리세, 테리 길리엄 등이 속한 이 그룹은 현란한 언어유희를 통해 근엄한 아서 왕 전설을 영국식 블랙 코미디로 만들었다.

부터 네팔 접경 히말라야 산맥까지 남북으로 뻗은 이 '거대한 자오선호(弧)'가 지구의 곡률을 최대 규모로 짐작하게끔 하는 거리였다(기억하겠지만, 에라토스테네스가 그노몬을 써서 역사상 최초로 달성했던 야망이다). 호는 후속 작업의 뼈대가 되었다. 측량사들은 그 호를 중추로 삼고서, 그로부터 동서로 차례차례 지도를 이어나갔다.

그와는 대조적으로, 에베레스트 산의 높이 측정은 지도학적 오만의 순간이었다. 그것은 지도화할 필요성에 따랐다기보다는 제국주의적 허세와 관련이 있었다(삼각 측량에 관여했던 사람들은 그것을 세계 최대의 삼각형이라고 불렀다).[55] 에베레스트의 정확한 높이를 계산한 사람은 총명한 인도 수학자 라다나트 시크다르(Radhanath Sikdar)였다. 계산 결과는 2만 9,000피트(8,839미터)였지만(정상으로부터의 거리가 170킬로미터에서 190킬로미터에 이르는 여섯 군데 측량소에서 잰 값들의 평균이었다), 사람들이 혹시 근삿값으로 여길까 싶어서 발표는 2만 9,002피트(8,839.8미터)라고 했다. 그 높이를 정확하게 측정한 것은 조지 이브리스트의 뒤를 이어 측량국장이 된 앤드루 워 대령의 크나큰 자랑거리였다(이브리스트의 이름을 따서 산 이름을 지은 사람도 그였다). 실제로 그 정확성은 19세기 지도 제작 기술의 자랑거리로 인정할 만하다. 정확한 높이는 지각판의 움직임이나 적설량의 변동에 따라 줄곧 달라지지만(정상에 덮인 눈의 높이까지 재야 하나, 말아야 하나 하는 논쟁도 있다),

---

55) 영국의 인도 지도화 사업은 지도의 힘을 유감없이 보여준 증거였다. 특히 지도는 드러내는 힘만이 아니라 감추는 힘도 있다는 사실을. 일례로 '유용한 지식의 확산을 위한 협회'라는 불길한 이름의 단체가 의뢰하여 1842년에 작성된 캘커타 지도에는 은행이나 경찰서 같은 공공건물은 표시되었지만 신전이나 모스크는 언급되지 않았다. 이언 J. 배로가 인도의 지도 역사를 다룬 책에서 지적했듯이, '인도인을 짐꾼이나 농부로 묘사한 부분을 제외한다면, 그 지도들에는 캘커타가 인도에 있는 인도인의 도시라는 사실을 암시하는 내용이 전혀 없었다.'

인도 측량 사업의 두 영웅, 나인 싱과 라다나트 시크다르를 기념하는 인도 우표. 싱은 히말라야를 탐험하고 티베트 대부분을 지도화했다. 시크다르는 (나중에 에베레스트로 개명된) 15호 봉우리의 높이를 계산하여 그것이 세계에서 제일 높은 산임을 확인했다.

현재 통용되는 2만 9,029피트(8,848미터)라는 값은 예전 값보다 약간 더 크기는 해도 그 차이는 크게 중요하지 않다고 간주된다. 정상에 오르려는 사람들에게도.

애초에 탄생했던 곳으로 돌아가서, 영국 육지측량부의 지도는 그 자체가 영국적 풍경의 일부로 빠르게 동화되었다. 제1차 세계 대전 무렵이면 사람들은 그 지도의 기호를 도로 표지처럼 다 알아보았다. 지도는 수백만 부씩 팔렸고, 새 축척의 새 판본이 출간되는 것은 중대 사건이었으며, 손풍금처럼 착착 접힌 지도는 모든 탈것, 열람실, 신발장에서 장갑, 스카프, 보온병 곁에 자리 잡았다. 지도를 둘러싸고 새로운 구어적, 시각적 언어가 진화했으며, 빠르게 변화하는 토지를 어떻게 지도화할 것인가 하는 문제에 대하여 거의 보편적으로 인정되는 특정한 규칙들이 생겨났다. 지도는 영국인의 장소 감각을 조용히 변화시켰고, 지도가 축약한 공간을 훌쩍 넘어선 분야에서까지 문화적 영향을 미쳤다.

일단 지도화하고 싶어 몸이 근질거리는 병에 걸렸다면, 계속 긁는 수밖에 없다. 지도는 가만히 고정된 채로 행복하게 머무르지 않는다. 제작자는 인구 성장이나 철거 같은 불편한 현상에 발맞추어 지도를 계속 바꾸고, 고치고, 지우고, 다시 그려야 한다. 영국은 유럽 본토와는 달리 전쟁의 난리통에 국경이 달라지는 경험은 거의 하지 않았는데도, 마치 지도화 욕구를 타고난 것처럼 보였다. 실용적이고 전문적인 목적에서만 그리는 것이 아니라 그것이 타고난 권리라서 하지 않을 수 없다는 듯이.

육지측량부에게 이것은 끊임없이 지도를 수정하고 다양한 축척의 새 지도를 내야 한다는 뜻이었다. 일은 해도 해도 끝나지 않았고, 영원히 끝나지 않을 것이었다. 측량사가 새 시리즈의 완성을 축하하면서 자리에 앉아 쉬는 순간부터, 벌써 그 작업은 시대에 뒤진 것이 되었다. 그들은 어떻게 제정신을 유지했을까? 지도 제작은 분명 끔찍한 직업이었다. 그리하여 지도의 '침묵(딱히 볼 것도 기록할 것도 없는 빈 공간)'은 매년 줄어만 갔다.

요즘은 〈육지측량부 지도〉가 제공하는 축척의 종류가 예전보다 적어졌지만, 한때는 모든 용도와 휴대성과 장소를 배려하는 별의별 시리즈가 다 있었다. 1842년에 요크셔의 웨스트 라이딩에는 1:2,376 축척이 있었고, 1859년에 에식스의 슈베리니스는 1:1,250 축척을 선보였으며, 1990년대 초에는 1:126,720 축척이 인기였고, 1960년부터는 1:10,560 축척의 '표준판' 도시 지도와 1:100,000 축척의 카운티 지도가 나왔다. 그러나 지금은 상황이 대대적으로 정돈되었다. 요즘 주로 나오는 것은 '전국 격자 시리즈(1:25,000 또는 1마일당 2½인치 축척인 〈익스플로러〉 또는 〈오렌지〉 시리즈를 말한다)', 그리고 1:50,000 또는 1마일당 1¼인치 축척인 〈랜드레인저〉 또는 〈핑크〉 시리즈다.

우리가 과거의 〈육지측량부 지도〉들을 한 무더기 쌓아놓고서 훑어본다고 하자. 지도를 한 장 한 장 넘길 때마다, 지금은 사라진 옛 풍경의 사회사를 달리 어디에서도 찾아볼 수 없는 수준으로 재구성할 수 있다는 사실에 놀랄 것이다. 지도는 산업적, 기술적 발전은 물론이거니와 해당 지역의 위생 상태, 여행과 건축의 경향성, 여가 활동과 언어적 변덕을 기록했다. 스스로도 뚜렷이 알아차리지 못할 만큼 조금씩, 흡사 머리숱이 줄듯이, 오랜 세월에 걸쳐.

〈육지측량부 지도〉는 (사실 진지한 지도라면 무엇이든지) 포함과 배제의 규칙에 따라 제작되었다. 심술궂고 완강하고 거만하기로는 둘째가라면 서럽지만, 그래도 칭찬할 만한 영국 특유의 지침서에 따라 제작되었다. 규칙은 수없이 많고, 다채롭고, 완고했다. 그것은 현장의 경험, 그리고 사우샘프턴의 본부에서 사소한 세목을 놓고서 무수히 소집된 여러 위원회의 결정을 양쪽 다 반영한 결과였다. 1990년대에 지도 역사학자 리처드 올리버는 지난 200년 동안 육지측량부가 측량

사들에게 내부적으로 배포했던 여러 지침서 속 규정들을 목록으로 만들어보았다. 대부분의 지침서는 정식으로 출판된 적은 없었던 것으로, 그 내용은 지도가 무엇을 관찰하고 어떻게 기록해야 하는가 하는 문제를 다루었다. 그 규정들은 모두 필수적이고, 따분하며, 재미없고, 완벽한 설득력을 가지고 있었다. (부연 설명을 달아 소개한 아래 예시들은 '레드 북'이라고 불렸던 1963년 지침서에서 발췌했지만, 현대에도 동등한 항목들이 있고 내용도 크게 다르지 않다.)

대여 경작지: 영구적인 것은 표시하되, 헛간 같은 사소한 세부는 표시하지 않는다.

고사리: 별도의 식생 범주로 지도화한다.

놀이터: 공공 놀이터의 체육 시설은 1:2500 축척에서 보여주도록 1894년에 결정되었다. 그러나 그네나 회전목마 같은 놀이 기구는 보여주지 않는다.

변소(화장실): 영구적인 것이라면, 그리고 과장 없이 보여줄 수 있을 만큼 큰 것이라면 표시한다. (제도사와 도면 검사자를 위한 지침, 1906년)

수도꼭지: 공공 분수대의 음용 수도꼭지는 보여준다.

교회: 교회 관계자들의 승인에 따라 '복음서 저자 세인트존(사도 요한) 교회'를 '세인트존 교회'로 적는 것이 관례이지만, '세인트존 침례교회'라고 온전하게 적는 것도 관례다.

나무: 상당히 중요하지만 결정적이진 않다. 대로나 도로에서는 나무를 뜻하는 기호가 좀 더 중요한 세부를 가리지 않을 때만 표시한다.

히스: 요즘은 히스를 '헤더나 월귤나무' 식생이 자라는 황야로 정의한다.

우편함: 지도에 표시하되, 우체국에 딸린 것은 제외한다.

술집: 주류 판매 허가를 받은 곳을 말하며, 여행자용 숙박 시설은 없는 곳이다. (숙박 시설이 있다면 여관으로 분류한다.)

〈육지측량부 지도〉의 법적 가치: 반론의 여지가 없다. 1939년과 1957년에 내려진 두 판결에 따르면, 〈육지측량부 지도〉에 나와 있는 것이라면 뭐든지 실제 그 땅에 존재한다는 증거로 여긴다. 지도에 없으면 세상에 없는 것이다.

나아가 공간을 아껴주지만 헷갈리는 축약어들이 있다. 이런 축약어는 〈육지측량부 지도〉에만 쓰였을 뿐, 다른 곳에서는 거의 쓰이지 않았다. 'San'은 요양원(Sanitorium)이었고, 'SM'은 경사진 석조부 (Sloping Masonry), 'St'는 돌(Stone), 'ST'는 한사리(Spring Tides)[56], 'St'는 마구간(Stable), 'Sta'는 역(Station)이었다. 'W'는 걷기(Walk), 벽(Wall), 물 (Water), 분수령(Watershed), 길(Way), 둑(Weir), 우물(Well), 서쪽(West), 부두(Wharf), 수풀(Wood)을 뜻할 수 있었다. 지도를 가지고 여행하는 사람이 부디 'W'를 잘 구별할 수 있었기를.

그러나 그것은 모두 과거의 일이었다. 치료 불능으로 향수에 사로잡힌 사람들을 제외하고는, 종이 지도란 다 끝난 얘기 아닌가? 육지측량부는 1970년대 초에 디지털 지도 시대의 여명을 감지하여, 데

---

56) 음력 보름과 그믐 무렵에 밀물이 가장 높은 때.

이터를 자기(磁氣) 테이프로 옮기기 시작했다. 그리고 안개 낀 데일 즈 지역을 2주 동안 여행할 계획을 세운 도보 여행자가 육지측량부에 맞춤형 지도를 우편 주문하는 날이 오기를 고대했다. 육지측량부가 50파운드짜리 휴대용 GPS의 개발을 미처 예견하지 못한 점, 안테나 표시가 한 줄만 뜬 아이폰을 쥔 채 지도도 없이 티타임에 벤네비스 산을 오르는 웃긴 사람들을 미처 예견하지 못한 점은 안된 일이었다.

그런데 종이 지도에 미래가 있다면 어떨까? 우리가 손바닥만 한 GPS에 갑갑함을 느껴서 더 널찍한 그림을 다시 원한다면? 사람들은 1:25,000의 축척으로 그려진 영국 땅에 향수를 느낄까? 젊은이들은 전자 기기를 잠시라도 내려놓고 나침반과 비닐 덮개에 싸인 지도만을 목에 건 채 다시금 진흙과 빗물에 몸을 더럽히고 싶어 할까? 육지측량부는 당연히 그렇게 믿고 싶을 테지만, 정말로 언젠가 우리가 접는 지도로 돌아가는 날이 올까? 만일 그렇다면, 그것을 사용하는 방법을 어디에서 배워야 할까?

역사가 200년이 넘는 육지측량부는 요즘도 실내에서 지도 읽기 교실을 운영한다. 주로 아웃도어 스포츠 용품이나 캠핑 용품을 파는 가게에서다. 그러나 2011년 5월에는 좌표 SP313271, 즉 옥스퍼드셔의 치핑 노턴에 있는 '재프 & 닐 서점 겸 카페'에서 수업이 열렸다.

우리 참가자들은 모두 플라스틱 나침반을 받았다. 나침반은 커다란 판에 매여 있었고, 판에는 지도가 붙어 있어서 우리가 무릎을 꿇고 살펴볼 수 있었다. 육지측량부 직원 리처드 워드와 사이먼 로즈가 수업을 시작했다. 보통은 수업 내내 그들이 말로 설명한다고 했지만, 그 주에 마침 텔레비전에 단골로 출연하는 자연학자 사이먼 킹(Simon

King)이 진행하는 교육용 비디오 한 질이 입수되었다고 했다. 우리는 둘러앉아서 비디오를 본 뒤, 스스로 길을 찾는 실습을 했다. 비디오는 물론 선전투성이였다. 그러나 부드러운 선전이었다. 당장 서점을 박차고 나가서 걷고 싶게 만드는 선전이었다. 킹은 휴대 전화로 이런저런 일들이 쉬워져서 자신도 기쁘다고 말한 뒤, 이렇게 덧붙였다. "그러나 무엇도 종이 지도를 대신할 순 없습니다. 우리는 종이를 펼쳐서 여러 요소가 땅에 어떤 관계로 배치되어 있는지를 살펴보아야만 풍경을 똑똑히 이해할 수 있습니다…… 나는 종이 지도가 너무 좋습니다!"

킹은 육지측량부의 주요한 두 시리즈, 〈익스플로러〉와 〈랜드레인저〉를 소개했다. 그 다음 영상에서는 격자 좌표를 설명했고, 그 다음에는 등고선을 가르쳐주었고(등고선이 서로 가까이 붙은 곳은 가파른 지역이고, 멀찍이 떨어진 곳은 완만한 지역이다), 그 다음에는 나침반 방위와 자북(磁北)이 아닌 도북(圖北)을 찾는 방법을 알려주었다(자북은 우리가 선 지점에 따라, 또한 지구 자기력의 세기에 따라 조금씩 끊임없이 바뀐다. 그래서 지도의 방위를 정확하게 읽으려면 나침반을 시계 반대 방향으로 몇 도쯤 돌려야 한다). 우리는 영상을 하나씩 보면서 실습했다. 이를테면 지도에서 기호를 찾아낸 뒤 그것이 무슨 뜻인지 알아맞혀야 했는데, 답은 술집과 숙사(bunkhouse)였다(후자는 1791년 이래 현실에서는 쓰이지 않고 〈육지측량부 지도〉에서만 쓰이는 단어다).

위성 때문에 망하게 생긴 종이 회사들이 다 그렇듯이, 육지측량부는 오늘날의 디지털 세상에 발맞추기 위해서 갖은 애를 쓰고 있다. 디지털 방식으로 제작된 최초의 지도는 1972년에 나왔다. 그로부터 4년 뒤, 당시 총 책임자로서 이름부터가 육지측량부 기호를 연상시켰

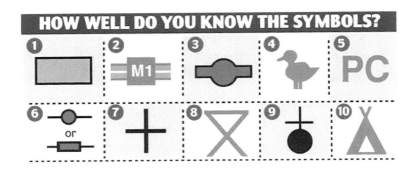

HOW WELL DO YOU KNOW THE SYMBOLS?

2007년, 한 자동차 보험 회사는 영국의 운전자 중 1,500만 명이 〈육지측량부 지도〉의 기본적인 도로 기호를 모른다는 사실을 확인했다. 위의 그림은 시험 문제였다. 답은 [1] 진흙 [2] 자동차 도로 [3] 버스 정류장 [4] 자연 보호 구역 [5] 화장실 [6] 기차역 [7] 예배 장소 [8] 피크닉 장소 [9] 탑이 있는 예배 장소 [10] 캠핑장이었다. 여성이 남성보다 약간 더 높은 점수를 받았지만, 그야 어쨌든 전체 응답자의 55퍼센트는 화장실을 못 알아볼 것이고, 83퍼센트는 자동차 도로를 못 알아볼 것이고, 무려 91퍼센트는 진흙에 처박힐 가능성이 높을 것이다.

던 B. St G. 어윈이 왕립지질학회 모임에서 말하기를, 대축척 지도 여섯 장 중 한 장 꼴로 컴퓨터의 도움을 얻어 제작한다고 했다. 그는 그렇게 계속 발전하다 보면 '21세기 말에는' 육지측량부 데이터베이스가 완벽하게 디지털화될 것이라고 추측했다.

물론, 현실에서는 예상보다 훨씬 더 빨리 그렇게 되었다. 요즘 육지측량부는 '사용자 인쇄 구독 서비스'를 제공한다. 사용자는 원하는 대로 좌표를 골라, 근사한 나들이 경로를 마음대로 작성한 뒤, 완성된 지도를 집에서 인쇄하거나 휴대 전화에 다운로드 받을 수 있다. 한편 육지측량부 웹사이트에서는 엄청나게 다양한 휴대용 GPS 기기, 지오캐싱(GPS를 이용하는 보물 찾기 놀이) 안내서, 그 밖에도 양말, 수낭[57], 벌레 퇴치제, 물집에 붙이는 습포를 판매한다. 여러 대축척 지도를 무

---

57) 베로 만든 휴대용 물주머니.

료로 다운로드 받을 수 있는 서비스도 제공하는데, 이것은 '오픈스트리트맵'이라는 단체가 육지측량부가 무료 지도를 제공하지 않는다면 납세자들은 사실상 이중으로 지도 비용을 치르는 셈이라고 압력을 넣은 결과다.

코츠월드 서점의 수업은 거의 끝나갔다. 마지막 비디오는 배낭에 무엇을 챙겨야 할지 알려주는 내용이었다. 헤드램프는 유용하다. 입술 크림도 넣는 게 좋다. 언제 날씨가 궂어질지 모르니까 따뜻한 옷도 잊지 말아야 한다. "그리고 무엇보다도 중요한 지도를 잊지 마십시오. 지도와 나침반 없이는 아무 데도 가지 마세요. 지도는 여러분의 위치를 알려줄 뿐만 아니라, 지도를 사용해서 걸으면 우리는 훨씬 더 많은 것을 느낄 수 있습니다." 사이먼 킹은 우리에게 자연의 원칙을 존중하여 "오직 발자국만 남기고 오직 추억만 가지고 돌아오라"고 말하면서 끝맺었다. 그러자 워크숍 진행자는 종교적 각성을 촉구하는 듯한 말투로 이렇게 외쳤다. "이제 여러분은 스스로 길을 찾을 준비가 되었습니다!" 그 말이 떨어지자, 대부분의 참가자가 지도를 샀다. 종이 지도를. 가까운 시일에 꼭 펼쳐보리라고 다짐하면서.

시골 선생이 그린
19세기 살인 지도

메리 애시퍼드(Mary Ashford)는 아직 지도 역사에서 중요하게 다뤄지지 않는다. 그러나 그래야 할지도 모른다. 가련한 것 같으니라고. 1817년 5월 27일 화요일 오전 8시, 버밍엄 외곽 에딩턴 벌판의 한 웅덩이에서 그녀의 시체가 발견되었다. 그녀는 추락했을 수도 있고, 살해되었을 수도 있다. 스무 살 아가씨가 왜 동네 댄스파티에 갔다가 집으로 돌아가지 못했는가 하는 미스터리는 흥미진진하고 끔찍한 이야깃거리로서 몇 달 동안 대중을 사로잡고 신문을 도배했다. 이어진 재판은 영국법을 바꿔놓는 계기가 되었고, 그 스캔들은 과학 수사에 바탕을 둔 세계 최초의 상업적인 살인 지도라고 볼 만한 물건을 탄생시켰다.

애시퍼드는 술집에서 열린 연례 댄스파티에 여자 친구와 함께 갔다가 에이브러햄 손턴(Abraham Thornton)이라는 남자의 시선을 끌었다. 손턴은 사람들에게 자신이 바람둥이로 유명하다고 허세를 부린 바 있었다. 두 사람은 함께 춤을 췄고, 나중에 함께 술집을 나와서 탁트인 벌판을 걸어 귀가했다. 애시퍼드가 살아 있는 모습으로 목격된 마지막 순간은 새벽 4시였다. 오전 6시 30분, 동네 제분소 일꾼이 그녀의 피 묻은 신발과 모자를 발견했다.

손턴은 살인 혐의로 당장 붙잡혔다. 10주 뒤에 열린 재판에서는 사건 당일 밤 벌어졌던 일을 시각적으로 보여주기 위한 두 장의 지도가 등장했다. 하나는 동네 측량사 윌리엄 파울러가 검사 측을 위해 그린 지도였고, 다른 하나는 버밍엄의 측량사 헨리 제이컵스가 피고 측을 위해 그린 지도였다. 양쪽 다 지도에 화살표를 그려 넣음으로써 애시퍼드와 손턴이 술집을 나와 어느 길로 갔을까 하는 가능성을 배심원들에게 보여주었다. 그때까지 무의미한 장소에 지나지 않았던 펜스 밀 레인, 클로버 필드 같은 지명들은 이제 전 국민이 아침 식사 자리에서 입에 올리는 이름이 되었다. 어쨌든 손턴은 알리바이가 있었고, 훌륭한 변호인단을 두었다. 배심원들은 6분 만에 그를 방면하기로 결정했다.

그 판결은 대중에게 인기가 없었다. 메리 애시퍼드의 오빠 윌리엄은 결과에 격분했고, 손턴에 대한 여론이 나쁘다는 사실에 힘을 얻어 그해 11월에 웨스트민스터 고등법원에서 재심을 열도록 청구했다. 그 소식에 신문들은 물론이고 소책자 및 지도 제작자들까지도 기뻐했다. 돈을 벌 기회였기 때문이다. 그때 등장한 지도들 중에서 가장 성공한 것, 그래서 여러 판으로 출간되기까지 했던 지도는 그 동네 교사가 만든 것이었다. 그 교사는 자기 학생들과 동료 교사 조지 모어크로프트를 부추겨, 다들 새벽같이 일어나서 범죄 현장과 주변 지역을 측량하도록 시켰다. R. 힐(Rowland Hill)이라는 그 교사는 『미들랜드 크로니클』에 실린 '조잡한 지도'가 마음에 들지 않는다면서, 그것은 '측정도 하지 않고 그린 게 분명하고…… 아주 불완전한 묘사'라고 비판했다. 명석한 지리학자였던 힐은 이전에 학생들에게 가르칠 요량으로 스페인과 포르투갈 지도를 새로 그린 적도 있다고 했는데, 실물로 남은 것은 없다. 힐은 육지측량부 책임자였던 윌리엄 머지 소장이 육지측량부의 탄생을 서술한 책을 읽고서 '어떤 소설보다 흥미롭다'는 감상을 밝혔고, 이후 독학으로 삼각 측량법을 비롯한 현대적 측량 기술을 익혔다.

목판에 새긴 뒤 버밍엄에서 인쇄된 힐의 지도는 크기가 38×48.5 센티미터였다. 힐은 용의자가 '알리바이를 주장하는 장소들까지 포함하기 위해서' 신문에 실린 다른 지도들보다 범위를 더 넓게 잡았다. 애시퍼드의 시신이 발견된 웅덩이는 단면도로도 그려 넣고, 그림으로도 그려 넣었다(너무 한가로워 보이지 않나 싶을 만큼 곧이곧대로, 나무가 우거진 연못으로 그렸다). '손턴이 메리와 헤어진 뒤 걸었다고 주장하는 길', '살인자가 걸었을 법한 경로'처럼 유용한 방향 설명도 적어 넣었다. 그리고 약간의 지형학적 선정주의도 가미했다. 살인이 벌어졌을 것으로 추정되는 벌판을 묘사한 삽도에서 원래 '클로버 필드'였던 지명을 '페이털(치명적) 필드'로 개명했던 것이다.

지도에는 상세한 설명문이 딸려 있었으며, 평범한 서체와 장식적인 옛 서체를 함께 써서 제목도 적어두었다. '메리 애시퍼드가 살해된 장소 근처의 도로 지도'라는 구미 당기는 제목이었다. 설명문은 우선 사건 개요를 소개한 뒤, 에이브러햄 손턴이 파티장을 나와 메리 애시퍼드를 바래다준 다음에 걸었을 법한 경로에 대해 갑론을박하는 여러 주장을 소개했다. 문체는 흡사 경찰관의 증언처럼 이상할 만큼 감정이 배제된 스타일이었다. 예를 들자면 '지도를 점검하는 사람에게 도움이 될지도 모르는 몇 가지 세목을 환기하고자 한다', '여기에

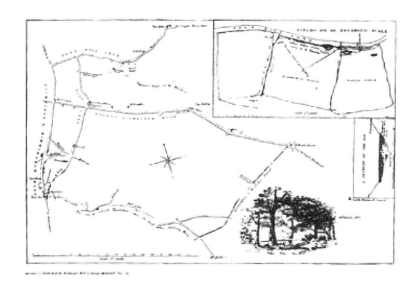

MAP OF THE ROADS, NEAR TO THE SPOT
Where Mary Ashford was Murdered.

수수께끼의 인물 R. 힐이 제작한 지도는 메리 애시퍼드의 불운한 마지막 여정을 보여주었다.

표시된 수면의 높이는 살인이 벌어졌던 때와 최대한 비슷하게 그린 것이다' 처럼. 힐의 지도는 대성공이었다. 표절이 횡행했는데도, 힐과 학생들은 15파운드의 수익을 올렸다.

그러나 그 어떤 지도라도 뒤이어 벌어질 법정 드라마를 담아낼 엄두는 내지 못했으리라. 손턴은 끈질기게 무죄를 주장한 것으로 모자랐던지, '결투 재판'이라는 고색창연한 법규를 끌어들였다. 자신의 손에 결투용 장갑을 한 쪽만 끼고 다른 쪽 장갑은 윌리엄 애시퍼드의 발치에 내던짐으로써 결투를 신청했던 것이다. 애시퍼드는 장갑을 집어들지 않았다. 그래서 손턴은 이듬해 4월에 세 번째로 재판을 치

러야 했고(이 사건에 질릴 관중은 아무도 없었다), 역시 무죄 방면되었다. 판사는 손턴의 결투 재판 신청을 유효한 변론으로 볼 수 있다고 선언 했다. 이후 곧 법령이 개정되어 결투 재판 제도가 사라졌지만 말이다.

손턴은 미국으로 건너가 육십 대 후반까지 살았다고 한다. 메리 애시퍼드의 무덤은 서턴 콜드필드 교회 묘지에 있다. 묘비에는 엄숙 하고 교훈적인 비문이 길게 새겨져 있는데, 그녀의 끔찍한 운명은 '제대로 보호되지 않은 채 부주의하게도 오락적 장면으로 변질되고 말았다'고 꼬집는 말도 있다.

우리의 지도 제작자는 어떻게 되었을까? 그는 잘해나갔다. 그는 교직과 미들랜드를 떠나 런던 북서부 햄스테드의 집과 공직에 안착 했고, 이후 재무부로 승진했다. 그리고 메리 애시퍼드가 살해된 지 23년이 지난 1840년, 그는 1페니 우편 요금 제도와 최초의 우표 '페 니 블랙'을 선보임으로써 세계의 우편 체계를 혁신했다. 과거의 그 살인 지도는 롤런드 힐 경이 한때 지도학자였음을 보여주는 유일한 증거다.

제11장

전설의 콩 산맥

지도에만 존재하는 세계 최고의 지형지물

1798년, 영국의 지도 제작자 제임스 레넬(James Rennell)은 도무지 잊을 수 없을 만큼 뻔뻔하고 유례없을 만큼 특이한 짓을 저질렀다. 지도 세계의 어느 누구도 감히 대적하지 못할 만큼 황당한 짓이었다. 레넬은 산맥을 발명했다. 그냥 시시한 산맥이 아니었다. 서아프리카 중앙을 허리띠처럼 수천 킬로미터나 가로지르는 산맥이었다. '어마어마한 높이'의 그 산맥은 데이비드 리빙스턴(David Livingstone), 헨리 모턴 스탠리, 그 밖에도 세계 지도에서 가장 수익성 높은 빈 공간에 침투할 야망을 품었던 모든 유럽 탐험가의 머릿속에서 결코 넘을 수 없는 장벽처럼 작용할 것이었다.

오늘날의 코트디부아르와 부르키나파소 지역에서 한때 번영했던 상업 지구의 이름을 딴 '콩 산맥'은 지도의 역사에서 제일가는 유령이었다. 현재의 나이지리아에서 시에라리온까지, 황당하고 신기할 만큼 동서로 길게 뻗었기 때문만은 아니었다. 콩 산맥은 수명 또

한 이례적으로 길었다. 일단 지도에 자리 잡은 콩 산맥은 100년 가까이 꼼짝 않고 그 자리에 머물렀다. 루이 귀스타브 빙어(Louis-Gustave Binger)라는 진취적인 프랑스 탐험가가 실제로 확인해보러 가서 그곳에 그런 산맥은 없다는 사실을 발견할 때까지. 빙어는 그 업적으로 프랑스 최고의 훈장을 받았다. 그런데 레넬은 어떻게 그토록 한심한 지도학적 속임수를 저질렀을까? 어떻게 그런 짓을 저지르고도 무사했을까?

18세기 후반에 제임스 레넬은 지도계의 영웅이나 다름없었다. 그가 완수한 벵골 지역 측량 사업은 그때까지 수행된 측량 사업들 중에서 최고로 자세하고 정확하다는 정당한 평을 들었다. 그것은 새로운 과학적 지도 제작 원칙들을 총동원하여 이룬 묘기였다. 레넬은 또 해양학이라는 최신 과학 분야의 개척자였으며, 왕립지리학회의 창설 회원이었다. 그러니 만일 그가 그린 지도에 새로운 발견이 표시되어 있다면, 사람들은 기꺼이 믿는 것을 넘어서 기쁘게 반기는 게 당연했다. 그 지도가 레넬의 생애에 쓰인 가장 중요한 여행기 중 하나로 꼽히는 책에 딸려 있다면 더더욱 그랬을 것이다.

그리고 실제로 그랬다. 레넬이 정성 들여 만들어낸 허깨비는 멍고 파크(Mungo Park)의 『아프리카 내륙으로의 여행』에 딸린 두 장의 지도에서 처음 모습을 드러냈다. 그 여행기는 스코틀랜드 출신의 탐험가 파크가 나이저 강의 수원과 경로를 알아낼 목적으로 실시했던 탐사를 기록한 것이었다(당시에 아프리카로 간 탐험가들의 주된 목적은 100년 가까이 주로 강에 관련된 내용이었다. 강의 발원지, 경로, 하구를 어떻게 찾을 것인가 하는 문제는 고대 그리스부터 내려온 난제였다. 백나일이든 청나일이든, 나이저 강이든. 콩고 강이든).

파크의 도전을 조직한 후원자는 아프리카협회였다. 조지프 뱅크스, 윌리엄 윌버포스 등이 참여하여 런던에서 갓 결성되었던 협회는 지적인 정복과 상업적인 정복을 둘 다 노렸다. 사람들은 아프리카의 금 매장량이 무한하며, 아프리카가 장차 영국의 무역에 기여할 전망도 무한하다고 믿었다. 1780년 무렵이면 아프리카의 해안선 지도는 제법 잘 그려져 있었지만, 내륙은 여전히 대체로 수수께끼였다. 1795년에서 1797년까지 세네갈과 말리를 통과했던 파크의 첫 번째 탐험은 10년 뒤에 이뤄진 운명의 두 번째 탐험에 비해(파크는 두 번째 탐험에서 창을 내던지는 원주민들에게 쫓기다가 익사했다고 전해진다) 더 우회적이었고 덜 깊이 파고들었지만, 그때 그가 작성했던 일기는 식민지 경쟁을 눈앞에 두고 서서히 사라져가던 그 세계의 지형도를 생생하게 그려보였다.

제임스 레넬은 그 책에 딸린 지도를 그릴 때 주로 파크의 기록에 의존했지만, 파크가 런던으로 돌아온 뒤 추가로 제공한 정보도 활용했다. 레넬은 책에 붙이는 부록을 손수 작성하면서, 파크의 발견으로 아프리카 대륙은 '새로운 얼굴'을 얻었으며 '북위 10도에서 11도 사이에, 그리고 (그리니치 기준으로) 서경 2도에서 10도 사이에 동서로 평행하게 뻗은 산맥'의 존재가 증명되었다고 단언했다. 그리고 '갈라져 나온 지맥까지 포함하여 산맥의 규모를 서쪽과 남쪽으로 몇 도 더 연장한 다른 권위자들도 있다'고 덧붙였다. 사실 파크는 여행기에서 봉우리를 두세 개 보았다고만 적었으나, 레넬이 그것들을 하나로 이었던 것이다. 실존하지 않는 그 산맥의 존재가 나이저 강의 경로에 관한 레넬의 가설을 뒷받침한다는 사실은 우연이 아니었다(파크는 레넬의 그 가설을 어렴풋하게만 언급했다). 레넬은 나이저 강이 산속에서 발원

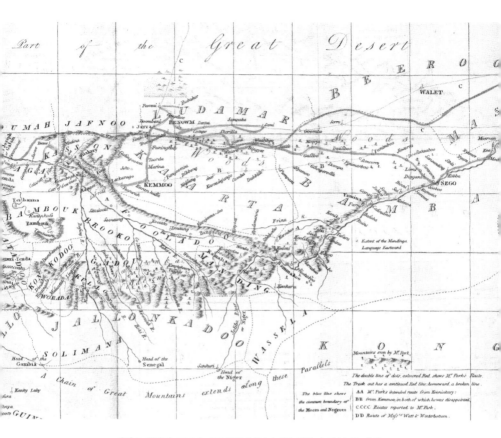

제임스 레넬의 1798년 지도에 등장한 '거대한 산들의 연속', 콩 산맥.

하여 산맥을 따라 동서로 흐른다는 잘못된 믿음을 품었다. 또한 강이 저 남쪽 기니 만까지 다다르지는 못한다고 보았는데, 그 이유 역시 산맥 때문이라고 했다. 레넬은 나이저 강이 내륙 왕가라에서 증발해 버리는 것으로 그렸다.

　　나아가 레넬은 일찍이 15세기의 무어인 지리학자 레오 아프리카 누스를 포함한 '다른 권위자들'이 그곳에 산맥이 있다는 사실은 언급했으면서도 이름은 붙이지 않았다고 말했다. 그 산맥이 이제 이름을 갖게 된 것이었다. '콩'이라는 이름은 파크가 원주민들에게서 '콩 왕국'에 관한 이야기를 들었다고 한 말에서 영감을 얻었다. 레넬의 행동은 실로 용감하고 결단력 있는 짓이었다. 오늘날로 따지자면, 서유럽의 절반 이상을 가로지르는 굵은 등고선을 그린 뒤 '룩셈부르크 산맥'이라고 명명하는 것이나 다름없었다.

그리고 당연히 그 지도가 마지막이 아니었다. 파크의 책은 베스트셀러였고, 레넬의 지도는 금세 다른 지도들에 영향을 미쳤다. 산맥은 이제 단순히 극적인 장애물만이 아니었다. 전설은 부풀어, 산맥은 이제 금으로 번쩍거리기 시작했다. 독일의 지도 제작자 요한 라이네케는 1804년에 펴낸 지도책에 보송보송 눈으로 뒤덮인 듯한 산맥을 그려 넣었다. 그 산맥의 이름은 이름은 '게비르게 콩(Gebirge Kong)', 즉 '콩 산맥'이었다. 1년 뒤, 런던의 선도적인 제작자 존 케리는 콩 산맥이 한층 더 무섭게 평야 위로 치솟은 모습을 지도에 담았다(심지어 이번에는 역시 가상의 존재로서 프톨레마이오스 시절부터 백나일의 발원지라고 짐작되었던 문(Moon) 산맥과 이어져 있었다). 케리는 나름대로 확신을 담아 자신의 지도에 '권위 있는 최신 정보에 따른 새 아프리카 지도'라는 제목을 달았다.

콩 산맥은 어떻게 그렇게 오래 버텼을까? 존재를 반증하는 것도, 존재하지 않음을 검증하는 것도 단숨에 가능한 일 아닌가? 미국의 학자 토머스 바셋과 필립 포터는 1798년에서 1892년까지 제작된 지도 40점을 확인하여, 콩 산맥이 다양한 발달 단계를 거치다가 결국 작은 나라만 한 크기로 자라는 과정을 추적했다. 지도 제작자들은 반대되는 증거가 없는 상황이라면 서로를 베끼게 마련이다. 그건 이해

1839년 미국에서 출간된 지도책에서도 사라지기를 완강하게 거부했던 유령 산맥.

할 수 있다. 그러나 나이저 강이 기니 만으로 흘러든다는 사실을 랜더 형제가 확인한 지 몇 년이 지난 뒤에도 콩 산맥을 그럴싸하게 그려 넣은 지도들이 출간되었던 것을 보노라면, 당시 세상이 과학의 시대로 접어들었다는 통상적인 시각이 무안하게 느껴지지 않을 수 없다. 바셋과 포터가 확인했듯이, 19세기의 지도 제작 지식은 여전히 '미학, 습관, 빈 공간을 메우려는 충동 따위의 비논리적인 요인들에 부분적으로나마 의지했'기 때문이다.

영국에서 가장 칭송받는 지리학자 중 하나였던 레넬은(그는 웨스트민스터 수도원에 묻혔다) 아프리카 지도를 90년 동안이나 바꿔놓았다. 인쇄된 단어는 위신을 부여하는 힘이 있다는 사실, 인쇄된 지도는 권위를 확증하는 힘이 있다는 사실을 이보다 더 제대로 보여준 사례는 또 없을 것이다. 사태가 바뀐 것은 프랑스 장교 루이 구스타브 빙어가 탐사에 나선 1889년이 되어서였다. 1889년 12월, 빙어는 파리지리학회의 고명한 청중에게 바마코(현재의 말리)에서 콩 산맥 외곽까지 나이저 강을 따라 여행한 이야기를 들려주었다. 빙어는 무엇을 보았을까? "지평선에는 나지막한 구릉조차 없었습니다!"

빙어의 해체 작업은 즉각적인 효과를 발휘했다. 콩 산맥은 나타났던 때처럼 신속하게 모든 지도에서 사라졌다. 최후의 등장은 랜드 맥널리 사가 1890년에 출간한 아프리카 지도에서였다. 그러나 무려 1928년에도 고명한 바솔로뮤의 『옥스퍼드 고급 아틀라스』의 색인에는 콩 산맥이 나왔다. '콩 산맥, 프랑스령 서아프리카, 북위 8도 40, 서경 5도 0'이라고.

찰리 말로. 조지프 콘래드(Joseph Conrad)의 소설 『암흑의 핵심』에서 중심 화자로 등장하는 그 인물은 콩 산맥을 목격하기에는 몇 년 늦게 아프리카에 도달했다. 그러나 그가 회한을 느끼는 점은 따로 있었다. 어릴 때 지도에서 봤던 흰 공간이 이제 대부분 메워졌다는 점이었다. '나는 꼬마였을 때 지도를 몹시 좋아했지.' 소설 시작부에서, 그는 템스 강 어귀에 정박한 배에서 조수가 바뀌기를 기다리면서 동료 선원들에게 이렇게 말한다. '남아메리카, 아니면 아프리카, 아니면 오스트레일리아를 몇 시간이고 들여다보면서 영광스러운 탐험 이야기에 넋을 잃었어. 그때만 해도 지구에는 빈 공간이 많았지. 유달리 유혹적으로 보이는 그런 장소를 지도에서 발견하면 (사실 어디나 다 그렇게 보였지만) 손가락을 얹고 말했어. "크면 여길 꼭 가볼 거야.'"

그가 어른이 되었을 때는 아프리카가 '강과 호수와 지명으로…… 이미 메워져…… 모조리 새카만 장소가 되었지만', 여전히 그는 지도에 매료되었다. 그는 가게 창문에 걸린 지도에서 뱀 같은 강물이 방대한 땅덩어리를 구불구불 누비는 모습을 보고 눈을 떼지 못했다. 그리고 자신을 그곳에 데려다줄 일이라면 뭐든지 마다하지 않겠다고 생각했다. 그래서 그는 상아 회사 면접을 보려고 대기실에서 기다리는데, 그곳에도 지도가 있었다. 번들번들 알록달록한 지도였다. '붉은색은 엄청나게 많았다. 그건 언제든 보기 좋은 모습이었다. 그곳에서는 뭔가 제대로 된 일이 벌어지고 있다는 뜻이니까. 푸른색도 좀 많은 편이었고, 초록색이 조금, 오렌지색이 약간, 그리고 동해안에는 보라색 영역이 있었다.' 그러나 그는 그런 색깔들에는 전혀 흥미가 없었다. '나는 노란색으로 들어갈 것이었다. 대륙의 핵심으로.'

사실 찰리 말로의 눈앞에는 파국이 기다리고 있었다. 그 문제에서는 지도도 별 소용이 없었다. 그야 어쨌든, 아프리카가 점점 더 '새카만 장소'로 변해간다고 보았던 그의 견해는 상당히 흥미롭다. 그곳에서 만난 인간들의 영혼이 어둡다는 점은 차치하더라도, 말로는(아마 1870년대에 콩고 강을 거슬러 올라가는 여행을 했던 작가 콘래드 자신도 이렇게 생각했을 것이다) 그 대륙이 온전히 메워지는 순간 그곳은 어두운 땅이 된다고 보았다. 온전히 탐사되고, 온전히 식민화되고, 온전히 지도화되는 순간(당시 사정을 감안하여 상상컨대, 피부색이 어두운 사람들로 온전히 메워지는 순간이라고도 생각했을지 모른다)에 말이다.

다른 빅토리아 시대 탐험가들과 지도 제작자들은 대부분 암흑을 전혀 다르게 해석했다. 암흑은 미지의 야만인, 지도화되지 않은 존재를 뜻하는 용어였다. 헨리 모턴 스탠리가 자신의 책에 '검은 대륙을 지나'라는 제목을 붙였던 1878년만 해도(콘래드가 『암흑의 핵심』을 완성한 때로부터 20년 전이었다) 아프리카는 여태 어두웠다. 멍고 파크, 리처드 버턴, 존 스피크, 데이비드 리빙스턴, 그리고 스탠리 자신까지, 영국인으로만 꼽아도 이렇게 많은 탐험가들이 활약했음에도 말이다. 사실 아프리카는 해가 갈수록 더 어두워졌다. 스탠리의 후속작이자 역시 베스트셀러가 되었던 책 제목은 '암흑의 아프리카에서'(1890)였으니까(스탠리가 쓴 두 책의 원제는 각각 'Through The Dark Continent'와 'In Darkest Africa'로, 직역하면 '어두운 대륙을 지나'와 '가장 어두운 아프리카'가 되기에 하는 말이다 – 옮긴이).

그런데 이보다도 더 이상한 빛과 어둠의 이야기가 있다. 그것도 아프리카에만 적용되는 사연이었다. 지도 제작자들이 갑자기 이전에는 생명과 움직임을 빽빽하게 욱여넣었던 지도를 비워서 의식적으로 빈 공간을 남기기 시작했던 것이다.

지도 제작자들 사이에서 아일랜드 풍자 작가 조너선 스위프트(Jonathan Swift)는 「시에 부쳐: 랩소디」라는 긴 시에 등장하는 네 행의 시구로 유명하다.

그래서 지리학자들은, 아프리카 지도에,
야성적인 그림을 그려 빈틈을 메웠다.
그리고 사람이 살지 못하는 저지대에는
마을 대신 코끼리를 그려 넣었다.

한때는 정말로 그랬다. 벨기에 지도 제작자 요도쿠스 혼디우스는 1606년 지도에 코끼리, 사자, 낙타로 구성된 멋진 사파리를 그려 넣었다. 1670년에 존 오길비는 코끼리, 코뿔소, 그리고 도도로 보이는 동물이 에티오피아에서 까부는 모습을 그려 넣었다. 그러나 스위프트가 위의 시구를 썼던 1733년에는 전혀 그렇지 않았다. 아프리카는 다시 비워지고 있었다. 이제 동물은 없었다. 동물이 있어도 벌거벗은 원주민과 나란히 카투시에나 그려져 있었다. 최신 지리적 발견이나 새로운 지형을 대신 그려 넣기 위해서 동물들의 자리를 비운 것이 아니었다. 오히려 그 반대였다. 내륙은 다시 새하얗게 비어갔는데, 기호와 그림만 사라진 것이 아니라 수많은 강, 호수, 마을, 산도 사라졌다. 희한한 일이었다. 지도가 수십, 수백 년이 흐르는 동안 갈수록 사람들을 덜 가르치려 들고 갈수록 자신을 덜 믿는 경우는 참으로 드물었기 때문이다.

여기에 두 지도가 있다. 첫 번째는 1600년대 초에 인기 있었던 블라우의 〈새로운 아프리카〉다. 대륙의 윤곽은 거의 정확하다. 쉽게 알아볼 만한 왕국들과 호수들이 코끼리, 악어, 대형 개구리 곁에 표시되어 있다. 지도는 꽉 차 보이는데, 얼마간은 속임수 탓이었다. 과거 200년 동안 포르투갈 탐험가들이 이름 붙인 해안가 지명들을 통상적인 관행에 따라 바다 쪽으로 끄집어내어 적는 대신 내륙에 적어 넣었기 때문이다. 지도의 내용은 또 한편으로는 사람들의 희망을 반영한 결과였다. 내륙의 지형은 헤로도토스, 프톨레마이오스, 그리고 금을 찾아서 마구잡이로 근거지를 확장했던 포르투갈 사람들이 들려준 이야기와 뜬소문을 결합한 것이었다. 전부 다 틀린 것은 아니었지만, 추측이 잔뜩 포함되어 있다.

이 지도를 100여 년 뒤인 1749년에 그려진 아프리카 지도와 비교해보자. 프랑스의 유력한 지도 제작자였던 장 바티스트 부르기뇽 당빌(Jean Baptiste Bourgignon d'Anville)이 그린 지도다. 당빌은 크게 두 가지 점에서 주목할 만했다. 과학적 정확성을 추구한 지도로 유럽의 지도 제작 기술을 향상시켰다는 점, 그리고 그 자신은 정작 파리를 벗어난 적이 거의 없었다는 점이다.

당빌의 남아프리카 지도는 극단적인 정직성이 두드러진다. 그는 풍문이나 표절을 거부했고, 지도에 배치하는 모든 요소에 근거를 추구했다. 그곳에 강이나 주거지가 존재한다고 믿을 만한 충분한 증거가 없다면, 그는 솔직하게 출처가 불확실하다고 기록했다. 그런 탓에 당빌의 지도에서 세부가 제법 충실하게 메워진 지역은 세 군데뿐이었다. 서해안의 콩고 왕국, 동해안의 마노모타라는 나라와 이웃 지역들, '호텐토트의 땅'이라고 표현된 남단 희망봉 근처였다. 마다가스카르도 잘 나와 있었다. 그러나 나머지 지역은 그저 널찍하게 텅 빈 공간이었다. 지도 제작자로서는 용감한 행동이 아닐 수 없었다.

빈 공간은 지적 호기심을 불러일으켰다. 많은 사람이 그것을 계몽된 시대에 대한 모욕으로 여겼다. 그러나 당빌의 빈 공간에는 한편으로 엄청난 정치적 속뜻이 담겨 있었다. 다들 노예와 금이 지천으로 깔렸다고 알고 있는 그 대륙이 정복자에게 활짝 열려 있다는 사실, 토착 인구는 현 상태로서는 지도화되지 않은 그 영토에 대해서 아무런 권리를 주장할 수 없으니 예속에 저항할 수도 없으리라는 사실을 암시했기 때문이다. 거주자를 깨끗이 쓸어버린 빈 공간은 이제 흰 인구로만 가득 채울 수 있는 공간이 되었다. 당빌의 지도는 이후 50년 동안 유럽 전역에서 아프리카 하면 떠오르는 지배적인 이미지가 되었으며, 아무런 도전도 받지 않은 채 여러 판본을 거쳤다. 과학은 그런 식으로 통상과 탐욕에 굴복했다. 당빌 본인에게도 그런 의도가 있었을까? 분명 아니었을 것이다. 그러나 세기말을 향한 시점에 런던에서 모여 당빌의 지도를 응시했던 아프리카협회 회원들은(안트베르펜, 파리, 암스테르담의 세력가들도) 틀림없이 입맛을 다시고 있지 않았을까.

1600년대에 인기를 끈 블라우의 《새로운 아프리카》. 아프리카가 꽉 차 보인다.

빈 공간은 오래가지 않았다. 1873년, 윌리엄 윈우드 리드(William Winwood Reade)는 '아프리카의 문헌'이라는 이름으로 매력적인 주제를 표현한 지도를 그렸다. 18세기 말과 19세기의 주요 탐험가들이 제

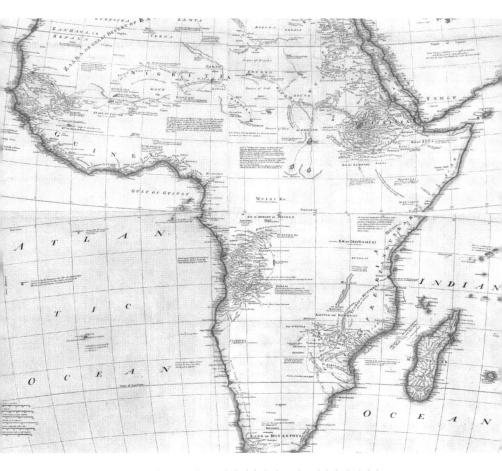

당빌의 지도를 본떠 1766년에 제작된 지도. 아프리카가 텅 비었다.

각각 아프리카의 어느 지역을 여행했는지를 글씨로 표시한 지도였다. 대륙을 최초로 횡단한 데이비드 리빙스턴의 이름은 지도를 허리띠처럼 둘렀고, 멍고 파크와 프랑스 탐험가 르네 카이예의 이름은 나이저 강을 따라 굽었다. 이 지도가 그려졌던 때 스탠리는 탕가니카 호숫가 근처에서 스러져가던 리빙스턴을 찾아내는 쾌거를 거둔 뒤였지만, 빅토리아 호수 너머를 탐사하여 자신만의 훌륭한 발견을 이룬 것은 이보다 나중 일이었기 때문에 이 지도에서는 이름이 많이 등장하지 않았다.

하지만 그 스탠리는 우리가 갖고 있는 숱한 식민지 기록들 중에서도 가장 잔혹한 이야기에 주연으로 등장한다. 더 정확하게 말하자면 두 가지 기록이다. 하나는 스탠리 자신이 쓴 것이었다. 콩고 강 서쪽 하구에서 잔지바르까지 행군했던 그는 용맹하고 현대적인 원정군과 함께 숲을 난도질하면서 가는 곳마다 죽음을 불러왔는데, 그 과정을 일기로 적었다가 나중에 책으로 출간하여 베스트셀러를 기록했다.

다른 하나의 기록은 한때 콩고자유국으로 불렸던 적도 아프리카 지역을 묘사한 지도다. 스탠리는 여기에서도 기본적으로 같은 일을 했다. 스탠리가 탐험가로서 이룬 위대한 업적은 (리빙스턴의 소재를 파악하는 데 성공한 것뿐 아니라 빅토리아 호수가 백나일의 발원지임을 확인한 일도) 그가 식민주의자들의 오만과 탐욕이 빚어낸 사상 최악의 비인도적 재앙에 참여했다는 사실 앞에서 빛을 잃는다.

벨기에 왕 레오폴트 2세(Leopold II)는 1874년에서 1877년까지 콩고 강을 따라 탐험했던 스탠리의 영웅적인 행위에 자극받아, 그보다 덜 '과학적인' 모험에 그를 끌어들였다. 텅 빈 지도를 본 레오폴트 2세는 자신도 그 땅을 한 조각 갖고 싶었다. 영국, 프랑스, 이탈리아,

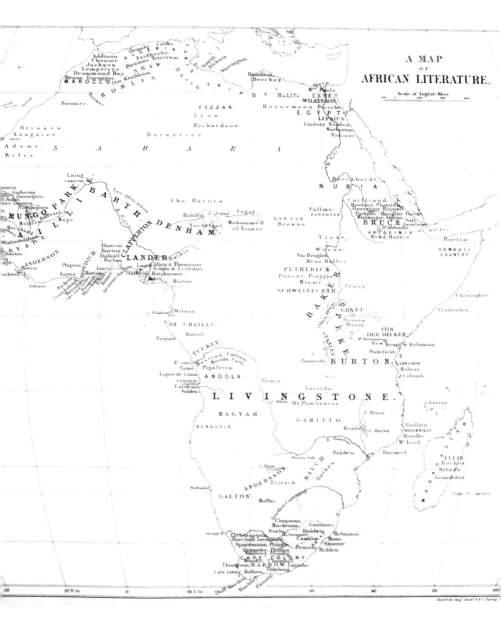

윌리엄 윈우드 리드가 1873년에 그린 지도에서 제 이름을 드러낸 탐험가들.

독일, 포르투갈이 난폭한 제국주의적 약탈 원정으로 대륙을 조각조각 나눠 갖던 시절이었으니, 산업적 야심과 종교적 예언을 섞어서 그 땅을 정복하겠다는 생각은 레오폴트 2세에게 더없이 자연스럽게 느껴졌을 것이다. 레오폴트 2세는 1876년 브뤼셀에서 열린 지리학회에서 자신의 의도를 명확히 밝히고, '과학적 탐험, 합법적 무역, 아라비아 노예 상인들과의 전쟁으로' 콩고 선주민을 '문명화'하는 것을 목표로 삼는 국제 위원회를 창설하자고 제안했다.

레오폴트 2세는 좀 더 고상한 목표도 드러내어 밝혔다. '지구에서 유일하게 여태 미답의 영역으로 남은 지역을 문명화하는 것, 그리하여 그곳 사람들을 뒤덮은 어둠을 갈라내는 것은, 감히 말하건대, 우리 진보의 세기에 걸맞은 십자군 원정이다.' 그러나 진보와 과학적 기법에 관한 그의 생각은 인습을 뛰어넘는 잔인한 것이었다. 가혹한 노예화, 군사 독재, 상아와 고무 무역에 대한 가차 없는 통제를 동반했기 때문이다. 그런 야망이 성사될 수 있었던 것은 스탠리가 초기에 왕의 전권을 받은 대리인으로서 주민들에게 감언이설과 자질구레한 선물을 안김으로써 방대한 영토를 벨기에령으로 사들인 덕분이었다. 스탠리는 왕의 의도적 속임수를 어느 정도까지 간파하고 있었을까?

이 문제는 오랫동안 논란이 되었다. 그런데 일설에 따르면, 왕은 스탠리에게 이렇게 알렸다고 한다. '이것은 새로운 국가를 최대한 크게 만들어내고 그것을 운영하는 문제다. 이 사업에서 흑인들에게 아주 조금이라도 정치력을 허락해선 안 된다는 사실은 더없이 명백하다. 그것은 어리석은 짓이다.'

레오폴트 2세(와 스탠리)의 콩고 정복은 오토 폰 비스마르크(Otto von Bismarck)가 1884년에서 1885년까지 베를린 회의를 열게 된 주요

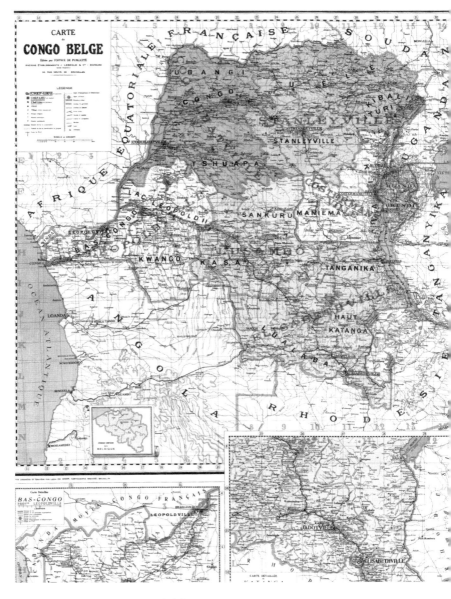

레오폴트 2세와 스탠리가 개척한 벨기에령 콩고.
식민지 시절의 모든 지도를 통틀어 가장 어둡고 유혈이 낭자한 지도였다.

동기 중 하나였다. 그 회의는 얼마 전까지만 해도 텅 비었던 대륙에 대한 소유권을 여러 나라가 떳떳하게 나눠 가지려는 시도였다. (비스마르크의 베를린 회의는 『암흑의 핵심』에서 '야만적 풍습을 억압하기 위한 국제 협회'라는 이름으로 패러디된다.) 그렇게 탄생한 지도는 충분히 알록달록하고 가지런해 보였다. 대륙은 갑자기 다시 꽉 찬 것처럼 보였다. 그러나 새로이 등장한 레오폴트 2세의 거대한 콩고자유국은 식민 통치 역사상 진정으로 어두운 시기를 예고했다. 그리고 20세기가 시작되는 시점에 지도의 나머지 부분을 새롭게 나눠 가진 알록달록한 구획들(프랑스령 알제리, 포르투갈령 앙골라, 이탈리아령 리비아, 독일령 카메룬, 영국령 남아프리카)은 무릇 지도는 실제로 그곳에 존재하는 것을 감추고 앞으로 닥칠 비참함을 가리는 능력이 있다는 사실을 보여줄 뿐이었다.

『암흑의 핵심』이 출간되고 사반세기가 흘렀을 때, 정확히 말해서 저자 콘래드가 사망한 해에, 지도의 밝음과 어두움에 관한 콘래드의 견해를 담은 글이 자비로 인쇄되었다. 콘래드도 찰리 말로처럼 지도 광이었다. 그럴 수밖에 없었다. 워낙에 육지와 바다를 떠돌며 방랑자처럼 살았던 그에게는 지도만이 방향을 찾을 유일한 방법이었다. 「지리학과 몇몇 탐험가들」이라는 그 글에서 콘래드는 자신이 '어려서부터 중독된 지도 읽기 취미는 지구의 드넓은 공간이라는 문제에서 한발 더 나아가 고무적이고 직접적인 방식으로 건전한 호기심을 일깨우고, 상상의 재능을 더없이 예리하게 다듬도록 돕는다'고 말했다.

그는 자신이 혁명의 시절을 살고 있다는 사실을 인식했다. '19세기의 정직한 지도들 덕분에, 내 속에 참된 지리적 사실에 대한 열렬한 관심과 정확한 지식에 대한 욕심이 자라났다. 그리고 그 욕심은 다른 주제로까지 뻗어나갔다. 어째서 그랬는가 하면, 당시 지도 제작자들의 자세가 바뀌었기 때문이다. 지도 제작 작업은 18세기 중엽부터 건실한 직종으로 성장하여, 어렵게 구한 지식을 지도에 적어 넣는 것은 물론이거니와 과학적 취지에 걸맞게 당대의 지리적 무지까지 빠짐없이 적어 넣었다. 그리하여 로마인들이 "늘 뭔가 새로운 일이 벌어지는" 곳이라고 즐겨 말했던 아프리카 대륙은 암흑시대의 진부하고 망상적이고 경이로운 요소들을 털어버렸고, 대신 그 자리에는 텅 빈 백지라는 흥분되는 공간이 펼쳐졌다.'

콘래드는 깨달았다. 지도에서 정말로 흥분되는 요소는 아주 간단한 것임을. 그것은 바로 '미지의 영역'이었다. 분명한 확실성이 아니었다. 오히려 그 반대였다. 미스터리, 그리고 발견을 통해 인생을 고양시킬 가능성이었다.

벤저민 모렐의
야비한 거짓말

19세기 지도에 등장했던 허구의 요소가 콩 산맥만은 아니었다. 태평양에는 100개가 넘는 상상의 섬이 흩뿌려져 있었다. 그 섬들은 모든 지도책에서 수십 년 동안 행복하게 바다에 떠 있었다. 그러던 1875년, 프레더릭 에번스(Frederick Evans) 경이라는 영국 해군 선장이 불만을 품고서 그것들을 하나씩 지워가기 시작했다. 그는 다 합하여 123개의 섬을 영국 해군 해도에서 지워냈는데, 그가 생각하기로 그런 섬들이 등장했던 이유는 다음과 같았다. 첫째, 좌표를 잘못 읽어서. 둘째, 지나친 럼주와 멀미 때문에. 셋째, 후대에 이름을 남기고 싶어서 좀이 쑤셨던 과대망상적 지휘관들 때문에. 에번스는 열의에 넘치다 못해 진짜 섬도 3개 지웠지만, 바다를 깨끗하게 청소한 대가로는 별것 아니었다.

과대망상 부류 중에서도 죄질이 가장 나빴던 범인은 벤저민 모렐(Benjamin Morrell) 대령이라는 미국인이었다. 모렐은 1822년에서 1831년까지 남반구를 이리저리 항해하면서 보물, 바다표범, 부, 명예를 찾아 헤맸다. 그러나 첫 세 가지에서 그다지 소득을 거두지 못하자, 그는 후대에 이름을 남기는 쪽을 택하기로 했다. 책으로 출간된 그의 여행기는 인기 있고, 설득력도 있었다. 그가 발견한 (하와이 근처) 모렐 섬, (남극 근처) 뉴사우스 그린란드 등은 여러 해도와 세계 지도에 포함되어 한 세기 동안 그 자리에 머물렀다. 모렐 섬은 1910년까지 국

벤저민 모렐의 초상. 세계는 그의 축구공이었다.

제 날짜 변경선을 서쪽으로 우회시키는 요인이었고, 1922년까지도 『타임스 아틀라스』에 등장했다.

이해하기 어려운 점은, 모렐의 실제 여행과 기만의 실체가 훨씬 이전부터 드러났다는 사실이다. 1870년 3월, 왕립지리학회는 런던에 모여 모렐의 주장을 검토했다. 토론을 이끈 사람은 해군의 R. V. 해밀턴 대령으로, 모렐의 팬이었다. 해밀턴은 영국이 최근에 남반구 바다에서 중요한 발견을 해냈다면서, 모렐이 '와스프'라는 이름의 스쿠너 범선으로 용맹하게 얼음을 가르면서 누구보다 멀리 전진했다고 주장했다. 모렐의 항해기는 기록으로 남아 왕립지리학회 선반에 보관되어 있는데, 책도 있지만 새로운 지도들도 있다고 했다. 해밀턴 자신이 얼마 전에 모렐의 발견 내용을 새로운 해군 해도에 기입해 넣었던 것이다. 왜냐하면 그것이 '흥미롭고 중요한' 발견이기 때문에. 해밀턴은 다만 모렐의 기록이 '더 자세했으면 좋았을 텐데 그러지 못한' 점이 유감스럽다고 말했다.

해밀턴의 그 말은 그해 최고의 절제된 표현으로 꼽힐 만했을 것이다. 제아무리 미숙한 선장이라도, 낯선 바다를 항해할 때는 성실하게 좌표와 날씨를 기록하며 일지를 작성하는 법이다. 그러나 모렐의 남극 항해 일지는 몇 주씩 빈 칸이었고, 페이지가 군데군데 뜯겨나갔다. 남들이 얼음밖에 안 보인다고 했던 지점에서 얼음이 전혀 안 보인다고 적었고, 적도에서만 서식하는 극락조를 남극에서 보았다고 적었다. 모임에 참석했던 다른 항해자들은 자연히 의심을 품었다. 그중에서도 제임스 로스 경의 탐험에 참가하여 모렐로부터 16년 뒤에 모렐의 남극 '진로'를 그대로 밟아보았던 J. E. 데이비스가 제일 그랬다. 데이비스는 모렐의 기록이 신빙성이 없을 뿐 아니라 가상의 인물

'로빈슨 크루소'의 여정을 닮았다고 결론 내렸다(사실 모렐은 대니얼 디포의 소설에 영감을 준 알렉산더 셀커크가 1704년에 좌초되었던 칠레 앞바다의 후안페르난데스 제도로 실제 항해한 적이 있었다).

그러나 뉴사우스 그린란드 문제가 마침내 잠잠해진 것은 그로부터 반세기가 더 지나서였다. 어니스트 헨리 섀클턴(Ernest Henry Shackleton)이 1914년에서 1916년까지 인듀어런스 호로 남극을 탐사하던 중, 모렐이 그 섬의 위치라고 주장했던 지점은 실제로는 수심이 1,900패덤(3.5킬로미터)이나 되는 깊은 바다임을 확인했던 것이다. 섀클턴의 명성은 모렐보다 훨씬 드높았으므로, 섬은 간단히 지도에서 지워졌다.

모렐의 날조가 지도에서 지워진 것은 그게 마지막이 아니었다. 하와이 제도에 존재한다던 모렐 섬도 곧 뒤를 따랐다. 그러나 현대의 해군 역사학자 루퍼트 굴드에 따르면, 모렐의 발견 중에는 쓸모 있고 진실한 것도 몇 개 있었다. 그중에서 모렐을 기념하기에 가장 알맞은 사례라면 나미비아 앞바다의 이카보 섬이 아닐까. 모렐은 그 섬에 토박이 바닷새들의 배설물로 만들어진 구아노가 풍부하다는 사실을 발견했다고 한다.

제12장
콜레라를 막아낸 지도

지도를 보면 전염병이 보인다

1853년 4월 7일 아침, 의사 존 스노(John Snow)는 버킹엄 궁으로 호출되었다. 빅토리아 여왕이 여덟 번째 아이 리어폴드 왕자를 출산하는 것을 거들기 위해서였다. 요크셔 출신의 마흔 살 사내였던 스노는 분만에 클로로폼을 마취제로 사용하자고 주장한 선구적 의사들 중 한 명이었다(그는 대부분의 다른 시술에서도 클로로폼을 썼다. 평생 발치 수술에 마취제를 867회 사용했고, 여성의 유방암 종양 제거에 222회, 남성의 유방암 종양 제거에 7회, 눈꺼풀 교정 수술에 9회, 음경 절단에 12회 사용했다).

출산은 성공이었다. 4년 뒤 비어트리스 공주의 출산도 마찬가지였다. 그때도 스노가 참석했다. 스노는 이전에 캔터베리 대주교의 딸에게도 클로로폼을 쓴 적이 있는데, 교회와 왕족이 모두 마취제를 받아들였던 이 사례는 마취제의 대중화에 적잖이 기여했고, 스노는 그 처치법으로 명성과 부를 얻었다. 그러나 요즘 우리는 그를 주로 다른 업적으로 기억한다. 지도를 사용해 콜레라의 전파를 시각적으로 묘사했던 사람으로.

런던의 소호 지역을 중심으로 그렸던 그 지도는 당시에는 딱히 특별하게 여겨지지 않았다. 그 치명적 질병을 시각적으로 묘사한 지도가 처음은 아니었거니와, 그 속에 담긴 과학은 엄밀성이 떨어졌다. 그러나 오늘날 그 지도는 빅토리아 시대의 제일 중요한 지도 중 하나로, 일종의 상징

지도 의사, 존 스노.

적 존재로 여겨진다. 그리고 의학적 미스터리를 초보적 탐정 기법으로 풀었던 이야기에 젊은 독자들의 관심을 끌어들인다는 점에서, 그의 지도는 「셜록 홈스」[58]나 「닥터 하우스」[59]와 같은 반열에 오른다.

▮▮▮▮▮▮▮▮▮▮▮▮▮▮▮▮▮▮▮▮

아시아콜레라는 1831년에 처음 영국에 상륙하여 5만 명이 넘는 목숨을 앗아갔다. 1848년에 터진 두 번째 발병에서도 비슷한 수의 사망자가 났다. 같은 해 통과된 새 공중보건법이 국가의 위생 상태를 완전히 일신(一新)하리라고 장담했던 나라치고는 참담한 숫자였다. 콜레라는 꺾기 힘든 강적이었다. 세 번째로 병이 돌아 소호 인구가 격감하기 시작했던 1854년 여름의 끝자락, 콜레라의 원인을 둘러싼

---

58) BBC에서 제작한 영국 텔레비전 드라마. 코넌 도일의 소설에 등장하는 천재 탐정 셜록 홈스를 현대에 부활시켰다.
59) 괴팍하면서도 매력 있는 의사 그레고리 하우스의 병동 일지를 소재로 한 미국 텔레비전 드라마.

이견은 여전히 좁혀지지 않았다. 대부분의 사람은 콜레라가 '독기'로 감염된다고 믿었다(공기로 전염된다는 뜻이다). 당시 의학계에서 가장 이름난 인물이었던 플로렌스 나이팅게일과 런던 의료 담당관 존 사이먼 경이 둘 다 그 견해를 지지했다. 그러나 몇몇 선구적인 역학(疫學) 전문가들은 다른 원인을 의심하기 시작했다('역학, epidemiology'은 질병의 인구 내 확산 경로와 패턴을 추적하고 통계적으로 분석하는 연구로서, 간혹 '전염병학'이라고도 하지만 전염병만을 다루는 것은 아니다 – 옮긴이).

역시 콜레라를 연구했던 스노는 1849년에 펴낸 소책자 『콜레라의 전염 방식에 관하여』에서 공기에 문제가 있다는 가설을 기각했다. 그는 그보다도 오염된 음식이나 물을 먹은 것 때문에, 아니면 더럽혀진 옷가지나 침구를 뜻하는 '포마이트(fomites)' 때문에 콜레라에 걸린다고 주장했다. 그는 또 1848년에 콜레라가 돌았던 것은 감염된 선원과 그의 침구가 함부르크에서 런던으로 들어왔기 때문이라고 주장했지만, 증명하기는 어려웠다. 그는 콜레라가 모종의 세포 구조로 이뤄진 유기체일 것이라고 추측했지만, 현미경으로 관찰해보아도 확인하지는 못했다. 그래서 그는 대체로 육감에 따라 조사를 진행했다.

1854년 8월 말, 스노는 템스 강물을 끌어다 공급하는 경로가 런던 남부의 심각한 콜레라 전파에 영향을 미쳤을지도 모른다는 가설을 조사하던 중, 자신이 사는 피커딜리 색빌 거리로부터 불과 몇백 미터 떨어진 곳에서 새 감염 사례가 보고되었다는 소식을 들었다. 예전에 그는 감염 지점에서 더 가까운 프리스 거리에서 살았었는데, 그 거리에서는 벌써 사망자도 여러 명 나왔다. 스노는 자신이 동네를 잘 알고 주민들과 면식도 있으니, 그곳에서 자신의 이론을 뒷받침하는 데 필요한 단서가 나올지도 모른다고 생각했다. 그래서 당시만 해도 의

사가 으레 수행하던 활동에 나섰다. 왕진을 돈 것이었다. 그것은 퍽 대담한 행동이었다. 그는 인간의 질병을 인간의 행위와 결부하여 설명하려고 노력하는 과정에서 자기 자신을 커다란 위험에 노출시킨 것일지도 몰랐다. 만일 콜레라가 공기 감염성이라면, 탐구심 강한 스노도 그 희생자가 될 테니까.

스노가 조사를 시작한 첫 주에 소호 주민은 500명 넘게 죽을 것이었다. 사람들은 8월 31일부터 쓰러지기 시작했고, 이틀 뒤에 사망자 수가 절정을 기록했다. 그러나 셋째 날 스노는 원인을 찾았다는 짐작이 들었다. 문제의 원흉은 브로드 가와 케임브리지 가가 만나는 곳에 있는 공공 식수 펌프였다. 펌프는 근처 주민들의 식수원이었으며, 길 가던 상인들이나 아이들도 흔히 그곳에 멈춰서 물을 마셨다. 치명적인 그 물을 재수 없게 마신 사람은 또 있었다. 동네 술집들은

〈콜레라의 냄새를 맡아라〉.
1832년에 콜레라 추적에 나선 보건 조사관들의 모습을 그린 로버트 시모어의 그림.

그 물로 진과 위스키를 희석했고, 많은 커피숍과 식당도 그 물을 썼다. 스노가 기록한 바에 따르면, 기계공들이 주로 드나드는 동네의 어느 커피숍 운영자는 '손님들 중에서 죽은 사람이 벌써 9명이나 된다고 알려주었다'. 동네 구멍가게들도 '펌프 물에 거품 나는 가루를 한 티스푼 타서 셔벗이라고' 팔았다.

스노는 9월 3일에 브로드 가 펌프 물을 검사해보았다. 결과는 확실하지 않았다. 맨눈으로는 불순물을 거의 찾아볼 수 없었다. 그러나 이튿날 다시 보았더니 '희고 작게 뭉친 입자들이' 약간 늘어나 있었다. 한 주민은 물맛도 변했다고 알려주었다. 다른 원인을 떠올릴 수가 없었기 때문에, 그리고 아마도 시간에 쫓긴다고 생각했기 때문에, 스노는 등기소에 가서 사망자 명단을 확인했다. 9월 2일로 끝나는 주에만 89명이 콜레라로 죽었다고 기록되어 있었다. 스노는 명단을 들고 동네를 걸어본 뒤, 예상했던 패턴이 맞아떨어짐을 알아차렸다. '거의 모든 사망자가 펌프에서 가까운 거리 이내에서 발생했던' 것이다.

스노는 계속 걸으면서 자신의 이론을 확증하는 증거를 더 발견했다. 다른 펌프 근처에서는 사망자가 10명만 나왔는데, 그중 5명은 가족의 말에 따르면 늘 브로드 가에서 물을 길어다 마셨다고 했다. 그 물을 '더 좋아했다'는 것이다. 물맛 때문이었거나, 그 물이 더 깨끗하다고 생각해서였을 것이다. 남은 사망자 5명 중 둘은 브로드 가 근처의 학교에 다니던 아이들이었다. 스노는 수백 명이 수용된 근처 구빈원에는 콜레라가 미치지 않았다는 사실도 발견했다. 그들은 직접 판 우물의 물을 마시고 있었다. 스노는 이제 독기 이론으로는 발병을 설명할 수 없다고 확신했다(독기 이론은 질병을 곧장 가난과 연결했다). 증거는 넘치는 듯했다. 9월 7일 저녁, 스노는 지역 운영 위원회를 만나 자

신의 발견을 전달했다. 그리고 이렇게 적었다. '내 말에 따라, 그들은 이튿날 펌프 손잡이를 제거했다.'

펌프를 잠그자, 발병 사례도 서서히 줄었다. 9월 9일은 사망자가 11명밖에 되지 않았다. 여드레 전에는 143명이었는데 말이다. 9월 12일에는 딱 한 건이 보고되었고, 9월 14일에는 한 건도 없었다. 그러나 이것을 전부 펌프 폐쇄의 직접적인 결과로 돌릴 수는 없었다. 이미 그 며칠 전부터 발병 사례가 줄고 있었기 때문이다. 그리고 스노도 보고했듯이, 대피도 중요한 역할을 했다. 주민 수백 명이 진작 겁에 질려 동네를 떠났던 것이다.

|||||||||||||||||||

그제야 스노는 그 유명한 지도를 작성하기 시작했다. 따라서 지도는 스노가 발견을 해낸 이유가 아니라 이미 해낸 발견을 보여주는 그림이었다. 기본적인 동네 지도는 있었다. 근처 홀번에 'C.F. 셰핀스'라는 지도 회사가 있었는데, 초창기 철도 노선도를 제작하기도 했던 그 회사가 1마일당 30인치의 축척으로 그 일대의 상세도를 펴낸 것이 있었다. 스노는 그 지도에서 브로드 가를 중심에 둔 부분을 복사했다. 브로드 가가 곧 소호의 예루살렘이었다.

이어 스노는 세 가지 핵심적인 요소를 더했다. 첫째는 펌프들의 위치였다. 펌프는 총 13개였다. 맨 위에 있는 것은 옥스퍼드 가 너머 애덤 앤드 이브 코트에 있는 펌프였고, 남쪽으로 죽 내려와서 맨 아래에 있는 것은 피커딜리 가 근처 티치번 가의 펌프였다. 두 번째로, 스노는 다른 펌프보다 브로드 가 펌프와의 거리가 더 가까운 지역을

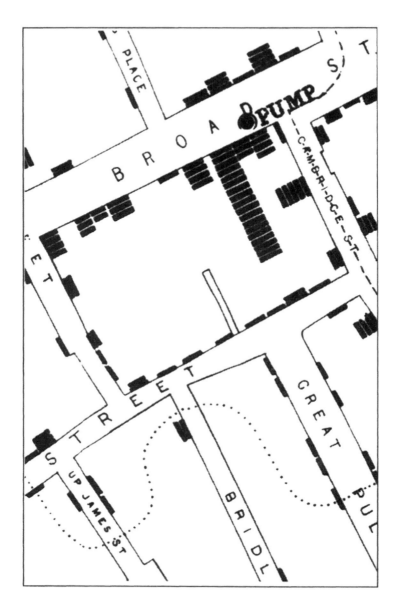

스노가 그린 〈소호 지도〉는 유령의 지도이다.
콜레라균에 감염된 브로드 가(현재의 브로드윅 가)의 펌프가 한가운데 보인다.

구불구불한 점선으로 표시했다. 요즘은 그런 도표를 '보로노이 다이어그램'이라고 부른다. 스노의 도표는 보로노이 다이어그램의 초기 사례들 중 제일 유명한 것이다. 마지막으로, 스노는 사망자를 뜻하는 작고 까만 줄표들을 지도에 그려 넣었다. 그 모습은 꼭 비좁은 묘지에 놓인 묘석들처럼 보였다.

완성된 지도를 보면, 사망자가 몰린 지역이 몇 군데 눈에 띈다. 딘 가 근처 세인트앤 코트에는 줄표가 24개 있다. 베릭 가 근처 벤팅크 가에는 19개가 있다. 피터 가 근처 풀트니 코트에는 10개가 있는데, 그중 9개는 한 건물에서 나온 듯하다. 그러나 뭐니 뭐니 해도 두드러지는 곳은 브로드 가 주변이었다. 그 거리에서만 82명이 죽었고, 근처까지 포함하면 더 많았다.

스노는 1854년 12월, 런던역학협회 강연에서 자신의 발견과 지도를 공개했다. 그 직후에 또 다른 보고서가 나왔다(일대 교구민들이 스노를 수석 조사자로 위촉하여 실시한 조사의 결과였다). 그 보고서는 사건의 전말을 한층 상세하게 다루었고, 지도도 실었다. 보고서에 묘사된 내용은 실로 역겨웠다. 극심한 가난과 높은 인구 밀도, 사람의 배설물을 지하실에 차곡차곡 쌓아둔 상태라서 농가보다도 못한 위생 상태가 자세히 드러나 있었다.

독기 이론을 믿는 사람들은 분뇨에서 나온 독기만으로도 전염병이 번진다고 주장했다. 1854년 콜레라로 소호가 제일 큰 타격을 입은 것은 그 땅 밑에 1665년 흑사병 사망자 수천 명이 묻힌 공동묘지가 있기 때문이라는 가설도 있었다. 스노의 지도에 뻔히 증거가 나타나 있었는데도, 그의 수인성(水因性) 이론은 보편적으로 인정되지 않았다. 게다가 최대의 수수께끼가 아직 미결로 남아 있었다. 펌프 물은 애초에 어떻게 오염되었을까?

가장 설득력 있는 답은 그 동네 목사였던 헨리 화이트헤드가 제공했다. 화이트헤드는 소호에서 콜레라가 발병한 후 몇 주 동안 일대를 독자적으로 샅샅이 조사했다. 원래 독기 이론을 믿었던 그였지만, 조사하다보니 의심이 들었다. 그는 브로드 가 40번지에서 토머스 루이스라는 순경과 그 아내를 만나, 생후 5개월이었던 부부의 딸 세라가 오랫동안 설사로 고생한 뒤 9월 2일에 죽었다는 이야기를 들었다. 엄마는 아기가 8월 28일부터 아팠다고 했고, 아기의 배설물이 든 구정물을 지하실 오수 구덩이에 내버렸다고 말했다. 화이트헤드는 지하실을 조사해보았다. 과연, 오수 속 배설물이 흙으로 스며들어서 지하수에까지 흘러든 게 분명했다. 스노는 이 최초의 희생자를 몰랐기 때문에, 그의 지도에서는 아기가 빠져 있었다. 그래서 브로드 가 40번지의 사망자는 5명이 아니라 4명으로 표시되어 있다.

⬚⬚⬚⬚⬚⬚⬚⬚⬚⬚⬚⬚⬚⬚⬚⬚

스노의 역학 조사는 역사상 최초가 아니었다. 역학 조사라는 개념은 그런 용어가 만들어진 1802년으로부터 한참 전에도 존재했다. 1665년, 1666년의 흑사병과 대화재 이후 런던에서도 사망자를 지도화하는 작업이 적잖이 이뤄졌다. 그로부터 50년 전의 런던 사망자 통계표에도 이질과 경련이 주요 사망 원인이라고 기록되어 있다.

미국은 어땠을까? 최초의 의학 지도 작성자라는 명예는 밸런타인 시먼(Valentine Seaman)에게 돌아가야 한다. 뉴욕의 공중 보건 공무원이었던 시먼은 1798년에 질병의 '발생 지점'을 표시한 최초의 지도를 그렸다. 맨해튼의 월 가 근처 부둣가에서 황열병이 번져 수백 명이 죽자, 그는 발병 사례가 제일 많이 몰려 있다고 판단한 지역을 조사하기 시작했다. 그리고 그 결과를 두 장의 지도에 표시한 뒤, 유력한 신생 의학 학술지에 발표했다. 그런데 시먼은 스노와는 달리 독기 이론을 철두철미하게 믿었다. 시먼은 사망자의 다수가 이른바 '소름이 돋는 독기'나 개방형 공중변소 근처에서 발생했다고 지적했다. 뉴욕시 당국에게는 제거할 펌프 손잡이가 없었으니, 그 대신 격리를 통해서 열대병을 통제하는 방법을 차츰 익힐 것이었다.

　시먼의 지도는 널리 영향을 미쳤으며 시기 또한 적절했다. 그 지도는 '의학 지리학'이라는 새로운 트렌드, 나아가 새로운 과학이 등

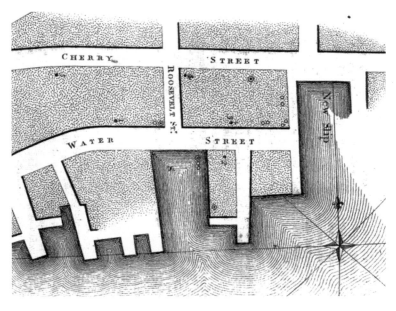

최초의 질병 발생 지점을 나타낸 지도. 1798년에 밸런타인 시먼이 인쇄한 〈뉴욕 부둣가 지도〉에는 황열병 발병 사례가 표시되어 있다.

장했다는 사실을 보여주었다. 그 분야의 선구적 이론가는 독일의 산과 전문의로서 1780년대에 질병에 바탕을 둔 지도책을 만들려고 계획했던 레온하르트 루드비히 핀케(Leonhard Ludwig Finke)였다. 2,000년 전 히포크라테스의 저작에 크게 감화를 받았던 핀케는 해외의 전염병 소식을 읽으면서 그 사건들 사이에 모종의 공통점이 있을지도 모른다고 생각했다. 그리고 실제로 여러 공통점을 발견했다. 토양, 식생, 공기, 동물을 처우하는 방법…… 핀케는 질병에 감염된 것이 (사람들이 아니라) 특정 지역이나 나라라고 믿었다. 그는 자신의 새로운 지리학을 과학적으로 엄밀하게 설명한 세 권짜리 책을 썼는데, 그 책은 여행자들에게 어느 어느 지역은 가지 말라고 권고하는 여행 주의보의 초기 형태인 셈이었다. 나아가 질병 지도책을 만들겠다는 목표는 나폴레옹 전쟁 시절의 높은 비용 때문에 포기해야 했지만, 어쨌든 핀케는 1792년에 한 장짜리 〈질병 세계 지도〉를 만들기는 했다.

핀케의 이론은 오래갔다. 1847년, 샬럿 브론테는 소설 속 주인공 제인 에어가 대영 제국에서 살 만한 장소를 물색하는 장면을 묘사했다. 제인은 신문 기사에 나는 끔찍한 질병이 없는 곳을 원하지만, 후보지는 극히 제약되었다. 새로운 의학 지리학은 자칫 외국인 혐오로 통할 수도 있는 편견을 정당화하는 듯했다. 『제인 에어』에서 열대는 말라리아가 횡행하는 재난 지역으로, 서아프리카는 '흑사병의 저주를 받은 기니 해안의 늪지'로 묘사된다. 서인도제도, 동인도제도, 신대륙의 대부분 지역도 감염된 곳이다. 그래도 브론테의 입장은 대체로 반(反)제국주의적이었다. 그런 지역들의 풍경에 남은 상처와 병원균의 이식은 서구 식민주의가 남긴 처참한 유산이라고 암시하는 대목이 있기 때문이다.

런던에서 물이 콜레라의 주된 원인으로 인정된 것은 1870년대였다. 런던 수석 의료 담당관 자리를 떠나 정부에서 비슷한 역할을 맡은 존 사이먼 경이 마침내 독기 이론을 버렸기 때문이다. 스노의 직감과 끈기가 얼마나 많은 목숨을 살렸는지 정확히 헤아리기는 어렵고, 그가 런던의 위생 상태에 얼마나 영향을 미쳤는지도 헤아리기 어렵다. 물론 스노 혼자서 그 일을 다 한 것은 아니었다. 헨리 화이트헤드의 조사도 그 못지않게 중요했고, 그즈음 벌써 보건 공무원들은 공중위생을, 특히 템스 강의 물 공급을 점검하고 개선해야 한다는 생각을 품고 있었다(결국에는 어떤 하나의 보고서나 지도보다도 콜레라 자체가 제일 큰 목소리를 냈지만 말이다). 브로드 가에 전염병이 돌았던 때로부터 4년 뒤, 런던은 공학자 조지프 배즐제트에게 이른바 '대악취'를 없애라는 임무를 맡겼다. 배즐제트는 지하에 하수관을 놓기 시작했고, 1875년에 완공된 복잡한 하수망은 런던에서 콜레라를 없애는 데 다른 무엇보다도 기여했다.

그러나 스노의 작업은 (특히 그의 지도는) 일종의 전설로 남았다. 작가 스티븐 존슨은 그것을 '유령의 지도'라고 불렀는데, 딱 어울리는 이름이 아닐 수 없다. 가늘고 검은 줄표들은 그 익명성에도 불구하고 단순한 통계 이상이다. 스노가 그 동네에 살면서 사망자 개개인을 환자로는 아니라도 이웃으로 알고 지냈을 것이라는 점 때문에, 그리고 스노와 화이트헤드 등등이 사망자들의 생활과 거처를 더없이 생생하게 묘사했던 기록이 남아 있기 때문에, 우리는 그들이 죽고 없는 오늘날까지도 그들과 우리가 어떻게든 연관되어 있다고 느낀다. 이 점에는 찰스 디킨스(Charles Dickens)도 조금쯤 관계가 있을지 모른다. 디킨스는 1830년대 말부터 런던의 누추함을 통렬하게 묘사한 글을 남겼는데, 그 내용은 아마 스노가 젊은 의사로서 매일 왕진을 돌며 직접 목격한 장면이었을 것이다.

스노의 지도 자체도 빼놓을 수 없다. 세밀한 축척, 상세하게 묘사된 거리와 골목. 오늘날 그 지도를 본 사람들 중에는 직접 그 거리를 걷고 그 동네의 소음과 활력을 맛본 사람도 있을 것이다. 그 지도는 당시의 공공 지도로서는 드문 수준으로 세부에 집중했다. 거리 구조에만 집중한 것이 아니라, 그 속에 담긴 부산하고 악취 나는 인간적 활동에 집중했다. 그런 관점은 디지털 지도에서 확대 기능을 자유자재로 쓸 수 있는 오늘날에 와서야 우리에게 친숙해진 것이었다. 그러나 어쩌면 가장 중요한 이유는 따로 있다. 우리가 스노를 기억하는 이유는 다른 무엇보다도 그 이야기가 더없이 완벽하기 때문이다. 스노가 지도를 통해서 펌프를 찾아냈고 그 펌프 손잡이를 뽑음으로써 전염병을 저지했다는 이야기. 실제로는 둘 다 완벽한 진실은 아니지만, 이미 스노의 지도와 그 속에 담긴 유령 같은 사망자들은 영원히 죽지 않는 생명력을 확보했다.

버크와 윌스의 대책 없는 오스트레일리아 종단 여행

1860년, 오스트레일리아는 황량한 미지의 땅이었다. 물론 대륙의 윤곽은 비교적 정확하게 지도화되어 있었다. 애들레이드, 멜버른, 시드니, 브리즈번 같은 해안가 도시들은 빠르게 팽창하고 있었다. 1850년대 초 골드러시로 뉴사우스웨일스의 인구와 경제는 급속히 성장했다. 그러나 내륙은 이야기가 달랐다. 그 땅은 경작이 가능할까? 수익을 낼 잠재력이 있을까? 내륙의 물길로 오갈 수 있을까? 그곳에 전신선을 깔아서 하루가 다르게 하나로 이어지고 있는 빅토리아 시대의 바깥 세계와 연결할 수 있을까?

선주민들은 그런 의문을 떠올릴 필요가 없었다. 그러나 신생 빅토리아왕립협회의 백인 탐험가들은 과학적, 지리적 지식을 육성하고 싶었거니와 나아가 세계를 따라잡고 싶었다. 과학적이고 상세한 지도 제작 사업은 유럽을 바꿔놓았다. 인도와 아프리카는 동서로 횡단되었다. 북극에서는 북서 항로가 열렸다. 그러나 오스트레일리아 지도는 여태 흰 카펫이었다.

19세기 초반에 소수의 탐험가들이 머뭇머뭇 내륙으로 들어가보기는 했다. 1813년에 그레고리 블랙슬랜드와 윌리엄 웬트워스는 시드니에서 블루 산맥을 넘는 모험을 했다. 1840년대 중순에 찰스 스터트는 애들레이드에서 과감히 북쪽으로 나섰지만, 사막의 열기가 견딜 수 없는 지경이라는 사실만을 확인한 채 퇴각했다. 루드비히 라이히하르트라는 프로이센 모험가는 동북 해안을 따라 수천 킬로미터를 여행했지만, 1848년에 시도했던 내륙 탐험은 버뮤다 삼각주풍의 수수께끼로 끝나고 말았다. 라이히하르트를 비롯한 탐험대 전체가 감쪽같이 사라져, 이후 누구도 그들을 보거나 듣지 못했기 때문이다.

그러던 1860년, 빅토리아왕립협회는 좀 더 거창한 탐험을 제안했다. 거창하게 터무니없는 제안이라고 말해야 할지도 모르겠다. 그것은 남쪽 멜버른에서 북쪽 카펜테리아 만까지 대륙을 완전히 종단한 뒤 지도와 일지를 가득 챙겨서 돌아오겠다는 계획이었는데[60], 요즘이라면 여행이 아니라 익스트림 스포츠로 분류될 만한 계획이었다. 대부분의 익스트림 스포츠가 그보다 더 조직적이고 덜 어리석어 보이지만 말이다. 그것은 영국 육지측량부풍의 문명화된 탐사가 아니라, 그 취지가 오히려 극지 탐험에 가까운 모험이었다. 역시 극지 탐험과 마찬가지로, 원정을 이끈 사람들은 지나친 야심가가 아니면 제 한계를 모를 정도로 정신 나간 사람일 수밖에 없었다. 결국 그 여정은 비극적인 영웅주의의 사례로 기억되어, 사내아이들로 하여금 수업 시간에 허리를 곧추세우고 앉아 이야기를 들으면서 자신도 언젠가 탐

---

60) 카펜테리아 만은 다윈 동쪽에 있는 널찍한 수로다. 1606년에 빌럼 얀스존(앞에서 이야기했던 지도 제작자가 아니라 동명의 네덜란드 탐험가)이 그곳에 상륙하여, 오스트레일리아에 발을 들인 최초의 유럽인이 되었다.

험가가 되겠다고 결심하게끔 만들 것이었다. 그리고 그 모든 이야기를 요약한 지도가 있었다. 영광이 아니라 죽음을 묘사한 것으로 악명 높은 지도, 우리가 얼마 후에 남극에서 보게 될 상황을 한발 앞서 예시했던 지도.

로버트 오하라 버크(Robert O'Hara Burke)와 윌리엄 존 윌스(William John Wills)의 여정을 정확하게 묘사한 지도는 당시에 여러 개가 있었지만, 그중 가장 드라마틱한 것은 버크와 윌스를 포함한 탐사대가 굶주림으로 슬픈 최후를 맞은 때로부터 몇 달이 지난 1861년 말에 그려진 지도였다. 1:3,000,000 축척의 그 지도는 〈멜버른 지도〉로 이름을 날렸던 석판 인쇄 회사 '드그루시 & 리'에서 출간되었다. 지도는 지네처럼 기다랗고, 장소 표시는 믿을 만하지 못하고, 과학적 내용은 부족하며, 지명과 관찰 내용을 아무런 논리 없이 제멋대로 기입한 것 같다. 시작점도 마음대로 잡은 것 같다. 여행이 벌써 여러 달 진행되어 탐험대가 대륙을 절반쯤 종단하고 쿠퍼스 크릭에 다다랐던 지점을 시작점으로 잡았기 때문이다. 그럼에도 불구하고 그것은 빠져들지 않을 수 없는 지도였다.

사람 19명, 낙타 26마리, 말 23필로 구성된 버크와 윌스의 탐사대는 1860년 8월 20일에 멜버른의 로열 공원에서 위대한 첫발을 뗐고, 시민 1만 5,000명 정도가 환호하며 그들을 배웅했다. 출발은 상서롭지 않았다. 장비에 마차 여섯 대가 포함되어 있었는데, 한 대는 공원을 채 벗어나기도 전에 주저앉았고 다른 두 대도 멜버른을 벗어나지 못했다. 지도가 시작되는 쿠퍼스 크릭에 도달한 12월 16일에는 19명 중 4명만 남았다. 나머지는 원정대를 떠나거나, 지원 및 식량 저장 임무에 배치되어 뒤에 남았다.

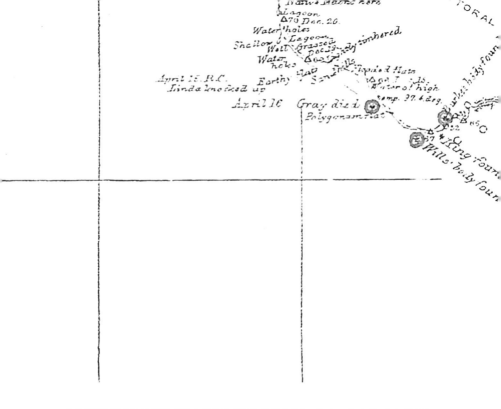

카펜테리아 만으로 향했던 버크와 윌스의 여정을 묘사한 〈드그루시 & 리 지도〉에서 제일 극적인 부분. 동그라미는 불운한 탐험가들이 최후를 맞았던 지점을 나타낸다.

　끝까지 남았던 사람들의 전기적 사항을 살펴보면, 꼭 나쁜 농담의 시작처럼 읽힌다. 로버트 오하라 버크는 골웨이 카운티 출신의 아일랜드 사람으로서 한때 오스트리아 군대에서 싸웠다. 윌리엄 존 윌스는 데번 출신의 영국인으로, 사우스오스트레일리아로 이민을 와서 의료 보조자 겸 천문학자가 되었다. 존 킹(John King)도 아일랜드인으로, 인도에서 지리학적 경험을 조금 쌓았다. 찰스 그레이(Charles Gray)의 배경은 약간 수수께끼다. 그는 스코틀랜드 출신이라는 사실만 알려져 있을 뿐이다.

　멜버른에서 멀어지는 여정의 후반부, 그러니까 쿠퍼스 크릭에서

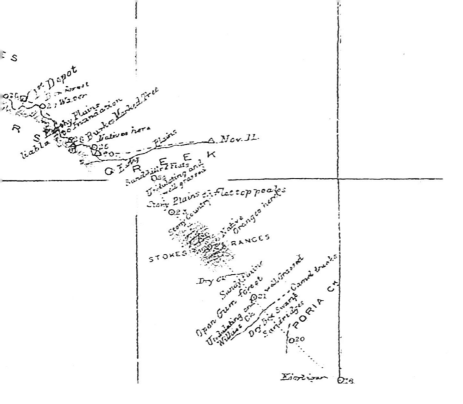

만까지 가는 두 달은 이렇다 할 사건이 없었다. 지도에 표시된 풍경은 퍽 차분하다. '목초지로 적합함', '돌투성이 사막', '염호', '맑은 물이 흐르는 시내', '높이가 2½에서 4피트나 되는 거대한 개미 둑', '티트리 샘 ― 광물성 맛은 철분인 듯'. 이따금 지역 거주민에 대한 언급도 있다. 킹스 크릭 근처에서는 '골치 아프게 구는 원주민'들을 만났다고 적혀 있다. 꼭대기에 다 와서, 카펀테리아 만 바로 밑 플린더스 강에 다다른 지점에는 이렇게 적혀 있다. '버크 & 윌스는 걸어서 북쪽으로, 킹 & 그레이는 낙타를 맡음.' 이윽고 지도 맨 위에는 행복한 설명문이 달려 있다. '버크 & 윌스, 1861년 2월 11일.'

　그러나 돌아오는 길은 전혀 다른 문제였다. 측량 책임자였던 윌스는 몇 주마다 한 번씩 부분적으로 지도를 그렸지만, 경로 전체를 다 그럴 만한 처지는 못 되었다. 드그루시 & 리의 지도는 그들이 죽고 나서 그 조각 지도들을 취합한 내용이었다. 여행자들이 어떻게든 짐을 덜어보려고 간간이 땅에 묻었던 일지를 몇달 뒤에 발굴했던 것이다. 그들의 사정이 갈수록 절박해진다는 사실은 갈수록 짧아지고 슬퍼지는 문구들에서 드러난다. '골라(낙타)를 뒤에 남김', '4월 16일 그레이 사망', '윌스의 시신 발견', '버크의 시신 발견'.

그들은 어떻게 죽었을까? 역시 지도의 설명문을 보면, 사람들이 어떻게 그 답을 알았는지 짐작할 수 있다. '킹 발견'. 존 킹은 사인조 중 유일한 생존자였다. 다른 사람들이 다 죽고서 몇 주가 흐른 뒤에 앨프리드 하윗이 이끈 수색대가 그를 발견했는데, 그때 그는 원주민들과 함께 야영하고 있었다. 킹의 일기는 탐사대가 극심한 더위, 추위, 굶주림, 탈진을 겪으면서 피폐해졌던 최후의 나날을 생생하게 보여준다. 그들은 말라붙은 땅과 늪지를 비틀비틀 통과했다. 나무 둥치

"저기 저게 호프리스 산인가?" 버크, 윌스, 킹이 사막을 건너는 모습.
1868년에 니콜라스 슈발리에가 제작한 판화.

만큼 굵은 뱀을 만났고, 밤마다 야영지에서 40마리씩 쥐를 쏴 죽였으며, 얀드루완다 부족은 너그러우면서도 도둑질을 잘한다는 사실을 경험했다. 그들은 낙타를 희생해서 그 살을 절여 먹었고, 같은 장소를 몇 주 동안 오락가락하면서 금세 구조될 것이라는 망상에 점점 더 시달렸다. 일지에 자주 등장하는 어느 산의 이름은 '호프리스(희망 없는)'였다.

킹의 설명 덕분에, 그들이 돌아오는 길에 어쩌다 지원단을 (더불어 구조의 가망을) 놓쳤는가 하는 정황도 알려졌다. 그것은 비극적이면서도 우스운 이야기였다. 후방 지원단은 쿠퍼스 크릭에 넉 달 동안 머물면서 사인조가 돌아오기를 기다렸지만, 결국 사인조가 다 죽었다고 판단하여 4월 21일에 멜버른으로 돌아갔다. 그러고서 불과 8시간 뒤, 버크, 윌스, 그레이, 킹이 그곳에 도착했다. 그것은 그들의 마지막 기회였다. 킹은 홀로 귀환한 뒤 이렇게 썼다. '이동을 멈춘 순간부터, 버크 씨의 상태는 점점 더 나빠지는 것 같았……. 자기는 몇 시간 더 못 살게 분명하다고 말하면서 자기 시계를 내게 줬다……. 그리고 "내가 죽은 게 확실해질 때까지 곁에 있어 주면 좋겠네. 누군가 곁에 있다는 건 위로가 되니까."라고 말했다.'

1863년 1월, 멜버른에서 개척자들의 장례식이 열려 10만 명가량의 조문객이 운집했다. 그로부터 10년 만에 애들레이드에서 다윈까지 전신선이 놓였고, 1873년에는 영국 탐험가 윌리엄 고스가 대륙 중앙에 있는 에어스록을 지도에 표시했다. 그로부터 또 10년 뒤에는 이미 많은 사람이 내륙을 이런저런 각도로 가로지른 뒤였다.

그러나 재앙과도 같았던 버크와 윌스의 모험이야말로 요즘도 야영지의 모닥불을 둘러싸고 이야기되는 모험담이다. 그 여행은 「버크와 윌스」(1985)라는 영화로도 만들어졌다. 버크 역에는 잭 톰프슨이, 윌스 역에는 나이절 헤이버스가 출연했으며, 약간 비현실적이게도 연애의 대상으로 등장하는 여성 역할은 그레타 스카키가 맡았다.《뉴욕 타임스》는 이 영화를 '탐험가들에게 물이 떨어지기도 전에 플롯이 고갈되는 영화'라고 평했지만 말이다. 그야 어쨌든, 그들의 지도가 들려주는 이야기는 오스트레일리아 국민은 물론이거니와 그보다 먼 나라 사람들의 뇌리에도 깊이 새겨졌다. 그래서 이제 버크와 윌스는 네드 켈리, 데임 에드나, 크로커다일 던디와 더불어 오스트레일리아의 환상적인 풍경을 이루는 존재로 기억된다.

제13장

'X'가 그려진 보물섬엔
보물이 없다

탐험의 목적은 보물이 아니라 '탐험' 그 자체다

'이것은 지도와 보물에 관한 이야기다…….'

– 로버트 루이스 스티븐슨(Robert Louis Stevenson)이
1881년에 자신의 새 책을 설명하면서

세상에 누가 미쳤다고 '트리니다드'에 가고 싶을까? 이 트리니다
드는 남대서양의 트리니다드이며, 황량한 제도를 구성하는 여섯 섬
중 하나를 말한다. 새하얀 모래사장이 있어서 단골 신혼여행지로 꼽
히는 카리브 해의 트리니다드 섬이 아니다. 콜롬비아, 쿠바, 파라과이
에 있는 트리니다드[61]도 아니다. 캘리포니아, 텍사스, 워싱턴에 있는
트리니다드는 더더욱 아니다. 그런 장소들은 모두 저마다 매력이 있

---

[61] 콜롬비아의 카사나레 주, 쿠바의 상크티스피리투스 주에도 트리니다드라는 도시가 있고, 파라과이
의 트리니다드는 유네스코 세계문화유산에 등재된 예수회 유적으로 유명하다.

으리라.

그러나 우리의 트리니다드는 차원이 다르다. 그곳에서는 닳고 닳은 선원들조차 위험하기 짝이 없는 암초를 가까스로 피하면서 상륙을 모색해야 하고, 그러다가 실패하면 고마운 마음으로 등을 돌린다. 하늘에서는 바닷새가 공격하고, 땅에서는 게들의 군단이 공격한다. 먹어도 되는 식물은 거의 자라지 않지만, 성난 화산과 그 주변을 맴도는 상어는 있다. 1881년에 영국의 모험가 에드워드 프레더릭 나이트(Edward Frederick Knight)는 그곳을 '지구상에서 가장 괴상하고 사기를 겪는 곳'이라고 부르면서 두 번 다시 돌아가지 않겠다고 하늘에 맹세했다.

그런데 만일, 보물의 위치가 표시된 트리니다드 지도가 당신의 손에 들어온다면 어떨까? 'X가 그려진 지점'에 정말로 보물이 묻혀 있다는 이야기를 듣는다면? 그 'X'의 가치는 어마어마하여, 그에 비하면 투탕카멘의 묘에서 나온 보물은 어느 날 저녁 클랙턴의 모래사장에서 금속 탐지기로 찾아낸 실망스러운 잡동사니나 다름없어 보인다면? 당신은 낭만과 탐욕에 자극되어 기꺼이 도전에 나서지 않겠는가?

당신 혼자만 그렇진 않을 것이다. 1889년, 두 번 다시 트리니다드로 돌아가지 않겠다고 맹세했던 바로 그 에드워드 프레더릭 나이트가 트리니다드로 돌아갔다. 나이트는 리마에서 약탈한 번쩍거리는 보물(거대한 금 촛대, 테두리에 보석이 박힌 성배, 동전이 잔뜩 든 궤짝, 금괴와 은괴)을 얻을 거라고 예상하여 유혹에 넘어갔을 뿐 아니라, 해적이 들려준 위험하기 짝이 없는 전설 이야기에도 끌렸다. 나이트는 그곳에 보물이 있다고 믿었을 뿐더러, 자신이 그 발견자로 신에게 선택받았다고 생각했다. 신은 그가 그곳에 가기를 바라는 게 분명했다. 왜냐하면 신이 그에게 지도를 주었으니까.

1890년, 나이트는 자신의 탐험을 생생하고 진실하게(정말로 진실인지는 여러분의 상상에 맡긴다) 기록한 『알레르트의 항해』를 펴냈다. 책의 내용에 따르면, 그가 8년 전에 처음 트리니다드 섬에 갔을 때는 보물의 존재를 알지 못했다. 그때 그는 소규모 인원과 함께 요트로 남대서양과 남아메리카를 돌아보고 있었는데, 몬테비데오에서 바이아로 가던 도중에 난데없이 강한 역풍을 만났다. 그는 동쪽으로 배를 돌렸고, 브라질 동해안에서 약 1,100킬로미터 떨어진 곳, 북위 20도 30분, 서경 29도 22분에 위치한 트리니다드를 목격하고 상륙을 결정했다. 그는 산호초와 처절하게 싸우면서 뭍에 올랐고, 그곳에서 섬뜩한 아흐레를 보내면서 그 섬의 게들은 '고약하다'는 사실을 발견했다.

영국으로 돌아오고 4년이 지났을 때(나이트는 성공한 변호사였으면서도 삶이 조금 불만족스러웠던 모양이다), 그는 '아우레아'라는 배가 경험과 결의로 무장한 선원들과 많은 굴착 도구를 싣고서 타인에서 트리니다드로 떠날 예정이라는 신문 기사를 읽었다. 그들은 그 섬에 묻힌 보물을 찾으려 한 것이었는데, 결국에는 실패했다. 그때는 나이트도 그 이야기에 대해서 별생각이 없었다. 그로부터 3년 뒤, 그는 타인 사람 몇 명이 재차 시도할 계획이라는 소문을 들었다. 나이트는 사우스실즈로 찾아가서 아우레아에 탔던 사람들 중 한 명을 만났고, 그로부터 다음과 같은 이야기를 들었다.

뉴캐슬에 어느 은퇴한 선장이 살고 있었다. 이야기의 편의상 P 선장이라고 하자. 그는 1840년대 말에 아편 무역에 관여했는데, 한번은 뺨에 난 상처 때문에 '해적'이라는 별명으로 불리는 갑판수를 고용했다. 러시아계 핀란드 사람인 듯한 '해적'은 뛰어난 항해 솜씨로 P 선장을 감동시켰고, 둘은 친구가 되었다. 중국에서 인도 뭄바이로 오는 길에 '해적'이 이질에 걸리자, P 선장은 직접 극진히 간호했다. 그러나 소용이 없었다. '해적'은 죽어가고 있었다. 뭄바이의 병원에서 죽음이 눈앞에 닥쳤을 때, '해적'은 선장에게 보살핌에 답례하는 의미에서 비밀을 알려주겠다고 했다. 그러나 그 전에 먼저 병실 문을 닫으라고 했다. 선장이 문을 닫자, '해적'은 선장에게 궤짝에 든 꾸러미를 꺼내오라고 했다. 꾸러미 속에는 방수포가 들어 있었고, 방수포 속에는 〈트리니다드 보물 지도〉가 들어 있었다.

X는 슈거로프 산 그림자 속에 그려져 있었다. 그곳에 묻힌 보물은 페루 독립전쟁 시절에 리마 대성당에서 약탈한 것이라고 했다. '해적'이 그걸 아는 이유는 그가 정말로 해적이었기 때문이다. 그는 트리니다드로 오는 길에 혼자만 살아남게 되어, 1821년에 그 섬에 보물을 묻었다. 그러나 이후 돌아갈 기회가 없었다. 동료 해적들은 모두 붙잡혀서 처형된 게 분명했다. 그는 약탈품이 모래와 바위에서 몇 미터 아래 땅속에 여태 묻혀 있을 것이라고 확신했다.

가짜 같은 이야기가 으레 그렇듯이, 그 이야기는 허풍이었다. 1911년에 미국 작가 랠프 D. 페인은 '지금도 사람들이 찾아 헤매는 해적의 금화와 보석과 금괴, 대형 범선 등등'의 이야기들을 싹 조사하여, '숨겨진 보물들의 책'이라는 목록으로 취합했다. 그는 그런 모든 이야기가 공통된 줄거리를 갖고 있음을 발견했다. 일단 해적들 중에서 늘 한 명만 살아남는다. 그는 '교수형이나 총살이나 익사를 당해도 싼 입장인데도 어째서인지 그런 운명을 용케 피하여, 보물이 숨은 곳을 표시한 지도를 고이 간직한다. 그러나 직접 그곳으로 돌아가지는 못하고, 그래서 그 양피지를 친구나 동료 선원에게 건넨다. 극적인 전달식은 보통 임종의 자리에서 거행된다.' 지도를 받은 사람은 땅을 파본다. 그러나 허사다. 그는 '고인이 된 해적이 지형지물과 방위를 잘못 그려두었다고 실컷 욕하면서' 지도와 근심을 다음 세대에게 넘겨준다.

☠ ☠ ☠

나이트의 모험으로부터 두 해 전, 또 다른 보물 이야기가 사람들의 상상력을 사로잡았다. 1881년에 잡지에 연재되었다가 2년 뒤에 책으로 나온 로버트 루이스 스티븐슨의 『보물섬』은 머나먼 섬에 묻힌 막대한 보물과 수수께끼의 방수포가 담긴 해적의 궤짝에 관한 이야기였다. 방수포에는 두 가지 물건이 들어 있다. 항해 일지, 그리고 봉인된 종이 한 장. 이야기의 화자인 짐 호킨스에 따르면, 그 종이에는 '어떤 섬의 지도가 그 위도와 경도, 수심, 언덕과 만과 후미의 이름, 그 밖에 배를 안전하게 해변에 정박하는 데 필요한 모든 사항과 함께' 그려져 있다. 그 섬에는 악독한 플린트 선장의 소유물이었던 보물이 묻혀 있는데, 선장은 이야기가 시작될 때 벌써 죽고 없지만 남들을 위해서 보물이 묻힌 장소를 표시한 지도를 남겨주었다.

보물섬은 길이가 약 14.5킬로미터에 폭이 약 8킬로미터로 '뚱뚱한 용이 곧추선 것처럼' 생겼다. 섬 중앙에는 스파이글라스 산이 있고, 곳곳에 세 개의 붉은 가위표가 그려져 있으며, 그중 하나에는 '이곳에 보물이 잔뜩'이라는 말이 적혀 있다. 그래서 짐 호킨스와 친구들은 그곳으로 갔다. 흉계, 끔찍한 배신, 70만 파운드 상당의 보화가 기다리는 곳으로 갔다. J. R. R. 톨킨(J. R. R. Tolkien)의 중간계 지도[62]와 더불어 소설 역사상 가장 유명한 지도일 듯한 그 지도는 스티븐슨이 1750년에 직접 그린 것이었다. 섬 위쪽에는 인어 두 마리가 비늘을 뽐내고 있고, 해안에는 범선 두 척이 순찰하고 있다.

그림의 기원은 명확하지 않다. 스티븐슨은 축축한 스코틀랜드 고산 지대에서 보낸 여름휴가의 끝 무렵에 이야기의 대부분을 썼는데, 함께 머물렀던 사람 중에는 그가 얼마 전 결혼으로 의붓아들로 맞은 열두 살의 로이드 오즈번이 있었다. 오즈번은 훗날 이렇게 회상했다. 어느 날 '나는 종이에 섬을 그린 뒤, 그 지도에 색깔을 입혔다. 한창 마무리를 하고 있는데 스티븐슨이 다가왔다. 내가 하는 일이라면 무엇이든지 다정한 관심을 보였던 그답게, 그가 내 어깨 위로 몸을 숙였다. 그러고는 지도를 좀 더 다듬으면서 이름을 붙이기 시작했다. 스켈리턴 섬, 스파이글라스 언덕, 그리고 심장을 두근거리게 만드는 클라이맥스였던 빨간 가위표 세 개가 붙었던 순간의 전율을 나는 영원히 잊지 못할 것이다!'

오즈번은 스티븐슨이 지도의 오른쪽 상단 구석에 '보물섬'이라고 적었던 것도 기억했다. '스티븐슨은 그 지도에 대해서 훨씬 더 많이 알고 있는 듯했다. 해적, 땅에 묻힌 보물, 섬에 좌초했던 남자에 대해서.' 오즈번은 '천국 같은 매혹의 순간'이었던 그때, 이렇게 외쳤다. "이야기로 만들어주세요!"

31세의 스티븐슨이 이전부터 이야기를 구상하고 있었는가, 아니

---

62) 영국의 소설가·중세학자인 톨킨은 중세 문학의 전통과 관련된 환상의 세계를 섬세하게 표현하였다. 소설 『반지의 제왕』의 배경이 되는 중간계에는 요정과 드워프, 오크, 호빗, 인간 등 다양한 종족이 함께 살고 있다.

로버트 루이스 스티븐슨의 매혹적인 보물섬.

면 그때 그 지도에서 영감을 얻음으로써 온전한 첫 책을 쓸 수 있었는가 하는 문제는 아직 추측의 대상이다(솔직히 누군들 자신이 세계 문학의 고전으로 꼽히는 작품에 영감의 불꽃을 주었다고 주장하고 싶지 않겠는가). 훗날 스티븐슨은 첫 작품에 관한 이야기를 잡지 《아이들러》에 실었는데, 그 글에 따르면 보물섬 이야기의 초고가 《영 포크스》에 연재되었을 때 그의 의붓아들이 열광했던 것은 사실이지만 지도는 스티븐슨이 직접 그렸다고 했다. '나는 섬 지도를 그렸다. (내가 보기에) 아름답게 색깔도 입혔다. 그 섬의 생김새는 이루 형언할 수 없을 만큼 내 상상력을 자극했고, 그 섬의 항구들은 소네트[63]처럼 나를 기쁘게 했다…….' 스티븐슨은 그 지도가 플롯을 이끌었다고 말했다. 그는 '스스로도 무슨 뜻인지 모르는 상태에서' 스켈리턴 언덕이라는 장소를 창조하여 섬의 남동쪽 구석에 배치했고, 그 언덕을 중심으로 이야기를 풀어냈다.

스티븐슨이 창조한 것은 부패와 악덕과 약간의 미덕이 뒤섞인 도덕극이었다. 『보물섬』은 성장소설이다. 이 이야기가 병마와 장애에 집착하는 점은 스티븐슨 본인이 어려서부터 질병에 시달렸던 사실을 반영했고, 활극 같은 내러티브는 어린 시절의 작가를 갑갑하게 구속했던 스코틀랜드 상류 사회의 훈계적 분위기에 대한 반항이었다. 『보물섬』은 우리 모두에게 해적, 앵무새, 의족, 럼 배급, 브리스틀 억양을 쓰는 선원들의 반란에 대한 이미지를 안겼다. 그 속의 보물 지도는 소설의 플롯을 이끄는 역할에만 그치지 않았다. 요즘도 우리가 보물 지도라고 하면 떠올리는 이미지를 구축한 게 바로 그 지도였다. 테두리가 깔쭉깔쭉하고, 장난으로 대충 그린 것 같고, 종잇장은 누렇게 바랜 데다가 동그랗게 말렸고, 그것을 안내 삼아 확신 있게 길을 찾기에는 표시된 정보가 부족하지만 그럼에도 불구하고 인생을 건 모험에 나서게 만드는.

1894년에 스티븐슨은 모든 작가에게 지도가 있어야 한다고 적었

---

63) 14행의 짧은 시로 이루어진 서양 시가. 각 행을 10음절로 구성하며, 복잡한 운(韻)과 세련된 기교를 사용한다.

다. '실존하는 땅이라면 더 좋다. 작가가 그곳을 모두 걸어보았고 모든 마일표를 속속들이 안다면. 그러나 비록 상상의 장소일지라도 처음에 지도를 그려두는 편이 낫다. 지도를 들여다보노라면 그때까지 미처 생각하지 못했던 관계들이 떠오를 것이다. 이전에 알아차리지 못했지만 지도에 명백하게 드러난 지름길과 발자국을 보고서 그곳으로 자신의 전령을 보내게 될 것이다. 꼭 『보물섬』처럼 지도가 플롯의 전부인 경우가 아니더라도, 지도는 필시 유익한 제안들의 금광이다.'

☠   ☠   ☠

마음속 지도란 강력한 물건이다. 어릴 때 보았던 지도는 평생 머릿속을 떠나지 않는다. 여러분은 어쩌면 나이트의 트리니다드 섬이 어떻게 생겼는지를 알고 있을지도 모른다. 아서 랜섬의 유명한 모험담 시리즈 〈제비와 아마존〉 가운데 1932년에 나온 세 번째 편 『피터 덕』에는 '크랩 섬'이 등장하는데, 그 섬이 바로 트리니다드 섬을 본뜬 것이었다.

5년 뒤, 톨킨의 『호빗』[64]이 출간되었다. 역시 보물을 추적하는 이야기인 이 책은 면지에 지도가 인쇄되어 있었다. 지도는 〈반지의 제왕〉 삼부작에서도 결정적인 요소였다. 톨킨의 지도들은 현대 대중문화에 가장 큰 영향력을 미친 지도라고 봐도 무방할 것이다. 바로 그

---

64) 중간계의 종족 중에서 호기심 많고 노래 부르기를 좋아하는 소인 종족 '호빗'은 톨킨이 창조해낸 존재다. 『호빗』의 주인공 빌보는 마법사 간달프가 부추기는 바람에 난생 처음으로 자신의 마을인 샤이어를 떠나 한 무리의 난쟁이들과 함께 그들이 용에게 빼앗겼다고 주장하는 보물을 되찾으러 나선다.

지도들로부터 지난 몇십 년 동안 판타지라는 장르가 탄생했고, 책과 지도와 게임을 아우르는 판타지 세대가 탄생했다. 지금도 그의 지도들은 컴퓨터 게임을 즐기는 사람들에게 묵직한 영향력을 휘두른다.

꼭 청소년 소설이 아니더라도, 책 속의 여정에서 영감을 얻은 지도가 얼마든지 탄생할 수 있다. 정작 작가는 의도하지 않았더라도 말이다. 그중에는 토머스 모어의 『유토피아』처럼 현실에서는 불가능한 여정도 있고, 『율리시스』에서 스티븐 디달로스와 레오폴드 블룸이 더블린을 헤집고 다녔던 길을 나보코프가 지도로 그린 것처럼 현실에서 가능한 여정도 있다.[65] 나보코프가 그 지도를 그린 것은 학생들의 흥미를 끌기 위해서였다. 제임스 조이스 본인도 자신의 소설은 그 자체가 지도나 마찬가지라면서, 만일 더블린이 '홀연히 지상에서 사라진다면 내 책을 놓고 재건할 수 있을 것'이라고 말했다.

☠   ☠   ☠

보물 지도는 인류 최초의 지도였다. 보물 지도는 구석기 시대 동굴 벽화에도 등장하고('창을 쥐고 이 장소로 가면 털북숭이 동물을 얻을 수 있을 것이니라' 하고 흰 화살표가 가리킨다), 요즘도 주로 파괴적인 디지털 형태로 우리 주변에 범람한다('여기를 클릭하세요, 행운의 선물을 받을 수 있습니다' 하는 말을 듣고 곧이곧대로 따라가면, 우리는 길을 잃는다). 우리는

---

65) 제임스 조이스가 1922년에 발표한 소설 『율리시스』에서, 중년의 광고 외판원 레오폴드 블룸과 시인을 꿈꾸는 젊은 교사 스티븐 디달로스는 1904년 6월 16일 아침 8시에서 다음 날 새벽 2시경까지 직간접적으로 수백 번쯤 같은 길을 엇갈려 지나다가, 마침내 사창가에서 서로 마주친다. 그날 그들은 더블린을 배회하면서 우체국, 공동묘지, 신문사 편집국, 국립박물관, 술집, 산부인과 병원 등을 돌아 그곳에 온 것이다.

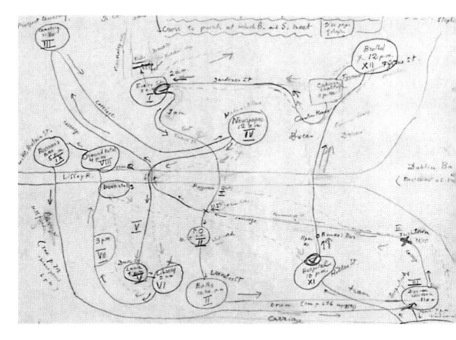

'그러니까 데이비 번의 펍에서 왼쪽이로군.'
소설 『율리시스』에서 블룸이 더블린을 방랑했던 궤적을 나보코프가 지도로 그렸다.

어릴 때 책, 보드게임, 부활절 달걀 찾기 놀이에서 보물 지도를 접하고, 학교에서는 커피 가루로 종이 가장자리를 문질러 낡은 지도처럼 꾸미는 방법을 배운다.

　어른이 되어서도 비슷하다. 요즘도 태평양 해안에서는 옛날에 범선들이 흘렸다는 스페인 금화를 찾아 꼼꼼하게 계획한 잠수 활동이 벌어진다. 옛날에 가죽으로 된 지도를 썼다면 요즘은 수중 음파 탐지기를 쓰는 점이 달라졌을 뿐이다. 인간은 수수께끼를 좋아하고, 보상을 좋아한다. 보물 지도는 우리를 안내하고, 비밀을 드러내고, 헷갈리게 하고, 순식간에 떼부자로 만들어줄 수 있다. 그런 유혹적인 힘을 간직한 보물 지도는 인간의 근본적인 욕구를 충족시킨다.

너무 몽상적인 이야기로 들리는가? 그렇다면 워싱턴 DC 의회도서관의 보물 지도 보관소를 살펴보라. 그곳에는 100여 점의 기록 및 해도가 보관되어 있다. 그중 하나로서 뉴질랜드 해양부가 공식적으로 작성한 난파 지도에는 1885년 4월부터 1886년 3월까지 뉴질랜드 해안에서 난파한 배 25척의 기록이 담겨 있다. 한편 1886년부터 1891년까지 오대호에서 벌어진 147건의 난파 사고를 기록한 목록에는 가라앉은 배에 대한 묘사, 대략의 지점, 건지지 못한 화물의 가치가 함께 적혀 있다.

좀 더 낭만적인 것도 있다. '17세기와 18세기에 중앙아메리카 해안에서 실론 동쪽까지 바다를 누볐던 유명한 해적, 사략선원[66], 약탈자의 지도.' 이건 어떤가. '약탈자 빌리 보레그스 선장이 해적질로 빼앗은 물품이 묻혔다고 추정되는 지점들을 보여주는 옛 촉타왓치 만과 캠프 월턴의 지도, 그리고 그곳 해상에 자주 출몰했다고 전해지는 다른 해적들과 약탈자들의 사라진 보물, 가라앉은 배, 재물을 보여주는 지도.'

1700년부터 1955년 사이에 묻힌 보물을 일일이 표시했다고 주장하는 후자의 지도는 1956년에 출판되었으며, '미시시피 주 웨이사이드, 티틀러 씨'에게 '우송료 1달러 선불'로 구입할 수 있었다. 그러나 사실 그 지도의 주된 공급자는 페리스 라베른 코프먼이라는 여성이다. 그녀는 멕시코 만과 카리브 해를 다룬 낱장의 보물 지도를 팔았

---

66) 사략선의 선원. 사략선이란, 승무원은 민간인이지만 교전국 정부로부터 적선을 공격하고 나포할 권리를 인정받은, 무장한 사유(私有)의 선박을 말한다.

고, 마흔하나의 펼친 면에 모두 서반구를 그린 뒤 그 위에 4만 2,000개의 가위표로 바다나 땅에 묻힌 보물을 표시한 보물 지도 〈아틀라스〉도 제작했다. 불굴의 코프먼 여사는 '이중 약 3,500개가 진짜라는 사실을 내가 확인했다'고 주장했다. 물론 당신도 탐험가에게서 직접 10달러에 그 지도를 구입할 수 있다!

이런 지도들을 나열한 의회도서관 카탈로그에는 약간 우스우면서도 조심스러운 서문이 붙어 있다. 의회도서관 지도실 책임자인 월터 W. 리스토는 이렇게 썼다. '우리 도서관은 이 지도들의 정확성이나 부정확성에 대해 아무런 책임을 지지 않으며, 이런 지도를 참고한 사람이 구체적인 재물을 발견할 수 있다고 보장하지도 않습니다.' 그는 지도가 그 자체로 보상이 되어야 한다고 말한다. 탐욕을 넘어서 그 자체를 즐겨야 한다고.

☠ ☠ ☠

로버트 루이스 스티븐슨은 보물 지도뿐 아니라 모든 지도를 좋아했다. 지도라는 개념을 좋아했고, 지도라는 물건이 착 접혀 손아귀에 들어오는 느낌을 좋아했다. 지도의 지명들을 좋아했고, 지도가 길을 찾아주면서 길을 잃게도 만든다는 사실을 좋아했다. 현실에서든 머릿속에서든 한 번도 가본 적 없는 장소로 데려다준다는 사실도 좋아했다. '지도를 별로 좋아하지 않는 사람들도 있다는 얘기를 들었는데, 나로서는 믿기 힘들다.' 스티븐슨은 『보물섬』 집필 과정에 대해 회고한 1894년 작 『나의 첫 책』에서 그렇게 말했다. 그는 지도에서 또 어떤 점이 좋았을까? '이름들, 숲의 생김새, 도로와 강의 굴곡, 지금도 계곡 위아래로 뚜렷이 쫓을 수 있는 선사시대 인류의 발자취, 방앗간과 그 폐허, 연못과 연락선, 황야에 서 있을지도 모르는 선돌[67]이나 드루이드교의 환상 열석[68]……. 여기에는 눈이 있어 볼 수 있거나 조금이라도 상상력이 있어 이해할 수 있는 사람이라면 누구에게든 마르지 않는 흥미를 제공할 것들이 쌓여 있지 않은가!'

『보물섬』 지도에는 이상한 사연이 하나 딸려 있다. 그 지도가 스티븐슨이 책을 쓸 때 참고했던 원본 지도가 아니라는 사실이다. 원래 스케치는 스코틀랜드 우체국에서 런던의 카셀 출판사로 배달되던 와중에 영영 소실되었는데, 스티븐슨은 이렇게 회상했다. '교정쇄가 왔다. 교정은 잘 되어 있었지만, 지도 이야기는 일언반구도 없었다. 나는 편지를 써서 물었고, 애초에 출판사가 지도를 받은 적이 없다는 대답을 듣고는 경악했다.' 스티븐슨은 지도를 다시 그렸다. 그것은 통 내키지 않는 데다가 기계적인 작업이었다. '지도를 마음대로 그려서…… 거기에 맞게 이야기를 쓰는 것은 괜찮다. 그러나 책을 뒤져서 그 속에 담긴 암시를 일일이 목록화한 뒤 그 데이터에 맞게 컴퍼스로 지도를 그리는 일은 전혀 달랐다.' 스티븐슨이 표현한 이 감정은 물론 현실에서 지도 제작을 배우는 사람이라면 누구나 맞닥뜨리는 공포다. 스티븐슨은 그 공포를 이겨냈고, 그리하여 오늘날 우리가 아는 지도가 탄생했다. 스티븐슨의 아버지도 아들을 도와 빌리 본즈의 항해 방향을 그려 넣고 플린트 선장의 서명을 꾸며냈다. '그래도 그것

---

67) 선사 시대에, 자연석이나 약간 다듬은 돌기둥을 땅 위에 하나 또는 여러 개를 세운 거석(巨石) 기념물.
68) 거대한 선돌이 둥글게 줄지어 놓인 유적. 신석기 시대에서 청동기 시대에 걸쳐 나타난 것으로 유럽 대서양 해안의 유적지에 많다. 태양 숭배와 관련된 종교적 기념물로서 무덤과도 관계가 있다고 한다.

은 어쩐지 예전의 그 보물섬이 아니었다.'

스티븐슨이 남긴 지도는 기본적으로 스코틀랜드를 닮았다. 적어도 19세기에 그가 알았던 스코틀랜드의 모습을 닮았다. 그러나 지도의 아담한 크기나 만, 바위, 언덕, 숲, '이곳은 물살이 셈'이라고 기록한 세부를 보건대 아마도 좀 더 구체적인 영감의 원천이 있었을 것이다. 한 후보는 스티븐슨이 어렸을 때 놀았던 에든버러의 퀸 스트리트 정원 연못에 있는 작은 섬이다. 다른 후보는 셰틀랜드의 언스트 섬인데, 영국의 최북단 유인도인 그 섬은 1850년대에 스티븐슨의 삼촌 데이비드 스티븐슨이 크림 반도에서 돌아오는 해군 수송선들을 안전하게 안내할 목적으로 건설한 머클 플루가 등대와 가깝다. 그러나 또 어쩌면 스코틀랜드의 거친 해안이라면 어디든 후보가 될 수 있을지도 모른다. 그의 집안은 '스티븐슨 등대'라는 이름으로 유명한 공학자 집안이었고, 그도 자기 집안사람들이 만든 작품을 확인하기 위해서 여러 차례 거친 바다를 여행한 경험이 있었기 때문이다. 원래는 그도 해양 공학자가 되려고 공부했지만, 워낙 몸이 허약해서 가만히 앉아 있는 직업이 좋겠다고 판단했다.

그리고 지도를 좋아하는 스티븐슨의 취향은 명백히 유전적 성향이었다. 그의 할아버지 로버트 스티븐슨은 1810년에 아브로스 앞바다에 기념비적인 벨록 등대를 건설한 뒤 그 위업을 해설한 책을 펴냈는데, 그 속에는 등대와 주변 바위를 묘사한 지도가 있었다(등대가 선 바위는 '인치케이프 록'이라고도 불리는데, 간조 때만 온전히 모습을 드러낸다). 옛날의 스페인 정복자들처럼 할아버지 스티븐슨은 자신이 파악한 지형지물에 제멋대로 이름을 붙였고, 그럼으로써 훗날 손자가 지도를 둘러싼 소설을 쓰듯이 지도를 둘러싼 이야기를 지어냈다.

그래서 그 지도에는 그레이 바위, 커닝엄 암초, 래트레이 암초, 호프 부두가 있다. 근처에는 더프 부두, 보일 항구, 애버츠퍼드가 있다. 다 합해서 70개 가까이 이름이 붙어 있다. 모든 웅덩이, 벼랑, 돌출부가 세례를 받았는데, 대부분 등대 건설에 관여했던 사람들의 이름을 땄다. 다만 스코즈비 갑[69]은 할아버지 스티븐슨의 탐험가 친구로서 북극항로를 열었던 윌리엄 스코즈비 주니어 선장의 이름을 땄고, 남서쪽 끄트머리의 '방랑자 랠프 경 암초'는 한때 그 바위에 존재했던 경고의 종을 훔쳤다고 이야기되는 전설 속 해적의 이름을 땄다. 중심이 되는 바위 주변에는 좀 더 작은 바위들이 흩어져 있는데, 눈에 덜 띄지만 위험성은 결코 뒤지지 않는 그 바위들에게 할아버지 스티븐슨은 사려 깊게도 참견쟁이 변호사들과 공무원들의 이름을 붙였다.

가문에 유전된 지도 제작 욕구. 할아버지 로버트 스티븐슨은
벨록 등대 주변의 위험한 바위들에 귀찮은 변호사들의 이름을 붙였다.

---

69) 바다 쪽으로 부리 모양으로 뾰족하게 뻗은 육지.

　트리니다드의 보물 이야기를 처음 들었던 1885년에 에드워드 프레더릭 나이트가 보물 지도의 실체에 관해 얼마나 알았는지는 모르겠지만, 설령 알았더라도 그는 항해를 위해 모집한 선원들에게는 한마디도 하지 않았다. 그는 아우레아 호 선원들이 썼던 것과 똑같은 지도를 구한 뒤(P 선장의 지도를 복사한 것으로, 섬의 생김새, 최적의 상륙 장소, 보물이 묻힌 지점이 표시되어 있었다), 길이 20미터의 티크선에 물 600갤런, 숙련된 승무원 4명, 각자 100파운드씩 내고 여행에 참가하는 특권을 얻은 '신사 모험가' 9명을 태우고 떠났다.

　후대의 독자인 우리가 그에게 행운을 빌지 않을 이유가 무엇이겠

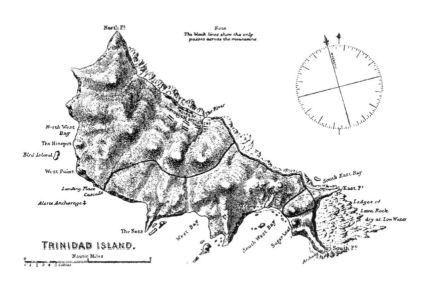

나이트의 책 『알레르트의 항해』에 수록된 트리니다드 지도.

는가? 그로부터 20년 뒤에 랠프 페인이 썼듯이, '땅에 묻힌 보물 이야기를 지나치게 비난하는 것은…… 모험의 진취적 기상을 꺾어 진부한 느린 걸음으로 바꿔놓는 것이다……. 야비한 우상 파괴자는 고작해야 산타클로스의 정체를 폭로하겠지만, 진취적인 몽상가는 난롯가에 최후의 양말이 내걸린 뒤에도 오랫동안 키드 선장의 금괴를 파헤칠 것이다.'

스티븐슨의 『보물섬』 속 가상의 해적들이 품었던 희망은 결국 산산조각 났다. 누군가 한 발 앞서서 금을 파갔기 때문이다. 한편 나이트와 알레르트 호 동료들은 1889년 겨울의 기나긴 석 달을 트리니다드에 머물면서 주로 땅을 팠다. 이듬해 출간된 여행담 속의 지도를 보면, 그 섬은 아닌 게 아니라 만만찮은 장소인 것 같다. 해안부터 벌써 지형이 울퉁불퉁하거니와 내륙은 거의 전체가 산이다. 북동 해안에는 처음부터 끝까지 층층이 화산암 암초가 그려져 있다. 내륙에는 이름이 붙은 장소가 하나도 없지만, 해안에는 나인핀, 웨스트 포인트, 네스, 슈거로프, 이스트 포인트, 노스 포인트 등등 많다. 나이트가 배를 댄 곳은 서해안으로, 내륙에 마련한 야영지로부터 2해리 넘게 떨어져 있었다. 그 야영지는 또 슈거로프 산 어귀 발굴 장소로부터 반 마일 떨어져 있었다. 지도를 양분한 붉은 선은 산을 넘을 수 있는 유일한 통로를 뜻했다.

나이트는 드릴 하나, 유압식 리프트 하나, 총 여러 정, 손수레 몇 대, 쇠 지렛대 여러 개, 사람 수에 맞는 삽을 준비했다. 그 도구로 그들은 돌과 흙을 파헤쳤다. 처음에는 낙천적인 마음으로, 나중에는 절망적인 심정으로. 그들은 어렵사리 상륙했고, 섬이 예상만큼 불길한 장소라는 사실을 깨달았고, 햇살에 넌더리가 났으며, 게들을 막기 위해서 울타리를 세웠고, 맑은 날에도 언제나 '동그랗게 짙은 증기가' 낀다고 불평했다.

그래서 부자가 될 수 있다면야 다 참을 만했을 것이다. 그들이 지도가 이끄는 대로 가보았더니, 땅을 파라고 지시된 지점은 돌무더기가 울퉁불퉁 쌓인 산골짜기였다. 그 주변에는 앞서 시도했던 사람들이 버리고 간 녹슨 도구들이 흩어져 있었다. 땅을 파고 있으면, 난파선에서 나온 찌꺼기가 바다에서 그들을 향해 밀려왔다. 그들은 참호를 팠고, 바위를 깼고, 너덜너덜한 옷에 까맣게 그은 야만인처럼 변해갔다. 석 달 뒤에 그들은 발굴을 포기했다. 그들은 아무것도 파내지 못했고, 굶어 죽기 일보 직전이었다.

그러나 고향으로 돌아오는 동안, 나이트의 마음에는 담대한 시각이 싹텄다. 그는 『보물섬』의 롱 존 실버[70]처럼 동료들을 점점 더 자랑스러워하게 되었다. 그들의 진정한 보물은 그들이 겪은 경험이었다. 그들은 지도와 꿈을 좇았고, 더 가난하지만 더 현명해진 채로 돌아왔다. 나이트는 이렇게 결론 내렸다. '우리는 있는 그대로 충분히 행복한 것 같았다. 만일 보물을 손에 넣었다면, 삶이 우리에게 짐이 되었을 게 분명하다. 우리는 지나치게 부유해서 오히려 평안할 수 없었을 것이다. 딱한 겁쟁이 염려증 환자가 되어 늘 운송 수단을 가리고, 먹고 마시는 것을 끔찍하게 걱정하고, 매사에 비참하리만치 조심스러웠을 것이다.' 나이트는 실제로 그렇게 믿었을 가능성이 충분하다.

항해로부터 몇 년 뒤에, 나이트는 《타임스》의 전쟁 특파원으로서

---

70) 소설 『보물섬』에 나오는 키 큰 외다리 해적. 선장 시절 함께했던 선원들을 모아 보물을 찾으러 가기 위해 배에 요리사로 위장 취업했다가 해적의 본색을 드러낸다.

제2차 보어 전쟁[71]을 취재하다가 한 팔을 잃었다. 1904년 《뉴욕 타임스》에는 그의 부고가 실렸는데, 대단히 과장된 기사라 아니할 수 없었다. 그는 1925년까지 멀쩡히 살아 있었기 때문이다. 그는 죽는 날까지도 트리니다드에 진짜로 보물이 있다고 믿었고, 틀림없이 '방향 표시에서 딱 하나가' 잘못되었기 때문에 자신이 그렇게 헤맨 것이라고 믿었다.

---

71) 네덜란드계 보어인이 케이프 동북쪽에 세운 트란스발 공화국과 오렌지 자유국의 7만 연합군과 영국 45만 군대 사이의 전쟁. 1899년부터 1902년까지 이어졌으며, 다이아몬드와 금광에 눈독을 들인 영국이 승리하면서 남아프리카 전역이 영국 식민지로 전락했다.

제14장

지도에도 없는, 최후의 장소를 향한, 세계 최악의 여행

과연 저 멀리 남쪽에서도 사람이 살 수 있을까

1901년 9월 10일, 어니스트 헨리 섀클턴, 로버트 팰컨 스콧(Robert Falcon Scott), 그 밖의 디스커버리 호 선원들은 남극으로 가는 여정에서 갑자기 잠깐 멈추기로 했다. 그들은 5주일 동안 바다에 있었고, 11일 전에 적도를 통과했으며, 이제 돛에 생겼던 문제나 물이 새는 문제를 다 극복했으니, 남아메리카 해안을 따라 내려가는 길에서 하루만 멈추어 미지의 섬에 관한 정보를 수집해도 좋을 것 같았다. 어쩌면 먹을 수 있는 새가 있어서 식량을 확보할 수 있을지도 몰랐다. 사흘 뒤 오전 10시, 스콧과 대원들은 두 대의 보트로 상륙을 시도했다. 스콧은 나중에 런던으로 보낸 편지에서, 자신이 승선 지점으로 고른 '희한하게 생긴 바위 곶'은 예전에 에드워드 프레더릭 나이트라는 사람이 목격했던 장소라고 말했다.

섀클턴은 뭍에서 보냈던 하루에 대해 그보다 더 자세히 적지 않았다. 그러나 또 다른 항해 동료이자 보조 의사였던 에드워드 윌슨

(Edward A. Wilson)은 아내 오리아나에게 보낼 생각으로 사적인 일기를 적고 있었다. 윌슨은 '해 뜨기 얼마 전에 깨워달라고 부탁해뒀다가, 제때 일어나서 남트리니다드를 보았다. 그럴 가치가 있었다……. 오 랫동안 구름과 바다와 하늘만 보다가 섬을 보니 인상적이었다.'

윌슨이 세 쪽에 걸쳐서 쓴 트리니다드 이야기는(전설의 보물섬 말이 다) 3년의 일기 중에서도 제일 긴 항목이다. 내용은 대체로 상륙하기 어려웠다는 이야기와 일단 상륙한 뒤에는 새를 잡기가 무척 쉬웠다 는 이야기다. 윌슨은 또 경사면의 나무들이 모조리 죽고 허옇게 탈색 되었더라고 썼다. '겉은 희고 속은 붉게 썩은' 모양으로 보아 화산 분 출로 피해를 입었거나, 모종의 끔찍하고 게걸스러운 생물들이 그 섬 에 사는 것 같았다. 모든 문장 중에서 가장 소름 끼치는 묘사는 이것 이다. '섬의 해안은 선명한 붉은색과 초록색을 띠며 야수처럼 납작하 고 길고 뾰족한 발톱을 지닌 커다란 게들로 넘쳤다. 말 그대로 살아 넘쳤다.'

물론 섀클턴, 스콧, 윌슨은 더 멀리 내려갈 예정이었다.

남극은 오랫동안 지구에서 최후까지 남은 지도상의 백지로 묘사 되었다. 지금도 우리는 낭만적인 마음에서 그렇게 여기고 싶어 한다. 우리는 위대하고 비참한 남극 탐험 이야기에 결코 질리지 않고, 이야

아문센이 남극점을 오간 경로를 묘사한 지도들 중에서 제일 유명한 것은 영국에서 고든 홈이 전신(電信)으로 들어온 보고에 의존해 그렸던 이 지도다.

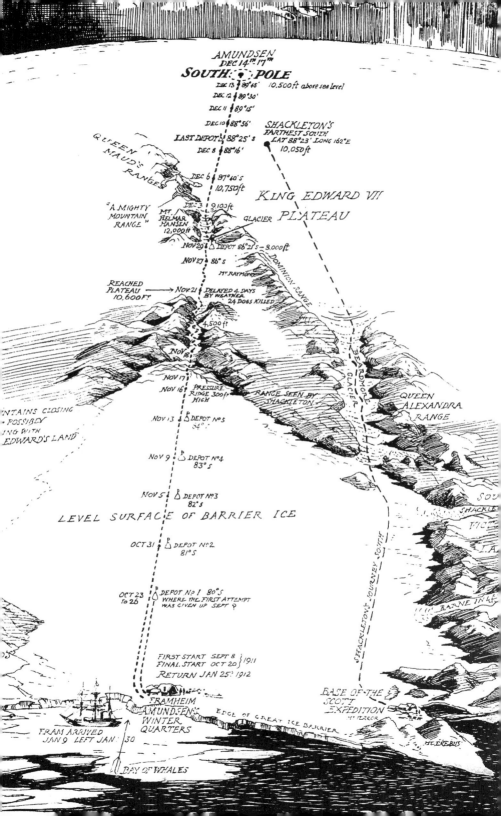

기가 전달되는 와중에 실제보다 더 거대하고 영웅적이고 신비로운 방향으로 부풀더라도 기꺼이 그러도록 허락한다. 지도학의 관점에서, 남극 탐험의 이야기는 놀라우리만치 최근에 벌어진 일이다. 불과 100여 년 전만 해도 그 대륙이, 전체 넓이가 1,400만 제곱킬로미터나 되는데도 지도에서 대체로 희고 조용한 백지였다는 사실을 떠올리면 기분이 야릇하다.

우리가 섀클턴, 스콧, 로알드 아문센(Roald Amundsen) 시절에 그려졌다고 알고 있는 지도들은 전문가들이 그린 것은 아니었다. 극지 탐험의 슈퍼스타들이 그린 것도 아니었다. 에드워드 윌슨의 디스커버리 호 탐험 기록은 모든 극지 여행의 기록을 통틀어 가장 개인적이면서도 가장 아름답다. 그 속에는 윌슨이 항해에 나서기 불과 몇 주 전에 결혼한 여인에 대한 그리움이 가득하다. 아마도 그런 심정이 영향을 미쳐, 가령 스콧의 명망 높은 기록에서는 찾아볼 수 없는 이런저런 못된 짓과 부끄러운 사건까지도 비공식적으로 기록해두게 되었을 것이다. 윌슨은 섬세한 감각을 지닌 화가였다. 그리고 의학과 동물학을 공부했던 터라, 새의 가죽을 벗겨 박제하는 것도 잘했지만 정확하게 제도하는 것도 잘했다.

윌슨이 항해에서 그린 지도들은 이루 헤아릴 수 없이 귀중하다. 어떤 것은 그냥 메모 속에 작게 그려 넣은 낙서다. 가령 1903년 말에 얼음 톱질 캠프에서 그렸던 잠자리 배치도가 그렇다. 그들은 대형 텐트에서 30명이 다 함께 잤는데, 난로를 가운데 두고 절반씩 양쪽으로 나누었다. 한쪽에는 3명씩 들어가는 썰매 텐트가 여섯 개 있었고, 반대쪽에는 일인용 침낭이 옹기종기 늘어져 있었다. 윌슨은 거기에 스켈턴, 로이즈, 호지슨 하는 식으로 자는 사람의 이름을 적어두었다.

머리맡과 발치에는 보급품 상자가 흩어져 있다. 그 스케치에서는 동료애가 느껴지고, 비좁고 퀴퀴한 분위기도 느껴진다. 윌슨이 일기에 쓴 글에서도 알 수 있다. '매연 자욱한 톱질 캠프에서 지내면서 씻지 않고, 면도하지 않고, 잠도 못 자고, 욕설을 해대고, 투덜거리고, 웃고, 농담했던 우리 서른 명의 잡놈보다 더 건강한 무뢰배는 세상에 없었을 것이다.'

그보다 더 관습적인 형태의 지도들은 그들이 그 황량한 땅에서 오갔던 기나긴 거리를 보여준다. 한 지도에는 디스커버리 호가 (앞에서 이야기했듯이) 지도 북서쪽 트리니다드에서 출발하여 케이프타운과 크로제 제도를 지난 뒤, 계속 남하하기 전에 뉴질랜드 리틀턴에 들른 경로가 그려져 있다. 윌슨이 그린 지도에는 로스 빙붕[72] 가장자리에 마련한 겨울 숙소를 이리저리 옮겼던 과정도 표시되어 있고, 1902년에서 1903년으로 넘어가는 겨울에 남쪽에서 썰매 여행을 했던 경로도 표시되어 있다. 윌슨의 지도들은 나중에 볼 사람 따위는 고려하지 않고 급하게 끼적거린 것이었기 때문에 어떻게 보면 그냥 거미줄 같고, 그 속의 지형지물은 작은 파리들 같다. 그러나 위대한 탐사에 참여했던 사람이 직접 남긴 역사적 기록으로서 그 가치는 다른 어떤 지도에도 뒤지지 않는다. 더군다나 윌슨은 극단적으로 가혹한 환경에서 그렸다. 그는 1903년 1월 25일에 이렇게 썼다.

'남극에서 스케치하는 것은 즐겁기만 한 일은 아니다. 손가락이 죄다 둔한 것은 그렇다 쳐도, 금세 손이 얼어버리기 때문에 손가락이

---

72) 남극 로스 해의 남부에 있는 세계 최대의 성엣장 덩어리. 남극 대륙 탐험의 관문으로 역사적으로 중요한 역할을 한 곳이고, 면적은 49만 6,000~54만 제곱킬로미터에 이른다.

있기나 한지 감각을 느낄 수 없다……. 온몸도 점점 차가워진다. 눈이 말을 안 들을 때는 한 번에 한쪽 눈만 뜨고서 스노 고글의 좁은 틈새 사이로 스케치해야 한다…….'

아마도 그런 이유 때문에, 윌슨이 그린 지도들 중에서 가장 매혹적인 것은 그가 남극을 떠나온 뒤 7년쯤 지나서 기억에 의존하여 그린 지도다. 크로제 곶과 테러 산 주변을 묘사한 그 지도는 갈겨썼던 메모, 기억, 상상을 죄다 동원했기 때문에 세부가 충실하다. 윌슨은 특히 자신들이 그곳 거주자들에 관해 수행했던 작업을 잘 보여주려고 유념했다. 해빙에 황제 펭귄들이 둥지를 튼 장소에는 가위표를 그려 넣어, '눈보라를 완벽하게 막아주도록 사방이 에워싸인 장소에 번식처를 마련한 수천 마리 아델리 펭귄을 뜻하는 점들'과는 분명히 구별되게끔 했다.

지도는 스케치북에서 뜯은 종이에 연필로 그렸고, 고전적인 르네상스 지도 제작 양식에 따라 해안선, 절벽, 분화구, 만을 표시했다. 윤곽선, 명암 대비, 빗금 음영으로 표현한 남극 대륙은 손금이 쪼글쪼글한 손바닥처럼 보인다. 진짜 보물 지도처럼 말이다.

그러나 그 지도에는 아주 뚜렷한 목적이 있었다. 그 지도는 1910년에 다시 한번 남극 대륙을 공략하기 위해서 그린 것이었다. 이른바 '테라 노바 호 탐험'에 윌슨은 의사 겸 자연학자 자격으로 또 참가했고, 선장은 스콧이었다. 윌슨이 지도에 써둔 글귀는 잭 호킨스의 호출처럼 들린다(잭 호킨스는 영화 「콰이 강의 다리」(1988)에서 비참한 결말이 예견된 다리 폭파 임무에 유격대를 이끌고 나섰던 워든 소령 역할을 맡았기에 하는 말이다 - 옮긴이). 윌슨은 가파른 크로제 곶 암벽 바로 밑에 이렇게 썼다. '우리는 푸른 얼음으로 된 이 오래된 빙하에 굴을 파서 얼음집을 짓고 식수도 얻을 것이다.' 가까운 곳에는 이런 글귀도 있다. '눈더미 언저리 이쯤에 오두막을 세울 수 있을 것임.'

그토록 불운한 항해를 위해서 그토록 세심한 지도를 그렸다니.

물론, 윌슨과 스콧 이전에도 〈남극 지도〉는 있었다. 기억하겠지만, 기원전 2세기에 말로스의 크라테스가 만든 지름 3미터의 지구본에서 세계는 거친 바다로 사등분된 거대한 네 섬으로 표시되어 있었다. 크라테스는 그중 확실히 인간이 거주하는 대륙은 자신이 사는 대륙 하나뿐이라고 말했지만, 모르면 몰라도 나머지 대륙들도 똑같이 거주할 만하리라고 짐작했다. 그리고 역시 앞에서 보았듯이, 훗날 프톨레마이오스에게 중요한 영감을 주었던 티레의 마리노스는 기원후 114년경에 편찬한 지명 사전에서 북극에 대비되는 극지방을 가리키기 위해 '남극'이라는 이름을 사용했다.

오늘날 지질학자들은 남극이 어쩌다 그 자리에 있게 되었는지에 대해 더 많은 지식을 (적어도 발전된 이론을) 알고 있다. 남극은 한때 녹음이 우거지고 강물이 흐르며 양서류와 거대 파충류가 서식하던 장소였을지도 모른다. 최근 남극 여러 지역의 노출된 암반에서 발견된 화석을 보면, 과거에 남극은 얼음에 덮인 황야가 아니라 아마존 밀림에 더 가까웠다. 그곳에는 공룡들과 키 1.8미터의 펭귄들이 살았던 것 같다. 이런 발견은 남극이 한때 곤드와나라는 대륙의 일부였다는 가설과 일치한다. 남반구의 초(超)대륙이었던 곤드와나는 원래 남아메리카, 아프리카, 인도, 오스트레일리아를 다 합친 것이었다. 그런데 지구의 지각판이 이동하기 시작하면서, 원래 적도 근처에 있었던 곤드와나는 서서히 남쪽으로 떠내려가다가 급기야 조각이 났다. 먼저 남아메리카와 아프리카가 떨어져 나갔고, 인도와 오스트레일리아와 남극은 계속 하나로 뭉친 채 남쪽으로 이동하다가 약 1억 년 전쯤 남극점에 다다랐다. 그 뒤에도 대륙은 더 쪼개졌고, 인도와 오스트레일리아는 그로부터 약 3,500만 년 뒤에 도로 북쪽으로 이동했다. 그러나 남극은 그 자리에 남았다. 그리고 2,500만 년 전에서 1,000만 년 전 사이에 얼음으로 뒤덮이기 시작했다.

현대 인류의 시대에, 남극만큼 상충하는 가설들이 난무했던 대상은 또 없었다. 서양에서는 중세부터 저 멀리 남쪽에 풍요로운 대륙이 존재할지도 모른다는 생각이 자리 잡았다. 물론 서양인들은 폴리네시아에 '우이 테 랑이오라(Ui-te-Rangiora)'라는 선원의 설화가 전해진다는 사실을 몰랐다. 아마도 사실일 그 설화에 따르면, 650년경에 랑이오라는 카누를 타고 남극 가장자리까지 가서 방대하게 펼쳐진 꽁꽁 언 바다를 목격했다고 한다. 그러나 〈마파문디〉가 실제 탐험에 자리를 양보하는 시대가 되자, 남극에 대한 전망은 한결 매력을 잃었다. 아예 지도에서 남극을 빼버리는 경향도 있었다. 그러던 1497년, 바스쿠 다가마가 아프리카 남단 희망봉을 돌아옴으로써, 문제의 남쪽 대륙이 온대 지역에 이어져 있을지도 모른다는 과거의 전망은 단숨에 완벽하게 반증되었다.[73] 그리고 1531년, 프랑스 지도 제작자 오롱스 피네는 세계를 심장 모양의 두 반구로 그린 유명한 목판화를 출간했다. 이 지도는 그린란드를 처음 섬으로 묘사한 점에서 특이했는데, 남극 해안을 놀랍도록 정확하게 추측한 점에서도 특이했다. 그곳에 얼음이 없다면 실제 우리가 보게 될 모습으로 남극이 그려져 있었던 것

이다. 지도에는 다음과 같이 상당히 겸손한 논평이 붙어 있었다. '완전히 조사되지는 않았음.'

그러나 이후 300년 동안, 지도 속 남극은 추측만 무성한 혼란스런 존재였다. 사람들은 남극을 '테라 아우스트랄리스(Terra Australis)'라는 거대한 남반구 대륙의 일부로 여겼다. 쉴 새 없이 모습을 바꿨던 그 대륙은 시기에 따라 티에라델푸에고, 오스트레일리아, 뉴질랜드를 포함한다고 여겨졌고, 나아가 태평양에 떠 있다가 항해자들에게 우연히 발견된 땅이라면 뭐든지 포함한다고 여겨졌다.

'아우스트랄리스'는 라틴어로 그저 '남쪽'이라는 뜻이다. 이 단어는 17세기, 18세기 지도에서 '테라 아우스트랄리스 인코그니타'라는 문구로 자주 등장했다. 그리고 이 문구는 오르텔리우스가 1570년 세계 지도 아래쪽에 쫙 깔아둔 '테라 아우스트랄리스 논둠 코그니타(Nondum Cognita)'를 줄인 말이었다('논둠 코그니타'도 '인코그니타'도 '알려지지 않은'이라는 뜻이다 - 옮긴이). 그런 지도에는 종종 '남극점'도 표시되어 있었다. 그러나 블라우, 메르카토르, 얀스존, 혼디우스가 제작한 훌륭한 지도책들에서 남극점은 흰 땅이 아니라 세피아색이나 푸른색 바다로 둘러싸여 있었고, 남극 대륙은 통째로 사라진 듯했다. 이

---

73) 바스쿠 다가마가 희망봉을 돌아 인도양으로 나왔던 항해는 오늘날 한껏 칭송되는 항해이기는 해도 그 경로를 최초로 밟은 항해는 아니었다. 이미 10년 전에 포르투갈 선장 바르톨로메우 디아스가 비슷하게 아프리카 남단을 돌았으나, 선원들의 반란 위협에 곧바로 배를 돌려야 했다. 디아스가 인도로 가는 길을 발견했다는 소식에 포르투갈 사람들이 전적으로 기꺼워하지만은 않았다. 오히려 반대였다. 디아스는 새로운 보상을 거두려면 무척이나 멀리 가야 한다는 사실을 증명한 셈이었기 때문이다. 그러나 지도학적으로는 분명 디아스가 돌파구를 열었다. 독일의 지도 제작자 헨리쿠스 마르텔루스는 1490년 무렵의 작품에서 디아스의 발견을 한껏 활용하여 일종의 지도학적 농담을 시도했다. 그 지도는 아직 콜럼버스의 화려한 항해가 이뤄지지 않았던 시절의 세계를 프톨레마이오스 도법에 의거하여 보여준다. 그러나 이제 아프리카 최남단은 누가 봐도 확실하게 푸른 바닷물에 쓸려나간 모습이다. 그 점을 더욱 강조하려는 듯, 마르텔루스는 그 부분의 땅을 길게 잡아 늘여서 지도의 채색된 테두리까지 침범하게끔 만들었다. 마치 '이게 뉴스입니다.'라고 말하는 듯이.

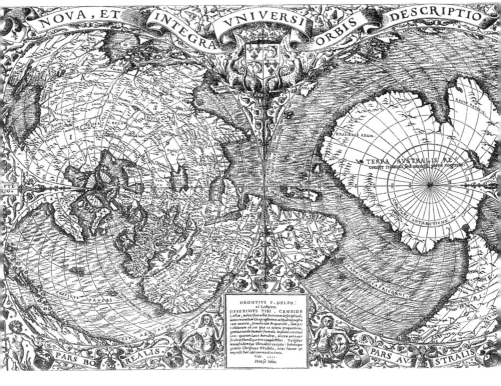

오롱스 피네의 1531년 지도에는 남극이 놀랍도록 정확하게 그려져 있다.
또한 이 지도는 그린란드를 처음 섬으로 묘사했다.

상황은 쿡 선장이 반대 증거를 제시할 때까지 이어졌다.

우리는 앞에서 이미 탐험가들이나 지도 제작자들이 빈 공간을 얼마나 질색하는지 충분히 보았다. 그러니 정확한 지식이 부족할 때 사람들은 이것저것 지어내게 마련이라는 사실에 너무 놀랄 필요는 없다. 세계 지도의 남쪽 바닥에는 잊을 만하면 한 번씩 신비로운 섬이 모습을 드러냈다. 그리고 프랜시스 드레이크가 그 섬에 처음 도달한 것은 1578년이었다. 골든 하인드 호가 강풍에 떠밀리는 바람에 그 아래까지 내려간 것이었는데, 사실 그가 목격한 것은 티에라델푸에고 제도였을 것이다. 어쨌든 그는 그 섬들을 엘리자베스 제도라고 명명하고 여왕의 소유로 선언했다.

드레이크는 유행의 시작일 뿐이었다. 16세기에서 19세기까지 그란데 섬, 로열 컴퍼니 섬, 스웨인 섬, 침니 제도, 메이시 섬, 버드우드 섬, 그리고 앞에서 말했던 모렐의 뉴사우스 그린란드가 엘리자베스 제도에 합류했다. 그 섬들은 모두 남극 주변에 떠 있었고, 인기 있는 지도에 등장했으며, (주로 영국인인) 자랑스러운 탐험가가 발견했다고 했지만, 실제로는 그 모두가 현실에는 존재하지 않았다.

1772년에서 1775년까지 실시했던 두 번째 위대한 항해에서, 제임스 쿡은 항해 역사상 가장 용감하면서도 가혹하리만치 초보적인 항해로 꼽을 만한 시도를 감행했다. 빽빽한 안개 속에서 세 차례 남극권 진입을 시도했으나, 매번 총빙[74]에 부딪쳐 뒤로 물러났던 것이다. 쿡의 항해를 후원한 것은 왕립협회였다. 협회 회원이었던 스코틀랜드 수로학자 알렉산더 달링플은 테라 아우스트랄리스가 가상의 땅이 아니라고 보았다. 오스트레일리아에서 남쪽으로 아주 멀지 않은 어느 지점에 실제로 존재하리라고 보았다. 쿡은 1770년에 오스트레일리아로 항해하여, 당시 네덜란드 지도에 '뉴홀란드'라고 적혀 있었던

---

74) 바다 위에 떠다니는 얼음이 모여서 언덕처럼 얼어붙은 것.

그곳 이름을 '뉴사우스웨일스'라는 영국식 이름으로 바꾼 바 있었다.

남쪽 어딘가 땅이 있기는 했다. 런던의 왕립협회 사람들이 상상했던 것보다 훨씬 더 남쪽에 있었고 인간을 훨씬 덜 환대하는 게 문제였지만. 쿡은 세 번째 시도 뒤에 이렇게 썼다. '이보다 더 남쪽으로 나아가는 것이 불가능하다고는 말하지 않겠다. 그러나 시도하는 것은 위험하고 무모한 짓이리라…….' 그는 펭귄 소리를 들었지만 보지는 못했다고 썼고, 빙산 너머에 땅이 있는 것 같다고 짐작했다. 어쩐지 으스스한 곳이었다. 그는 북쪽으로 돌아오게 되어 기쁘다며 이렇게 적었다. '나는 앞선 누구보다 멀리 나아가겠다는 야망이 있지만, 그것도 인간이 갈 수 있는 한계까지만이다.' 그로부터 100여 년 뒤, 스콧 선장은 다음과 같이 정리했다. '남쪽에 인구가 많고 풍요로운 대륙이 있을 것이라는 생각은 단연코 신화에 지나지 않음이 증명되었다. 남쪽에 땅이 있더라도, 얼음과 눈으로 모습이 감춰진 황량한 장소일 게 분명하다……. 거주 가능한 지구의 한계는 이미 알려졌다.'

쿡은 자신이 남극을 실제로 목격했다는 주장은 결코 하지 않았다. 지도에 그 존재를 확실히 표시하지도 않았다. 정확히 누가 최초로 남극 반도를 보았는가 하는 문제는 여태 추측의 대상이다. 어쩌면 바다표범을 사냥하러 갔던 영국 뱃사람 중 많은 수가, 비록 자신은 칭송받지 못하는 익명으로 남았을지언정, 보았을지도 모른다. 또는 아일랜드 출신의 영국 해군 중위였던 에드워드 브랜스필드 경과 항해사 윌리엄 스미스가 최초였을지도 모른다. 그러나 기록으로 따지자면, 쿡이 귀향한 지 45년 만에 보고된 최초의 공식적인 목격담은 신화적인 반백의 러시아 선장과 젊은 미국인 바다표범 가죽 상인에 관련된 이야기다.

1820년 11월, 스물한 살의 미국인 너새니얼 파머(Nathaniel Palmer)는 뉴잉글랜드의 동료 바다표범 사냥꾼들로부터 선체가 얕은 소형 보트를 조종하기에 충분한 경험을 쌓았다고 인정받아, 선장으로서 배를 몰고 남쪽 바다로 나섰다. 얼마 전에 발견된 남셰틀랜드 제도 부근에서는 바다표범 가죽과 지방을 엄청나게 많이 확보할 수 있었기에, 선체가 충분히 큰 저인망 어선이라면 한 번만 항해해도 선원들이 모두 한몫 잡을 수 있었다(불현듯 나타나는 창백한 푸른색 빙산만 잘 피한다면)[75]. 어느 날 밤에 파머가 자신의 배 '히어로'에서 불침번을 서는데, 안개 속에서 무슨 목소리가 들리는 것 같았다. 처음에는 펭귄이나 앨버트로스인 줄 알았지만, 이튿날 아침 안개가 걷히고 보니 '로스톡'이라는 러시아 구축함이었다.

파머는 그 배로 건너갔고, 이후의 이야기를 조카딸에게 보내는 편지에서 들려주었다. 파머는 구축함 지휘자인 파비안 고틀리프 폰 벨링스하우젠(Fabian Gottlieb von Bellingshausen)에게 안내되었다. 파머는 그에게 자신이 얼마나 남쪽까지 내려갔는지 알려주었고, 그곳에서 육지를 보았다고도 말했다. '그는 몹시 흥분하면서 벌떡 일어나더니, 내게 항해 일지와 해도를 가져오라고 부탁했어.' 물건이 오자, 러시아인은 통역을 거쳐서 파머에게 말했다.

"십 대에 불과한 소년에게서 이런 모습을 보고 듣다니! 내 구축함에 딸린 론치만 한 작은 보트를 지휘하는 그대가 폭풍과 얼음을 뚫고 극점까지 나아가서, 우리 존엄한 폐하의 함대 중에서도 최고의 설

---

75) 1970년대에는 넓이가 룩셈부르크만 한 이런 '판상형' 빙산이 보고되었다. 로스 빙붕의 일부로서 'B-15 빙산'이라고 명명된 또 다른 빙산은 자메이카보다 넓었다고 한다.

비를 갖춘 배를 지휘하는 내가 길고 피곤하고 초조한 3년의 세월 동안 밤낮으로 찾아 헤맨 그 지점을 발견했다니. 나는 폐하에게 뭐라고 말한단 말인가? 폐하께서는 나를 어떻게 생각하시겠는가? 그야 어쨌든, 내 근심은 자네의 기쁨이니. 내 진심 어린 축복을 받으면서 월계관을 쓰게나. 나는 자네가 발견한 땅을 그대, 고귀한 소년을 기려 '파머랜드'라고 부르겠다."

파머랜드는 지금도 지도에 남아 있다. 남극 본토에서 그다지 멀지 않은 반도의 아래쪽 절반, 길고 가느다란 땅덩어리다. 근처에는 벨링스하우젠 해(海)도 있다. 파머랜드에서 서쪽으로 더 나아간 곳에 남극에서 가장 큰 섬이 있는데, 그 섬을 둘러싼 바다다. 벨링스하우젠은 그 섬에 대해서는 우선권을 주장할 수 있었으므로, 당시 차르[76]의 이름을 따서 알렉산더 섬이라고 명명했다.[77]

주인 없는 땅의 전망은 파머를 뒤따라 남극점으로 향한 모든 사람에게 엄청나게 매력적인 야망이었다. 야망 때문에 타락하는 사람도 있었다. 남극 발견의 영웅 시대 이야기를 좋아하는 독자라면, 웨들 해를 익히 알 것이다. 1915년에 섀클턴의 인듀어런스 호가 부딪힌 유빙이 떠다니는 위험천만한 해역 말이다. 그 바다에 이름을 빌려준 사람은 영국 해군의 바다표범잡이 선박 선장 제임스 웨들(James Weddell)이었다. 웨들은 동료들 사이에서 늘 곧은 사람이라는 평을 듣진 못했고(빚을 지고는 갚지 못했다), 지도학 분야에서는 신뢰성이 떨어지는 목

---

76) 제정 러시아 때 황제(皇帝)의 칭호.
77) 폰 벨링스하우젠의 이야기는 그가 죽은 뒤인 1949년에 뒤집혔다. 전후(戰後)의 영토 획득 경쟁에서 뒤질까 봐 두려웠던 소련은 미국과 영국에 맞서기 위해서 남극에 대한 권리를 강하게 주장하고 나섰고, 그 때문에 벨링스하우젠이 갑자기 반도를 처음 목격한 사람으로 둔갑했다.

격자와 사기꾼 사이의 어디쯤인 듯했다. 그가 1825년에 그린 지도는 너새니얼 파머의 지도를 고스란히 베낀 것 같다. 지명을 바꿔서 자신의 후원자, 동료, 친구의 이름으로 새로 붙였을 뿐이다. 그래서 스펜서 해협은 영국 해협이 되었고, 사토리어스 섬은 그리니치 섬이 되었고, 깁스 섬은 내로 섬이 되었다. 이렇게 멋대로 바꾼 지명들은(20개가 넘었다) 반세기 동안 여러 지도책에 남아 있었다.

웨들이 항해 보고서에서 남쪽까지 내려간 정도를 의도적으로 과장했다는 의혹도 있다. 그는 자신이 앞선 항해자들보다 위도 6도만큼 극점에 더 가까이 다가갔다고 주장했는데, 그때의 일지를 보면 총빙이 없는 탁 트인 바다에서 항해했다고 적혀 있다. 그 경로가 꽤 쉬워 보였기 때문에 이후 여러 항해자들이 비슷한 경로를 짰지만, 그들이 막상 마주친 것은 도저히 뚫고 나갈 수 없는 두꺼운 얼음장이었기 때문에 다들 발길을 돌려야 했다. 1820년대부터 해군 해도는 '조지 4세 바다, 항해 가능'이라는 문구 대신 '웨들 해'라고만 적기 시작했다.

1838년, 남극 대륙을 지도화하려는 작업에 반가운 과학적 추진력이 가해졌다. 당시 영국과학진흥협회 8차 모임에서는 지자기(地磁氣)의 딜레마를 고민하는 토론이 벌어졌다. 지구가 끌어당기는 자기력을 말하는 지자기는 수백 년 동안 선원들과 그들의 나침반을 교란시키는 존재였다. 그해 모임에 참석했던 사람들은 독일이 그 분야 연구에서 선두에 섰다고 믿었고, 그대로 내버려둔다면 결국 독일이 머나먼 나라들을 발견하고 정착하고 교역하는 활동을 부당하게 장악하리라고 염려했다. 그래서 위원회가 구성되었다.

의장은 불굴의 천문학자이자 사진가이자 식물학자인 존 허셜 경이 맡았다. 위원회는 총리였던 멜버른 경에게 지속적으로 보고하기로 했으며, 남극 바다로 탐사대를 파견해서 자기 관측을 수행하는 게 좋겠다는 권고가 제기되었다. 모임에서 결의한 바에 따르면, 탐사대는 주로 '수평 방향의 지자기 기울기와 강도'에 집중하여 1시간 간격으로 측정을 해야 할 것이었다. 관측은 가급적 남쪽에서 할수록 좋았다. 폐하의 정부가 동원할 수 있는 과학자나 군인 중에서 이 임무를 맡을 사람이 있을까?

이때 제임스 클라크 로스(James Clark Ross) 대령이 나섰다. 서른여덟 살의 해군 장교였던 그는 십 대 때 삼촌 존 로스 경을 따라 북서 항로를 탐색하는 여행을 했던 이래 발견에 푹 빠져, 1831년에는 최초로 자북극을 발견했다. 자북극은 지구 자기장이 정확히 90도 남쪽을 가리키는 지점으로서, 지구의 내부가 변함에 따라 늘 조금씩 위치가 달라진다. 그러니 그가 자남극도 손에 넣을 수 있지 않을까?

1839년에서 1843년까지 실시된 항해의 일지에서, 로스는 여행에 대한 갖가지 드라마틱한 논평을 제공했다. 게다가 그의 자기 관측 기록에는 위대한 지리적 발견을 해냈다는 보고가 곁들여졌는데, 아마도 의도한 일은 아니었을 것이다. 그런데 세인트헬레나 섬이나 희망봉에 관한 이야기로 넘어가기 전에, 그가 1839년 12월 17일에 예정에 없이 들렀던 장소부터 이야기하자. 바로 트리니다드 섬이었다. 로스는 뭍에 기어오르자마자 이상한 현상을 목격했다. 그 섬에서는 자기 측정값이 큰 폭으로 왔다 갔다 했다. 서로 간섭하지 않도록 멀찍이 떨어뜨려둔 세 나침반의 눈금이 3도 차이가 났고, 그중 어느 것도

로스가 그 섬의 올바른 지리적 위치라고 생각하는 값을 가리키지 않았다.

13개월 뒤인 1841년 1월, 로스는 그의 가장 위대한 발견으로 꼽히는 빅토리아 랜드를 목격했다. 그 발견을 묘사한 지도가 출간된 일지에 딸려 있는데, 19세기 식민주의자들의 지도 제작이 얼마나 오만하고 탐욕스럽고 자기중심적이었는지를 잘 보여주는 사례이다. 4년의 항해 동안, 에러버스 호와 테러 호 선원들은 남쪽에서 새로 목격한 모든 물체에 자신들의 친구, 가족, 영웅, 정치인, 동료의 이름을 붙였다. 흡사 해안에서 발견한 화석들을 목록으로 만드는 것처럼 말이다. 로스는 1841년 1월 19일 일지에 이렇게 적었다. '노샘프턴 산 북쪽으로 눈에 띄는 원뿔형 산은 W. 버넌 하코트 목사를 기려 그의 이름을 땄다.' 하코트는 영국과학진흥협회 공동 창립자 중 한 명이었다. 그 바로 밑에 있는 산은 역시 공동 창립자인 데이비드 브루스터 경의 이름을 따서 명명되었고, 근처에 있는 다른 산들은 협회의 회계 책임자, 총서기, 보조 서기의 이름을 따서 러벅, 머치슨, 필립스라고 명명되었다.

이런 행위가 특이한 것은 전혀 아니었다. 하지만 새로운 지리적 영역에 공무원의 이름이 이렇게나 많이 붙은 일은 드물었다. 로스의 회고록에 딸린 원본 지도에서 그 이름들을 다 알아보려면 시력이 굉장히 좋아야 한다. 이름들은 해안선 양쪽으로 빽빽이 적혀 있다. 곳 이름은 왼쪽에, 산 이름은 오른쪽에. 그렇게 나눴는데도 글씨는 팔에 난 솜털처럼 보인다. 노스 곳에서 수직으로 내려오면 후커 곳, 무어 곳, 우드 곳, 어데어 곳, 다운셔 곳, 매코믹 곳, 크리스티 곳, 핼릿 곳, 코터 곳이 있다.

지도는 모두 이런 식으로 만들어졌다. 뭐든지 먼저 보는 사람이 임자였다(또는 그 사람의 친구나 탐사 후원자의 차지였다). 사랑하는 사람의 이름을 딴 경우도 있었다. 로스는 1841년 1월 17일에 이렇게 썼다. '이 땅은 당시 내 약혼녀의 생일에 발견되었기 때문에…… 그곳 남단에 그녀의 이름을 붙여 앤 곳이라고 명명했다.' 낭만적 지도 제작은 낭만적 문신과 마찬가지로 방종한 짓이다. 하물며 위험한 짓이라는 건 두말할 필요도 없다. 다행히 이 경우에는 결국 앤이 로스의 아내가 되었지만 말이다. 남극에서는 전반적으로 여성들이 상당한 몫을 확보한 편이었다. 퀸 메리 랜드, 프린세스 엘리자베스 섬, 퀸 알렉산드라 산맥…… 아델리 랜드와 아델리 펭귄은 프랑스 탐험가 쥘 뒤몽 뒤르빌의 아내 이름을 땄고, 서남극대륙에서 큰 덩어리를 차지하는 마리 버드 랜드는 남극 항해를 개척했던 미국의 버드 해군 소장이 아내의 이름을 따서 1929년에 이름 붙였다.

　　남극의 지명들에는 헌신만이 아니라 두려움과 혐오도 드러난다. 데스페어(절망) 록, 이그재스퍼레이션(격분) 만, 인익스프레서블(형언 불가능) 섬, 디스트럭션(파괴) 만, 딜루전(망상) 갑, 게일(강풍) 능선, 스텐치(악취) 갑…… 최남단의 이런 장소들에서는 비로소 탐험가들의 눈에서 콩깍지가 떨어졌던 모양이다. 그리고 제임스 클라크 로스의 이름도 어느 황량한 지역에 남았다. 로스 해와 로스 빙붕(예전에는 대빙벽이라고도 불렀다)이다. 그곳은 로스를 불멸의 존재로 만든 장소이자, 그의 뒤를 따라 용감하고 비극적인 남극점 탐사 여행에 나선 영국 탐험가들의 마음을 차갑게 얼려버린 장소였다.

앱슬리 체리개러드(Apsley Cherry-Garrard)는 1910년에 스물네 살의 나이로 스콧과 그 일당과 함께 불운한 테라 노바 호 탐험에 나섰다. 3년 뒤에 그는 눈이 거의 멀고 이빨이 죄다 빠진 채로 귀국했고, 그 뒤로 외상 후 스트레스 장애와 우울증을 겪었다. 그가 원정에서 공식적으로 맡았던 역할은 주로 펭귄 알을 모아 식량 창고를 채우는 것이었지만, 그에게는 다른 쓸모도 있었다. 그는 어떤 상황에서도 굴하지 않을 만큼 쾌활했고, 나중에 밝혀진 바지만 사건을 드라마틱하게 이야기하는 능력이 탁월한 기록자였다. 테라 노바 호 탐험을 기록한 그의 고전 『세계 최악의 여정』(1922)은 지금 읽어도 오싹하다. 그 책은 얼음과 영웅 시대에 대한 우리의 낭만적 시각을 교정하는 데 크게 기여했다.

체리개러드에 따르면, 귀국길에 선원들이 돌려본 책 중 하나는 로버트 루이스 스티븐슨의 전기였다. 체리개러드는 나이트의 사연도 알고 있었다. 그의 기록에서 최초로 등장하는 모험다운 모험은 배가 카디프를 떠난 지 40일쯤 되던 날 벌어졌는데, 예의 그 트리니다드 섬 상륙이었다(스콧에게는 두 번째이자 최후의 방문이었다). 체리개러드는 그곳 게들이 징그럽다고 말하면서 '이 보물섬을 샅샅이 수색하기를' 기대한다고 적었다. 스콧과 대원들이 섬에 내린 목적은 반쯤은 스포츠 때문이었고(제비갈매기와 슴새를 잔뜩 죽였다), 반쯤은 연구 때문이었다(대영박물관에 보낼 거미를 잔뜩 잡아서 병에 넣어 식별표를 달았다). 섬은 방문자들에게 복수하는 데 거의 성공할 뻔했다. 떠나는 날에 일행 중 다수가 바위에서 집채만 한 파도에 휩쓸렸던 것이다. 일촉즉발의 한 순간, 남극 탐사대는 남극점과 씨름해보지도 못한 채 그 섬에서 최후를 맞을 뻔했으나 밧줄 덕분에 가까스로 구조되었다.

체리개러드의 기록은 또 다른 분명한 이유에서 우리의 관심을 끈다. 책에 그가 스케치한 지도가 세 장 들어 있기 때문이다. 첫 번째는 맥머도 만을 묘사한 지도다. 식량 창고, 안전 캠프, 구조 캠프 등 저자의 이야기에서 중요하게 등장하는 장소들이 나와 있지만, 그 밖에는 특기할 점이 없다. 두 번째는 부화되지 않은 황제 펭귄 알을 찾아서 에번스 곶에서 크로제 곶까지 갔다가 돌아온 겨울 여행의 경로를 보여주는 지도다. 바로 그 여정이 책 제목에 나오는 '최악의 여정'을 가리켰다. 여정을 표시한 점선에는 날짜가 적혀 있다(6월 28일, 7월 15일, 8월 1일). 3주 동안 세 남자는 무거운 장비를 끌면서 매서운 눈보라를 맞는, 속수무책의 비참한 경험을 했다. 기록자는 '너무나도 끔찍하게 괴로웠기' 때문에 '미치거나 죽으면 오히려 편안할 것 같았다'고 말했다.

그러나 세 번째 지도야말로 우리가 영원히 기억하는 지도다. 그 지도에는 남극점에서 맥머도 만의 '안전' 캠프까지, 그러니까 스콧 일행이 영영 다다르지 못했던 캠프까지 돌아오는 끔찍한 길이 그려져 있다. 지도에 그려진 산맥과 빙하 위에는 그것들을 압도하듯 긴 점선이 그어져 있다. 언뜻 그 길이 자연을 장악한 것처럼 보이지만, 면밀히 살펴보면 그렇지 않다. 그것은 장례식 행렬을 표시한 선이다. 간간이 친숙한 이름들이 등장하여, 이전에는 존재하지 않았던 랜드마크로 표시되어 있다. 두 보급 창고 사이의 한 지점에는 작은 새김눈과 함께 '에번스 돌아옴'이라는 말이 적혀 있다. 그 지점으로부터 약 460킬로미터를 더 가면(축척은 믿을 만하지 못하다), 비어드모어

빙하 옆에 또 새김눈이 있다. 이번에는 '에번스 사망'이라고 적혀 있다. 다시 약 460킬로미터를 가면, 또 다른 수직 새김눈이 있다. 이번에는 수평으로 약간 더 긴 줄도 그어져 있고, 무덤이나 교회를 뜻하는 만국 공통 기호인 십자가도 그려져 있으며, 그 옆에 간단히 '오츠'라고 적혀 있다. 점선을 따라 약 20킬로미터 북쪽으로 더 가면 또 다른 십자가가 있다. 스콧, 윌슨, 바워즈의 최후의 안식처를 뜻한다(체리개러드는 그들이 죽은 지 6개월 뒤에 조직된 수색대에 참가하여 그들의 시신을 발견했다). 지도에는 그저 '텐트'라고만 적혀 있다.

멀고 새하얀 절망의 길. 체리개러드의 『세계 최악의 여정』에 수록된 지도다.

폴 서루(Paul Theroux, 미국의 유명한 여행 작가 - 옮긴이)는 위대한 탐험에는 훌륭한 작가가 필요하다고 지적한 바 있다. 격렬한 좌절, 무한한 행복감, 감정적이고 인간적인 모든 요소를 탐험 과정과 섞어서 고스란히 보여줄 작가가 있어야 한다는 것이다. 우리가 남극의 추위가 어떤 느낌인지는 알아도 달에서 걷는 일이 어떤 느낌인지는 모르는 것은 바로 그 때문이다. 잘 그려진 지도도 그와 비슷하게 우리에게 많은 것을 전달한다. 우리는 아마추어 지도 제작자가 연필이나 펜촉으로 손수 스케치한 그림에서 그의 감정 상태까지 느낄 수 있다. 그 지도가 작성된 순간은 역사가 벌어지던 순간이라는 사실을 잘 알기 때문이다. 체리개러드는 책 서문에서 후배 탐험가들에게 체계적인 지식을 가급적 많이 전수하여 그들의 여행을 도와야 한다는 의무감을 표현하고 있다. 쿡이 로스에게, 로스가 섀클턴과 스콧에게 그랬던 것처럼 말이다. 체리개러드에 따르면, '탐험은 지적 열정이 육체적으로 표현된 것'이다. 그리고 지도의 빈 공간을 채워나가는 일은 탐험 분야에서 가장 직접적으로, 또한 가장 문자적으로 발전을 반영하는 일일 것이다.

1959년 12월, 〈남극 지도〉가 새롭게 그려졌다. 더 정확하게 말하자면, 새롭게 합의되었다. 그해에 워싱턴 DC에 모인 12개 나라는 남극을 과학적, 평화적 목적으로만 이용하기로 결정한 남극 조약에 합의했다. 무기 시험과 핵폐기물 처분은 금지되었고, 자유로운 정보 공유는 장려되었다. 체결 50주년을 맞아 조약이 갱신될 때는 36개 나라가 추가로 조항에 합의했다. 1908년에서 1940년까지 일곱 나라가 그 땅에 대한 영유권을 주장했으나(아르헨티나, 오스트레일리아, 칠레, 프랑스, 영국, 뉴질랜드, 노르웨이), 조약은 그런 주장을 공식적으로 인정하지도, 반박하지도 않았다. 가끔 얼음 아래 천연자원을 채굴할 가능성을 두고서 승강이가 벌어질 때면(보통 영국, 아르헨티나, 칠레 사이에서 그렇다) 나라들은 옛날의 토지 점유 지도를 끄집어내곤 하는데, 그 지도에서는 아직 대륙의 15퍼센트에 대해 영유권이 주장되지 않은 상황이다. 그리고 누구나 짐작하듯이, 혹시라도 남극 조약이 효력을 잃는 날에는 미국이 당장 영유권을 주장할 것이다. 지금도 이미 미국이 그

대륙을 운영하고 있는 것 같지만 말이다.

로스가 남극을 지도에 올린 지 165년이 지난 시점이자 아문센과 스콧이 남극점에 도달한 지 93년이 되는 2002년, 미국은 그곳에 영구 도로를 짓기 시작했다. 맥머도 만에서 남극점의 아문센-스콧 연구 기지까지 1,400킬로미터를 잇는 도로는 〈남극 지도〉의 절반가량을 가로지른다. 꽁꽁 다져진 얼음길에 군데군데 깃발이 꽂힌 '남극점 횡단 도로'는 세계에서 가장 추운 인공 도로다. 거대한 바퀴를 단 차량들이 식량, 의료 장비, 쓰레기, 통신 케이블, 방문객을 실은 썰매를 끌면서 일렬로 도로를 지나간다. 2008년부터 가동된 도로는 연간 약 40회의 비행을 줄여주었다. 그것이 미국의 사업이다 보니, '맥머도-남극점 고속도로'라는 미국적인 별명도 붙어 있다.

그 길을 완주하는 데는 40일쯤 걸린다. 썰매 끄는 개나 말이나 무엇에 홀린 듯한 탐험가가 죽을 필요는 없다. 100년도 안 되는 과거에 그 길을 통과했던 사람들에게 이런 일이 가능하다고 알려준다면, 그들은 쇼크로 죽을지도 모른다. 빅토리아 랜드 끝에서 출발하여 로스 빙붕을 가로지르는 자동차 도로라니! 도로는 비행기 활주로와 헬리콥터 이착륙장을 남극점의 연구 센터와 이어준다. 늘 사람이 체류하고 있는 연구 센터는 작은 마을이나 다름없고, 그곳 과학자들은 1년 내내 빙하 지리학과 빙상 관측, 천체물리학과 오존 관측에 전념한다. 물론 그보다 약간 덜 학문적인 활동, '관광객 경계하기'도 수행한다.

아문센과 스콧에서 100년 남짓 흘렀을 뿐인데, 오늘날 남극은 부유한 여행객들의 버킷 리스트에서 꼭대기에 올라 있다. 남극 여행은 비싸다. 옷만 해도 지중해에서 여름휴가를 나는 것만큼 돈이 든다. 그리고 아르헨티나 남쪽 바다에서 거친 드레이크 해협을 통과하는 동안 저녁으로 먹었던 음식을 몇 번이나 게워야 할 것이다. 그런데도 매년 2만 명 이상의 방문객이 한때 다가갈 수 없는 곳으로 여겼던 대륙을 찾는다. 여행을 감행한 사람들이 기억하는 것은 추위와 펭귄과 굉장한 빛만이 아니다. 그들은 다들 어느 극지 탐험가가 했던 말에 동의하는 듯한데, 그 탐험가는(1985년과 1986년에 걸쳐서 남극점까지 갔던 로버트 스완) 남극에서의 경험을 가리켜, 흡사 마구 낙서했다가 싹 지워낼 수 있는 마술 스케치북 장난감처럼 자기 자신을 깨끗하게 지우는 경험이었다고 표현했다.

유입 인구가 그렇게 많은데도, 남극에는 낭만이 남아 있다. 어느 날 나는 작가 세라 휠러와 차를 한 잔 마시면서 남극 이야기를 듣기로 했다(그녀의 남극 모험담 『테라 인코그니타』는 극지 문학 분야에서 현대의 고전으로 여겨진다). 그녀는 남극점으로 여행할 때 배낭에 넣어두었던 종이 지도들 중 하나를 가져왔는데, 빅토리아 랜드에 가까운 테일러 빙산 주변의 지형을 묘사한 미국 지리조사국의 지도였다. 그곳은 영국 탐험대가 1901년에서 1904년 사이에 처음으로 탐사했던 지역이다.

"내 평생 가장 행복한 날이었어요." 휠러는 내게 말했다. "나는 손가락으로 지도를 훑으면서 내가 정확히 어느 위치에 있는지 알아보려고 했는데, 그러다가 이 지점에 다다랐죠……." 그녀는 돌돌 말린 지도를 펼쳤다. 지도의 절반은 널찍하고 흰 백지였다. 그 지도학적 노고의 종점에는 간단히 '편찬 한계점'이라고만 적혀 있었다. "나는 지도 끝에 도달했던 거예요." 휠러는 기쁜 듯이 말했다.

그러나 휠러가 남극을 여행한 것은 1980년대였고, 그 지도는 1960년대에 만들어진 것이었다. 요즘은 위성 덕분에 남극대륙이 속속들이 지도화되어 있다. 아직 인간이 탐사하지 않은 영역이 압도적으로 많지만, 위성은 그런 곳도 모두 목격했다. 얼어붙은 황무지에도 모두 디지털 좌표가 매겨져 있다. 우리는 왜 남극에 대한 낭만에 여태 매달릴까? 어쩌면 세계에서 마지막까지 지도화되지 않은 영역이었던 그곳을 낡은 오두막과 새 연구 기지가 즐비한 장소로 바꿔놓은 책임이 우리에게 있기 때문인지도 모른다. 그리고 우리는 그곳에서 수행되는 최신 연구의 결과가 대체로 지구의 환경적 재앙을 가리킨다는 숙연한 사실을 직시하고 있다. 지도는 더 이상 하얗지 않다. 이제 우리의 도전은 그 대륙에 가닿는 것이 아니라 그 대륙을 구하는 것이다.

찰스 부스는 당신이
사악하다고 생각한다

당신은 사악한가? 좀도둑질을 하는가? 자신에게 범죄 성향이 좀 있다고 생각해본 적 있는가? 아니면 한창 보라색에서 푸른색으로 이동하는 중인가?

당신이 1890년대 런던에 살았다면, 〈런던 가난 지도〉의 작성자인 찰스 부스(Charles Booth)가 당신에게 맞는 범주를 알려주었을 것이다. 당신이 어디에 사는지를 알면 당신이 어떤 사람인지도 알 수 있으니까 말이다.

당신이 켄싱턴이나 루이셤 같은 깔끔한 동네에 살았다면, 아마도 당신이 사는 거리는 노랗게 칠해져 있고 '중상층과 상층. 부유함'이라는 문구가 적혀 있었을 것이다. 하지만 당신이 쇼어디치나 홀번에 살았다면, 아마도 당신의 주소지에는 검은 테두리가 그려져 있었을 것이다. '최하층. 사악하고 약간의 범죄 성향'이라고 말이다.

그것은 물론 모욕이었고, 조금 지나친 일반화였다. 그러나 형태학적 지도란 원래 그런 법인 데다가, 그 지도는 수백만 명의 삶을 개선

시켰다.

찰스 부스는 1840년에 리버풀에서 태어났다. 그 말인즉, 산업화의 영향을 겪으면서도 그 문제를 다룰 사회적 하부 구조는 갖추지 못한 도시를 목격하기에 완벽한 곳에서 태어났다는 뜻이다. 그가 최신 증기 기차를 타고 런던으로 와보니 사태가 더 심각했다. 대량 생산과 해외 무역으로 부자가 된 사람들은 물살에 떠밀려 도태된 것처럼 보이는 사람들에 대해 내심 두려움의 바리케이드를 쌓고 있었다. 부자들은 예전과는 달리 도시 속에서 자신들을 격리시키기 시작했고, 새로 등장한 경찰력에 질서 유지를 맡기는 방향으로 빠르게 변해갔다. 그러나 가난한 사람들의 문제는 실제로 얼마나 심각했을까? 가정 차원의 누추함이 반드시 사회적 불안으로 이어졌을까?

부스는 조지프 라운트리(Joseph Rowntree)[78]라는 퀘이커 교도의 박애주의적 열정에 감화되었던 데다가 아내 메리가 런던 이스트엔드[79]에서 겪었던 궁핍의 경험에 자극받아, 위의 질문들에 대한 대답을 알아보기로 결심했다. 게다가 그는 왕립통계학회 의장이었으니 그 일을 하기에 더할 나위 없이 알맞은 처지였다.

부스는 1891년 인구 조사 통계에서 수입과 거주에 관한 수치들을 분석함으로써, 가난이 지리적 차원에 어떤 영향을 미치는가 하는, 당시로서는 더없이 참신한 정보를 끌어냈다. 나아가 사람들이 사는 곳은 생활 수준만이 아니라 사람들의 행동에도 영향을 미친다고 주장

---

78) 영국의 사업가. 유명한 초콜릿 제과업체를 경영하면서 빈곤 아동 교육과 병원 사업 등에서 활발한 자선 활동을 벌였다.

79) 런던 북동부 템스 강 북안에 있는 한 구역의 속칭. 산업 혁명 이후 형성된 공업 지대와 항만 지구에서 일하는 극빈 노동자들이 사는 빈민가였다가, 제2차 세계 대전 이후 개선 사업을 통해 상점가와 주택가로 변모했다.

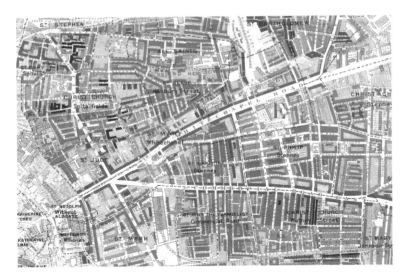

런던 이스트엔드. 간선도로는 잘살지만 뒷골목은 확실히 위험하다.

했다. 여러 권으로 된 부스의 보고서에는 주석, 표, 뾰족뾰족한 그래
프가 잔뜩 들어 있으며, 가난과 주거뿐 아니라 산업과 종교가 미치는
영향력도 다루었다. 그런데 부스는 막상 자신의 연구 결과에 직접적
으로 영향을 받는 사람들에게는 그 내용이 제대로 전달되지 않으리
라는 사실을 과거의 통계 작업을 통해서 알고 있었기 때문에, 자신의
발견을 지도 형태로도 펴냈다.

　부스는 최신 〈육지측량부 지도〉를 구한 뒤(1마일당 24인치 축척), 조
수들에게 채색을 가르쳤다. 타워 햄리츠 지역을 보여준 첫 번째 지도
에서는 여섯 가지 색깔로 거리를 색칠했지만, 더 큰 런던 지도에서는
일곱 가지 범주를 썼다.

검은색: 최하층. 사악하고 약간의 범죄 성향.

짙은 파란색: 아주 가난하고 임시직. 만성적 결핍.

옅은 파란색: 가난함. 보통 가족의 벌이가 주당 18~21실링.

보라색: 섞였음. 안락하게 사는 사람도 있고 가난한 사람도 있음.

분홍색: 꽤 안락함. 평소 수입이 괜찮음.

빨간색: 잘삶. 중류층.

노란색: 중상층과 상층. 부유함.

　여러 색깔이 섞인 거리도 있었지만, 전반적으로는 부스의 발견을 극명하게 드러내는 그림이 나왔다. 지도는 런던 인구의 30퍼센트 남짓한 사람들이 가난하다는 사실을 잘 보여주었다. 부스의 방법론은 도시 지도를 활용함으로써 특정 정보를 미학적으로 설득력 있게 표현하는 새로운 풍조를 확립했다. 그러나 부스의 지도에는 그 이상의 무언가가 있었다. 그 지도에서는 도시가 움직이는 것처럼 보였다. 요즘의 실시간 교통 지도와도 조금 비슷해 보인다. 그것은 단순히 지형이나 길 찾기만을 다룬 지도가 아니라 사람들을 다룬 지도였다.

　지도는 부스가 강연하던 이스트엔드의 토인비 홀에 처음 전시되어, 즉각 찬사를 받았다. 《펠멜 가제트》는 그를 '사회의 코페르니쿠스'라고 불렀다. 지도를 자세히 보면, 부자와 빈자의 분리만이 아니라 다른 현상도 읽을 수 있었다. 중류층·상인 계층은 핀츨리 로드나 에식스 로드, 킹즐랜드 로드처럼 도시를 관통하는 대로변에 모여 산다는 사실을 알 수 있었다. 극빈층은 조차장과 운하 주변에, 막다른 길이나 뒷골목에 정착했다. 그런 곳은 미로와 같기 때문에 범죄자들이 숨어 있다가 실수로 들어오는 사람을 습격하기에 알맞다는 것이 통

넘이었다. 당신은 섀드웰이나 라임하우스 주변 부둣가에도 살고 싶지 않았을 것이다. 감히 가까이 가고 싶지도 않았을 것이다. 오늘날에는 개조한 창고 건물들이 인기를 끌고 2012년 올림픽 경기장이 지어지면서 근사한 동네로 여겨지지만 말이다.

부스는 1903년까지 지도의 범위를 계속 넓히고 업데이트했다. 혼자 일하진 않았다. 많은 조수가 여러 방면에서 정보를 모아왔다. 주된 정보원은 교육 위원회 조사관, 지역 '명사', 경찰관이었다. 지도에 딸린 설명은 충격적이면서도 설득력 있었다. 예를 들어, 대체로 파란색에서 검은색 사이로 색칠된 첼시 지역은 건물들이 하나같이 눅눅하고, 과밀하고, 집세를 절대로 안 내는 '좀도둑'이 우글거린다고 설명했다. 짙은 파란색으로 색칠된 웨스트민스터는 더럽고 나쁜 장소라고 했다. 빨간색으로 색칠된 그리니치는 그보다는 살 만한 동네이고 경비원, 경찰관, 작업 감독관이 많이 산다고 했다. 보고서에는 요즘 우리가 젠트리피케이션(고급 주택지화)이라고 부를 만한 현상과 그 반대인 빈민가 형성 현상도 감지되어 있었다. 부스의 생생한 묘사를 빌리자면, '빨갛고 노란 계층은 떠나고, 그들이 점유했던 거리는 분홍색으로 바뀌고 있다……. 예전에 분홍색이었던 거리들은 보라색으로 변하고, 보라색이었던 거리들은 옅은 파란색으로 변하고 있다.'

검고 파란 동네들에 대한 부스의 보고는 가난의 기록이라기보다는 범죄 수준의 기록이었다. 가령 파랗고 검게 색칠된 울리치의 더스트 홀에 대한 설명을 보면, 그곳에서 사건이 터져도 경찰은 단독으로는 들어가지 않으려 하며 함부로 '끼어들었다가는 사방 창문에서 그들을 향해 물건이 날아온다'고 했다. 어두운 지역 중에서도 버러하이 거리는 『니콜라스 니클비』[80]에서 그대로 튀어나온 것처럼 보인다.

'최하층 임시직에 종사하는 청년 및 중년 남성들은 그저 빈둥거린다. 온전히 발육하지 못한 남자들도 있다. 여자들은 구부정한 자세로 치마를 질질 끌면서 돌아다닌다. 장애가 있는 소년이 생기다 만 것 같은 다리를 이상한 방향으로 꺾은 채 드러내고 있다……'

부스의 색깔 부호는 한계가 많았다. 그 자신도 인정했다. 특히 익명의 주민들을 오로지 그들이 사는 동네만을 근거로 비난한 점이 그랬다. 가령 이스트엔드에 유대인과 아일랜드인 밀집 지역이 형성되는 것을 비난하는 셈이었기 때문이다. 그러나 그 지도는 사람들의 삶을 개선하고 향상시키는 계기가 되기도 했다. 부스의 첫 지도가 나오고 1년 뒤인 1890년, 모든 지역에서 물과 위생 공급을 우선시하도록 의무화한 공중보건개정법이 통과되었다. 같은 해에 노동계층주거법도 통과되어, 지역 당국이 환경 개선에 필요한 토지를 사들여 빈민가 정화에 나설 수 있게 되었다. 부스가 가난의 원인으로 지목했던 이유들 중 저소득과 실업은 요즘 우리에게는 시시해 보일 정도로 너무나 명백한 요소였다. 그런데 그가 세 번째로 지적한 원인은 그 전반적인 속뜻이 좀 더 충격적이었다. 바로 노령이었다. 부스는 이 마지막 원인을 개선하기가 제일 쉽다고 보았다. 부스가 벌인 운동은 1908년에 도입된 비(非)갹출 연금[81] 법령에 많은 영향을 미쳤다.

부스의 지도는 사람들의 생활 방식에 관한 참신한 가설, 즉 우리가 사는 곳이 우리의 행동을 결정한다는 가설을 뒷받침했다. 도시 구조는(형태학은) 그 자체로 비행(非行)의 주된 원인이었다. 부스는 녹지

---

80) 찰스 디킨스가 1838~1839년에 쓴 소설. 아이들을 학대하는 기숙학교인 도티보이 홀)을 통해 그 당시 영국 사회의 부조리를 고발했다.
81) 수급자의 직접 기여 없이 재원의 전액을 국가 재정으로 조달하는 연금.

를 더 많이 공급하고 막다른 길, 폐쇄된 마당, 뒷골목을 없애자고 제안했다. 사회 정의에 바탕을 둔 도시 계획이라는 상당히 참신한 개념을 주장한 셈이었다.

오늘날 부스의 지도를 보면(검색 가능한 훌륭한 웹사이트에 공개되어 있다), 좀처럼 믿기지 않으면서도 절로 감탄하게 된다. 도시를 이보다 더 생동감 있게 묘사한 지도가 또 있었던가? 지도 속에 묘사된 사람들이 자신이 사는 곳을 응시할 때 그보다 더 큰 불안을 느끼게 만들었던 지도가 또 있었던가?

제15장

P 여사와 A-Z

영국 지도 사업의 전성기를 이끈 깐깐한 여성

2006년 9월, BBC 뉴스 웹사이트에 『런던 A-Z』 지도를 만든 여인, 필리스 피어솔(Phyllis Pearsall)의 삶과 업적을 기리는 글이 실렸다. 피어솔이 89세를 일기로 죽지 않고 더 살았다면 그달에 딱 100세가 될 것이었으니, 그녀가 런던의 상징적 브랜드가 된 지도를 창조하기 위해서 분투했던 이야기를 다시 들려주기에 알맞은 기회인 듯했다.

'최초의 『런던 A-Z』를 만드는 것은 만만찮은 작업이었다.' 기사는 이렇게 시작했다. '위성 영상이나 광범위한 항공 사진이 없던 시절이었으니, 피어솔은 1930년대 런던의 거리 2만 3,000개를 지도화하기 위해서 매일 18시간씩 총 3,000마일을 걸어야 했다…… 완성된 지도를 출판사들이 거부했기 때문에, 그녀는 1만 부를 직접 찍어서 WH 스미스에서 팔았다.'

현실은 사뭇 달랐지만, 괘념치 말자. 원래 탄생 신화란 다 그런 법이니까. 세라 하틀리가 쓴 피어솔의 전기는 살짝 소설처럼 꾸며진 형태인데, 이보다 더 낭만적이고 더 터무니없는 이야기가 나온다. 하틀리의 이야기는 이렇다.

어느 날 저녁, 피어솔은 빅토리아 근처 단칸방에서 외출 준비를 했다. 메이더 베일에 있는 친구 베로니카 노트의 집에서 저녁 모임이 있었다. 밖에는 폭우가 쏟아지고 있었다. 전기마저 나가는 바람에, 피어솔은 캄캄한 데서 옷을 갈아입어야 했다. 집 밖을 나서자 우산이 바람에 뒤집어졌다. 가까스로 버스를 탔지만, 해로 로드에서 잘못된 역에 내리는 바람에 먼 거리를 걸어야 했다. 모임에 참석한 다른 손님들도 이구동성으로 런던은 날씨 좋은 대낮에도 길을 찾기가 어렵다고 말했다. 목적지를 제대로 찾아가는 사람은 택시 운전사들뿐이라는 것이다. '필리스는 오리고기와 브랜디에 절인 자두 요리를 먹는 동안에도 그 대화에 신경이 쓰였고, 그날 밤에도 계속 그랬다.' 하틀리는 이렇게 묘사했다. '바로 다음 날, 그녀는 런던 〈거리 지도〉를 찾아보기로 결심했다.'

포일스 서점에서 육지측량부의 최신 런던 지도를 살펴본 피어솔은 그것이 무려 16년 전에 인쇄된 물건임을 확인했다. 그녀는 뉴욕의 아버지에게 전화를 걸어, 자기와 같은 보통 사람들을 위한 현대적인 지도를 새로 만들겠다는 포부를 밝혔다. 아버지는 그런 일은 전문가에게 맡기는 게 낫다고 충고했지만, 나이 서른의 필리스 피어솔은 아버지가 틀렸음을 증명하기로 마음먹었다. 그녀는 당장 탐색에 나섰다. 런던의 2만 3,000개 거리를 모두 걸어보는 탐색에. 그것도 바로 이튿날 새벽에.

그러나 피어솔이 직접 쓴 『단칸방에서 유명인사가 되기까지』에는 시작이 좀 더 수수하게 묘사되어 있다. 실제로는 저녁 모임도 폭우도 없었다고 한다. 그녀와 함께 지도를 제작하는 동료였던 제도사 제임스 던컨이 1936년 초에 계획 중이던 새 미국 지도의 출간을 늦추고 그 대신 확장판 런던 지도를 내는 게 좋겠다고 결정했을 뿐이다. 지도는 교외까지 다룰 것이었고, 기존 〈육지측량부 지도〉를 바탕으로 사용할 것이었다(피어솔은 지도와 여행서를 판매하던 스탠퍼드 가게에서 줄을 서서 기다린 끝에 그 지도들을 구입했다). 던컨이 지도를 다시 그리고 새로 추가하고 하는 동안, 피어솔은 31개 자치구를 돌면서 그곳 측량사나 부동산 중개인을 방문하여 최신 구획도를 얻어왔다. 자료들끼리 서로 일치하지 않는 대목이 발견되면, 피어솔은 '땅을 확인함으로써', 즉 실제로 걸어봄으로써 지도가 정확한지 확인했다. 그보다 더 막중한 작업은 색인 작성이었다. 그녀는 신발 상자에 파일 카드들을 분류하는 방법을 썼는데, 그러던 어느 여름 날 재앙이 닥쳤다. 'T'로 시작되는 카드 무더기가 창밖으로 떨어져서 하이 홀번 거리에 낱낱이 흩어졌던 것이다.

어쨌든 지도는 완성되었다. 피어솔은 1만 부를 인쇄한 뒤, 팔아줄 가게를 물색하고 나섰다. 피커딜리의 해처드 서점으로는 도무지 인파를 헤치고 다가갈 수가 없었다. 퀸 메리 호가 막 입항한 참이었기 때문이다. 셀프리지 서점에서는 미리 약속하지 않으면 만나주지 않는다고 했다. 포일 서점에서는, 피어솔에 따르면, 포일 씨가 그녀의 지도를 보더니 "지도 사업은 오랫동안 평온을 지켜왔고…… 신참이 나타나서 뒤흔들도록 내버려두진 않겠소."라고 말했다. 바커 서점에서는 질문을 받았다. 그녀가 기록한 주소 중 WC가 무엇의 약자냐는 질문이었다. 피어솔은 "웨스트 시티?"라고 답했고, 질문자는 "웨스트 센트럴."이라고 대꾸했다. 그러고는 "이런 부정확한 지도 제작자를 보았나! 잘 가쇼!"

W. H. 스미스만 남았다. 피어솔에게 좋은 인상을 받은 W. H. 스미스 홀번 지부의 구매 담당자는 1,250부를 주문했다. 그녀는 그날 오후에 손수레로 지도를 실어다 주면서, 구매자에게 잘 팔릴 것 같으냐고 물었다. 그의 대답은 "무엇이 잘 팔릴지 알겠다는 사람은 이 일을 제대로 모르는 겁니다."였다.

그녀의 지도는 잘 팔렸다. 몇 주 만에 그녀는 잉글랜드 남부의 모든 기차역 매점에 납품하게 되었다. F. W. 울워스도 몇천 부를 사갔다. 1938년에는 이미 『런던 A–Z』가 유명해졌다.

피어솔 집안사람들에게 그것은 그냥 평소에 하던 사업일 뿐이었다. 그 집안사람들은 제1차 세계 대전 이전부터 지도 제작에 종사했다. 필리스의 아버지 알렉산더 그로스(Alexander Gros)는 헝가리 출신의 이민자로서, 1905년 무렵부터 브릭스턴에서 기름 램프와 전구 따위를 팔면서 세일즈 경력을 쌓았다. 그는 장사를 잘해서 다른 점포로도 확장했다. 포르노 엽서를 판매하는 일탈 행위를 하다가 경찰에게 영업 정지를 당하기는 했지만 말이다.

알렉산더의 형제 프랭크 그로스는 아마추어 사이클 챔피언이자 역시 세일즈맨으로 여러 회사의 지도, 지도책, 지구본을 소매상들에게 납품하는 일을 했다. 알렉산더는 한창 성장하던 서던 레일웨이 사에 자신의 조명 가게를 판 뒤, 그 돈을 프랭크에게 새 지도를 공급하는 일에 쏟아부었다. 그러다가 그 과정에서 자신도 지도를 출판하게 되었다. 그가 처음으로 잉크를 입혀 롤러에 걸렸던 지도는 영국 지도였다. 거기엔 '알렉산더 그로스의 감독 아래 제작되었다'는 문구가 박혀 있었다.

필리스 피어솔이 사적으로 펴낸 부모님의 전기에서 아버지는 고압적이고, 상스럽고, 급진적인 사람으로 그려져 있다. 그러나 그는 그런 자기 확신으로 성공한 인물이었다. 1908년에 그는 《데일리 텔레그래프》의 소유주인 버넘 남작을 만나 발칸 반도 이야기를 나누다가, 문득 남작에게 물었다.

"뉴스가 발생한 곳을 보여주는 지도를 함께 실을 생각은 안 해보셨습니까?"

"아직 그런 시도를 한 신문은 없었소만."

"남작께서 해보시지요? 오토만 제국은 무너지고 있고, 발칸 나라들은 봉기를 일으키기 일보 직전입니다. 필요한 지도는 제가 공급할 수 있습니다. 당장."

버넘은 동의했다. 그래서 그로스는 페르디난트 1세가 스스로 황제라고 선언했을 때 《데일리 텔레그래프》에 불가리아 지도를 제공했고, 프란츠 요제프 1세가 보스니아-헤르체고비아를 헝가리에 합병했을 때는 그곳 지도를 제공했으며, 크레타가 그리스에 통합되었을 때는 그 섬의 지도를 제공했다. 《데일리 텔레그래프》와 5년 계약을 맺은 그로스는 일터를 플리트 거리로 옮겨서 새로 '지오그래피아' 사를 설립하고 확장했다(그 이름은 아쉽게도 프톨레마이오스의 저서에서 딴 것이 아니라 베를린에 있는 어느 사진 가게 이름에서 얻은 것이었다).

그로스는 비행기 조종사들 사이에서도 차츰 이름을 알렸다. 비행은 아직 태동기였다. 그 분야의 구성원은 주로 열렬한 아마추어들이었고, 최신 지도라면 뭐든지 수요가 있었다. 그로스는 비행사들에게 무엇이 필요한지를 의논하기 위해서 헨던 비행장을 자주 방문했는데(비행사들은 특히 철로처럼 하늘에서 쉽게 식별할 수 있는 큰 물체가 표시되어 있기를 바랐다) 어느 날은 어린 딸 필리스를 데리고 갔다. 한 비행사가 그녀를 번쩍 들어서 조종석에 앉히고는 한 바퀴 태워주겠다고 했지만, 그로스는 제안을 거절하고 딸을 도로 내렸다. 그리고 혼자 이륙한 비행사가 난데없는 폭발로 비행기를 가누지 못하고 추락하여 죽는 광경을 지켜보았다.

1911년에 또 다른 재앙이 닥쳤다. 그로스의 지도는 굉장히 급하게 만들어지곤 했으므로 오류도 많았는데, 그 단점이 발각된 사건이었다. 그해 《데일리 메일》은 잉글랜드와 스코틀랜드 상공을 지나는 상금 1만 파운드의 '1,000마일 비행 경주'를 열었다. 그로스의 지도에 대한 소문은 프랑스까지 퍼졌던 터라, 중요한 참가자였던 쥘 베드린은 경주에 쓰려고 그로스의 지도를 구입했다. 베드린은 출발이 좋았음에도 글래스고에서 선두를 빼앗겼는데, 언론에 설명하기를 착륙 지점을 못 찾아서 그랬다면서 "지도에 잘못 나와 있었어요!"라고 말했다. 브리스틀에서도 똑같았다. "이번에도 지도 탓입니다. 지도에는 착륙 장소가 철로 오른편이라고 나와 있지만…… 실제로는 왼편이었어요."

그러나 곧 굉장한 성공이 따랐다. 1912년 발칸 전쟁이 터지자 《데일리 텔레그래프》는 발칸 일대에 대한 새 지도가 급히 필요했고, 지오그래피아는 기록적으로 짧은 시간 만에 분쟁의 대상이 된 국경선을 죄다 반영한 새 지도를 만들어냈다('지중해'를 'Meditterranean'으로 잘못 새겨서 막판에 하나 더 들어간 't'를 미친 듯이 긁어내는 소동이 있었지만). 그로스는 『데일리 미러』에도 세계 지도를 공급하기 시작했고, 영국과 러시아에 의해 궁지에 몰린 독일을 풍자한 유명한 만화 지도도 제작했다. 그는 지도 제작에서 들어오는 수입으로 가족을 햄스테드 히스로 이사시켰다.

그러나 1918년에 제1차 세계 대전이 끝나자, 그로스의 지도는 대개 악성 재고가 되었다. 유일하게 『런던 거리 가이드』라는 포켓용 출판물만이 잘 팔렸다. 그 책은 처음에는 2페니에, 나중에는 6페니에 팔렸다. 한편 그로스는 문득 그다운 자만심에 도취되어, 황당하리만치 야심만만한 새 세계 지도책을 제작하겠다는 계획을 발표했다. 그러나 신문과는 달리 이 사업에는 만만찮은 경쟁자들이 있었다. 결국 그는 파산했고, 미국으로 건너갔다.

필리스 피어솔은 스스로를 화가로 여겼지만, 아버지의 지도 제작 명성을 재건하겠다는 결심 또한 굳었다. 그녀의 『런던 A-Z』는 베이컨, 바살러뮤, 필립스 등 당시의 어떤 경쟁사가 제작한 지도보다 종합적이고 정확했다. 그러나 사실은 모든 지도가 바탕은 같았다. 다들 〈육지측량부 지도〉를 기본으로 삼았기 때문이다.

'A-Z'라는 이름은 천재적인 영감이 번뜩인 결과였다. 그녀의 아버지는 뉴욕에서 그 이름에 반대하는 전보를 보내어 '거리 지도책은 OK라고 불러라.' 하고 지시했다고 한다. 그러나 피어솔은 이렇게 회상했다. '런던 거리의 색인 카드 2만 3,000장을 알파벳순으로 배열하는 일을 밤낮 하다 보니, 나는 A–Z가 유일한 제목 후보라는 생각이 들었다.'

딸에게서 완성된 책자를 건네받은 아버지는 실수를 찾기 시작했다. 그리고 대뜸 물었다. "제정신이 박힌 사람이라면 어떻게 트래펄가 광장을 색인에서 빼먹을 수 있냐?" 피어솔은 'T' 색인 카드들이

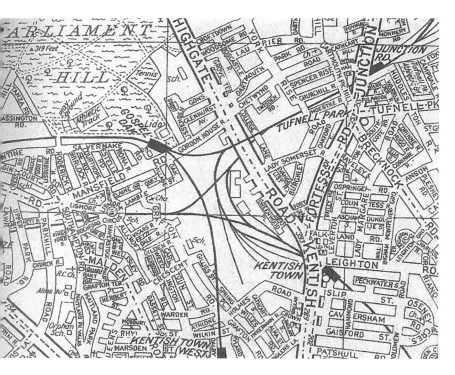

최초의 『런던 A-Z』는 런던의 모든 것을 지도화하고 색인화했다.
그러나 이 지도를 보면서 길을 찾으려면 도수 높은 안경이 필요했을 것이다.

360

창밖으로 떨어진 사연을 들려주었다. 그녀는 쏜살같이 밖으로 달려나갔지만 자동차 지붕 위에 떨어진 카드들은 영영 되찾지 못했던 것이다.

최초의 『런던 A–Z』는 흑백으로 인쇄되었다. 성가시게 긴 제목은 양쪽으로 열린 타워 브리지의 그림을 테두리 삼아서 그 속에 배치했다. 'A–Z, 런던과 교외 지역의 지도책 겸 가이드, 번지수 포함, 대형 채색 지도 포함, 2만 3,000개 거리 표시(다른 지도책보다 색인이 9,000개 더 많음).' A와 Z 사이에 유명한 줄표는 아직 없었고, 그 대신 깔끔한 화살표가 그려져 있었다. 가격은 1실링이었다.

책에는 서문이나 범례나 용어 설명은 전혀 없었다. 글씨는 눈을 혹사시킬 만큼 깨알같이 작았다. 그러나 초기 판본에는 빠르게 팽창하는 런던을 반영한 한 가지 근사한 장점이 있었다. 피어솔이 런던 주 의회로부터 약 2,000개의 변경된 지명 목록을 얻었던 것이다. 앨비언 거리 E3에 살았다고? 이제는 잉글리시 거리다. 브로커스 앨리 WC2? 이제는 셸턴 거리다. 업데이트된 내용은 중복이라 헷갈리는 이름들을 바꾼 것뿐이었다. 예를 들어 캐럴라인 플레이스는 원래 5개가 있었는데, 그것이 샐리 플레이스, 캐럴라이나 플레이스, 던 플레이스, 캐럴라인 워크, 메클렌버 플레이스로 바뀌었다. 10개였던 찰스 거리는 에일워드 거리, 스커 거리, 그레빌 거리 등등으로 바뀌었다. 피어솔의 지도에 새로 등장한 건축물 중에는 예전의 어느 지도에도 나오지 않았던 것도 있었다. 1932년에 완공된 램버스 다리가 그랬다. 찰스 부스의 지도에서 빈민가로 표시되었던 어느 동네 전체가 다른 지도에는 한 번도 나오지 않은 새로운 거리들로 재편된 경우도 있었다.

1938~1939년 개정판 뒤표지에는 피어솔의 회사가 기존에 판매하던 런던 관련 책자들의 제목이 나열되어 있었다. 《런던 프리미어 지도》, 《런던 표준 거리 안내도》, 《에버 레디 런던 가이드》…… 어떤 것은 크게 펼치는 지도였고, 어떤 것은 사진이 든 지도였다. 교외까지 아우르는 것은 없었다. 그러나 그것들로부터 자연스럽게 『런던 A–Z』가 생겨났을 것이라는 짐작은 든다. 지도란 늘 그렇게 기존에 존재했던 것 위에 새로운 목적을 얹는 것이기 때문이다.

1939년, 지오그래피아의 '올인원 전쟁 지도' 계획은 대폭 축소되었다. 정부가 1마일당 1인치 이하의 축척으로 그려진 지도를 판매하는 행위를 불법으로 규정했기 때문이다. 피어솔은 정보부에 일자리를 얻었고, 그녀의 아버지는 딸이 윈스턴 처칠(Winston Churchill) 바로 밑에서 일한다고 뻐기고 다녔다.

이윽고 전쟁이 끝났다. 런던은 외국 병력으로 가득했고, 종이를 구하기는 아직 어려웠다. 피어솔은 『런던 A–Z』의 인쇄를 네덜란드에 주문했다. 그곳 인쇄소에서 런던으로 돌아오다가 비행기 사고를 당해 다치기는 했지만, 회복을 축하하듯이 기록적인 주문이 밀려들었다. 25만 부를 찍은 것이 몇 달 만에 다 팔렸다.

지도는 5년마다 업데이트되었다. 영국의 각 지방을 다룬 버전이 나왔고, 1980년대에는 본문이 컬러로 바뀌었다(이 지도를 상징적인 존재로 만든 것은 그 색깔이었다). 최고의 전성기였던 1990년대에 피어솔의 회사는 매년 50만 부의 지도를 판매했다. 'A–Z'라는 로고와 지도책 자체의 독특한 생김새는 오랜 수명과 효용성 덕분에 전 국민이 알아보는 브랜드가 되었고, 티셔츠와 머그로 만들어졌으며, 나아가 런던 시민들에게 은근한 자긍심을 안기는 존재가 되었다. 런던 디자인

박물관과 BBC 방송의 '컬처 쇼' 프로그램이 실시했던 여론 조사에서
『런던 A–Z』는 미니 자동차, 콩코드 여객기, 〈런던 지하철 노선도〉와
함께 영국을 대표하는 디자인으로 꼽혔다. 디자인 박물관의 웹사이
트에는 이 지도를 칭찬하면서 창립자의 전기를 곁들인 글이 있는데,
그 속에서는 필리스 피어솔이 당연히 매일 18시간씩 2만 3,000개의
거리를 걸었던 것으로 나와 있다.

켄트 주 버러 그린에 있는 '지오그래퍼스 A–Z 지도 유한책임회
사' 본사로 가려면, 런던 빅토리아 역에서 기차를 탄 뒤 내려서 1분쯤
걸어야 한다. 지도는 전혀 필요 없다. 나지막한 건물은 특이하지도 않
고 매력적이지도 않다. 그러나 내부에는 시골 풍경을 그린 예쁜 수채
화들이 걸려 있어서 제법 화사하다. 모두 필리스 피어솔의 작품이다.
영국의 전원 풍경과 나란히 그녀의 다른 활동을 보여주는 그림들도
있는데, 열심히 지도를 만드는 사람들을 스케치한 그림이다.

그중 하나로 피어솔이 죽기 몇 년 전인 1990년대 초에 그렸던 한
스케치에는 회사의 첫 컴퓨터가 등장한다. 제도실 한구석에 놓인 컴
퓨터는 조금 외로워 보인다. 그 그림이 걸린 방에는 런던 A–Z 지도
로 뒤덮인 큼직한 안락의자도 두 개 있었고, 자신도 전시물이나 다름
없다고 농담하는 노먼 데니슨이란 남자도 있었다. 데니슨은 그 회사
에서 45년을 일했으며, 최근에는 공동 사장을 지냈다.

회사의 모든 사람처럼 데니슨도 필리스 피어솔을 'P 여사'라고
부른다. "P 여사가 복도 저편에서 다가올 때면 온 사무실에 다 들리

게 소리가 났죠. 그녀는 때로 까다로운 사람이었어요. A–Z를 만들자는 발상은 그녀가 좋아했던 그림을 그릴 돈을 벌기 위한 것이었지만, 아버지의 명성을 회복하겠다는 바람도 있었죠. 그녀는 아주 시적이었어요. 모든 지명을 사랑했죠. 예를 들어 (홀번의) 블리딩 하트 레인 같은 이름을." 데니슨은 이어 말했다. "그녀는 새벽 5시쯤 일어나서 많이 걸어 다녔던 것 같아요. 하지만 2만 3,000개 거리를 다 걸었던 건 아니겠죠. 최근에 제가 덜리치에 있는 어느 학교에 갈 일이 있었습니다. P 여사가 태어난 코트 레인 가든스에서 가까운 곳이죠. 그 학교는 건물 하나에 그녀의 이름을 붙여서 피어솔 하우스라고 불러요. 나는 늘 이렇게 말해주죠. '1936년에는 편하게 쓸 만한 지도가 없었답니다. 어느 날 그녀는 파티에 가다가 길을 잃는 바람에 A–Z를 만들어야겠다고 결심했고, 그래서 런던의 2만 3,000개 거리를 죄다 걸었죠.' 사람들은 그런 이야기를 듣기를 좋아하거든요."

데니슨에 따르면, 회사가 최고 판매량을 기록한 해는 2004년이었다. 그해에 나온 『런던 A–Z』 개정판에서 거리 개수는 기존의 2만 3,000개에서 7만 개 이상으로 늘었다. 회사는 다른 출판물도 350가지나 판매한다. 종류도 형태도 엄청나게 다양한 도시 지도와 지도책, A–Z 상표를 활용한 갖가지 상품.

2008년 9월, 그 다양한 상품 목록에 새 제품이 더해졌다. 'A–Z 지식 마스터'라는 이름의 GPS 기기는 변화하는 사업 환경을 수용한 구슬픈 결과였다. 기기에는 36만 개가 넘는 거리 이름, 우편번호, 관심 장소 항목이 수록되었다. 다른 기계들도 다 갖고 있는, 좀 지나치지 않나 싶은 갖가지 추가 기능도 갖추고 있었다. 노키아 스마트투고 소프트웨어, 3D 시야, 과속 감시 카메라 알림 기능, 유럽의 모든 도로를

"P 여사가 복도 저편에서 다가올 때면 온 사무실에 다 들리게 소리가 났죠."
A-Z 본사의 P 여사.

아우르는 SD 카드 등 (죽은 나무로 만든 표준적인 지도는 겨우 5.95파운드인 데 비해) 300파운드 가까이 나가는 그 기기는 주로 런던의 택시 운전사들을 겨냥했다.

　　그로부터 3년 뒤인 현재, 데니슨은 회사의 종이 지도 판매량에 대해 이렇게 말했다. "서서히 몰락하고 또 몰락하고 있습니다. 우리에게 타격을 준 요소는 그것 외에도 많았습니다. 연료 가격이 올랐고, 슈퍼마켓에서 석유를 팔게 되면서부터 주유소가 줄었죠. 주유소는 우리 지도의 주요한 판매처이기 때문에, 그게 또 타격이 되었습니다. 그리고 물론 구글 맵스가 나타났고, 광대역 인터넷이 등장해서 지도를 쉽게 다운로드받을 수 있게 되었죠. 런던의 소매상들이 늘 하는 말이, 이제 사람들은 방금 인쇄한 종잇조각이나 휴대 전화를 보면서 길을 찾는다는 겁니다."

요즘 A-Z 지도의 판매량은 전성기 때의 절반 수준이다. 그러나 데니슨이 지적하듯이, 종이 지도책은 여전히 장점이 많다. 위성 항법 장치보다 더 싸고 쉬우며, 휴대 전화 지도보다 심미적으로 더 만족스럽고 색인이 더 충실하다. 그보다 좀 더 폭넓은 태도의 문제도 있다. "지도를 사용하지 않으면, 자신이 가려는 곳이 어디인지를 제대로 이해할 수 없습니다. 요즘 젊은이들 중에는 런던이 브리스틀이나 뉴캐슬에 대해 어느 방향에 있는가 하는 위치 관계를 모르는 사람이 많아지고 있어요. 요즘은 우편번호만 입력하면 끝이니까요."

데니슨은 나를 위층에 있는 탁 트인 제도실로 데려가, 그래픽 디자이너 이언 그리핀과 수석 제도사 마크 매코넬을 소개했다. 대화 주제는 금세 필리스에게로 넘어갔다. 그리핀이 말했다. "P 여사는 늘 이전에는 다른 지도가 없었다고 말했지만, 사실은 있었어요. 우리는 옛날 육지측량부의 카운티 지도를 가져다가 그걸 더 다듬곤 했죠. 주요 도로를 확대해서 더 잘 보이게 만들고, B급 도로도 그렇게 하고, 번지수를 적어서 어느 쪽으로 가야 큰길이 나오는지 알 수 있게 했죠. 그리고 색인을 철저하게 달았는데, 그건 P 여사의 중요한 혁신 중 하나였습니다."

매코넬은 내게 투사지(透寫紙)와 촉을 바꿔서 선 굵기를 달리 하는 펜 같은 구식 도구를 사용하는 구식 기법을 보여주었다. 손글씨에서 한 단계 더 나아간 단계는 문질러서 글씨를 입히는 레터링 기법이었다. "곡선 코너에 글씨를 쓰는 게 난이도가 제일 높은 기술이었죠. 어떤 경우에는 이탤릭체여야 했는데, 그럴 땐 체스처럼 사전에 일일이 다 계획해두고 임해야 했답니다."

매코넬은 전차가 그려진 옛 지도 한 장을 현대의 지도와 비교해 보여주었다. "런던은 완전히 새로 그려졌습니다. 그런데 내가 늘 흥미롭게 생각하는 점은, 사실 이 지도에는 런던이 존재하지 않는다는 점이에요. 여기에는 거리와 지명이 있을 뿐, 우리가 아는 런던은, 그러니까 집들과 가게들, 사람들, 장소들의 영혼은 없습니다. 사라졌어요."

요즘은 『런던 A–Z』의 새 판본이 매년 나온다. 몇 년 전 판본에서는 수정되거나 추가된 항목이 1만 개가 넘었다(대개 건물이나 오솔길 이름 같은 사소한 항목이었지만, 부둣가가 새로 개발되면서 색인에 추가된 항목도 500개는 족히 넘었을 것이다). 손글씨와 레트라세트(레터링용 물품 브랜드 – 옮긴이)는 물론 오래전에 사라졌다. 이제는 팀 굿펠로라는 사람이 컴퓨터로 길을 구부린다. 새 거리는 며칠이 아니라 몇초 만에 지도에 나타난다. 사소한 변화가 하나라도 있으면 전체 영역이 디지털적으로 재조정되어, 어느 길이 색깔 체계에서 우선순위가 높은지를 새롭게 인식해낸다. A–Z 위성 항법 장치는 도로에 새로운 장애물이 등장했을 경우 가령 스트랜드에서 세인트폴 대성당으로 가는 경로를 자동으로 다시 계산한다.

나는 굿펠로에게 개인적인 항목을 지도에 끼워 넣고 싶은 유혹을 느낀 적이 없느냐고 물었다. 애인의 이름 같은 것을 슬쩍 끼워 넣고 싶지 않느냐고. 들통 나더라도 저작권 침해를 쉽게 알아내기 위해서 그랬다고 변명하면 되니까. 그는 이렇게 대답했다. "실제로 매 판본마다 보안용 도로를 넣어둡니다. 우리는 그걸 '유령'이라고 부르지요. 그냥 아무 요소나 끼워 넣은 뒤에, 그 지역과 어울리는 이름을 붙여 둡니다. 너무 튀지 않도록요. 어떤 동네의 샛길들 이름이 죄다 꽃 이름이라면 거기에 돌 이름을 붙이진 않는단 거죠."

"하지만 아예 길 자체를 만들어낼 순 없겠죠?"

"그럴 수도 있습니다. 간선도로라면 큰일 나겠죠. 사람들이 길을 잘못 들 테니까요. 하지만 막다른 작은 골목이라면 추가할 수 있습니다. 그러면 사람들이 전화를 걸어서 '실제로는 길이 없는데요'라고 알려주는데요, 그러면 우리도 이유를 설명해줍니다. 그 뒤에 위치를 바꾸기도 하고요."

이상한 유령 도로까지 포함한 런던의 모든 것, 런던의 A에서 Z까지는 이제 단 하나의 파일로 굿펠로의 컴퓨터에 저장되어 있다. 그 파일을 돌리는 소프트웨어는 미슐랭[82]이 공급한 프랑스제다. 우리는 함께 큰 컴퓨터 화면을 응시했다. 스크린에 떠오른 것이라도, 디지털화된 것이라도, 심지어 프랑스제라도, 지도는 여전히 아름다웠다.

---

82) 1895년에 설립된 세계적인 타이어 제조 회사. 자동차 여행 산업 발전을 통해 타이어 산업을 지원할 목적으로 자동차용 지도와 여행 안내서를 출간하면서, 레스토랑 별점으로 유명한 「미슐랭 가이드」가 탄생했다.

세계 최고의
〈런던 지하철 노선도〉

그가 남긴 편지를 보면, 그리고 대부분의 사진을 보면, 해리 벡(Harry Beck)은 농담을 썩 좋아하는 사람이었을 것 같진 않다. 그보다는 존경을 추구할 사람 같고, 연봉 인상을 추구할 사람 같기도 하다. 실제로 그는 둘 다 자격이 있었다. 공학 제도사로 간간이 고용되어 일했던 벡은 20세기 최고의 유용한 물건으로 꼽히는 〈런던 지하철 노선도〉를 디자인했던 사람이다. 그의 노선도는 갖가지 형태로 제작되어 역사상 어떤 지도보다도 많이 인쇄되었다. 그 횟수는 5억 번이 넘을 것이고, 지금도 계속 늘고 있다. 그리고 벡이 그 대가로 받은 돈은 단 몇 파운드에 불과했다.

〈런던 지하철 노선도〉는 디자이너가 어려운 문제를 단순화하는 데 성공한 모범 사례이자 그럼으로써 사용자들에게 영감을 준 사례이다. 벡의 노선도는 체계적이고 도식적이라, 실제 지리는 무시한다. 현실에서는 당연히 역들 사이의 거리가 다 같지 않다. 런던 중심가가 교외에 비해 그렇게까지 넓지도 않다. 열차가 직선으로 달리지도 않는다. 그러나 그런 사실들을 숨긴 점이야말로 그 지도의 강점이다. 그것은 사실 느슨한 의미에서만 지도이고, 오히려 그보다는 현실에 끼어든 장애물을 모조리 제거하고서 요소들 간의 관계와 방향만을 표시한 회로도에 가깝다. 실제 도시가 지도에 끼어든 부분은 템스 강이 유일하다. 나머지는 모두 시각적 해석일 뿐이다.

벡의 노선도는 런던의 여러 상징 중에서도 수명이 제일 길다. 사방팔방 어디에나 있다는 점과 특징적인 색깔 코드 덕분이기도 하지만, 1670년대 대화재 이후의 런던을 묘사했던 판화들과 마찬가지로, 마구잡이로 뻗어나가는 도시를 질서 있고 감당할 수 있는 형태로 깔끔하게 정돈하여 보여준 트릭이 워낙 뛰어났기 때문이다. 정작 벡은 오르텔리우스나 오길비와 같은 반열에 들겠다는 마음이 전혀 없었지만(스스로 지도 제작자로 여기지도 않았다), 좌우간 그가 창조한 지도는 지금까지도 전 세계에 영향력을 발휘하고 있다.

벡의 지도는 어떤 점이 특별했을까? 명료성도 중요하지만, 아름다움도 한몫했다. 이전에도 도식적 노선도가 없진 않았다. 특히 조지 도가 '런던 & 노스 이스턴 철도'를 위해서 그렸던 노선도는 주목할 만했으나, 벡의 지도처럼 여러 노선을 설득력 있게 결합하여 보여준 지도는 없었다. 아름다운 지도도 달리 없지는 않았다. 맥도널드 길이 1920년대에 그린 지도는 타이포그래피가 화려하기 그지없었고, 프레드 H. 스팅모어가 구불구불한 스파게티 가닥처럼 표현한 노선도는 벡이 등장하기 전에 런던 시민들이 주머니에 넣어 다니던 지도였다. 그러나 심리학 강사이자 지하철 노선도 마니아인 맥스웰 로버츠가 모든 훌륭한 지도에 공통적으로 나타나는 핵심 요소들을 파악한 바에 따르면(로버츠는 순전히 재미 삼아서 전 세계 지하철 노선도를 더 낫게 디자인하곤 한다), 벡의 지도는 단순성, 통일성, 균형, 조화, 지형 반영 중 마지막 항목을 제외한 모든 항목에서 높은 점수를 얻었다. 로버츠는 벡의 지도가 직선을 썼기 때문에 특별한 게 아니라 코너를 적게 썼기 때문에 특별하다고 분석한다.

그 천재는 농담을 잘 받아들였을까? 벡이 풍자 문학을 좋아했던 것 같긴 하지만, 그가 용인하는 범위는 어느 정도였을까? 요즘 우후죽순으로 등장한 가짜 〈런던 ─ 옮긴이지하철 노선도〉들도 기꺼이 받아들였을까? 그런 노선도 중에서 제일 유명한 것은 화가 사이먼 패터슨이 1992년에 그린 〈큰 곰〉이란 작품이다. 그 지도는 현재 테이트 브리튼 미술관에 자랑스레 걸려 있고, 런던 교통 박물관 기념품 가게에서 여러 형태의 복제품으로도 팔리고 있다. 패터슨은 모든 역의 이름을 재치 있게 고른 축구 선수 이름(주빌리 선), 철학자 이름(디스트릭스 선과 서클 선), 할리우드 배우 이름으로(노던 선) 교체함으로써 노선도를 팝아트처럼 취급했다.

좀 더 최근에 시도된 패러디로는 〈데일리 메일 도덕 노선도〉가 있다(런던 교통 박물관 기념품점에선 팔지 않지만 코미디 웹사이트인 '포크'에서 전체를 볼 수 있다). 여기에서 노선과 역은 중산층 영국인의 흔한 두려움과 집착을 표현한다. 디스트릭트 선은 '성가신 것 노선'으로 바뀌어 트위터, GPS, 쓰레기 같은 학생들, 24시간 음주 등등의 역을 포함하고, 베이컬루 선은 '의학적 공포 노선'으로 바뀌어 비만, 백내장, 심정맥 혈전증 등등을 포함한다. 노던 선('최대의 적 노선')도 타 볼 만하다.《가디언》독자, 혼자 아이를 키우는 여성, 공격적으로 구걸하는 사람, 이민자, 프랑스 사람 등등에서 골라서 하차할 수 있으니까.

벡이 이런 패러디를 싫어했을지 아닐지, 우리는 영영 알 수 없다.

런던 지하철 노선도. 위는 예전 지도이고,
아래는 실제 지리를 대대적으로 정비한 벡의 〈회로도〉다.

그는 개인용 컴퓨터의 등장으로 누구나 쉽게 그의 지도를 조작하며 즐길 수 있게 된 때로부터 20년쯤 전인 1974년에 죽었으니까. 그러나 그도 알았을 법한 패러디가 하나 있었다. 1966년에 한스 웅거가 디자 인한 런던 지하철 공식 포스터였는데, 사이먼 패터슨 작품의 선배처 럼 보이는 그 지도는 노선도의 일부 역에 옵아트, 추상표현주의 같은 이름들을 붙여 미술 사조를 표현했다.[83]

이후에 나온 패러디 중에는 정말 유용한 것도 있었다. 노선도를 교란시키기보다 그 위에 정보를 얹은 지도들이었다. 이를테면 지하 철이 실제로 지하를 달리는 부분이 어디인지 보여주는 지도가 그렇 고(전체의 45퍼센트에 불과하다), 역에서 역 사이 거리를 보여줌으로써 걷는 게 더 빠를지 지하철을 타는 게 더 빠를지 알려주는 지도도 그렇 다(레스터 스퀘어에서 코번트 가든까지 몇백 미터는 걷는 편이 늘 더 빠르다).

우아하고 예술적인 패러디도 있었다. 고노 아이치의 〈활자체 지 도〉는 유명한 활자체 수백 가지를 종류에 따라 각각의 노선으로 배열 했다. 그 지도에서 푸투라체와 벨센테니얼체는 '산세리프 노던 노선' 에 있고, 조지아체와 발바움체는 '모던 디스트릭트 노선'에 있고, 에 어리얼체와 코믹샌즈체는 '장식적 오버랜드 노선'에 있다. 바버라 크 루거의 감정 노선도에서는 역 이름이 배신, 연민, 교만 등등이다. H. 프릴링거의 번역 작품은 또 어떤가. 프릴링거는 대담하게도 만일 독 일이 전쟁에서 이겼다면 오늘날 런던 시민들이 어떤 장소를 돌아다

---

83) 옵아트는 1960년대 미국에서 일어난 추상 미술의 한 흐름으로, 옵티컬 아트라고도 한다. 팝아트에 대한 반동적인 성격이 있었으며 착시 효과를 이용하는 것이 특징이다. 추상 표현주의는 제2차 세계 대전 후에 일어난 미국의 추상 회화로, 넓게는 형태에서 벗어나 역동성을 추구하는 추상 미술의 한 사상을 말한다.

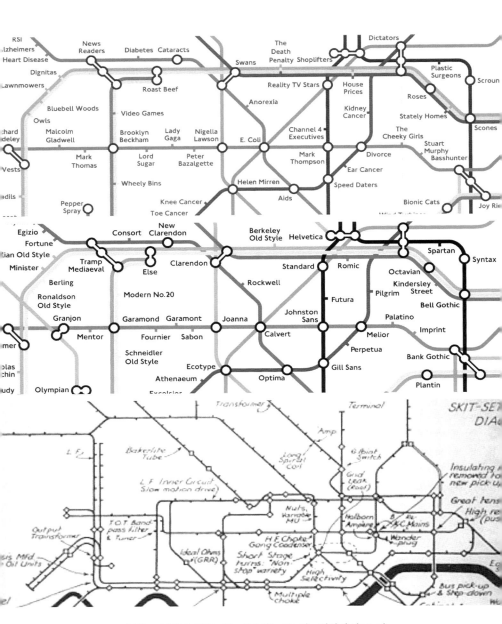

맨 위는 〈데일리 메일 노선〉 가운데는 고노의 〈활자체 지도〉다.
맨 아래는 백이 직접 그렸던 패러디 노선도다.

니고 있었을지를 상상해보았다. 그렇다면 런던 시민들은 바서클로에서 쾨니히스크로이츠로, 론돈브뤼케에서 모르겐토넨크로이산트로 다니고 있었을 것이다(각각 워털루, 킹즈 크로스, 런던 브리지, 모닝턴 크레슨트라는 지명을 독일식으로 바꾼 것이다 – 옮긴이). 〈세계 지하철 노선도〉도 있다. 마크 오번든은 백의 노선도를 전 세계로 확장하여, 역마다 세계의 지하철 이름을 달아놓았다.

머리에 브릴 크림을 바르고 두꺼운 안경을 썼던 우리의 디자이너는 그런 패러디를 좋아했을까? 모르긴 해도 꽤 좋아했을 것 같다. 백의 노선도를 패러디한 최초의 지도는 사실 백 본인이 만든 것이었기 때문이다. 그의 노선도가 공개되고서 두 달밖에 안 지났던 1933년 3월, 백은 (혹은 백의 스타일과 서명을 사칭한 다른 누군가가) 런던 교통국의 사내 잡지에 장난 같은 지도를 한 장 실었다. 많은 사람이 그의 노선도를 보고는 전기 회로도를 닮았다고 말했기에, 그는 정말로 가짜 회로도를 그려보았다. 실제 라디오 조립에 써도 될 것 같은 그럴싸한 회로도를 노선도 형태로 그렸던 것이다. 베이컬루 노선은 '베이클라이트 관'으로 바뀌었고, 첫 역과 끝 역은 '어스(접지)'와 '에어리얼(안테나)'로 바뀌었다. 저항, 단자, 증폭기도 있다. 그리고 그 모든 역의 아래에는 템스 강이 흐른다.

제16장

주머니 속으로
들어간 세계

여행자들을 위한 본격 가이드북의 탄생

대부분의 사람이 지도를 처음으로 중요하게 사용한 경험은 외국에서였을 것이다. 그러니까 여행 가이드북에 나온 지도였을 것이다. 그런 경험은 역사가 깊다. 가이드북의 역사는 거의 지도만큼 오래되었다. 고대 로마에는 항구와 해안 지형지물을 표시한 '페리플루스'라는 문서가 있었고, 도로의 기점을 나열한 '이티네라리움(Itinerarium, '여행 안내서'라는 뜻의 라틴어)'도 있었다. 2세기에 파우사니아스는 고대 그리스 세계에서 제일 흥미로운 풍경들을 제법 빠짐없이 소개한 인상적인 안내서를 썼다.

그러나 여행 가이드라는 이름에 걸맞은 최초의 가이드북을 보려면, 기원후 330년으로 가야 한다. 어느 무명의 여행자가 순례를 마치고서 쓴 『보르도에서 예루살렘까지의 노정』이 그해에 나왔다. 그 책은 여행자가 보낸 지루한 엽서의 첫 사례이기도 했다. 자기가 어디에 묵었고 그곳까지 가는 데 얼마나 걸렸고 하는 내용이 길게 나열되어 있었으니까. 저자는 운송 수단을 갈아탄 횟수를 기록하여, 하루에 당나귀 두세 마리를 갈아타면 유럽을 여행할 수 있다는 결론을 내렸다.

보르도에서 콘스탄티노플까지 가는 첫 단계에서 여행자는 112번 쉬었고, 당나귀를 230번 갈아탔고, 3,574킬로미터를 여행했다. 그는 목적지에 다가갈수록 점점 더 흥분했다. 그의 발언은 점점 더 가짜처럼 들리고, 그가 묘사한 풍경은 점점 더 아름다워지고, 그의 이야기는 점점 더 허풍처럼 변한다. 그는 유대를 지나자마자 시나이 산을 보고는 '저기에는 샘이 있는데 그 샘에서 여인이 목욕을 하면 임신을 한다'고 적었다. 따로 지도가 딸려 있진 않지만, 'A에서 B에서 C로' 가라는 설명이 충분히 지도를 대신한다. 로마 도로에는 1마일마다 마일표가 있었으니, 우리의 여행자를 따라 순례에 나섰던 사람들은 어렵지 않게 길을 찾을 수 있었을 것이다.

지도는 관광이라는 개념이 생기기 훨씬 전부터 관광객을 안내했다. 관광을 뜻하는 영단어 '투어(tour)'는 그리스어로 원형 운동을 뜻하는 '토르노스(tornos)'에서 비롯했는데, 중세 영어에서 그 뜻이 확장되어 출발점으로 돌아오는 여행을 가리키게 된 것이다. 헤리퍼드 〈마파문디〉는 순례자들에게 지리적 관광 겸 영적인 관광으로서 기능했고, 존 오길비의 〈거리 지도〉는 17세기 영국의 여행자들을 온 나라 구석구석 안내하면서 몇 마일마다 도로변에 어떤 여관이 있고 어떤 유명한 교회가 있는지를 알려주었다. 그러나 우리가 오늘날 익숙한 관광 지도의 기원은 그와는 다르다. 그것은 19세기 유럽에서 값싼 휴대용 가이드북이 등장하고 보통 사람들이 여행에 나서기 시작했던 현상과 맞물려 탄생한 물건이었다.

1830년 이전에 유럽으로 이른바 '그랜드 투어'를 가려면 학식 있는 안내인(치체로네, cicerone)과 상당한 돈이 필요했다. 그러나 1836년부터는 풍경이 바뀌었다. 이제 누구나 홀란드, 벨기에, 프로이센, 북부 독일을 혼자 갈 수 있었다. 얼마 후부터 '머리(Murray)'라는 이름으로 불리게 된 가이드북 한 권만 끼고 있다면 말이다. 그것은 최초의 진정한 현대적 가이드북이었다. 그 책은 여행자가 가고 싶은 곳으로 과감히 갈 수 있도록 도와주었고, 먼지투성이 비석에 관한 정보를 더위가 허락하는 한 최대한 습득하도록 도와주었고, 하루의 끝에 어디에서 괜찮은 저녁과 침대를 구할 수 있는지를 알려주었다. 글씨가 깨알처럼 작다는 점을 제외하고는 『여행자를 위한 머리 핸드북』 시리즈는 요즘 우리가 기차역이나 공항에서 사는 가이드북과 거의 같았다. 해당 지역의 역사를 짧게 소개한 글, 풍경과 문학에 대한 묘사, 상세한 도보 경로, 여권과 환전에 필요한 사항, 꼭 챙겨야 할 물건 체크리스트, 추천 호텔, 지도 몇 장, 그리고 접힌 책장을 열면 박물관 평면도나 토스카나 언덕들 같은 장면이 파노라마로 멋지게 펼쳐지는 그림. 주된 차이점이라면, 『머리 핸드북』이 요즘보다 더 나았다는 것이다.

불과 몇 년 만에 『머리 핸드북』은 모험심 넘치고 학식 있는 영국인 여행자라면 포트넘 백화점에서 산 우산이나 비상식량처럼 빠트려서는 안 될 여행의 동반자가 되었다. 핸드북의 성공은 빅토리아 시대의 번영과 철도의 빠른 확산과도 맞물렸기에, 여성도 혼자 여행할 수 있게 되었다는 또 다른 부수적 결과를 낳았다. 여성들은 관광객만이 아니라 가이드북 작가로도 활약했고, 그 과정에서 처음으로 지도를 알게 되었다. 그전에는 지도라고 하면 주로 남성들의 일이었다. 지도는 탐험에 필요하고, 군대에 긴요하고, 계획과 권력에 필수적인 물건이었다. 그러나 이제 여성들도 지도의 가치와 즐거움을 누렸다. 여행용으로는 물론이거니와 그냥 재미로 넘겨보면서 여행의 가능성을 상상하는 용도로도. 대중을 위한 지도의 시대가 온 셈이었다.

번성하는 런던 출판업 가문의 마지막 세대였던 존 머리 3세(John Murray III)는(그의 아버지는 바이런 경과 제인 오스틴의 책을 출판하여 회사의 명성을 쌓았다) 1920년대 말에 유럽을 여행하던 중, 매일 무엇을 하면 좋을지 알려주는 자료가 턱없이 빈약하다는 사실을 깨달았다. 이탈리아에서는 마리아나 스타크의 책이 유용했지만(스타크도 그의 아버지 출판사에서 책을 내는 작가였다), 다른 지역에서는 일껏 최신 증기 기차나 승합마차로 그곳까지 가고서는 막상 다음에 무얼 해야 좋을지 알 수 없었다. 그래서 그는 직접 좋은 경험을 추천하고 나쁜 경험을 혹평하는 책을 직접 쓰기로 결심했다. 그는 성공적인 가이드북이 갖춰야 할 조건들을 잘 짚어냈다. 그는 가이드북이 사실적이어야 하고, 공상적인 글은 없어야 하고, 선택적이어야 한다고 규정했다. '베를린 같은 도시에 도착했다면 정말로 구경할 가치가 있는 것만 찾아내야 한다'는 게 그의 설명이었다. 그는 백과사전이 아니라 안내서를 만들기로 했다. '구경할 수 있는 것을 모조리 다 이야기함으로써 독자를 혼란스럽게 만들고 싶지 않았기' 때문이다. 그의 책은 빅토리아 시대의 '요즘 인기 있는 것'을 나열한 목록이나 마찬가지였다. 프랑스 혁명과 나폴레옹 전쟁으로 25년 동안 유럽 여행이 어려웠던 시절을 지나 새롭게 유럽을 발견하고 싶어 했던 영국 독자들은 그의 책에 열광적인 반응을 보였다.

머리는 홀란드, 벨기에, 독일, 스위스, 프랑스를 다룬 첫 몇 권을 직접 썼다. 그러나 아버지가 사망함에 따라 자신이 런던에서 출판업에 전념해야 할 처지가 되었기에, 이탈리아까지는 다루지 못했다. 그는 대신 남들에게 의뢰했다. 저자들은 대부분 해당 지역에 대한 전문가였다.[84] 시리즈는 대영 제국 시절의 인도, 뉴질랜드, 멀리 일본까지 뻗어 갔다가 도로 영국으로 돌아와서 지방 카운티에 집중하면서 약 60년 동안 약 60권을 낳았다. 곧 『머리 핸드북』은 명성의 궁극적인 상징을 얻었는데, 그것은 바로 《펀치》에 풍자적인 찬가가 실리는 영예였다.

그대는 핸드북의 역할을 대단히 잘 수행했도다.

여관이 필요하면 단서를 주고, 경로가 필요하면 지도를 주었지.

그래서 나는 그대를 한 줄 한 줄 몽땅 외워버렸지.

나의 머리여.[85]

초기 핸드북은 하루에 주파할 수 있는 경로들을 서술한 내용이 대부분이었지만, 몇 장 안 되나마 지도도 딸려 있었다. 보통은 해당 도시에서 어떻게든 확보한 기존 지도에 신설 철도 노선 같은 발전 사항을 업데이트한 것이었다. 그렇다 보니 머리 지도들을 보면 1830년

---

84) 머리의 작가들은 학계나 문학계 같은 다른 분야에서 이미 자리 잡은 사람들이었다. 그 예로 1855년에 『포르투갈 가이드』를 쓴 존 메이슨 닐은 '훌륭한 왕 웬서슬러스'라는 유명한 캐럴의 가사를 쓴 사람이었다. 작가들 중 제일 유명한 사람은 리처드 포드였다. 포드의 『스페인 가이드북』(1845)은 대단해 보일 정도로 괴짜 같다. 그는 말을 타고 돌아다니면서 대부분의 정보를 얻었는데, 그 내용이 얼마나 특이한가 하는 것은 '유용한 한마디' 부분에 '벵고 소포카도(분노로 숨이 막혀요)' 같은 문장이 들어 있었다는 점만 보아도 알 수 있다.

85) '나의 머리여'라는 문구는 바이런 경이 자신의 출판업자를 부를 때 쓰던 말이었다. 바이런 경은 '가이드북'이라는 단어를 대중화하는 데도 기여했다. 그 단어는 1823년에 출간된 그의 『돈 후안』에 등장하기 전에는 사실상 아무도 들어보지 못한 단어였다.

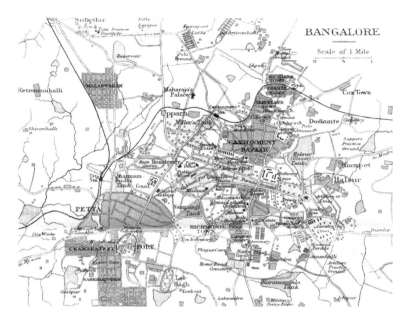

1924년에 출간된 머리의 『인도, 버마, 실론 핸드북』 속 방갈로르 지도.

대 중순에 유럽 전역으로 철도망이 퍼졌던 과정을 다른 어떤 자료에서보다 깔끔하게 추적할 수 있다. 그러나 핸드북의 주된 시각적 재미는 지도가 아니라 뜻밖의 다른 요소들이었다. 예컨대 1843년 『스위스 가이드북』은 접힌 책장을 열면 몽블랑 산맥의 그림이 펼쳐지게 되어 있었고, 1880년대 말 『이집트 가이드북』은 책장을 당겨서 세우면 피라미드가 솟게 되어 있었으며, 『그리스 가이드북』은 표지에 붙은 봉투 속에 상용 회화집이 들어 있었다.

그런데 훌륭한 발상은 혼자서만 수익을 거두지 않는 경향이 있다. 독일 코블렌츠에 살았던 인쇄업자의 아들 카를 베데커(Karl Baedeker)는 좋은 발상을 알아보는 눈이 있었다. 초기 『머리 핸드북』의 팬이었던 베데커는 자신이 출간하고 싶은 책이 바로 그런 것임을 깨달았다. 사실 그는 최초의 『머리 핸드북』이 나오기 1년 전에 당시 유행했던 라인 강 유람선 여행에 사용할 가이드북을 낸 적이 있었다. 그러나 그것은 어느 망한 출판사를 사들였을 때 따라온 지도를 다시 낸 것뿐이었다. 베데커는 이제 스스로 가이드북을 만들기 시작했다. 그러면서 『머리 핸드북』의 빨간 표지와 금박 글씨를 베낀 것은 물론이거니와 본문도 뭉텅뭉텅 베꼈다. 때때로 번역문을 만지작거리기도 했다. 머리의 초기 『스위스 가이드북』에서는 '바위에…… 붉은 석류석이 가득하다'고 설명되었던 장소가 『베데커 가이드북』에서는 '붉은 석류들이 웃자랐다'고 묘사되었다.

이처럼 표절 혐의가 충분했는데도, 베데커와 머리는 친구가 되었다. 두 사람은 상대 언어로는 출판하지 않기로 합의했다. 약속은 이후 잘 지켜졌으나, 1860년대 초에 베데커의 아들 중 하나로 아버지와 이름이 같았던 카를 베데커가 시장 확장의 기회를 저버리지 못하고 약속을 파기했다. 그러나 이미 1860년 무렵에는 베데커가 가이드북의 형식을 완성함으로써 절대로 믿을 만한 여행의 동반자를 뜻하는 대명사로서 머리마저 앞질렀다고 봐도 좋았다. 덕분에 19세기 말에는 누구나 집을 나서지 않고도 세계를 유람할 수 있었다. 베데커 시리즈는 1883년에 러시아로 확장되었고, 10년 뒤에는 미국으로 진출했다. 글은 엄정하고, 명확하고, 믿음직했다. 정보는 최신 내용이었고, 경로는 몸을 지치게 하지만 만족감을 주도록 구성되었고, 취향은 수준이 꽤 높지만 학술적이진 않은 독자들의 눈높이에 맞췄다. 모든 경험은 지적으로나 정신적으로 행복감을 느낄 수 있도록 계획되었다.

'베데커링(Baedekering)'이라는 단어가 영어 어휘에 편입되었고(여행 일지를 쓸 작정으로 여행하는 것을 가리키는 말이었다 - 옮긴이), '베데커'는 어떤 주제에 대해서든 믿음직하고 종합적인 가이드북을 가리키는 용어가 되었다(언젠가 어떤 사람은 『섹스의 즐거움』이라는 책을 가리켜 '침실 테크닉의 베데커'라고 표현하기도 했다). 베데커 스타일은 널리 영향을 미쳤다(일례로 가령 택시 요금처럼 보조적이지만 중요한 정보를 표현할 때 괄호를 많이 쓰는 방식이었다). 베데커는 별표로 점수를 매기는 체계도 개발했다. 요즘 예술이나 레저 분야에서 무언가를 평가할 때 일종의 요약적 표현으로서 곧잘 동원되는 별표 말이다. 베데커는 라파엘로(Raffaello Sanzio)의 작품이 있는 우피치 미술관의 트리부나(Tribuna) 방처럼 자신이 볼 때 놓쳐서는 안 될 경험에 해당하는 장소에는 별을 두 개 주었고, 몽블랑처럼 반대하고 싶은 장소에는 별을 하나도 주지 않았다('정상에서 보는 경치가 만족스럽지 못하다'고 했다).

이런 가이드북은 필연적으로 비난을 불러왔다. E. M. 포스터는 『전망 좋은 방』[86]에서 가이드북이 사람의 마음을 열기보다 닫는다고 말했다. 여행자는 가이드북 때문에 규격화된 방식으로 정해진 곳만 오르내리게 되고, 베일처럼 작용하는 가이드북 때문에 진정한 감정을 느끼지 못하게 된다고 했다. 그보다 더 해로운 비판으로 작용했던 사건은 나치가 유대인을 쫓아낸 지역을 표시하는 데 『베데커 가이드북』을 사용한 일이었다. 게다가 베데커가 펴낸 『영국 가이드북』은 히틀러가 영국의 문화유산만을 골라 파괴했던 이른바 '베데커 공습'에서 참고 자료로 기능했다. 히틀러는 적의 사기를 꺾을 요량으로 가이

---

86) 1908년에 출판된 장편소설. 영국 부유층의 딸 루시가 사촌과 함께 피렌체로 여행을 가면서 겪게 되는 로맨스가 주된 내용으로, 20세기 초반 영국 사회와 관습에 대한 비판을 담고 있다.

베데커의『라인란트』. 접힌 책장을 열면 호화로운 지도와 파노라마 풍경이 펼쳐진다.

드북에서 별이 달린 지점으로만 폭격기를 보냈던 것이다.

그러나 지도의 팬에게, 19세기와 20세기 초의 고전적인 『베데커 가이드북』은 여전히 휘황찬란한 존재이다. 머리보다 지도를 훨씬 풍부하게 제공했던 『베데커 가이드북』의 지도들은 도시와 시골의 도보 경로를 많이 소개했다. 특히 고대 유적지와 산길에 강했다. 새 판이 나올 때마다 지도가 추가되곤 했던 것은 퍽 다행이었다. 왜냐하면 지형을 보여준다는 점만큼이나 일관된 그 지도들의 특징은 쉽게 찢어지고, 구겨지고, 뜯겨서 정말이지 온 각도에서 다 보게 해준다는 점이었기 때문이다. 베데커가 1846년에 재인쇄했던 『라인강 가이드북』에는 지도가 딱 한 장 수록되어 있었다. 그러나 1866년에는 17장으로 늘었고, 1912년에는 70장으로 늘었다. 1852년판 『스위스 가이드북』에는 지도가 외롭게 딱 한 장이었지만, 1930년에는 82장이었다.

지도들은 단순한 동판화로 시작했으나, 1870년대부터는 두세 가지 색깔을 입힌 형태로 등장했다. 수많은 중세 지도에서 중앙을 차지했던 혈통을 감안할 때, 최초의 채색 지도가 예루살렘 지도였다는 사실은 제법 어울린다(『팔레스타인 가이드북』과 『시리아 가이드북』에 수록된 지도였다). 이때 베데커가 선택했던 색깔은 이전의 어떤 지도도 해내지 못했던 수준으로 독자들의 마음속 깊이 새겨졌다. 내륙과 과밀한 도시는 우리가 휴가용 샌들에서 씻어내느라 애를 먹는 황토 먼지를 연상시키는 누런색이었다. 녹지는 비소 화합물을 연상시키는 초록색이었다. 해안과 석호는 물 빠진 듯한 파스텔 톤 푸른색 때문에 건조하면서도 이상하게 매력 없어 보였다.[87]

❚ ❚ ❚ ❚ ❚

『베데커 가이드북』은 (고전적인 판본들은) 제2차 세계 대전 이후 사라졌다. 머리의 핸드북들은 그 몇 년 전인 1910년까지 스탠퍼드 가게에서 판매되다가, 1915년에 스코틀랜드 출신의 제임스 뮤어헤드와

---

87) 미국이 독자적으로 만든 가이드북 중에서 머리나 베데커와 제일 비슷한 것은 뉴욕의 'D. 애플턴 & 컴퍼니'가 제작한 가이드북이었다. 애플턴은 백과사전과 소설로 성공을 거둔 출판사였지만(최대 히트작은 『붉은 무공 훈장』이었을 것이다), 철도와 증기선이 독자들의 휴가 습관을 바꾸고 있다는 사실을 금방 알아차렸다. 그 회사가 1851년에 펴낸 『남부와 서부를 여행하는 사람들을 위한 안내서』에는 버지니아의 온천이나 켄터키의 매머드 동굴 같은 관광지가 수록되었고, 오하이오 강과 미시시피 강의 지도, 신시내티와 찰스턴과 뉴올리언스의 지도, 그리고 각각 서부, 북서부, 남서부 주들의 지도를 인쇄하여 접어 넣은 세 페이지가 있었다. 마지막 세 지도는 손으로 아름답게 채색되어 있었으며, 서부 개척 과정을 보여주는 자료라는 점에서 요즘은 별도로 귀중한 물건으로 여겨진다.

핀들레이 뮤어헤드 형제(James and Findlay Muirhead)에게 넘어갔다. 뮤어헤드 형제는 과거에 베데커에서 영어판을 편집하다가 제1차 세계 대전이 터지면서 일자리를 잃은 경력이 있었다. 형제는 두 위대한 가이드북의 박식하고 백과사전적인 전통을 『블루 가이드』로 이어갔다. 『블루 가이드』는 10~20년쯤 영국과 프랑스 제휴로 제작되다가, 1930년대부터 프랑스가 '레 기드 블루'를 따로 제작하기 시작했다.

　『블루 가이드』는 (영어판도 프랑스어판도) 선배들의 지도 활용 전통을 받들었지만, 화려함은 줄었다. 접어 넣은 페이지는 크기가 줄었고, 내용도 좀 더 학술적인 면에 초점을 맞추어 주로 고고학적 유적지나 교회 평면도를 보여주었다. 그러나 제2차 세계 대전 이후 몇십 년은 관광 산업과 가이드북에 불경기였다. 가난에 쪼들린 유럽인들이 대체로 집에서 휴가를 보냈기 때문이다. 베데커에게는 아예 제1차 세계 대전 이전이 영광의 시절이었다고 봐야 한다. 소설가 조너선 키츠의 말을 빌리면, 1912년 『베데커 가이드북』에서 유럽 남동부의 한 마을을 다룬 부분에는 그랜드, 유로파, 라데츠키 같은 자랑스러운 호텔들이 소개되었고, 몇몇 오래된 모스크도 소개되었으며, 카펫이나 금속 세공품을 판매하는 아펠카이 거리의 근사한 가게들도 소개되었다. 그러나 불과 2년 뒤, 오스트리아 대공이 탄 차가 바로 그 사라예보의 바로 그 아펠카이 거리를 달리다가 권총을 손에 든 남자와 마주쳤고, '남자가 쏜 총성의 메아리 속에서 우리는 베데커와 머리의 휴대용 낙원이 허공으로 사라지는 소리를 들을 수 있었다.'

　전후 프랑스에서는 가이드북과 지도의 운명이 그보다는 좀 더 밝았다. 프랑스에서는 타이어 회사 미슐랭이 지도의 미래를 걸머졌다. 1900년부터 나오기 시작한 미슐랭의 지도와 가이드북은 비교 상대

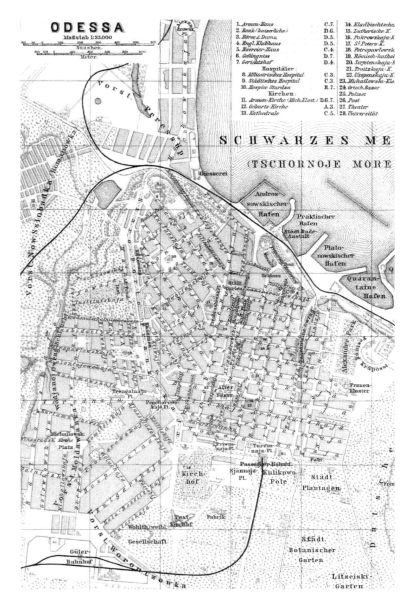

베데커의 1892년『루슬란트(러시아) 가이드북』에 수록된 〈오데사 지도〉.
노란색, 황토색, 검은색으로 섬세하게 채색되었다.

가 없을 만큼 인기를 끌었다. 프랑스에는 달리 그런 가이드북이 없었거니와 그처럼 특수한 용도를 띤 지도가 포함된 가이드북은 더더욱 없었기 때문이다. 원래 미슐랭의 지도와 가이드북은 공기 타이어를 팔기 위한 방편으로 시작되었고, 자동차 운전자뿐 아니라 자전거 여행자에게도 많이 팔렸다(첫 몇 년은 지도와 가이드북을 공짜로 나눠줬다). 1910년 무렵에는 지도가 회사의 운영에서 중요한 부분을 차지하게 되었다. 미슐랭의 지도는 재미를 찾아 나선 여행자를 정비소와 주유소로 안내했고, 이후에는 식당과 숙소로도 안내했다(원래 식당이 딸린 호텔을 평가할 때 쓰던 별 셋 만점의 평가 체계를 1931년부터 모든 가이드북에도 도입했다). 가이드북과 지도의 그림 문자는 난해한 것이 많았다. 비딱하게 기울고 명암이 그려진 정사각형은 사진 현상용 암실이 있는 호텔을 가리켰고, 정의(正義)의 저울 그림은 사고 후 변호사를 구할 수 있는지 여부를 나타냈고, U 자 모양의 기호는 운전자가 피트로 내려가서 차 밑면을 확인할 수 있는 장소를 나타냈다.

불과 10년 만에 미슐랭의 가이드북과 지도는 프랑스뿐 아니라 유럽과 그 너머까지 망라하여, 그랑 브르타뉴(영국), 레스파뉴(스페인), 마로크(모로코)를 여행하는 운전자를 엔진 오일과 올리브 오일을 파는 곳으로 안내했다. 회사는 재빨리 특수 분야 지도로 확장했다. 1917년에는 벌써 베르됭 같은 제1차 세계 대전의 격전지를 찾아다니는 순례자를 위한 『전쟁터 가이드북』을 냈다(마케팅에 사용한 문구는 '가이드북이자 파노라마이자 역사'였다). 심지어 다음 세계 대전에서는 미슐랭의 지도가 연합군의 도구로 쓰였다. 1944년, 미국은 워싱턴 DC에서 『1939년 미슐랭 프랑스』를 다시 인쇄하여, 디데이 이후 셰르부르와 바이외를 휩쓸며 프랑스를 해방시킬 자국 군대에게 나눠주었다.

많은 유럽인이 너무 궁핍해서 해외로 진출할 여력이 없었던 전후(戰後) 시절에, 미국인은 자신들만의 새로운 가이드북으로 무장하고서 관광을 재발명하기 시작했다. 특히 돋보였던 것은 유진 포더(Eugene Fodor)와 아서 프로머(Arthur Frommer)가 만든 가이드북이었다.

미군 병사로서 1950년대 중순에 유럽에 주둔했던 프로머는 동료 병사들이 빠듯한 예산으로 유럽을 여행할 수 있도록 안내하는 가이드북을 엮어 50센트라는 헐값에 팔았다. 그는 제대한 뒤 가이드북의 내용을 더 보강하여 민간인용으로 만들었는데,『하루에 5달러로 유

미슐랭의 숫자 달린 시리즈 지도들은 여행자를 프랑스와 그 너머까지 안내했고,
디데이에 연합군을 안내했다.

럽 여행하기』는 그렇게 탄생했다. 허튼소리나 바가지를 일절 배제하겠다는 프로머의 기조는 유럽에 난생 처음 발을 들이는 동포 미국인들에게 인기를 끌었고, 시리즈는 50가지가 넘는 판본으로 이어졌다 (다만 가이드북이 제안하는 예산은 착실히 상승하여, 1994년에는 파리를 여행할 때 하루에 45달러가 든다고 했고 1997년에는 뉴욕을 여행할 때 하루에 70달러가 든다고 했다).

유진 포더는 헝가리에서 태어나 미군 병사로서 전쟁에 참가했다. 그는 1936년에 자칭 '재미난 여행 연감'이라고 부른 유럽 안내서를 쓴 적이 있었다. 목적은 두 가지였다. 예산을 걱정하는 미국 중산층 여행자들의 마음에 드는 것, 그러면서도 그들의 문화적, 역사적 지평을 기운차게 넓혀주는 것. 말하자면 '현대적인' 세대를 위한, 덜 고상하고 더 가벼운 『머리 핸드북』이었다. 포더는 그런 접근법을 취한 다른 가이드북은 없다고 믿었다. 그러나 이 새로운 미국 가이드북들은 영국 빅토리아 시대의 선배들보다 훨씬 덜 형식적이었음에도 불구하고 오히려 여러모로 훨씬 보수적이었다. 가령 그들은 독자를 유럽에서도 딱 정해진 좁은 쳇바퀴로만 보냈다. 주요 도시와 관광지로만 구성된 쳇바퀴였다. 책에 실린 지도들이 그 사실을 반영했다. 섬세하게 채색하고 측량도 풍으로 그려진 머리와 베데커의 지도, 과거에 여행자들이 유럽 대륙을 가로지를 때 의지했던 그 지도는 이제 도심의 주된 볼거리와 호텔을 표시한 조잡한 스케치로 대체되었다. 예술적이고 상세한 지도 제작의 기술은 사라졌고, 가이드북들은 지도의 새 암흑시대로 접어든 듯했다.

1970년대가 되자 이번에는 포더와 프로머의 가이드북이 주류가 되어, 히피 문화[88]의 여파로 등장한 새로운 대중의 여행 문화를 쫓아가지 못하게 되었다. 유럽에서도 보통 사람들의 관광 붐이 일었다. 대부분 빠듯한 예산으로 하는 여행이었고(히치하이킹을 하거나 기간제 열차 승차권인 '인터레일'을 활용했다) 인도, 타이, 멕시코, 페루 같은 색다른 장소로 진출하는 여행이었다. 새로운 물결은 곧 독자적인 가이드북을 낳았다. 오스트레일리아에서 탄생한 『론리 플래닛』은 1974년에 동남아시아 육로 가이드북으로 첫선을 보였고, 『러프 가이드』는 1982년부터 유럽을 다루기 시작했다.

두 시리즈는 관광에 대한 사람들의 새로운 태도를 반영했다. 그 독자들은 스스로를 관광객이라기보다는 여행자로, 그것도 양심 있는 여행자로 여기고 싶어 했지만 말이다. 그 가이드북들은 히피스럽다고 보기에는 좀 지나치게 효율적이었지만, 어쨌든 진심으로 '자연으로 돌아가자'는 사고방식을 갖고 있었다. 무엇보다도 그 책들은 다른 가이드북들이 망쳐놓지 않은 세계 여러 지역으로 안내했고, 이미 망쳐진 지역일 때는 그 동네에서 어디로 가면 그 문제에 뭔가 조치를 취해야 한다고 생각하는 마음 맞는 여행자들을 만날 수 있는지 알려주었다(최초의 『그리스 러프 가이드』는 핵 없는 미래에 전념했다. 생태 관광은 최근에서야 등장한 목표다). 이 책들은 친근하게 수다를 떠는 듯한 문체로 쓰였고, 지방의 관습을 존중했지만 관료는 경계했다. 그 속의 지도들은 푸근하게 느껴질 만큼 원시적이었다. 필요에 따라 손으로 대충 그린 것이 많았다. 두 회사 모두 초창기에는 빠듯한 자금으로 운영되었기 때문에, 가령 네팔의 어느 마을에 대한 지도라고 하면 조사자가

---

88) 기성의 가치관·제도·사회적 관습을 부정하고, 인간성의 회복·자연과의 직접적인 교감 따위를 주장하며 자유로운 생활양식을 추구하는 젊은이들. 1960년대 후반부터 미국을 중심으로 생겨나 전 세계로 퍼졌다.

직접 냅킨에 끼적거린 그림이 책에
실리곤 했다.

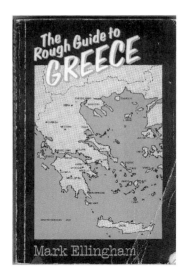

그러나 『론리 플래닛』과 『러프
가이드』가 발전하고 다른 경쟁 시
리즈들도 나타나자(특히 독일에서 난
립했다), 지도에 대한 존중이 다시금
나타났다. 꼭 머리와 베데커가 다시
등장한 것 같았다. 『론리 플래닛』이
인도 가이드북에 지도를 100장 수
록하면 『러프 가이드』가 영국의 통
치 이래 한 번도 지도에 실린 적 없

암흑시대의 지도를 표지에 내세운
최초의 『그리스 러프 가이드』.

었던 마을들의 지도를 50장 더 추
가하는 식이었다. 『러프 가이드』의 창립자 마크 엘링엄은 이렇게 회
상했다.

'사실 우리는 옛날 머리와 베데커의 가이드북을 자료로 활용하곤
했다. 그것들보다 더 나은 가이드북은 이후 출간되지 않았기 때문이
다. 그 지도를 가져다가 도시에 새 구역을 더하고 거리 이름을 바꾸
면 그만이었다. 물론 옛날과는 좀 다른 흥밋거리를 표시해야 했다. 옛
날의 토머스 쿡 여행사 사무소나 유치우편 수령소 같은 것 대신에 해
당 지역의 클럽, 바, 자전거 대여소 같은 것을.'

1990년대는 그들의 황금기였다. 『론리 플래닛』은 세계 모든 나라
를 다루겠다는 목표를 실현했으며, 손으로 그린 지도 대신 디지털 지도
가 등장함에 따라 온 세계를 점점 더 상세하고 세련되게 보여줄 수 있
었다. 그러나 바로 그 디지털 지도가 그들의 몰락을 앞당길 것이었다.

새 천 년이 시작되었고, 거품이 터졌다. 갑자기 세상의 모든 정보를 인터넷에서 찾아볼 수 있게 되었다. 여행자들은 값싼 항공편으로 마음이 대담해진 데다가 며칠만 짧게 여행하는 경우가 잦아졌기 때문에, 스스로 정보를 조사하기 시작했다. 요즘도 페루나 모로코를 여행한다면야 『러프 가이드』를 구입하겠지만, 이탈리아에서 며칠을 보내거나 헝가리에서 일주일을 보낸다면 직접 '트립어드바이저' 같은 웹사이트를 통해서 호텔을 예약하고 구글 맵스에서 지도를 인쇄해서 길을 찾으면 된다. 아니면 아예 휴대 전화에 구글 맵스가 깔려 있어서, 호텔과 관광 명소의 위치를 찾는 것은 물론이거니와 그곳을 향해 천천히 움직이는 점으로서 표시되는 자기 자신의 모습까지 볼 수 있다. 그런 신세계에서, 출간되자마자 흘러간 정보가 되어버리는 가이드북을 살 사람이 어디 있겠는가?

　하지만 혹시 쭈글쭈글하게 접어 넣은 종이에 매력적으로 인쇄된 스위스의 산맥과 이집트의 피라미드가 그립지는 않은지? 나는 다들 그리울 거라고 본다.

피터 팬의 아버지,
pocket map 접는 데 실패하다

지도는 잘 다려진 주름치마와는 다르다. 일단 한 번 펼쳐지면, 여간해 서는 도로 애초대로 접히지 않는다. 『피터 팬』의 작가 J. M. 배리(J. M. Barrie)는 아직 유명하지 않았던 스물아홉 살에 이 사실을 깨쳤다. 그런 데 왜 우리가 지도에 대한 배리의 견해를 귀 담아 들어야 할까? 그는 세상에서 가장 간단하면서도 매혹적인 지도의 방향 지시문을 썼기 때 문이다.

'오른쪽으로 두 번째를 향해 곧장 날아갈 것, 아침이 될 때까지.'

적어도 1904년에 초연된 원래 연극에서는 그런 문장이었다. 1953 년에 디즈니 영화로 나왔을 때는 피터 팬의 방향 지시가 살짝 바뀌었 다('오른쪽으로 두 번째 별을 향해 곧장 날아갈 것, 아침이 될 때까지'). 스튜 디오는 (콜게이트 비누 회사와 손잡고) 네버랜드를 묘사한 지도도 제작 했다. 악어 개울, 해적 만, 두개골 바위 등등이 모두 표시된 지도였다. 얇은 종이 지도는 펼치면 1×0.6미터였고, 콜게이트 비누 포장지 세 장과 15센트를 가지고 가면 받을 수 있었다. 지도에는 가슴이 미어지

콜게이트와 디즈니가 만든 〈네버랜드 지도〉. 안타깝게도 '용도가 제한된' 지도다.

는 안내문도 적혀 있었다. '이 지도는 용도가 제한된 수집용 물건입니다.'

그러나 이 디즈니 지도는 우리의 극작가를 만족시켰을 것 같지 않다. 피터 팬이 최초의 비행에 나서기 한참 전이었던 1889년 9월, 배리는 지도 전반에 대한 불만을 표시했다. 에든버러에서 살았던 그는 프린스 거리에 늘어선 서점들에서 모종의 트렌드를 감지했다. 서점 직원들이 그가 구매한 책을 포장하면서 새로 나온 〈에든버러 지도〉를 자주 권했던 것이다.

"뭐 특별한 점이라도 있나요?" 배리가 물었다. 그러면 점원은 이렇게 대답했다. "그럼요, 주머니에 넣어 다니기에 아주 편하답니다."

'"주머니에 넣어 다니기에 편하다"는 말을 들으면, 당신은 당장 책 꾸러미를 안고 달아나야 한다. 그것이야말로 위험 신호다.' 배리는

《에든버러 이브닝 디스패치》 독자들에게 이렇게 충고했다. '그러나 당신은 머뭇거리다가 지고 말리라.' 그래서 에든버러의 모든 가정에는 온 가족이 합심해도 도저히 접을 수 없는 지도가 하나씩 존재하게 되었다면서, 배리는 이어 말했다. '대체 왜 그것을 살까? 당신도 마음속에서는 불행의 주머니를 집으로 가져가는 것뿐이라는 사실을 잘 알면서 말이다.' 배리는 포켓용 지도를 비난하는 글을 맺으면서, 독자들에게 절대로 해서는 안 될 짓을 나열한 조언을 제공했다. 모두 본인의 끔찍한 경험에서 우러난 조언이라고 했다. 가령 이렇다. '지도에 말을 걸지 마라', '지도를 주먹으로 한 방 먹이지 마라', '지도를 마구 걷어차지 마라', '아내를 비난하지 마라'. 그리고 요행히 지도를 접는 데 성공했다면, '두 팔을 번쩍 쳐들면서 "해냈어, 해냈다고!"라고 온 집안에 외치지 마라. 그랬다가는 그 희열감 때문에 도로 망할 것이고, 누구도 당신이 그 일을 다시 해낼 수 있다고 믿어주지 않을 것이다. 그러니 감정을 잘 통제하고 혼자 남을 때까지 기다려라.'

제17장

카사블랑카, 해리 포터,
그리고 제니퍼 애니스턴이
사는 집

대중문화 속 지도와 현실의 상관관계

2011년 제작된 영화 「머펫츠」에는 지도학적 환희의 순간이라고 할 만한 장면이 나온다. 향수 어린 축제라고 할 수 있는 그 영화에서, 개구리 커밋과 친구들은 옛 극장을 살리기 위해 마지막으로 한 번 더 쇼를 열기로 한다. 커밋은 차를 몰고 온 미국을 누비면서 이곳저곳에 흩어진 옛 머펫 친구들을 태운다. 그러다가 문제가 떠오른다. 미스 피기는 프랑스에서 《보그》잡지를 위해 일하고 있는데, 머펫들은 미국에서 프랑스까지 날아갈 시간도 돈도 없었던 것이다. 그때 포지가 방법을 생각해낸다. 영화에서 봤다고 하면서. "지도로 여행하자!"

영화에서는 지도 여행이야말로 최고의 여행법이다. 「머펫츠」에서는 포지가 계기판에 '지도로 여행하기'라고 적힌 단추를 누르자 세계 지도가 눈앞에 펼쳐진다. 세계 지도 위에 목적지를 향해 굵은 선이 그어지고, 머펫들은 그 선을 따라 뉴욕에서 칸까지 흡사 온도계 수은주가 움직이듯이 미끄럽게 나아간다. 연착도, 대기 줄도, 여권 검사도, 세관도 없다. 우회할 필요도, 방향을 틀릴 일도 없다. 대서양을 몇 초 만에 건널 수 있다. 사실은 어느 나라에서 어느 나라로 가든지, 또는 어느 도시에서 어느 도시로 가든지, 시간은 정확히 똑같이 걸렸을 것이다. 어떤 영화에서는 지도에 선이 그어지는 대신 작은 비행기 그림이 나타나서 지구 위를 움직이기도 한다. 어느 쪽이든 우리는 영화계에서 가장 오래된 클리셰(cliche)[89] 중 하나를 통해 장면과 장소를 바꾼 셈이다. 이 지도 클리셰에 맞먹을 만큼 시시한 경쟁자라면, 꿈속 장면을 보여줄 때 화면에 물결무늬를 입히는 기법 정도가 아닐까. 어쨌든 우리들 중 누군가는 바로 그런 장면으로 평생 처음 지리를 배웠을 것이다.

처음으로 지도 여행이 등장한 영화가 무엇인지 알아내려고 해봤자 헛수고일 것이다. 틀림없이 어딘가의 창고에 보관된 무명의 어떤 영화일 테니까. 아마도 러시아 영화겠지.[90] 그러나 가장 유명한 영화라면 누구나 재깍 이름을 댈 수 있다. 1942년에 마이클 커티즈 감독은 사랑, 신의, 탈출의 이야기로서 험프리 보가트, 잉그리드 버그먼, 그리고 지도가 출연한 「카사블랑카」를 만들었다. 지도가 영화에서 그렇게 자주 등장하는 중요한 역할을 맡은 것은 「카사블랑카」가 처음이었다. 오프닝 타이틀에서 엔드 크레딧까지, 그리고 여러 실내 장면에서, 지도는 스크린을 가득 채우며 매력과 가능성을 발산해 보였다.

---

89) 판에 박은 듯한 문구 또는 진부한 표현을 가리키는 문학 용어.
90) 영국과 미국의 경쟁자로는 애니메이션 효과로 지도에 선을 그었던 두 다큐멘터리 영화가 있다. 첫 번째는 마틴 존슨과 오서 존슨의 1918년 솔로몬 제도 모험을 기록한 영화 「남태평양의 식인 제도에서」로, 태평양 지도 위에 선이 그어지는 장면이 등장한다. 두 번째는 영국 탐험가들의 비극적이고 영웅적인 남극점 탐험을 다룬 허버트 폰팅의 영화 「거대하고 흰 침묵」(1924년)이었다. 아문센과 스콧이 서로 다른 길로 로스 빙붕을 건넜음을 보여주기 위해서 지도에 검은 선이 그어지는 장면이 등장한다.

그러나 영화의 배경은 전쟁이 한창이던 시절이었으므로, 지도는 한 편으로 가혹한 한계를 뜻했다. 국경은 폐쇄되었고, 여행 거리는 더 멀어졌고, 출국 비자는 구하기 어려웠다.

영화는 굵은 윤곽선으로 그려진 아프리카 지도와 마르세이유에 폭격이 쏟아지는 장면을 보여주면서 시작된다. 지도가 디졸브(dissolve)[91]되고, 대신 구름에 감싸여 빙글빙글 돌아가는 지구본이 등장한다. 낭랑한 내레이션이 시작된다. '제2차 세계 대전이 터지자, 유럽에 갇힌 많은 사람은 희망적으로, 또는 절망적으로, 자유로운 미국을 향해 눈길을 돌렸다.' 지구는 여전히 빙글빙글 돌다가, 어느 순간 카메라의 시야가 유럽으로 좁혀들더니, 다음 순간 클로즈업으로 바

영화 「카사블랑카」에서 처음 지리를 배운 사람도 있을 것이다.

---

91) 한 화면이 사라짐과 동시에 다른 화면이 점차로 나타나는 장면 전환 기법.

뀐다. 이제 울퉁불퉁한 지형도가 펼쳐진다. 척 보기에도 고무공에 점토를 붙여 만든 것 같다. 내레이션이 이어진다. '리스본은 중요한 승선 장소가 되었다. 그러나 누구나 곧장 리스본으로 갈 순 없었기 때문에, 망명자들은 고생스럽게 둘러가는 길을 거쳐야 했다.'

지구본이 디졸브되고, 다시 지도 위에서 여행이 시작된다. 실선은 육로를 뜻하고, 점선은 뱃길을 뜻한다. '파리에서 마르세유로, 지중해를 건너서 오랑[92]으로. 그 다음에는 기차나 자동차나 도보로 아프리카의 가장자리를 따라서 프랑스령 모로코의 카사블랑카로⋯⋯.' 우리는 곧 모로코의 무어인 구역에 있는 릭의 카페에 가 있다. 이후에도 지도는 여러 장면에서 상징적인 그림자를 드리운다. 르노의 사무실에서 릭과 관료들이 사랑이 요구하는 바와 의무가 명령하는 바에 대해 이야기하는 장면을 보라. 세상의 모든 영화를 통틀어 최고로 낭만적인 대사라고 할 만한 유명한 대사에도('하고많은 술집들 중에서, 하고많은 도시들 중에서, 이 넓은 세상에서, 하필이면 그녀는 내가 있는 술집으로 걸어 들어왔다.'), 빙글빙글 도는 지구의 방대함과 그 속에서 우리가 느끼는 무력감이 표현되어 있다.

★ ★ ★

「카사블랑카」를 본 사람들은 대부분 그 매력에 홀렸다. 젊은 영화감독들도 마찬가지였다. 스티븐 스필버그의 〈인디애나 존스〉 시리즈는 스필버그가 어릴 때 토요일 오후마다 텔레비전에서 보았던 영웅

---

92) 아프리카 북부, 알제리 서북부에 있는 항구 도시.

들에게 바치는 애정 어린 헌사였지만, 제임스 본드와 영화 속 나치들에게도 영향을 받지 않을 수 없었다. 「인디애나 존스와 최후의 성전」은 존스가 어릴 때 겪었던 모험으로 시작한다. 그 후 그가 처음 어른으로 등장한 장면에서 그는 아이비리그 대학의 강의실에 있고, 벽에는 고고학적 발굴지가 표시된 지도들이 걸려 있다. 존스 교수는 아끼는 제자들에게 이런 멋진 말을 들려준다. "사라진 도시니, 이국적인 여행이니, 세계를 돌며 발굴하겠다느니 하는 생각은 잊어버려요. 우리가 지도를 따라서 숨은 보물을 추적하는 일은 없을 테고, X표가 보물이 묻힌 장소를 가리키는 일은 절대, 절대 없을 테니까."

그렇게 말해놓고는, 영화는 당장 지도를 따라 숨은 보물을 추적하는 여행에 나선다. 그보다 먼저 약탈당한 베네치아에서 숀 코너리(인디애나의 아버지 존스 박사 역을 맡았던 배우)를 찾아내고자 나서는데, 여행은 물론 지도로 한다. 우리는 붉은 선을 따라 뉴욕에서 출발하고, 세인트존에 들러 연료를 보충한 뒤, 대서양을 건너 스페인과 이탈리아 상공을 난다. 그 지도는 하늘에 뜬 비행기 속에서 성배 일지를 넘겨보는 인디애나 존스의 모습과 겹쳐진다. 그 성배 일지에도 고대의 여러 장소를 묘사한 지도가 많이 담겨 있다. 사해와 가까운 유대 남부 지방의 모습이 어렴풋이 눈에 들어오는데, 우리가 그 일지 속 지도를 제대로 엿보기도 전에 화면은 다시 원래의 큰 지도로 넘어간다. 이번에는 짧게 그어진 붉은 곡선이 우리를 베네치아에서 잘츠부르크로 안내한다. 잘츠부르크에서 카메라는 나치가 은신한 성을 상공에서 보여주고, 그 다음에 또 다른 클리셰에 가까운 표현으로 꼽을 만한 장면이 바로 등장한다. 사람들이 널찍한 탁자에 유럽 지도를 좍 펼치는 장면이다.

영화에서 지도와 지구본이 한물간 존재가 된 적은 한 번도 없었다. 「열차 안의 낯선 자들」, 「타이타닉」, 「비행기의 뱀들」 같은 영화가 아닌 이상 영화 속 여행은 지루할 뿐이라, 그 과정을 실시간으로 보여주는 경우는 거의 없다. 요즘도 그 문제에 대해서 감독이 선택할 수 있는 방법은 지도라는 장치를 직접적으로 적용할 것인가(「인디애나 존스」), 아이러니하게 적용할 것인가(「머펫츠」) 둘 중 하나뿐이다.[93] 학계에서도 이 문제에 흥미를 보여, 2009년에 《지도학 저널》은 한 권을 통째 이 주제에 할애했다. 그 속에는 난해한 글도 많았지만('영화의 메타포를 통합 미디어에 적용하여 지리를 묘사하는 방법에 관하여'), 몬트리올 대학의 세바스티앙 캐카르드(Sébastien Caquard)가 기고한 글은 놀라웠다. 캐카르드는 요즘 우리가 당연히 여기는 디지털 지도의 여러 기술이, 특히 특정 부분을 확대하거나 시점을 바꾸는 기능, 전통적인 지도에 사진이나 위성 영상을 겹치는 기술 등이 영화에서 시작된 것이 많다고 주장했다. 영화에서 한 발 앞서 등장했던 기술이 과학자들에게 영감을 주어 현실에서도 구현되었다는 것이다.

사례는 많다. 프리츠 랑의 1931년 영화 「M」에는 디지털적이고 현대적이라고 볼 만한 속성을 여럿 지닌 지도가 등장한다. 1930년대 초 베를린에서 한 소녀가 연쇄 살인범에게 살해된다. 현장에서 빈 사탕 봉지가 발견되었기에, 경찰은 근처 과자 가게를 조사하기로 한다. 이때 경찰이 수색 범위를 넓히는 과정이 지도 시퀀스 장면으로 묘사되는데, 처음에 사선(斜線)으로 보던 시점은 차츰 상공에서 내려다보는

---

93) 언제나 지적인 애니메이션 「패밀리 가이」에서도 멋진 패러디를 보여준 바 있다. 피터와 브라이언이 열기구를 타고 중동 상공을 난다. 발밑의 국가들은 알록달록한 판처럼 그려져 있다. 브라이언은 "흠, 위에서 보면 이런 모습이었단 말이지."라고 말한다.

"여기선 싸우면 안 됩니다. 여긴 전쟁 방이라고요!"
「닥터 스트레인지러브」의 지도학적 통제 센터.

'신(神)의 숏'으로 바뀐다. 우리가 컴퓨터 지도나 가상 지구본에서 시점을 바꾸는 것처럼 말이다. 또한 「M」에는 세계 최초로 지도에 소리를 입힌 사례가 등장한다고 말해도 무방하다. 발성과 지도가 처음으로 만난 것이다. 이 또한 디지털 기술의 선조 격으로, 이 경우에는 우리가 위성 항법 장치로 지도를 볼 때 사용하는 안내 소리 효과를 예시했다고 봐도 좋으리라.

그렇다면 그 위성 항법 장치가 처음 등장한 곳은 어디겠는가? 그야 당연히 제임스 본드 영화다. 1964년 작 「골드핑거」에서 본드는 골드핑거의 자동차에 발신기를 붙인 뒤, 자신의 애스턴 마틴에 장착된 초록색 둥근 화면으로 골드핑거를 뒤쫓는다. 그 기기는 생김새도 소리도 요즘의 '톰톰'이나 '가민'⁹⁴보다는 수중 음파탐지기에 가깝지만, 어쨌든 50년 가까이 이어진 기본 발상만큼은 다르지 않다. 운전자가 차에 타면 차가 알아서 길을 안내한다는 것 아닌가. 같은 해에 나왔던 냉전 시대의 또 다른 고전 영화 「닥터 스트레인지러브」도 주목할 만하다. 영화 속 작전실 벽에는 대형 화면에 지도가 떠 있다. 지도 위에서 조금씩 움직이는 점들은 러시아의 표적을 향해 날아가는 미국의 B52 폭격기들이다. 점들은 너무 늦지 않게 멈춘다. 이것은 훗날 우리가 실제 전투에서 목격하게 될 실시간 원격 군사 지도를 음울하면서도 코믹하게 예시한 사례였던 셈이다.

★　★　★

캐카르드의 가설은 말이 된다. 왜 아니겠는가? 우리가 영화에서 영향을 받는 것처럼 현대 지도업계도 영화에서 영향을 받지 않겠는가? 그런데 캐카르드의 가설이 「해리 포터와 아즈카반의 죄수」에도 적용될까?

2004년에 호그와트는 새로운 마술 장난감인 〈비밀 지도〉를 맞이했다. 위즐리 쌍둥이가 해리에게 건넨 그 지도는 첫눈에 별로 인상적이지 않다. 해리는 커다란 직사각형 양피지를 펼치면서 묻는다. "이 쓰레기는 뭐야?" 그 속은 완전 백지다. 쌍둥이는 "이게 바로 우리 성공의 비밀이지."라고 대답한 뒤, 조지 위즐리가 마술 지팡이로 지도

---

94) '톰톰'과 '가민'은 내비게이션 브랜드 이름이다.

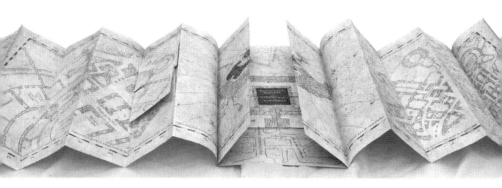

호그와트 비밀 지도의 진짜 같은 모조품.
마법의 욕설이 없어도 접힌 모습이 충분히 멋지다.

를 톡 건드리면서 "나는 못된 짓을 할 것을 엄숙히 선언하노라."라고
읊는다. 그러자 백지였던 양피지에 서서히 글씨와 그림이 나타난다.

그 지도는(영화에서도 책의 묘사를 상당히 충실하게 재현했다) 왜 유용
할까? 해리는 잠시 뒤에 깨닫는다. 그것은 호그와트를 실시간으로 보
여주는 지도였다. 저기 나타난 것은 덤블도어가 서재에서 왔다 갔다
하는 발자국이 아닌가. 해리는 놀라움을 감추지 못한다. "그러니까
이 지도가 보여주는 건⋯⋯." 쌍둥이가 말을 가로챈다. "모든 사람이
지. 그들이 어디에 있든, 무엇을 하든, 매일 매 순간."

방식은 좀 다를지언정, 그것은 양피지에 그려진 장난스러운 세계
라는 점에서 일종의 〈마파문디〉였다. 지도는 여러 번 접혀 있고, 다
펼치면 크기가 0.6×2.1미터쯤 된다. 지도에는 호그와트의 모든 곳이
사실상 다 나온다. 교실, 성곽, 복도, 계단, 찬장까지. 해리는 그 지도
를 써서 호그스미드의 허니듀크 과자점으로 가는 외눈 마녀의 통로
를 알아낼 것이고, 다들 죽었다고 여기지만 사실은 죽지 않았을지도

모르는 피터 페티그루를 찾아낼 것이다. 지도를 다 사용했다면, "장난 완수."라고 읊어야 한다. 그러면 양피지가 백지로 돌아간다. 만일 낯선 사람의 손에 들어간다면, 양피지에는 갈색 잉크로 적힌 모욕적인 말만 나타난다.

아니나 다를까, 이 지도에 상응하는 사례도 현실에 존재한다. 캐카르드는 '호그와트 비밀 지도는 디지털 지도 기술의 감시 능력을 실현한 사례가 분명하다'고 주장했다. 모든 사람이 매 순간 어디 있는지 아는 능력은 '전투 공간에 대한 주도적 인식(DBA)이라는 군사 개념과 딱 떨어지게 대응한다'는 것이다. J. K. 롤링(J. K. Rowling)이 정말로 현실의 군대에 영향을 미쳤는지 그 반대였는지는 더 토론할 문제이겠지만.

* * *

험프리 보가트와 해리슨 포드가 나치를 물리친 지 얼마 되지 않았을 무렵, 대중을 위한 새로운 관광 코스가 두 가지 등장했다. 그 인기는 아직까지 시들 기미가 없다. 첫 번째는 영화 촬영지를 찾아다니는 여행, 이른바 '제트 세트'다. 매디슨 카운티에 가서 다리를 보거나, 파리로 가서 『다빈치 코드』의 템플 기사단-프리메이슨이 활약했던 현장을 보는 것이다. 그런 여행은 재미있을 것이다. 사실 런던, 파리, 뉴욕에 대한 최초의 머릿속 지도를 영화에서 얻은 사람도 많을 것이다. 그러나 우리는 그 도시들의 실제 풍경은 리처드 커티스, 클로드 샤브롤, 우디 앨런의 눈에 비쳤던 것과는 다를 때가 많다는 사실을 안다. 대부분의 할리우드 영화는 그 배경으로 묘사된 장소에서 촬영하지 않은 경우가 많다는 사실도 안다. 그렇다면 간단히 유니버설이나 워너브라더스 스튜디오를 구경하는 방식으로 세계를 여행하는 편이 더 나을지도 모른다.

또는, 영화를 아예 건너뛰고 스토킹에 나설 수도 있다. 전후(戰後)에 사람들이 영화에 관해 품은 두 번째 욕구는 배우들의 집을 보고 싶다는 바람이었다. 지도는 그런 사람들을 도왔다. 조니 와이스멀러가 브렌트우드 로킹엄 N423번지에 살았고 그레고리 펙이 샌타모니카 산레모 1700번지에서 쓰레기를 내놓았던 시절부터 지금까지.

1960년대에 캘리포니아 주 셔먼 오크스, 벤투라 대로 13561½번지에 있었던 '미톡 & 선스' 사는 『영화, 텔레비전, 라디오 스타들의 환상적인 집으로 안내하는 무비랜드 가이드』를 판매했다. 표지에는 루실 볼, 데시 아너즈, 리버라치, 밥 호프, 메릴린 먼로의 사진이 박혀 있었다. 지도는 약속을 지켰다. 그 지도가 있으면 스타들이 사는 곳을 알 수 있었거니와, 직접 차를 몰고 그곳으로 가서 정문 옆에 주차하고 근처를 좀 어슬렁거릴 수도 있었다. 그래도 순수했던 그 시절에는 경찰에게 인도되지 않을 수 있었다. 지도에는 클라크 게이블(엔시노, 프티트 N4545), 헨리 폰다(브렌트우드, 타이거테일 600), 에롤 플린(멀홀랜드 드라이브 7740), 루돌프 발렌티노(벨라 드라이브 2), 그리고 W. C. 필즈가 마지막으로 살았던 집이 나와 있었다(할리우드, 드밀 드라이브 2015).

당시는 정말로 스타가 스타인 시절이었다. 샌퍼낸도 밸리, 샌타모니카, 브렌트우드, 벨에어, 할리우드를 보여주는 지도는 대부분 손으로 그려진 것이었고, 참으로 원시적이었다. 우리가 남에게 주유소 가는 길을 알려주려고 끼적인 낙서를 닮았다. 그래도 그 지도는 분명하고 정확했다. 거리 이름은 검은 대문자로 적혀 있었고, 유명한 집은 빨간색으로 표시되어 있었고, 굵고 빨간 선셋 대로가 지도 중앙을 관통했다. 그 지도는 장소 찾기 도구로서는 물론이거니와 사회적 기록으로서도 유효하다. 할리우드가 그토록 매력적이고 자족적이었던 적은 또 없었던 것 같고, 그토록 수많은 별이 살았던 적도 또 없었던 것 같다. 제 몫의 화려함을 품지 못한 거리는 하나도 없었던 것 같고, 집집마다 대본을 배달했던 성실한 우편집배원은 아침 배달을 한 번 도는 것만으로도 두 편 동시 상영 영화의 캐스팅을 해낼 수 있었을 것만 같다.

그것은 1960년대였다. 한편 2012년에는 샌타모니카 부두의 어느 오두막에서 〈영화배우들의 집과 악명 높은 범죄 현장들〉이라는 지도를 살 수 있었다. 이것과 옛 지도의 공통점은 메릴린 먼로에게 반해

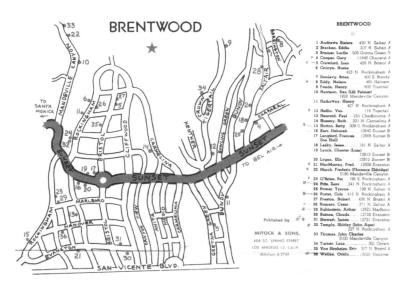

영화배우들의 집을 보여주는 지도. 지금보다 순수했던 시절에 스토커를 위해 만들어졌다.
제임스 스튜어트는 31번지에 살았고, 맞은편 30번지에는 클로드 레인스가 살았다.

있다는 점뿐이다. 물론 1960년대 지도에서는 먼로가 살아 있었지만 지금은 죽었고, 그녀에 관련된 장소들은 옛날보다 더 선정성을 띤 느낌이다. 먼로가 자랐던 고아원(엘센트로 N815), 먼로가 뉴욕 양키스의 타자 조 디마지오와 헤어진 뒤 머물렀던 곳(드롱프리 8336), 먼로가 존 F. 케네디와 그렇고 그런 일을 벌였던 노스로스모어의 모리타니아 호텔. 약 50년의 간격을 두고 나온 두 지도가 갈수록 타락하는 사회를 이보다 더 잘 보여줄 수 있을까?

'신문에 나온 충격적인 범죄 현장을 방문하세요!' 표지에 나온 문구는 우리에게 사정한다. '근사한 주택들의 세부 사항과 가격을 알 수 있습니다!! 스타들은 절대로 당신에게 이 지도를 보여주고 싶지 않을 겁니다!!!' 느낌표를 더 찍었다가는 다른 얘기를 할 공간은 하나도 안 남겠군요!!!! 그야 어쨌든, 펼치면 작은 식탁을 덮을 만큼 널찍한 이 지도는 이례적으로 효율적이고 인상적이다. 우리는 휴 그랜트가 창녀와 함께 있다가 경찰에게 붙잡힌 장소를 알 수 있고, '새터데이 나이트 라이브'에서 빌 클린턴의 목소리를 모사했고 '심슨스'에서는 트로이 매클루어의 목소리를 연기했던 필 하트먼의 아내가 1998년에 남편을 총으로 쏜 뒤 자신도 그 총으로 자살했던 장소가 어디인지 알 수 있다. 자극적인 색깔들이 쓰여서 보기에는 끔찍하지만, 지도가 전달하는 신호와 표시만큼은 분명하다. 범례는 또 절로 부러워질 정도로 얼마나 간결한지. 빨간 별은 범죄 현장을 뜻하고, 분홍색 별은 배우의 집을 뜻하고, 과녁 가장자리에 불길이 활활 타오르는 그림은 유명인들이 드나드는 나이트클럽, 부티크, 식당을 뜻한다.

1960년대에 비해 가장 많이 바뀐 곳은 말리부다. 한때는 비교적 덜 유명한 사람들이 살았던 곳이지만(데니스 오키프, 투르한 '터키 사탕'

베이, 그레고리 래토프), 지금은 살아 있는 《피플》지나 마찬가지다. 그곳을 전통적인 기법으로 지도화하려고 했다가는 인쇄하자마자 한물 간 정보가 될 것이다. 그래서 스타 지도는 새로운 형태로 등장했다. 소형 무개(無蓋) 버스로 90분 동안 태평양 해안 도로를 달리면서 르네라는 중년 여성으로부터 스타들의 가십을 실컷 듣는 '스타라인 관광'이다.

샌타모니카 부두 주차장에 모인 사람은 12명이었다. 독일 도르트문트에서 온 4인 가족도 있었다. 우리는 르네의 머릿속에 든 지도에 접근하는 대가로 일인당 39달러를 지불했다. 출발점은 알 파치노가 묵곤 했다는 카사 델 마르 호텔이었다. 르네는 알 파치노를 실제로 딱 한 번 봤는데, 그때 그는 빨간 페라리 컨버터블을 몰고 있었다고 했다. 우리가 탄 버스는 해안을 향해 굴러갔다. "여기가 배우이자 카우보이였던 윌 로저스가 살았던 데예요. 로저스는 1935년에 비행기 사고로 죽었죠. 참, 오늘 누가 법정에 출두했는지 아세요? 린지 로한이에요. 왜 그 팔찌 사건 있잖아요. 왼쪽에 보이는 건 문쇄도스인데, 멜 깁슨이 아가씨들하고 술을 몇 잔 했던 곳이죠. 그리고 1시간 뒤에 음주 운전으로 경찰한테 잡혔죠."

15분 뒤, 우리는 제프와 보 브리지스 부부의 집에서 기념사진을 찍을 기회를 가졌다. 우리가 그 아름다운 바닷가 저택을 멋진 각도에서 보진 못하는 것 같았다. 제일 매력적인 조망은 해변에서 바라보는 것일 텐데, 그러면 목제 테라스가 보일 테고, 운 좋으면 슈퍼스타들이 엎드려서 등에 오일을 펴 바르는 모습도 보일 것이었다. 그러나 안타깝게도 우리가 본 것은 쓰레기통과 차고, 간간이 에비앙 생수를 들고 조깅하는 행인들뿐이었다.

"저 갈색 차고는 라이언 오닐의 집이에요." 르네가 말했다. "라이언은 파라 포셋 메이저스가 죽기 전까지 저곳에서 함께 살았죠. 두 사람의 자식을 지난주에도 봤어요. 그리고 저건 오즈번 가족의 집이에요. 그런데 이번 주에 집을 내놔서, 아마 소더비 부동산 표지판이 보일 거예요…… 저건 리어나도 디캐프리오의 집이에요. 파랗고 하얀 현대적인 집 말이에요. 차고가 세 개 있는 저건 데이비드 게펜의 집이고요. 22148번지, 저건 제니퍼 애니스턴 집이에요. 아름답죠. 집도 여배우도."

버스는 계속 굴러갔다. 이것도 나름대로 지도라면 지도였다.

토끼를 추적하는
가면무도회

1979년, 채색화 15점이 담긴 책이 한 권 출간되었다. 그 속에는 영국의 한 장소를 가리키는 단서가 담겨 있고, 독자가 그 장소를 알아내어 땅을 파헤치면 보물을 발견할 것이라고 했다. 책 자체가 일종의 정신적 지도인 셈이었지만, 그보다는 독자들이 현실에서 실제로 보물 지도를 그려야 한다는 점이 더 참신했다.

책 제목은 '가면무도회'였다. 제목만 봐서는 그 책이 헌신적인 추종자들을 얼마나 괴롭힐 것인지를 전혀 짐작할 수 없었다. 독자가 그린 지도가 정확하다면 그는 그곳에서 도자기로 된 상자를 캐내게 될 텐데, 그 속에는 정교하게 주조된 황금 토끼가 들어 있을 것이었다. 토끼의 네 발에는 종과 보석이, 몸통에는 태양과 달이 대롱대롱 매달려 있다고 했다. 그 토끼가 포상이었지만, 그게 재미는 아니었다. 재미는 추적에 있었다. 다른 독자들과 보물찾기 경쟁을 하면서 아이로 돌아간 기분을 느끼는 데 있었다. 뒤표지에는 '글을 읽을 줄 알고 간단한 수학과 천문학을 아는 똑똑한 열 살짜리 아이든 옥스퍼드 대학의 학장이든, 보물을 찾아낼 가능성은 똑같습니다'라고 적혀 있었다. 책은 세계적으로 선풍적인 인기를 끌었다. 희망을 품은 독자들이 사방팔방에서 추적에 나섰다.

책을 구상하고, 그림을 그리고, 보석 달린 토끼를 만든 것은 모두 한 사람, 키트 윌리엄스(Kit Williams)였다. 민속 공예가답게 턱수염을 기른 윌리엄스는 현대 세계에 대해 약간 러다이트적인[95] 불신을 품었다(토끼는 점토로 빚은 갈색 주머니에 들어 있었고, 그 위에는 금속 탐지기에 걸리지 말라고 밀랍이 덮여 있었다). 마케팅 부서의 꿈이나 다름없었던 그 책은 어린이 책을 소개하는 페이지에서 자연스럽게 전국 뉴스 방송으로까지 진출했고, 세계적으로 150만 부쯤 팔렸다.

줄거리는 별것 아니었다. 달과 해가 사랑에 빠져서 전령인 토끼에게 사랑의 정표를 주어 보냈는데 토끼가 별들을 헤치고 달리다가 그만 그걸 잃어버린다는 내용이었다. 그러나 만일 독자가 암호 같은 십자말풀이를 좋아하는 부류의 사람이라면, 삽화들을 찬찬히 주의 깊게 살핌으로써 그 속에서 천천히 구체적인 한 장소가 떠오르는 것을 알아차릴 수 있었다. 그러면 처박아뒀던 〈육지측량부 지도〉를 꺼내어 장소를 더 좁힌 뒤, 키트 윌리엄스에게 편지를 써서 자신이 제대로 맞혔는지 확인해달라고 하면 되었다.

그러나 오랫동안 아무도 보물을 발견하지 못했다. 거의 3년 동안, 윌리엄스는 세상에서 가장 많은 지도를 편지로 받는 사람이 되었다. 매주 수백 통이 왔다. 독자는 다들 아마추어 탐정이었다. 개중에는 편

---

95) 러다이트(Luddite)는 19세기 초 영국 공업 지대에서 일어난 노동자의 반(反)자본주의 운동이다. 산업 혁명으로 일자리를 잃은 영국의 노동자들은 실업의 원인을 기계 때문이라고 여겨서 기계를 파괴하는 운동을 벌였다.

지를 보내기 전에 땅부터 파보는 사람도 있었지만, 대부분은 윌리엄스가 정답에 근접했다고 고개를 끄덕거려주기를 기다렸다. 지도나 그림을 그린 손재주는 수준이 천차만별이었다. 대부분 영국 어느 시골의 밭, 나무, 근처 도로, 그 밖의 지형지물을 보여주는 그림들이었지만, 그것을 해독하려면 땀깨나 흘려야 했다.

그러던 1982년 8월 어느 날, 윌리엄스는 줄곧 기다리던 지도가 든 편지를 받았다. "거의 어린아이가 그린 것 같은 지도였지만, 정확히 보석이 있는 위치를 묘사하고 있었지요." 윌리엄스는 이렇게 회상했다. 보낸 사람은 켄 토머스(Ken Thomas)라는 남자였다. 그는 윌리엄스에게 허락을 받고 토끼를 파냈다. 토끼는 M1 고속도로 13번 나들목에서 가까운 베드퍼드셔 앰틸의 한 공원에 묻혀 있었다.

켄 토머스는 윌리엄스에게 자신이 토끼를 1년 조금 넘게 찾아다녔지만 위치를 발견한 것은 대체로 우연이었다고 설명했다. 토머스는 단서를 겨우 몇 가지만 풀고서 일단 그곳으로 갔는데, 우연히 자신의 개가 앰틸 공원의 흰 십자가 둘 중 하나의 반석에 오줌을 누는 바람에 무심코 비문을 읽게 되었다. 그리고 그것이 모든 수수께끼의

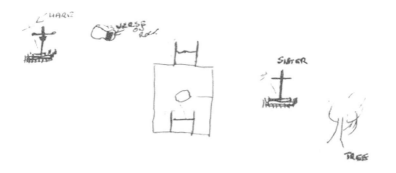

키트 윌리엄스의 『가면무도회』 속 암호를 '푼' 켄 토머스의 지도.

열쇠였다. 상당히 실망스러우면서도 희한한 결말이었다. 『가면무도회』를 풀었다는 소식은 엄청난 뉴스였지만, 토머스는 수줍음이 많아서 사람들 앞에 나서지 않았다.

이후 해답은 문고판에 공개되었다. 그 내용은 사람들이 상상했던 것보다 단순했다. 삽화에 등장하는 동물들의 가장 긴 손가락이나 발가락이 가리키는 방향으로 동물의 시선을 연장한 뒤 그 선이 책장 끝에서 만나는 알파벳을 확인하면, 이런 단어들을 얻게 되었다. 'Catherine's longfinger over shadows earth buried yellow amulet midday points the hour in light of equinox look you(캐서린의 긴 손가락 위로 그림자 땅 묻힌 노란 부적 정오 지점 시각 빛의 춘분·추분 보라 당신).' 이것은 아크로스틱(연속된 단어나 행에서 첫 문자나 어절 등만 떼어 이으면 또 다른 어구가 되도록 만든 것 - 옮긴이)이었고, 단어들의 첫 알파벳만 모아 나열하면 'Close by Ampthill(앰틸 근처)'이 된다. 그러니 춘분이나 추분에 앰틸로 가서, 책에 나오는 것과 비슷하게 생긴 시계탑을 시내에서 지나친 뒤, 앰틸 공원에서 아라곤의 캐서린(책에서 한 번 이상 언급되었다)을 기념하는 높은 십자가 꼭대기에 태양이 떠오르기를 기다렸다가, 십자가의 그림자 끄트머리가 풀밭에 드리운 지점을 파보면 되었다.[96] 윌리엄스는 이 것을 '해적의 보물 지도에 그려진 가위표와 비슷한' 표시로 의도했다.

얼마나 근사한가. 그러나 안타깝게도 켄 토머스가 사실은 두골드 톰프슨(Dugald Thompson)이라는 사람이고 (윌리엄스는 몰랐지만) 그가 윌리엄스의 옛 여자 친구와 함께 살았던 다른 남자의 사업 파트너라

---

96) 캐서린은 아라곤의 페르난도 2세와 카스티야의 이사벨 1세의 막내딸이다. 그녀는 영국 왕 헨리 7세의 맏아들 아서와 결혼했다가, 그가 죽자 시동생인 헨리 8세의 첫 부인이 되었다.

는 사실이 밝혀지면서, 이야기의 매력이 훼손되었다. 톰프슨은 수수께끼 풀이와 지도 그리기를 통해서 토끼를 발견한 게 아니라 그 여자가 윌리엄스와 함께 공원으로 소풍을 갔던 기억을 떠올린 이야기를 듣고서 알아냈던 것이다. 이것이야말로 현대의 해적질이 아닐까.

제18장

아주 큰 지구본 만드는 법

크고 아름다운 동그라미를 만들기 위한 눈물 나는 노력

길을 나선 지 8킬로미터쯤 되었을 때, 피터 벨러비(Peter Bellerby)는 자동차 앞 유리에 GPS 장치를 고정시키고 우편번호를 입력했다. 누구나 따르는 일반적인 과정이었다. 익숙한 장소에서 일단 차를 출발시킨 뒤, 약간 신경이 쓰이기 시작하는 지점에 도달하면 그때 위성에게 맡기는 것이다. 마흔다섯 살의 지구본 제작자인 벨러비는 윈스턴 처칠의 시골집이 있는 켄트 주 차트웰로 가는 중이었다. 스톡 뉴잉턴에 있는 벨러비의 집에서 그곳까지는 1시간 조금 넘게 걸릴 것이었다. M11 도로로 런던을 빠져나간 뒤 M25를 달리다가 마지막으로 A21를 타면 된다. 요즘은 이런 내용을 알 필요도 없지만.

화창하고 서늘한 11월이었다. 이제 길에 집중할 필요가 없었기 때문에, 벨러비는 이야기에 집중했다. 그가 차트웰로 가는 것은 이례적으로 거대한 지구본을 구경하기 위해서였다. 그는 몇 주 전에도 찾아가서 그것을 처음 보았으나, 그때는 그의 방문이 미스터리에 싸인 상태였다고 했다. 그는 내게 설명했다. "어딘가에서 그 지구본에 대한 이야기를 읽었습니다. 그래서 차트웰로 전화를 걸어서 물었죠. '거기 지구본 있습니까?' 그쪽에서 '아니요, 여기 지구본은 없습니다.'라고 대답하더군요."

벨러비에 따르면 그 지구본은 전쟁 중에 윈스턴 처칠과 루스벨트(Franklin D. Roosevelt)에게 하나씩 주어진 물건이었다. 벨러비가 알기로, 처음에는 다우닝 가의 관저로 배달되었지만 처칠이 차트웰로 가져갔다고 했다. "아니요, 여기에 지구본 같은 건 없습니다." 벨러비는 크기를 알려주었다. 지름이 127센티미터라고 했다. "아니요, 그런 큰 물건은 없습니다. 여기 차트웰에는 그런 걸 둘 곳도 없습니다."

벨러비는 다음으로 내각 작전실(처칠이 제2차 세계 대전 중에 사령실로 사용했던 벙커로서, 자세한 이야기는 이 장에 뒤이은 'pocket map'에 나온다

루스벨트가 처칠의 지구본과 똑같은 자신의 지구본을 바라보며 생각에 잠겼다.

- 옮긴이)에 있는 여성과 이야기해보았지만, 그쪽도 그런 지구본은 없다고 했다. 이어 그리니치의 국립해양박물관에 문의했지만, 역시 꽝이었다. 그는 다우닝 가로 편지를 썼다. 데이비드 캐머런이 총리로 선출된 직후였다. "이틀 뒤에 답장이 왔습니다. 총리실 사람이 하는 말이, 자기도 차트웰에 물어봤는데 그쪽에서 그에게 '절대로 없다'고 했다는 겁니다." 벨러비는 체커스(버킹엄셔에 있는 영국 총리의 공식 별장 - 옮긴이)나 다른 장소에도 문의했지만 소득이 없었다. 다음으로 왕가 컬렉션을 관리하는 곳에 편지를 썼다. 그쪽에서도 어깨를 으쓱할 뿐이었다.

"나는 워싱턴으로 가서 루스벨트의 지구본을 봐야겠다고 생각하던 참이었습니다. 그러다가 IMCoS(국제지도수집가협회)의 어느 여자분과 이야기할 기회가 있었는데, 그분이 이러더군요. '그건 분명히 차트웰에 있어요. 거기 있는 게 확실해요. 왜냐하면 내가 지난달에 거기서 그걸 봤으니까. 그 사람들이 그걸 옮기지 않은 이상……' 하지만 그건 옮길 수 있는 물건이 아니거든요. 그랬다가는 산산조각이 날걸요."

벨러비는 관광객 입장 시간에 맞춰 차트웰로 내려가 보았다. 지구본은 그곳에 있었다.

"정문에 있는 남자에게 물었더니, 그가 '처칠 지구본 말씀이군요……'라면서 10분 동안 그 물건에 대해 떠드는 겁니다. 그래서 내가 내 소개를 했더니 약간 멋쩍어 하더군요. 남자는 나를 공짜로 입장시켜주면서 이렇게 말했어요. '우리는 그 물건에 대한 이야기를 꺼리는 편입니다. 다른 누군가가 그 물건의 권리를 주장할까 봐 걱정되어서요. 다른 박물관이 우리한테서 그걸 빼앗아가길 바라지 않거든요.' 하지만 내가 나올 때 나한테 와서 이렇게 말하더군요. '이제 그 물건이 우리 소유라는 사실을 확정했다고 하니까, 아무 문제 없습니다.'"

벨러비가 지구본을 다시 보려는 이유는 그것을 베끼고 싶어서였다. 최소한 그 지구본의 발상을 베낀 뒤(큰 크기와 강한 인상, 대담하게 육박해오는 기하학적 구조) 처칠, 루스벨트, 스탈린, 히틀러가 지구를 좌지우지하기 직전이었던 1930년에 그려진 지도 대신에 좀 더 현대적인 지도를 표면에 입히려는 것이었다.

⁓⁓⁓⁓⁓

벨러비는 몰락한 상류 사회 사람 같은 분위기를 풍겼다. 배우 스티븐 매킨토시를 쏙 빼닮았다. 그는 지구본 제작에 뛰어들기 전에는 런던에서 '블룸즈버리 볼'이라는 볼링장을 운영하면서 공을 굴렸다. 처음에는 나무 볼링 레인을 설치하는 일만 맡았다가 나중에 운영까지 맡기로 했다. 볼링장은 매일 밤 만원을 이루어 대인기였지만, 3년이 지나자 신선함은 사라진 지 오래였다.

볼링장 일에 슬슬 물릴 즈음, 그는 은퇴한 해군 건축가인 아버지에게 드릴 팔순 생일 선물을 궁리하다가 새로운 기회에 눈을 떴다. "아버지에게 지구본을 드리면 좋겠다고 간단하게 생각했습니다. 그런데 가게에도 가보고 온라인에서도 뒤져보았더니, 수만 파운드쯤 하는 값비싼 골동품 아니면 공장에서 제조되어서 딱 공장제처럼 보이는 새 제품뿐이더군요. 대개 속에 전구가 들어 있고요. 근사한 수공예 지구본을 만드는 사람은 전국에 한 명도 없는 것 같았습니다."

2008년에 벨러비는 자신이 직접 새로운 직종에 도전해보기로 마음먹었다. 마침내 자신의 진정한 천직을 발견한 것이기를 바라면서. 그는 자신이 위대한 선교사 겸 탐험가 데이비드 리빙스턴과 먼 친척일지도 모른다는 이야기를 들으면서 자랐다. 그의 고조할머니는 성함이 메리언 카즈웰 리빙스턴이었고, 아프리카 내륙을 열어젖힌 남자가 자기 사촌이라고 믿었다. 벨러비는 고조할머니의 주장을 확인해볼 생각은 한 번도 하지 않았는데, 굳이 확인해보지 않았던 것이 이제 직업적으로 유리하게 작용할 것도 같았다.

벨러비가 아버지를 위한 과제에 나섰을 때, 지구본 시장은 대체로 미개척지처럼 보였다. 교실마다 지구본이 있었고 대영 제국이 그 표면의 절반을 통치했던 리빙스턴 시절에 비하면 오늘날의 시장은 엄청나게 줄어든 상태였다. 그러나 벨러비는 자기 자신을 존중하는 회사 운영자라면 누구나 집무실에 지구본 하나쯤 갖고 싶을 것이라고 (나중에 알고 보니 그릇되게) 믿었다. 지구본은 은퇴 선물로도, 시골집에 둘 인상적인 장식품으로도 이상적일 것 같았다.

아버지의 생일이 다가옴에 따라, 생일 선물로 드릴 지구본을 제때 만들 가능성은 점점 멀어졌다. 그러나 이제 아버지의 지구본은 벨러비의 머리에 든 수백 개 지구본 중 하나일 뿐이었다. 그가 상상한 수요는 날마다 늘어났다. 공항 출발 라운지에도 당연히 지구본을 둬야 하지 않겠는가? 바다 한가운데에 회사 브랜드를 근사하게 새겨 넣은 기업용 지구본은 어떨까? 하지만 그런 물건을 어떻게 만들지? 작업은 그가 상상했던 것보다 더 힘들 것이었고, 그의 제법 멋진 애스턴 마틴 DB6 자동차만큼 비용이 들 것이었다.

도착하기까지 1.5킬로미터쯤 남았다. 벨러비의 시선은 GPS에서 도로 표지판으로 옮겨갔다. 그가 말했다. "처음 GPS가 나왔을 때, 나는 '대체 누가 이런 걸 원하겠어?'라고 생각했습니다. 그런데 여자 친구가 옆자리에서 지도를 읽어주는 걸 듣고 있자니 '아니, 그렇게 가는 게 아니고……'라는 생각이 들더군요. 그래서 그리스로 여행 갈 때 기기를 구입했는데, 프랑스에서 240킬로미터쯤 우회하게 만든 것을 제외하고는 정말로 환상적이었어요."

차트웰에서 우리는 뒷문을 찾아 들어갔다. 관광객을 받지 않는 겨울 시즌이 얼마 전에 시작되어 저택은 닫혀 있었다. 정원은 아직 공

"뭐든지 동그란 걸 만든다는 건 그야말로 악몽입니다."
현대의 지구본 제작자, 피터 벨러비.

개되어 있었지만, 사람은 없었다. 우리는 차트웰의 집사 중 한 명인 니콜 데이를 만났다. 그녀의 안내에 따라 우리는 사과가 열린 나무들과 근사한 전망을 지나 작은 화실로 향했다. 처칠이 정원 온실을 개조해서 만든 화실이었다.

화실은 처칠이 떠난 때의 모습을 거의 그대로 간직하고 있었다. 이젤과 페인트 통이 놓여 있었고, 벽에는 처칠이 그린 유화들이 걸려 있었다. 탁자 위 재떨이에는 아니나 다를까 반쯤 피우고 씹다가 만 시가가 놓여 있었다. 그 주인이 화장실을 가려고 방금 자리를 비운 것만 같았다(처칠을 기리는 장소라면 어디에나 이렇게 반쯤 피우다 만 시가가 놓여 있다). 그곳에, 한쪽 구석에, 로프로 차단된 채, 지름 127센티미터의 지구본이 있었다.

우리는 로프를 치우고 지구본 옆에 있는 빨간 가죽 안락의자도 옮겼다. 지구본 꼭대기에 (정확히 말해서 북극점 위에) 얹혀 있던 '만지지 마시오' 표지판도 치웠다. 니콜은 우리더러 지구본을 꼭 만져야겠다면 만져도 좋지만 굉장히 조심하라고 일렀다. 우리는 프랑스 북부와 뉴욕처럼 제일 많이 닳은 부분을 손가락으로 느껴보았다. 두 반구를 결합할 때 풀 때문에 약간 손상된 것처럼 보이는 적도 언저리도 느껴보았다. 그러나 무슨 일이 있어도 지구본을 돌려서는 안 되었다. 그러면 지구 전체가 해체될 수도 있었다.

전쟁 결과에 사소하나마 영향을 미쳤던 물건과 한 공간에서 숨쉬고 있다고 생각하니, 특별한 기분이었다. 처칠이 이 지구본에 손을 대고 찍은 사진이 있다. 전쟁의 전략적 무대였던 지점들은 지구본에서도 닳아 있었다. 처칠은 과달카날의 공세, 노르웨이 위쪽 바렌츠 해에서 영국이 거뒀던 승리, 북아프리카에서 유진 로멜(Eugen E. J.

Rommel)[97]의 보급로를 차단하기로 한 루스벨트의 계획을 이 지구본에서 촉각적으로 먼저 느꼈을지도 모른다.

화실에 걸린 액자 속 편지를 보면 지구본의 역사를 어느 정도 추측할 수 있었다. 지구본은 1942년 12월 12일에 미국 육군 참모총장 조지 C. 마셜 장군이 워싱턴에서 보낸 것이었다.

친애하는 처칠 총리.

우리는 대단히 감사한 마음으로 크리스마스를 맞이하고 있습니다. 1년 전에 귀하와 귀하의 사령관들이 처음 우리와 만났던 때만 해도 시절이 어두웠지만, 이제 하늘이 상당히 개었습니다. 우리의 강력한 동지애는 적의 희망을 꺾어놓았고, 우리의 승리를 장담해줍니다. 성전(聖戰)을 이끄는 위대한 지도자들이 승리로 가는 길을 잘 쫓을 수 있도록, 우리 전쟁부는 귀하와 미국 대통령에게 크리스마스 선물로 드릴 50인치짜리 지구본 두 개를 특별 제작했습니다. 다우닝 가 10번 지에 이 지구본을 둘 공간이 있기를 바랍니다. 그리하여 세계를 공포와 예속에서 해방시키기 위한 1943년의 전 지구적 싸움이 진행되는 경과를 귀하께서 지도로 정확하게 살펴볼 수 있으시기를 바랍니다.

존경을 담아, 삼가 드립니다.

"여태까지 복원된 적 없는 게 분명해요. 그럴 만도 하죠." 벨러비

---

97) 독일의 군인. 제2차 세계 대전 중 북아프리카 전선에서 전차 사단을 지휘하여 영국군을 압도함으로써 '사막의 여우'라고 불렀다. 후에 히틀러 암살 미수 사건에 연루되어 자살하였다.

가 지구본을 살펴보면서 말했다. "꼭 훨씬 더 작은 지도를 그냥 확대해서 공에 붙인 것 같아요. 표시된 도시가 얼마나 적은지 보세요. 서둘러서 만들었다는 느낌이 드네요." 니콜 데이는 그 나름의 의견을 밝혔다. "곧 국경을 갖고 놀 게 분명한 마당에, 무엇하러 세세한 내용을 담겠어요?"

〰〰〰〰

사실 그 지구본은 오래 방치되었다가 1989년에 복원된 적이 있었다. 지구본은 대영박물관으로 옮겨져, 실비아 수미라라는 전문가의 솜씨에 맡겨졌다. 그러나 그녀가 할 수 있는 일에는 한계가 있었다. 지구본은 색깔이 바랬고, 유약이 벗겨졌고, 곳곳이 움푹 파였다. 처칠이 여기저기 옮겨 다닐 때 따라서 옮기느라 그런 모양이었다.

지구본의 축척은 1:10,000,000다. 따라서 적도 둘레는 396센티미터다. 지도는 전쟁 전에 쉽게 구할 수 있었던 표준적인 지도를 사용했고, 전쟁 중에 문제가 된 국경들을 특별히 고려해서 반영하진 않았다. 지명은 1만 7,000개쯤 있다. 미국에 몇몇 낯설고 작은 도시가 포함된 것은 전략사무국에서 그 지도를 작성했던 사람들이 저마다 자기 고향을 집어넣었기 때문이다.

지도를 어떻게 지구본으로 바꿀까? 16세기로 거슬러 올라가는 오래된 전통을 따르면 된다. 우선 인쇄한 지도를 '고어'로 나눈다. 고어란 양끝이 뾰족하게 가늘어지는 삼각형 모양 부속으로, 수백 년 동안 지구본 제작에 쓰였다. 처칠의 지구본에 쓰인 고어는 길이가 91센티미터였을 것이고, 폭은 최대 11센티미터에서 0센티미터로 가늘어졌을 것이다. 창처럼 생긴 이 물건은 만일 강철로 만들어졌다면 틀림없이 치명적인 무기가 되었으리라. 하나의 반구는 폭이 10도인 고어 36개로 이루어졌다. 그것들을 끼워맞추는 작업은 대단히 정밀해야 했다. 어려운 임무를 맡은 곳은 '웨버 코스텔로'라는 시카고 회사로, 역시 시카고에 기반을 둔 대형 지도 회사 랜드 맥널리의 경쟁사였다. 그들이 처음 고른 소재는 알루미늄이었다. 그러나 전쟁 중에는 알루미늄을 구하기가 사실상 불가능했기 때문에. 그들은 그 대신 체리나무 합판을 쓰기로 했다. 먼저, 온도 변화에 따른 팽창과 수축을 최소화하기 위해서 15센티미터마다 못을 박아 각각의 반구를 결합했다. 그리고 반구의 형태가 단단하게 유지되게끔 내부에 가로대를 댔다. 마지막으로 남반구 위에 북반구를 올린 뒤, 극에서 극까지 세로로 여러 개의 작대기를 대고 나사로 조였다.

지구본의 무게는 약 340킬로그램이었다. 그것이 10년 전에 만들어졌다면, 수은 주머니 위에서 회전하도록 설계되었을 것이다. 그러나 이 무렵에는 이미 수은이 건강에 해로운 물질로 여겨졌기 때문에, 대신 단단한 고무 공 세 개로 받치는 방법을 택했다. 회전 장치는 지구본을 에그 컵처럼 떠받치는 강철 받침대 속에 감춰져 있다. 차트웰에 있는 처칠의 지구본은 받침대가 검은색으로 칠해져 있고, 상태가 좋아 보였다. 그러나 그 속의 고무공들은 벌써 썩기 시작했을 것이라고 했다. '쉬운 작전'의 효력은 오래전에 다한 게 분명하다.

그만한 크기의 지구본을 배송하는 일은 최선의 상황에서도 힘들 것이다. 더군다나 당시는 전쟁 중이라 직통 통로가 막혀 있었고, 계절도 겨울이었다. 처음에는 특별 항공편으로 메인 주로 보낸 뒤 그린란드를 거쳐 영국으로 보냄으로써 크리스마스에 맞춘다는 계획이었으나, 메인 주의 기상이 하도 나빠서 대신 남아메리카, 세인트헬레나 섬, 아크라, 지브롤터를 거치는 경로를 짜야 했다. 지구본이 자신이 보여주는 세계를 절반 가까이 돌아야 한다는 뜻이었다. B. 워릭 데븐 포트라는 미국 육군 대위가 지구본의 여정에 동행했다. 이윽고 지구본이 다우닝 가 10번지에 도착한 12월 23일에는 깜짝 선물이라기에는 무색했다. "대관절 어디 있다가 이제야 왔나, 데븐포트?" 처칠은 지구본이 문을 통과해 들어오는 것을 보면서 이렇게 콧방귀를 뀌었다(데븐포트가 기록한 내용인데, 그렇게 유명한 인물에게 모욕을 당한 것이 짜릿했던 모양이다). 크리스마스에 처칠은 지구본 앞에서 포즈를 취하고 사진을 찍었다. 한 손에는 시가를 쥐고, 다른 손은 지구본의 북반구에서 일본 근처 어디쯤에 댄 채. 이튿날에는 마셜 장군에게 전보를 보냈다. '우리는 힘들었던 지난 1년을 단호하게 헤쳐왔습니다. 우리에게 최종적인 승리를 안겨줄 위대한 작전이 전 세계에서 펼쳐지는 광경을 이 지구본으로 좇고 싶은 마음 간절합니다.'

오늘날 우리가 그 지구본에서 느끼는 역사적, 장식적, 교육적, 기념비적 매력은 1942년 말에 처칠이 생각했던 가치와 크게 다르지 않을 것이다. 15세기 말에 등장한 최초의 독일 지구본들에 대해서 당시 사람들이 느꼈던 생각과도 크게 다르지 않을 것이다. 당시 사람들은 지구본을 신의 분자(分子)라고 여겼고, 지식, 발견, 지위의 저장고로 여겼다. 지구본은 물론 중요한 항해 도구로도 쓰였으며, 그 이전에는 지구의 자전을 설명하고자 제작된 과학적 도구로 쓰였다.

피터 벨러비에게 차트웰의 지구본은 한 기착지일 뿐이었다. 벨러비는 그것과 똑같이 시선을 사로잡는 매혹적인 물건을 만들기를 바랐다. 실용을 중시하는 요즘의 비뚤어진 세상에서도 난생 처음 거대한 지구본을 보았을 때 느끼는 경이감은 여전하다고 생각하기 때문이다. 그가 제작할 지구본은, 당연히 이름은 '처칠'이라고 부를 생각이었는데, 최신 고어를 사용할 예정이었다. 그리고 원본보다 훨씬 많은 정치적, 인구통계학적 정보를 담을 것이었다. 몸체는 유리 섬유로 만들 생각이었고, 받침대는 알루미늄을 써서 꼭 롤스로이스 비행기 엔진의 덮개처럼 공기역학적인 모양으로 주조할 예정이었다.

이런 개선 사항 중 몇 가지는 벨러비의 발상이었고, 다른 몇 가지는 고객의 발상이었다. 벨러비는 처음에 그 고객을 '텍사스 부자 데이비드'라고만 지칭했는데, 그 부자는 집에 둘 지구본에 2만 5,000파운드를 지불할 용의가 있다고 했다. 두 사람은 그동안 굳건한 우정을 쌓았으나, 시련이 없지는 않았다고 했다. 벨러비가 텍사스 부자에게 처음 판매한 지구본 50센티미터짜리 모델 '페라노'는 썩 만족스럽지 않았다. "그가 포장을 열고 이렇게 말했습니다. '지금까지 본 것 중에서 가장 아름다운 지구본이지만, 안타깝게도 망가진 데가 있군요.'" 내부 지지대 하나가 부러졌고, (석고가 바스러져 떨어졌을 경우) 속에서 나는 소음을 줄이고자 댄 내부 피복이 일부 벗겨져 있었다. 게다가 지구본에는 구멍이 몇 개 뚫려 있었다. 칼자국으로 보이는 상처도 나 있었다.

"생각할 수 있는 이유는 두 가지밖에 없습니다. 공중에서 압력 때문에 터졌을 수도 있지만, 그 가능성은 낮다고 봅니다. 그게 아니면 그 사람들이 도구로 쑤신 거죠." 여기에서 '그 사람들'은 미국 세관

직원이다.

차트웰에서 런던으로 돌아오는 동안, 벨러비는 처칠 지구본에 대해서 말로만 떠드는 것은 그만두고 실제로 만들어야겠다고 말했다. 그는 스스로를 지구본 제작자로 여기기 시작한 시점으로부터 3년이 흐르는 동안, 지구본 제작이 얼마나 까다로운 작업인지 실감했다. "그거 압니까? 뭐든지 동그란 걸 만든다는 건 그야말로 악몽입니다."

|||||||||||

동그란 것을 만드는 일은, 특히 지도를 동그랗게 만드는 것은 늦어도 1492년부터 사람들의 골칫거리였다. 그해에 뉘른베르크의 마르틴 베하임은 현존하는 최고령 지구본을 직접 제작했거나 제작을 의뢰했다. 야심만만한 상인이었던 베하임은 포르투갈 사람들이 새 무역로를 열었다는 소문을 들었다. 베하임의 지구본은 독일인 후원자들에게 서쪽으로 항해하여 중국으로 가는 새로운 교역로의 잠재적 가치를 보여주려고 계획된 물건이었다. 그 지구본은 콜럼버스가 일본으로 가려고 나침반을 꺼냈던 바로 그 시점의 세계를 보여주기 때문에, 중세의 지도 제작 작업과 탐험의 황금시대를 잇는 역사적, 과학적 다리로서 무한한 가치가 있다. 그 지구본이 빠뜨린 땅 중에서 제일 큰 빈틈을 곧 콜럼버스가 '메울' 것이었다.

베하임 지구본은 지름이 50센티미터이고, 우아한 금속 틀 속에서 정확한 각도로 기운 축을 중심으로 회전할 수 있다. 곳곳에 약간 오톨도톨한 부분이 있기는 해도 그 밖에는 아름답게 보존된 편이다. 아마도 제작된 후 뉘른베르크 밖으로 나간 적이 거의 없기 때문일 것이다. 지구본이 제작될 무렵에는 아직 세계 일주 항해가 이뤄지지 않았는데도(30년은 더 있어야 했다), 베하임 지구본에는 엄청난 양의 지도학적 지식이 표시되어 있다. 아메리카 대륙은 없지만 북극권과 남극권은 있다. 마르코 폴로, 항해 왕자 엔히크(Henry the Navigator)[98], 기타 이탈리아와 포르투갈의 탐험가들이 아시아와 아프리카를 누비면서 이룬 발견들이 표시되어 있다.

세부도 주목할 만하다. 약 1,100개의 지명이 표시되어 있고, 인어와 바다뱀과 해마가 흔들어대는 배가 11척, 50개가 넘는 깃발과 문장, 왕좌에 앉은 왕을 정교하게 묘사한 그림이 역시 50개쯤 그려져 있다. 네 성인(聖人)은 영예롭게도 전신 초상으로 그려져 있다. 그들 사이를 표범, 코끼리, 타조, 곰, 그리고 앞에서도 만났던 예의 외다리로 태양을 가리는 인간 스키아포데스가 행진한다. 베하임은 이 지구본을 '에르트아펠(Erdapfel)', 즉 '지구 사과'라고 불렀다.

베하임의 '에르트아펠(지구 사과)'.

베하임과 수석 제도사 게오르크 글로켄돈은 당연히 실수도 저질

---

98) 포르투갈의 왕 주앙 1세의 셋째 아들. 항해 방법과 준비에 노력하고 많은 항해자를 양성하여 근세 초기 포르투갈의 해상 탐험과 발전의 기반을 마련하였다.

렸다. 요즘 우리에게는 그들이 제대로 맞힌 내용만큼이나 틀린 내용이 흥미롭다. 서아프리카는 형태가 틀렸고, 카보베르데 제도는 잘못된 위치에 있다. 두 번씩 등장하는 지명도 많다. 이상하게 누락된 경우도 있다. 예컨대 통상과 운송의 핵심적인 요지였던 안트베르펜, 프랑크푸르트, 함부르크가 빠졌다. 이런 누락이 더 이상해 보이는 것은, 지구본이 동시대의 다른 묘사적 발견들에는 흠뻑 매료된 듯 보이기 때문이다. 한 설명문은 이렇게 시작한다. '아이슬란드에는 잘생긴 백인들이 산다. 그들은 기독교인이다. 그런데 그곳에서는 개는 비싼 돈을 받고 팔면서 아이는 상인들에게 그냥 줘버리는 풍습이 있다. 신(神)을 위해서 그렇게 해야 남은 가족이 먹고 살 수 있다는 것이다.' 이것은 아마도 정치적으로 편향된 정보였을 텐데, 아이슬란드 아이들을 납치해서 노예로 부렸던 자신들의 노략질을 정당화하려는 시도였을 것이다.

아이슬란드 설명문에는 장수하고 싶은 사람을 위한 식단 조언도 들어 있다. 그곳에는 '80세까지 사는 남자들이 있는데, 그들은 평생 빵을 먹지 않는다. 그곳에는 곡식이 자라지 않기 때문이다. 대신 그들은 말린 생선을 먹는다'고 했다.

16세기에 지구본은 권력의 간편한 상징으로서 유행했다. 미니어처 모형이 특히 인기가 있었다. 선택에 따라서 둥근 지구에 천체 껍데기를 씌우기도 했다. 동판에 새긴 지구본이나 종이에 손으로 채색한 지구본은 18세기까지도 유행했다. 그즈음에는 벌써 인쇄된 고어로 공을 덮는, 훨씬 더 값싼 제작 기법이 정착되었는데도 말이다(이 기법 덕분에 유럽의 거의 모든 교실이 지구본을 갖추게 되었다).

지도의 내용과 지구본의 양식은 나라마다 달랐다. 17세기 말 이탈리아에서 빈센초 코로넬리가 만든 지구본은 유달리 장식적이었고, 몇십 년 뒤에 독일에서 요한 호만이나 요한 도펠마이어 등이 만든 지구본은 차츰 정확하고 과학적인 방향으로 발전했다. 그러나 가장 큰 차이는 본초 자오선을 어떻게 정하느냐였다. 교실 밖에서 지구본의 가장 중요한 쓸모는 항해 도구였다. 선원들은 지구본을 써서 선박의 모항이나 수도로부터 자신들의 위치가 경도로 얼마나 떨어져 있는지를 계산했다. 그래서 카시니의 프랑스 지구본에서는 본초 자오선이 파리를 지났고, 최초의 미국 지구본에서는 워싱턴을 지났다. 런던이 선택한 그리니치가 세계적 표준이 된 것은 19세기 말이 되어서였다.

1850년, 찰스 디킨스의 《가정 담화》[99]는 '화보로 보는 값싼 물건'이라는 칼럼에서 지구본의 인기와 제작법을 소개한 기사를 실었다. 기사는 이제 아주 간단한 기법으로 모든 지구본이 만들어진다고 설명하며, 그 기법은 루시퍼 황린 성냥을 만드는 과정만큼이나 체계적이라고 말했다. 기사에 따르면 매년 약 1,000개의 지구본이 판매되었고(지구본과 천구의를 포함했다), 크기는 포켓용 2인치(5센티미터)부터 대형 36인치(90센티미터)까지 다양했고 가격도 6실링에서 50파운드까지 다양했다. 기사는 '연간 판매되는 지구본의 수는 어느 정도 교육의 발전을 나타내는 현상'이라고 추론했지만, 사실 지구본은 지도와

---

99) 신문사 속기 기자 시절, 디킨스는 《가정 담화》(1850~1859)와 《사시사철》(1859~1888)에 일일 연재물을 쓰면서 글쓰기 훈련을 했다. 그의 소설과 시, 수필 등을 담은 주간물은 상당히 인기가 있었다.

는 달리 자주 교체되지 않는 편
이라(지도보다 더 오래가고 더 비싸
기 때문이다) 대영 제국의 범위가
다달이 넓어지는 듯하던 시절에
교육용으로 쓰기에는 정확성이
훨씬 떨어졌다.

　종이를 몇 겹이나 풀칠하고
말려야 하는지, 정확한 축의 위
치는 어떻게 잡는지 등을 상세
하게 묘사했던 디킨스의 글을
지구본 제작 방법을 엘런 엘리
자 피츠(Ellen Eliza Fitz)는 놓치
지 않았던 게 분명하다. 뉴브런
즈윅 출신으로서 미국의 선도적
인 지구본 제작자였던 피츠는
1876년에 쓴『지구본 핸드북』으
로 뜻밖의 베스트셀러를 기록했

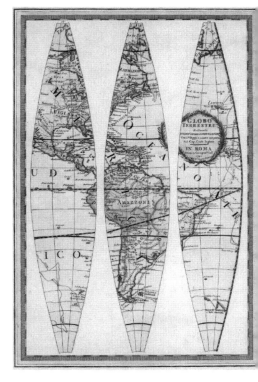

1790년에 만들어진 카시니의 고전적인
'글로보 테레스트레(지구본)'의 세 고어.

다. 내용은 대부분 디킨스를 베낀 것이었다. 그녀는 이렇게 설명했다.
'지구본은 풀칠한 종이로 만든다. 지구본의 용도로 특별히 준비한 틀
위에 종이를 여덟 겹 혹은 열 겹 제대로 붙인다. 적당한 길이로 둥글
게 흰 작대기들을 준비하여, 남극과 북극에 닿을 양끝에는 철사를 짧
게 이은 뒤, 두 반구에 한쪽 끝씩 붙인다…….'

　그 밖에도 지구본에 이끌려 제작에 나서서 성공한 사람들 중에는
여성이 많았다. 특히 롱아일랜드의 엘리자베스 마운트가 1820년 무

렵에 만든 지구본에는 '연방의 모든 주'가 표시되있기 때문에 오늘날은 지도학 분야에서 기념비적인 작품으로 간주된다. 그러나 미국 제작자 중에서 상업적으로 최초로 성공한 사람은 제임스 윌슨(James Wilson)이었다. 그는 1800년대 초에 버몬트와 올버니에서 사업을 시작해 엄청난 인기를 끌었다. 윌슨 이전에 미국에서 팔린 지구본은 대개 영국제 수입품이었다(토머스 제퍼슨이 대통령 재임 시절에 선호했던 모형도 수입품이었다). 윌슨은 독학으로 자수성가한 사람이었다. 그는 젊은 시절에 영국의 새뮤얼 레인이 만든 지구본을 보고 감탄했고, 자신도 시행착오를 통해서 만들 수 있을 것이라고 믿었다. 현대에도 윌슨의 사연에 비견할 만한 사례가 적어도 하나 있다.

한겨울이라, 런던 북부 스톡 뉴잉턴에 있는 피터 벨러비의 작업실은 아이슬란드처럼 느껴졌다. 아니면 그린란드처럼. 작업실은 지나가는 손님을 끌기 위한 가게도 겸했다. 전면이 거의 유리로 되어 있어서, 행인들은 속에서 벌어지는 고풍스러운 작업 과정을 들여다볼 수 있다. 그러나 사람들이 길 가다 문득 내켜서 고급 지구본을 사는 일은 좀처럼 없으므로, 벨러비와 소규모 작업팀이 작업에 방해를 받는 일은 거의 없다.

앞방, 창고, 안뜰에 면한 지붕 달린 공간, 크게 셋으로 나뉜 작업 영역은 현대의 지구본 제작 과정이 빅토리아 시대의 최첨단 산업에서 크게 달라지지 않았다는 사실을 보여준다. 완성 수준이 다양한 지구본들 외에도 반쯤 완성된 지지용 가대, 충전재, 석고 가루 자루, 금속 막대기, 다른 업체가 만든 오래된 지구본, 끌을 비롯한 여러 도구가 널려 있다. 벽에는 지도와 스케치가 핀으로 붙어 있고, 못에는 페인트가 채 마르지 않은 고어들이 걸려 있다. 거의 모든 물건에 흰 먼지가 덮여 있다.

벨러비는 지리학자도 역사학자도 아니고 지도학자도 아니므로, 지구본 제작 방법을 오로지 시행착오로 익혔다. 그는 '처칠'에 착수하기 2년 전이었던 2008년에 좀 더 소박한 목표였던 '브리태니아' 제작에 나섰다. 그의 첫 작품이었던 지름 50센티미터의 그 지구본을 만드는 데는 결국 2,390파운드가 들었다. 그는 우선 나라들이 여러 색깔로 칠해져 있고 바다는 하늘색으로 칠해진 지도의 저작권을 구입했다. 그리고 컴퓨터로 대륙의 해안선만 딴 뒤, 중요한 강들과 지명들만 남기고 나머지는 싹 지웠다. 그 다음에 그는 컴퓨터 프로그래머를 고용하여 직사각형을 고어로 바꿔주는 프로그램을 짜달라고 했다. "그건 정말 악몽이었습니다." 벨러비는 그렇게 회상했는데, 그에게 시련을 안긴 것은 고어 제작만이 아니었다. "처음에는 공을 만드는 게 정말 어려웠습니다. 우리가 만든 공은 둥글지가 않았어요. 적도 부분이 엄청나게 불룩 튀어나와 있었지요. 또 우리는 상상을 뛰어넘는 수준으로 정교하게 종이를 다루는 방법을 익혀야 했습니다. 작업은 예상했던 방향과는 딴판이 되었죠. 비용이 6만인가 7만 파운드쯤 들었는데, '맙소사, 이러고도 이렇게 기본적인 일조차 못 해내다니' 하는 생각이 들더군요."

벨러비는 고어 제작 방법을 "200가지쯤은" 시도한 뒤에야 유효한 방법을 찾았다. "비결을 하나만 알려드리죠. 종이라고 다 늘어나는 게 아닙니다. 늘어나는 종이라도 한쪽 면으로만 늘어납니다. 수평 방향으로 고어를 인쇄해야 하는 종이에 잘못해서 수직 방향으로 인쇄하면 종이가 찢어집니다." 그는 현대의 잉크를 사용한다. 잉크가 자외선 차단용 유약과 중성 접착제를 200년쯤은 견뎌내리라고 믿으면서 말이다.

'브리태니아'는 타이포그래퍼 제임스 모즐리가 디자인한 서체의 이름을 땄다. 모즐리는 우연히 벨러비의 작업장 앞을 지나다가 흥미를 느껴 (많은 이야기를 나누고 국립해양박물관을 한 차례 방문한 끝에) 자신의 서체가 벨러비가 추구하는 외관에 어울릴 것이라고 제안했다. 첫 판본은(지구본은 책과 비슷한 방식으로 '출간'된다) 좀 지나치게 현대적이었다. 마치 교실 벽에 걸린 지도를 떼어다가 동그랗게 만든 것 같았

지구본이 클수록 태평양의 빈 공간도 넓어진다.
화가 메리 오언이 피터 벨러비의 작업실에서 처칠 지구본에 손질을 가하고 있다.

다. 벨러비가 노리는 시장에서, 그러니까 중역실이나 은퇴자 시장에서 인기를 끌 것처럼 보이지 않았다. 그의 지구본에는 골동품 같은 고풍스러움과 가보처럼 보이는 생김새가 필요했다. 내용은 최신이겠지만(벨라루스와 우즈베키스탄과 통일된 독일이 있겠지만) 아직도 다들 크림 반도에서 싸우고 있을 것 같은 모습으로 채색되어야 했다.

벨러비는 '처칠'로 관심을 돌려, 대양의 빈 공간이 얼마나 넓은지 이야기했다. 그는 그 공간을 정보로 채우고 싶었다. 지구본이 클수록 태평양은 더 넓어지므로, 그는 온갖 종류의 정보로 바다를 채울 계획이었다. 신자가 가장 많은 종교(기독교, 이슬람교, 힌두교), 사용 인구가 가장 많은 언어(만다린어, 영어, 힌두어, 스페인어, 아랍어), 뭄바이와 상하이에서 시작하여 인구가 많은 순서대로 도시들을 나열한 표까지. 세계의 지도자들과 국가 원수들, 가능하다면 유럽연합과 유엔 안전보장이사회의 구성원들까지 죄다 포함한 목록도 적어 넣고 싶었다. 내가 그를 만났던 2011년 초에는 이집트, 튀니지, 시리아에서 많은 변화가 발생해서 그것도 다 고려해야만 했다.[100] 그런 정보를 굴곡진 표면에 인쇄해 넣는 문제도 있었다. 알파벳 두세 개마다 행간을 일일이 손으로 조정해줘야 한다고 했다.

"매일 산더미처럼 편집하고 있습니다. 수단에서 국경이 변동된 사항이 있는지도 확인해야 해요. 2008년에 산 지도에는 한심한 오류가 너무 많아서, 이제 나는 지도 회사들을 안 믿습니다. 옛날 수도인

---

100) 2010년 12월 18일 모하마드 부아지지의 경찰 부패와 그 대처법을 놓고 불거진 튀니지 시위자들의 집단행동이 계기가 되어, 혁명의 물결이 알제리, 요르단, 이집트, 예멘, 시리아 등지로 퍼져나갔다. 이렇듯 중동과 북아프리카에서 일어난 반(反)정부 시위는 튀니지와 이집트에서 정권 교체를 낳았고, '프라하의 봄'에 빗대어 '아랍의 봄'이라고 불린다.

다르에스살람이 지금 탄자니아의 수도라고 나와 있질 않나, 제2의 도
시인 텔아비브가 이스라엘 수도라고 나와 있질 않나. 꽤 중대한 그런
오류가 150개나 있더군요. 오스트레일리아 남동부의 주(州)인 태즈
메이니아가 독립국이라고 나와 있더라니까요!"

⁗⁗⁗⁗⁗

　내가 피터 벨러비를 처음 만난 곳은 코번트 가든에 있는 여행용
품 전문 가게 스탠퍼드였다. 그는 그곳에서 자신의 지구본 두 개를
전시했다. 그의 지구본은 대량 생산된 싼 모형들 곁에서 어색해 보였
다. 부산한 토요일 오후였고, 사람들은 지구본보다는 지도나 여행 가
이드북을 사느라 바빴다. 그래도 벨러비는 와이트 섬에서 온 제임스
비셀토머스(James Bissell-Thomas)라는 남자와 대화를 나누는 소득이 있
었다. 비셀토머스는 어쩐지 권위자 같은 분위기를 풍겼는데, 벨러비
의 지구본에 대단히 흡족해하는 것 같진 않았다. 사실 그 역시 지구
본 제작자였기 때문이다('그리브스 & 토머스'라는 회사였다). 그는 벨러
비에게 이것저것 따지기 시작했다. 특히 북극점과 남극점에서 모이
는 열두 고어들의 끄트머리를 붙잡아주고 가려주는(그래서 피치 못하
게 극점을 가려버리는) 종이 덮개, 전문용어로 '칼로트'의 크기를 지적
했다.
　벨러비는 강력한 공격에 흠칫한 것 같았다. 그는 자신의 지구본
은 품질이 우수할 뿐더러 돈값을 하고도 남는다고 말하면서 방어했
다. 나중에 알고 보니, 두 사람의 입씨름에는 전력이 있었다. 영국의
두 지구본 제작자가 한 장소에 있는 것은 드문 일이다. 더구나 두 사

람은 좁고 전문화된 시장을 놓고 싸우는 사이다. 요즘은 영국의 여러 제작자들이 사무실과 교실을 위한 지구본을 제작하며 세계를 선도하던 19세기와는 다르다. 이제 학교와 사무실은 지구본에 관심이 없다. 대신 구글 맵스가 있으니까. 경기 침체를 맞아 자꾸만 쪼그라드는 시장에서 어엿한 맞춤형 지구본 제작자로서 경쟁하는 영국 업체는 둘뿐인데, 그 둘이 서로 주먹을 날릴 수 있는 거리에 있었던 것이다.

두 사람이 스탠퍼드에서 만난 지 몇 주가 지난 뒤, 나는 제임스 비셀토머스에게 이메일을 보내어 와이트 섬에 있는 그의 작업실로 찾아가서 이야기를 나누고 싶다고 청했다. 그는 답장에서 나와 벨러비의 관계에 대해 '약간 경계하는' 마음이 든다고 말했다. 그는 벨러비가 자신의 지구본을 열어서 제작 기법을 베꼈다고 주장했다. 그 기법은 400년 동안 아무도 쓰지 않았던 방법이라는 것이다. 그러나 비셀토머스는 이렇게 덧붙였다. '그런 일이 있긴 했지만, 어쨌든 나는 그가 지구본 제작의 세계에 들어온 것을 환영합니다…….'

내가 벨러비의 작업실을 찾은 어느 날, 그는 사업이 잘 굴러가고 있으니 곧 더 큰 건물로 옮길 거라고 말했다. 그리고 주변을 둘러보면서 재고를 하나하나 체크했다. "이건 도싯으로 갈 거고, 이건 아마도 타이완으로 갈 겁니다. 네 번째 처칠에는 해류를 그려 넣으면 어떨까 싶어요. 그걸 주문한 분이, 독일 사람인데, 얼마 전에 긴 항해를 마친 참이거든요. 그분은 지구본을 집에 두고서 빙글빙글 돌려가며 손자들에게 이렇게 말하고 싶대요. '우리가 갔던 데가 여기란다. 이

길로 갔지. 이게 우리를 밀어준 무역풍의 방향이란다.'"

벨러비는 자신의 역할 중 가장 즐겁지 않은 것은 판매라고 말했다. 그는 어느 잡지에든 괜찮은 기사가 한 편만 실리면 판매에 탄력이 붙을 것이라고 믿었다. 그러면 그에게도 성공한 맞춤형 사업의 묘약, 즉 대기자 명단이 생길 것이라고 믿었다. 《파이낸셜 타임스》가 펴내는 별책 잡지 '돈 쓰는 법'에서 벨러비에 관한 기사를 싣고 싶다고 했다는데, 그 덕분에 벨러비는 새삼스럽게 실제 지구본 시장이 얼마나 클지 생각해보았다.

벨러비는 답을 알 것 같았다. 그것은 그가 얼마나 타협할 수 있느냐에 달려 있을 것이었다. 꼭 가격만을 말하는 것이 아니라, 디자인도 마찬가지였다. 그가 만일 지구본 적도 부분에 경첩을 달아서 술병 보관함으로 쓰도록 허락한다면, 세계 최고의 지구본 제작자가 되겠다는 스스로의 바람을 훼손한 것처럼 느껴질까? 그는 태평양 부분에 광고를 실을 의향이 있을까? 공항 퍼스트클래스 라운지에 진출할 수 있다면, 자신의 작품 위에 기꺼이 그물망 같은 노선도를 입힐 마음이 있을까? (마지막 딜레마에 대한 답은 '절대로 그렇다'였다. 항공사 담당자들이 그의 전화에 답신하기만 한다면야.)

그날 벨러비는 마침내 첫 번째 '처칠'에 쓸 공을 2,800파운드의 가격에 의뢰한 참이었다. 처음에는 알루미늄을 고려했지만, 알루미늄은 100년이 지나면 노후할지도 모른다는 이야기를 듣고 그보다 견고한 유리 섬유로 마음을 바꿨다. 그 공을 만드는 사람은 주로 포뮬러 원 경주용 자동차 작업을 해온 사람이었다. 한편 받침대를 만드는 사람은 버밍엄 근처에서 애스턴 마틴 자동차 작업을 하는 사람이었다. 벨러비는 자동차를 좋아하기 때문에 최근에 그들을 방문했던 일이 퍽 즐거웠다고 했지만, 무엇보다 흥분되는 일은 바로 그 주에 옴니트랙이라는 회사를 방문했던 일이라고 했다. 옴니트랙은 세밀한 조정과 근사한 모양을 자랑하는 바퀴 전문 제작업체로, 벨러비의 최대 딜레마 중 하나를 해결해주었다. 지구본을 망가뜨리지 않으면서도, 또는 사람이 지나치게 용을 쓰지 않으면서도 어떻게 처칠 지구본을 회전시킬 것인가 하는 문제였다.

바퀴들이 어떻게 작동할지 내게 알려주고자, 벨러비는 화가 잉카 쇼니바레(Yinka Shonibare)[101]를 위해서 만들었던 작은 지구본을 가져다가 휙 돌려 보였다. 지구본은 세 개의 작은 삼각형 받침대에 얹혀 있었다. 받침대 속에는 작은 플라스틱 공이 하나씩 들어 있다고 했다. 벨러비는 꼭 어린아이가 자이로스코프(gyroscopes)의 줄을 당길 때처럼 즐거워하며 손가락으로 휙 지구본을 돌렸다. 지구본은 귀에 거슬리는 소리를 내면서 예상보다 훨씬 더 오래 뱅글뱅글 돌았다. 내 머릿속에 '중역 장난감'이라는 단어가 떠올랐다(실용적인 용도는 없지만 움직이는 모습이 흥미로워 책상에 올려두고 구경하는 작은 기계 장치 따위를 가리키는 말이다 - 옮긴이). 벨러비는 지름이 20센티미터밖에 안 되는 소형 지구본을 다음번 유망 종목으로 정했다.

벨러비의 흥분은 곧 실질적인 성과로 나타났다. 2011년 6월 기준으로 그에게는 다양한 크기의 모델들 각각에 25명씩 대기자 명단이 생겼고, 첫 번째 '처칠'은 고어 작업에 들어갔다. 그는 새 건물로 이사했다. 원래 작업실에서 가까운 뒷골목에 있는 창고였다. 공간은 예

---

101) 나이지리아계 영국인 화가. 서구인의 일상에 녹아 있는 인종 차별적 요소의 근원이 제국주의와 식민주의임을 인식하고, 이를 해학적이고 우의적으로 비판한 작품들을 선보이고 있다.

전보다 열 배쯤 더 넓었다. 이전에는 주로 철물상들의 창고로 쓰였던 곳이었다. 비가 오면 물이 샜지만, 그것은 성공의 대가였다. 벨러비는 맞춤형 지구본 공장을 세우겠다는 꿈을 4년 만에 우여곡절 끝에 이룬 것이었다. 그것은 500년 된 전통을 다시 세우는 일이었다.

전쟁은 다우닝 가
10번지에서 끝난다

처칠이 지구본 때문에 전쟁을 이긴 것은 아니었다. 그러나 처칠의 지도실은 그가 전쟁에서 지지 않도록 도와주었다. 지도실이란 다우닝 가 뒤편 가까운 곳 지하에 요새처럼 구축된 사무실들, 공식적으로는 내각 작전실로 불렸고 나중에는 그냥 처칠 작전실이라고 불렸던 곳의 한가운데에 있는 방이었다. 우리가 굳이 어느 한 공간을 골라서 그 지도자의 지휘 본부라고 불러야 한다면, 아마도 그 공간일 것이다.

그곳은 첨단 기술과는 거리가 멀어도 한참 멀었다. 그 벙커는 이전에 건설국 공무원들이 행정 비품을 주문하던 공간이었는데, 1938년 9월에 뮌헨 위기가 터진 직후에 서둘러 전시 용도로 개조되었다. 1년이 채 지나지 않아 다시 문을 열었을 때는 강화된 들보 밑에 제대로 된 침실들, 복도의 간이침대들, BBC 방송 장비, 각료실, 지도실이 갖춰져 있었다.

30명에서 40명쯤 되는 인원이 그곳에서 전쟁 계획에 몰두했다. 지도실은 매일 처칠과 그의 참모들과 조지 6세에게 보고할 상황판을 작성했다. 지도실에는 네 가지 도구가 있었다. 지도실 간부들의 두뇌, '예쁜 코러스'라고 불렸던 알록달록한 전화기들, 벽에 붙어 있거나 서랍에 들어 있는 엄청난 양의 지도, 그리고 칸칸이 구획된 쟁반에 담긴 지도용 핀이었다. 아마도 그곳은 세상에서 지도용 핀의 밀도가 가장 높은 장소였을 것이다. 핀들은 영국과 연합군의 모든 군함, 상선, 수송선의 움직임을 지도에서 일일이 추적했다. 나라마다 지정된 색깔이 있었다. 빨간색은 영국, 갈색은 프랑스, 노란색은 네덜란드, 노란색에 십자가가 그려진 것은 스위스, 흰색은 독일이었다. 핀들이 꽂힌 벽은 말 그대로 보드게임 '리스크'의 한 장면이었다.

다른 상징도 있었다. 마분지로 만든 배와 돌고래였다. 돌고래는 바다에 강풍이 닥칠 예정일 때 붙였다. 어느 지도실 장교는 이렇게 회고했다. '대대적인 공격을 겪을 때 가슴이 가장 미어졌던 일은 수송선 개수가 끊임없이 줄어드는 것이었다. 우리는 마분지 상징 하나를 지도에서 뜯어내고, 옆에 갈겨두었던 총계를 지운 뒤, 더 낮은 숫자로 고쳐 썼다. 그리고 잠시 뒤에 그 과정을 또 반복해야 했다.'

지도는 방 하나에만 모여 있지 않았다. 처칠의 침실에 걸린 커다란 지도는 해안 방어 현황에 집중했다. 영구적이거나 임시적인 초소와 바리케이드의 위치, 탱크를 배치하기에 알맞은 영역, 너울에 취약한 해역을 펠트펜으로 표시해 넣었다. 방문객이 있을 때는 커다란 커튼으로 지도를 싹 가렸다. 처칠이 그 커튼을 열어젖힐 때 나타나는 지도는 그가 한때 두려워했을 게 분명한 침공의 광경을 보여주는 창문과도 같았을 것이다.

처칠의 개인 비서였던 사령관 '토미' 톰프슨('Tommy' Thompson)에 따르면, 처칠이 런던에 있으면서 지도실이나 그 별실에 들르지 않은 날은 하루도 없었다. 처칠은 새벽 4~5시에 톰프슨을 자주 호출했다. 장군들보다 먼저 정보를 듣기 위해서였다. 또 처칠은 영국 제일주의자들이 지도의 외국 지명을 어떻게 발음해야 하는지 곧잘 시범을 보였다. 예를 들어 지도실 수석이었던 리처드 핌(Richard Pim) 사령관이 'Walsahvn'을 '발샤븐'이라고 발음하자, 처칠은 얼른 이렇게 바로잡았다. "그렇게 BBC처럼 굴지 말게. 거기는 그냥 월스헤이븐이야."

경륜 있는 해군 장교였던 핌은 전쟁 중에 처칠의 곁을 거의 떠나지 않았다. 한 번의 예외는 1940년 5월에 모터보트 여러 척을 끌고 가서 됭케르크에서 약 3,500명의 병력을 철수시키는 임무를 맡았을 때뿐이었다. 핌은 처칠이 총리가 되기 전부터 해군 본부 도서관에 최초의 지도용 탁자를 마련했고, 나중에 처칠이 해외를 돌아다닐 때는 이동식 지도실을 꾸몄다. 그 위에 첩보가 표시되었다는 점을 제외하

처칠과 지도실 수석이었던 리처드 핌 사령관.

면 지도 자체는 특이할 게 없었다. 제1차 세계 대전 무렵에 만들어진 것도 많았다. 우리는 처칠의 목소리로 들었던 전쟁 종료 소식에 익숙하지만, 처칠에게 그 소식을 알려준 사람은 픔이었다. 총리는 픔에게 이렇게 대꾸했다고 한다. "자네는 5년 동안 내게 나쁜 소식만 가져왔지. 때로는 좀 더 나쁜 소식도 있었고. 이제 그걸 다 만회했군."

픔 사령관이 1943년 말에 테헤란 회담으로 향하는 배 위에 지도실을 마련하면서 계산했던 바에 따르면(처칠, 루스벨트, 스탈린이 만나 유럽에 제2의 전선을 여는 문제를 의논한 자리였다), 처칠이 전쟁 중에 그때까지 여행한 거리가 벌써 17만 9,000킬로미터였다. 처칠은 4년 동안 바다에서 792시간, 하늘에서 339시간을 보냈다. 전쟁이 끝난 뒤, 영국 지리학자 프랭크 A. 드 바인 헌트는 처칠이 1941에서 1945년까지 돌아다녔던 총 19회의 여정을 한눈에 보여주는 독특한 지도를 작성했다. 그 지도는 전쟁을 가장 인상적으로, 가장 잘 묘사한 지도 중 하나다. 그것은 지도이고, 이야기이고, 수수께끼다. 그 지도를 보는 사람은 숫자가 매겨진 화살표를 따라 처칠의 여정을 쫓을 뿐만 아니라 그가 왜 그런 여행을 했는지도 궁금하게 여기게 된다.

현재 작전실의 방들은 관람객에게 개방되어 있다. 그중에서도 하이라이트는 지도실이라고 해도 틀린 말이 아닐 것이다. 그 방에는 서방의 자유가 아직 백척간두에 선 듯한 엄숙한 분위기가 감돈다. 내부는 처칠과 사령관들이 1945년 8월에 내버려두고 떠났을 때로부터 거의 변하지 않았다. 누군가 배급받았던 각설탕이 포장에 싸인 채 놓여 있고, 선반에는 뜯지 않은 지도용 핀 박스가 놓여 있고, 1944년 7월에 작성된 '극비' 발칸 반도 지도가 탁자에 펼쳐져 있다.

한쪽 책상 가운데에는 처칠과 참모들이 전쟁 마지막 해에 자주

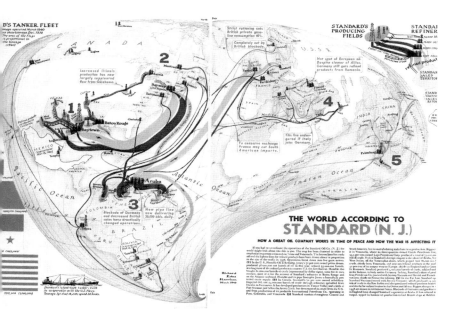

해리슨의 〈전쟁 지도〉. 스탠더드 오일 사 유조선들의 움직임을 보여준다.

참고했을 듯한 지도책이 놓여 있는데, 그 지도책은 작전에 대한 미국인의 시각을 보여준다는 점에서 주목할 만하다. 『세계를 보라: 포춘의 세계 전략 지도책』은 1944년 6월에 뉴욕의 크노프 출판사에서 출간되었다. 편집자의 선언에 따르면, 그 지도책에 묘사된 세계는 '미국이 싸우고 있는 이상한 장소들, 통상로가 지나는 머나먼 섬과 곳을' 보여줄 뿐 아니라, 대체 왜 미군이 그린란드, 아이슬란드, 알래스카 같은 그런 이상한 장소에 가 있는가 하는 이유도 보여주고자 계획되었다.

　지도는 극점을 중앙에 둔 '완전 방위각 등거리 도법'에 따라 그려졌다. 따라서 북반구에서는 북아메리카가 정중앙 가까이 위치했고,

아시아는 그 너머에, 아프리카는 그 옆의 오른쪽 상단에 위치했다. 모두 두 페이지에 펼친 지도들은 지구의 곡률을 강조하는 디자인이었다. 제작을 책임졌던 리처드 이디스 해리슨(Richard Edes Harrison)은 서문에서 그 디자인은 전쟁의 새로운 핵심 도구인 비행기를 염두에 둔 결과라고 설명했다. 이제 비행기가 등장했으니, 지상의 부대 배치가 얼마나 복잡하고 취약한 일인지를 강조하여 보여주는 전쟁 항공 지도를 만드는 게 합당하다는 것이었다. 해리슨은 통상적이지 않은 도법에 혼란을 느낄지도 모르는 독자들에게 아량을 베풀어달라고 호소했다. 메르카토르가 약 400년 전에 독자들에게 호소했던 것처럼.

지도마다 딸린 해설문은 미국이 전쟁에서 자국의 역할을 어떻게 바라보았는지, 또한 지구에서 자신의 위치를 어떻게 바라보았는지 알려주는 독특한 스냅샷이다. 이것은 공평무사한 지도책은 아니었고 (세상에 그런 게 있다면 말이다), 신중한 지정학적 프로파간다였다. 아치처럼 굽은 유럽 지도의 발치에는 이런 문장이 적혀 있다. '1942년 11월 7일에 미군 병사들이 세상이 깜짝 놀랄 만큼 갑작스럽게 진출했던 지중해 세계는 서구 문명의 요람이었다.' '독일이 유럽을 요새로 여길 때 [알프스 산맥이] 막강한 요소로 여겨졌겠지만', 비행기는 '지중해의 산맥을 별것 아닌 것으로' 만들어버렸다.

해리슨은 평면 지도와 지구본을 결합한 지도들이 적에게는 없는 이점을 연합군에게 제공하기를 바랐다. 그는 이렇게 썼다. '독일은 실행 면에서는 탁월하지만 지도에 관해서는 악명 높을 만큼 보수적이다. 설령 독일에게 "지리적 감각"이 있더라도, 그들의 지도나 전략에서는 드러나지 않는 게 분명하다.' 처칠이 이 지도책을 필수불가결하게 여겼던 것도 무리가 아니다.

제19장

세계 최고의 지도 판매자와 세계 최고의 지도 도둑

그들이 지도를 모으거나, 또는 훔치는 이유

"제가 제안을 드리죠!"

W. 그레이엄 애레이더 3세(W. Graham Arader III)는 내가 그의 가장 귀중한 소유물 중 몇 가지를 구입할 수도 있느냐고 묻자 이렇게 대답했다.

"여기 있는 건 다 파는 겁니다!"

별로 놀랍지 않은 말이었다. W. 그레이엄 애레이더 3세는 세계 최대의 지도 판매상이다(가장 부유하고, 가장 유명하고, 가장 전투적이고 허풍스러우며, 남들의 두려움도 혐오도 가장 많이 받는다). 나는 그의 침실에 있었다. 벽에 걸린 지도들을 바라보며, 애레이더 3세의 세계에서는 정말로 모든 것이 늘 판매 대상일 것이라는 인상을 받았다. 예외가 있다면 아내와 일곱 자녀뿐이겠지(자식 중 한 명의 이름은 W. 그레이엄 애레이더 4세다). 뉴욕 센트럴 파크에 면한 애레이더 3세의 6층짜리 저택은 1센티미터도 빠짐없이 벽이란 벽은 전부 지도로 뒤덮여 있었다.

침대 머리맡에도, 벽난로 위에도, 책상 너머나 맞은편에도, 심지어 문에도. 벽은 페인트가 아니라 벽지가 발라진 것 같았지만, 어느 쪽인지 정확하게 가려내기가 어려울 지경이었다. 지도가 붙어 있지 않은 공간에는 그의 또 다른 열정인 희귀한 자연사(自然史) 관련 인쇄물이 붙어 있었다.

그는 어떤 지도를 갖고 있을까? 모든 지도를! 또는 가치가 있고, 아름답고, 희귀한 모든 지도를. 그 말인즉 주로 19세기 미국 지도와 16세기 유럽 지도에 집중하며, 모든 위대한 이름을 망라한다는 뜻이다. 내가 있는 곳은 매디슨 대로에 있는 그의 자택 겸 전시장이었다. 그는 그 외에도 미국 곳곳에 갤러리 4개를 더 갖고 있다. 거기에서 그는 액자에 든 고전 지도의 역사를 전시한다. 오르텔리우스, 메르카토르, 블라우, 피스허르, 오스굿, 헤르만 몰, 루이스 에번스…… 그 지도들은 통상과 권력의 500년 역사를 요약한 이야기를 들려준다. 베네치아의 실크로드가, 네덜란드 제국의 성장이, 술레이만 대제와 스페인 펠리페 2세의 통치가, 미국의 탄생이, 대영 제국의 해상 세력 절정기와 뒤이은 쇠퇴가, 모두 여기에 크게 새겨져 있다.

애레이더의 이야기를 듣노라면, 그가 미국 역사에서 중요한 지도란 지도는 모조리 다뤄봤겠다고 생각하게 된다. "맞아요. 루이스와 클라크가 여행을 계획할 때 썼던 지도도 예전에 갖고 있었습니다." 그가 말했다. "제퍼슨과 매디슨이 서명한 루이지애나 매입 선언서도 갖고 있었고요……. 맞아요, 내가 넘버원입니다. 우리가 보유한 재고는 우리 다음으로 큰 판매상 50명의 재고를 합한 것보다 더 낫습니다. 가치가 10억 달러, 아니면 5억 달러쯤 될걸요. 이렇게 많은 물건을 갖고 있다니 나조차 황당할 정도죠."

아침나절이었다. 키가 크고 덩치도 만만치 않은 애레이더는 막 스쿼시를 마치고 여태 반바지를 입고 있었다. 그가 샤워를 하러 간 동안, 나는 그의 전략 계획자 중 한 명인 알렉스 캠과 대화를 나누었다. 캠은 요즘 새로운 수집가 기반을 구축하려고 애쓰는 중이라고 말했다. 특히 온라인에서. "왜냐하면 오랫동안 돈을 많이 쓴 사람들에게만 집중하면 고객들이 차츰 늙어가거든요." 캠에 따르면, 미국의 새로운 구매자들 중에는 자기 고향 주의 지도에만 관심 있는 사람이 많다. "자신의 과거를 돌아보고 싶어 하는 사람들이죠."

그렇지 않은 예외 중에서 눈에 띄는 사람은 스티브 잡스(Steve Jobs)였다. 잡스는 벨기에 수채화가 피에르 조제프 르두테(Pierre-Joseph Redouté)의 식물 그림을 사들이기 위해서 애레이더에게 거금을 치르곤 했다. 캠은 2011년에 잡스가 죽은 뒤, '잡스는 르두테의 장미들을 정말로 사랑했다'고 블로그에 적었다. 19세기에 르두테가 양피지에 그린 작은 장미 그림 하나는 그 달에 애레이더 갤러리에서 35만 달러에 판매되었다. 캠에 따르면, 잡스는 '르두테의 그림을 하도 좋아해서 우리더러 세상에 존재하는 모든 르두테 장미 원화를 빠짐없이 모아 달라고 부탁했다.'

샤워를 마치고 돌아온 애레이더는 내게 시간이 많지 않다고 말했다. "500만 달러짜리 판매"가 있어서 직접 참석하고 싶다고 했다. 사기도 하고 팔기도 하겠지만, 주로 팔 것이라고 했다. "사실 다른 선택지는 없습니다. 내가 판매자로서 감각을 잃는 순간 끝이죠. 나는 간접비만 한 달에 45만 달러가 드는걸요."

애레이더의 이름에서 'W'는 '월터'의 머리글자로, 그의 아버지와 할아버지도 썼던 이름이다. 해군 항해사였던 아버지는 직업적으로 지도를 연구했다. 이후 1960년대에 펜실베이니아 주 상무장관이 되었을 때는 지도 수집이 취미가 되었지만 아들의 말에 따르면, 그는 지도의 효용보다 아름다움에 더 관심이 있었다.

어린 애레이더는 18세부터 아버지에게 드릴 지도를 사들였다. 그는 예일 대학에 들어가기 전에 영국에서 1년을 보냈는데, 그때 R. V. 툴리나 매그스 브라더스(런던에서 제일 오래된 고서 판매상 중 하나로, 100년 전에 나폴레옹 보나파르트의 음경을 사들여 전시했던 일로 악명을 얻었다)를 포함한 모든 큰손들에게서 지도를 사들였다. 네덜란드와 플랑드르산

"제가 제안을 드리죠!" 자기 집 '지도책 방'에서 W. 그레이엄 애레이더 3세.

대형 지도책에서 뜯어낸 페이지도 많았는데, 1970년대에는 그런 지도가 80파운드쯤 했다. 요즘은 괜찮은 물건이라면 8,000파운드는 한다. 예일에서 애레이더는 지도 부서 책임자인 알렉산더 피에토르에게 홀딱 반했으며, 기숙사 방에서 지도를 팔기 시작했다. 고객은 주로 예일 의대의 유대인 의사들이었다. 그 후 그는 골동품 시장에서 지도를 팔기 시작했는데, 그곳에서 지도를 파는 사람은 자기 혼자라는 사실에 놀랐다.

애레이더는 두 가지 사실을 발견했다. 자신에게 지도를 싸게 사들인 다음 귀가 얇은 고객들과 한참 수다를 떨고 그들의 장단을 맞춰줌으로써 비싸게 되파는 능력이 있다는 사실, 그리고 지도의 세계가 아직은 혼곤한 잠에 빠져 있지만 곧 자명종이 울릴 때가 되었다는 사실. 그래서 그는 자신의 이름을 딴 천직이라고 말할 만한 일에 본격적으로 나섰다. '어 레이더(a raider, 침략자)'가 된 것이다. 애레이더는, 그의 표현을 빌리자면, "범죄에 가까울 만큼 저평가된" 지도들을 사들여서 가격을 열 배로 높였다.

1970년대와 1980년대에 희귀 지도의 가격이(가치라고 말하기는 주저된다) 껑충 뛰었던 것이 얼마만큼 애레이더에게 빚진 현상이었는지, 거꾸로 애레이더 자신은 얼마만큼 시대의 물결에 편승했는지 정확히 알기는 어렵다. 아마도 두 요인이 서로 부추겼을 것이다. 그의 전략은 최고로 훌륭하고 최고로 희귀한 지도를 사들이는 것이었다. 따라서 그가 갖춘 재고의 품질과 경쟁할 수 있는 상대는 거의 없었다

(그는 덜 중요한 물건은 "먼지처럼 흔해요!"라는 말로 일축하는 버릇이 있다). 그는 엄청난 양을 사들였다. 가끔은 경매에 나온 물건이나 유산 전체를 휩쓸어 올 정도였다. 그는 자신을 포함한 소수의 선도적 판매상들이 작당하여 기관들이 소장한 것을 제외하고 남은 세계의 훌륭한 지도들을 몽땅 사들이면 어떨까 하는 꿈도 꾸었다.

그 꿈은 그의 계획대로 잘 조율되지 않았기 때문에, 그는 혼자 비슷한 일을 시도했다. 그리고 그 과정에서 인망을 잃었다. 대단히 많이 잃었다. "그레이엄은 다른 모든 동업자들과 전쟁을 벌이는 거나 마찬가지입니다." 미국의 또 다른 주요 판매상은 내게 말했다. "그는 세상에 자기 자리밖에 없다고 생각하는 것 같아요. 누구에게든 아주 초토화시켜버리겠다는 태도를 취하죠. 나한테도 갖가지 험담을 해댔는데, 한번은 나를 '독사 소굴'이라고 부르더군요. 대체 내가 어떻게 독사 소굴이 될 수 있다는 건지 통 모르겠지만 말입니다."

애레이더가 어떻게 사람들을 거슬리게 하는지는 쉽게 알 수 있었다. 내가 그에게 인터뷰를 청하는 이메일을 보냈더니, 그는 내 편지를 대뜸 자신의 블로그에 올렸다. 그리고 답장에서 말하기를, 다른 지도 판매상은 죄다 '부정직하고 괘씸하고 사악하다'면서 자신이 '40년 동안 만난 정직한 지도 판매상은 나를 제외하고 딱 둘뿐이었다'고 주장했다.

지도계의 P. T. 바넘(미국의 유명한 흥행사 - 옮긴이)에게는 당연한 일이겠지만, 애레이더는 사람들 앞에 나서는 일을 부끄러워하지 않는다. 그는 《포브스》와 《포춘》이 좋아하는 인물이다. 그는 인상적인 한마디를 하는 데 소질이 있다. "태양왕 루이 14세, 그래요, 그가 베르사유를 짓긴 했지만, 그래도 그는 얼간이라고요!" 1987년에 《뉴요커》

의 인물 비평란은 애레이더를 가리켜 '학자적이진 않지만 인상적일 만큼 학식이 풍부하다'고 묘사했는데, 딱 맞는 표현이다.

그는 하루에 한 권씩 책을 읽는다고 말했다. 그러면서 커피 테이블에서 책을 한 권 집어 들었는데, 메인 주 앞바다에 있는 마운트 데저트 섬에 관한 책이었다(얼마 전에 그 섬을 그린 원본 필사본 지도를 구입한 참이었다). 자기 집에는 지도 관련 참고 도서가 5만 권 넘게 있다면서, 지도의 역사를 다룬 서가로서는 세계 최고로 훌륭한 컬렉션이고 영국도서관이나 미국 의회도서관도 능가한다고 주장했다(물론 논쟁의 여지가 있겠는데, 그는 주로 거창하고 광범위하지만 실제로 확인하기는 어려운 주장을 내놓는다).

"정말로 중요한 물건을 사들인 뒤에는 그 주제에 관한 책을 100에서 300백 권쯤 구입합니다. 그리고 컬럼비아 대학 교수를 고용해서 나한테 그 내용을 가르쳐달라고 하지요."

그는 침실을 둘러보면서 말했다. "프랑스-인디언 전쟁, 미국 혁명, 파리 조약, 루이지애나 매입, 1812년 전쟁 중에 영국 왕이 누구였는지 아는 사람은 거의 없을 겁니다. 조지 3세예요. 이런 지식을 꿰고 있으면 지도 수집이 어마어마하게 짜릿하게 느껴집니다. 펠리페 2세가 어째서 유럽을 반(反)종교 개혁에 예속시킬 수 있었는지 이해하게 되죠. 반종교 개혁은 펠리페 2세의 현금, 금화, 멕시코시티에서 가져온 무지막지한 양의 금 때문에 일어난 겁니다. 그 종교 전쟁이란 거, 그 지겨운 분노 때문에 유럽은 200년 동안 엉망진창이 됐죠……. 이 방 전체가 사실은 펠리페 2세의 금이 저지른 이야기입니다."

애레이더는 번지르르한 지식을 줄곧 늘어놓았다. 그러나 그 내용은 지도 애호가들이 이미 알고 있는 사실, 즉 지도를 아는 것은 세상

속에서 자신의 위치를 아는 것과 같다는 사실을 좀 더 강조한 것뿐이었다. 애레이더는 말했다. "나도 예전에는 그냥 지도가 예쁘네 하고 말았지만, 지금은 역사의 용광로 전체를 봅니다. 나는 역사를 아주 속속들이 꿰고 있어요. 이 주제에서 나랑 조금이라도 맞먹으려면 교수쯤은 돼야 할걸요."

애레이더는 교수를 퍽 선망하는 것 같았다. 성공한 부자 사업가들이 대개 그렇듯이, 그는 상업적 감식안뿐 아니라 학식으로도 존경받기를 열망했다. 그래서 그는 야심도 바뀌었다. "이런 걸 소유하는 것도 좋지만, 죽을 땐 다 줘버리고 맨손으로 죽고 싶습니다. 나는 예순 살이에요. 예순쯤 되어서도 돈벌이에만 몰두하는 건 한심한 짓이죠." 그는 보스턴의 노스이스턴 대학 학장이 보내온 감사 편지를 보여주었다. 그가 너그럽게 지도를 기부한 데 감사하다는 내용이었다.

애레이더는 컴퓨터로 가서 '애레이더: 나의 꿈'이라는 제목의 파일을 찾아 보여주었다. "여기 보세요. 이게 그 사람들이 가르치는 강좌랍니다. 매일 다른 종류의 지도를 가르치는 거죠. 요즘 드는 생각은, 이런 지도나 인쇄물을 박물관이나 도서관이나 다른 서랍장에서 끄집어내고 내 영향력과 재력을 동원해서 젊은이들에게 가르치면 좋겠다는 겁니다." 그는 젊은이들에게 "엄청난 자료로 엄청난 충격을" 안기겠다고 말했다. "똑똑한 꼬마 60명이 매일 이런 지도를 보면서 역사와 지리와 디자인과 연구를 흡수하기를" 바라기 때문이라고 했다1.

"교육을 위한 지도라." 알렉스 캠이 거들었다. "그게 앞으로 지글지글할 분야일 겁니다!"

지도의 세계는 보통 그렇게 깔끄럽지 않다. 나는 지도 판매상이나 수집가를 여럿 만나보았지만, 대부분은 예의 바르고 학식 있고 열정적인 사람들이었다. 그들에게 공통점이 하나 있기는 했다. W. 그레이엄 애레이더 3세를 싫어한다는 점이었다.

온화한 성격의 조너선 포터는 런던의 지도 판매상이다. 애레이더를 40년 동안 알고 지냈다는 그가 내린 다음 평가는 가장 너그러운 축에 들었다. "그는 지도업계에 엄청나게 기여했습니다. 이 분야로 많은 수집가를 끌어들였지요. 하지만 그에게 한 번이라도 험한 말을 듣지 않은 사람은 얼마 없을 겁니다."

정말이다. 한때 애레이더와 우호적인 관계를 맺었던 사람들이 내게 들려준 이야기는 대부분 어떻게 해서 그와 사이가 틀어졌는가 하는 사연이었다. 아메리카나 분야에서 세계적 전문가인 윌리엄 리스도 그중 한 명이다. 우리가 앞에서 〈빈랜드 지도〉를 이야기할 때 만났던 바로 그 사람이다. 리스는 애레이더보다 몇 살 어린데, 두 사람이 예일에 재적했던 기간은 짧게나마 겹쳤다(애레이더가 '독사 소굴'이라고 불렀다는 사람이 바로 리스다). 2011년 9월에 내가 코네티컷 주 뉴헤이븐에 있는 리스의 사무실을 방문했을 때, 그는 애레이더의 새로운 박애주의적 충동에 대해 냉소적인 반응을 보였다. 리스는 예일의 지도 컬렉션을 디지털 카탈로그로 만들기 위해서 모금할 때 자신이 기부한 10만 달러만큼 애레이더도 기부하면 어떻겠느냐고 요청했던 적이 있는데, 애레이더는 리스를 비웃으면서 그 편지를 자기 블로그에 올려버렸다고 했다.

리스는 메릴랜드 출신이지만, 그의 가족 중에는 예일에서 엎어지면 코 닿을 거리에서 자란 사람이 많았다. 지도에 대한 전문적인 관심은 원래 고서에 대한 관심의 곁가지로 시작되었지만, 어쨌든 그는 어려서부터 지도를 좋아했다. "나는 대륙을 횡단하는 비행기에 앉아서도 전국 도로 지도를 펼쳐놓고서는 마치 우리가 땅에서 이동하는 것처럼 진행 경로를 추적하는 부류의 사람이죠."

리스가 운 좋게 지도계에 끼어든 사연은 다락방에서 렘브란트의 작품을 발견했다는 식의 전설처럼 들린다. 1975년, 그는 얼마 전에 죽은 오토 피셔라는 고서 수집가의 소장품을 전부 판매하는 자리에서 이것저것 뒤지고 있었다. 그는 원래 액자를 보러 갔지만, 러그를 파는 곳에서 흥미로운 물건을 발견했다. 갈색 정육점 종이에 돌돌 말린 지도였다. "몹시 흥분되더군요. 그게 뭔지 알 것 같았습니다." 메소아메리카 고고학 수업을 듣고 있었던 그가 보기에, 16세기 멕시코의 어느 계곡을 묘사한 지도는 무화과나무 껍질로 만든 종이에 그려진 것 같았다. 그는 800달러를 주고 지도를 샀다. 그리고 집으로 돌아와서 지도의 연대를 약 1540년까지 좁혀냈다. 살펴보니 뒷면에도 지도가 있었다. 당시 예일대에서 미국사를 전공하는 2학년생이었던 그는 대학에 물건을 팔아보기로 결심했다. "지도를 학교 측에 보여준 뒤, 서로 포커페이스를 하고 마주앉았죠. 학교 측에서 묻더군요. '자, 얼마를 원합니까?' 당시 예일의 1년 학비가 5,000달러였기 때문에, 나는 '1만 5,000달러요!'라고 말했습니다."

대학은 동의했다. 리스는 그 순간 '제기랄!' 하고 생각했다. 지금 그 지도는 예일의 바이네케 도서관에 걸려 있다. 구텐베르크 성경에서 멀지 않은 위치에. "당시에 아마 25,000달러쯤 나갔을 겁니다. 지금은 20만이나 30만 달러쯤 될 거고요. 하지만 괜찮습니다. 그 일이 인생 경로를 정해주었으니까요. 나는 하늘에 둥둥 뜬 기분으로 걸어 나오면서 생각했죠. '이걸로 먹고살 수 있겠는데.'"

나는 리스에게 진지한(즉, 학구적이고 돈도 있는) 지도 수집가가 미국에 몇 명이나 있는지 물었다. 대답은 놀라웠다. "아주 적습니다." 그것은 예의 '당신의 현재 위치' 요인 때문이라고 했다. 대부분의 수집가는 몇 년만 짧게 수집하고 그만둔다. 그나마도 주로 자신이 태어났거나 사는 지역에만 흥미가 있다. 어떤 사람들은 세계 지도만 수집한다. "그런 사람들은 처음에 〈마파문디〉에 흥미를 느껴서 시작했다가 차츰 발전합니다. 나는 그런 방식으로 수집하는 사람을 대부분 아마추어, 애호가로 규정합니다. 사는 집의 벽 공간이 수집을 좌우하는 경우도 많습니다. 벽이 다 차면 그만두는 거죠."

그 다음 단계, 즉 서랍장에 지도를 보관하는 단계로 나아가는 사람은 훨씬 적다. 리스는 아주 진지한 지도 수집가가 미국에는 겨우 "20여 명쯤" 있다고 했고, 세계적으로는 200여 명쯤 될 거라고 했다. 기관은 제외한 수치다. 사실 그보다 더 많을 수 없는 단순한 이유가 있었다. 정말로 훌륭한 물건은 희귀하기 때문이다. "지도의 경우에는 아주아주 높은 꼭대기까지 올라가면 금방 시장이 사라질 위험이 있습니다. 남들이 벌써 죄다 차지해버린 거죠."

그런데 21세기 들어 몇 년 동안, 아주 훌륭한 지도들의 공급에 희한한 현상이 벌어졌다. 대단히 탐나지만 이전에는 시장에 나오지 않았던 물건들이 하나둘 나타났던 것이다. 리스는 희귀한 17세기 아메리카 지도들에서 그 현상을 눈치 챘는데, 특히 오대호를 처음 제대로 그린 사람이었던 프랑스 탐험가 사뮈엘 드 샹플랭의 지도들이 그랬다. 수십 년간 종적이 묘연했던 지도들이 갑자기 판매상들의 목록에 올랐다. 물론 그것들은 잽싸게 개인들의 컬렉션으로 사라졌지만, 어쨌든 시장에 보기 드문 유동성을 일으켰다.

그 현상에는 당연히 이유가 있었다. 그 지도들은 장물이었다.

2006년 9월, 에드워드 포브스 스마일리 3세(Edward Forbes Smiley III)라는 쉰 살의 남자가 42개월 징역형과 200만 달러에 가까운 벌금형을 선고받았다. 하버드, 예일, 영국도서관 등 여러 기관에서 지도 97점을 훔친 죄목에 대해 그가 유죄를 인정한 뒤였다. 그것은 사람들이 기억하는 한 최대의 지도 절도 사건이었다. 도서관들은 손실 때문만이 아니라(스마일리가 붙잡히기 전에는 있는 줄도 몰랐던 지도도 많았다) 그들이 그동안 신뢰하고 즐겁게 어울려왔던 사람이 저지른 일이라는 사실 때문에 충격을 받았다. 최소한 그들이 그의 감식안을 즐겼던 것만은 분명했다. 스마일리는 1970년대 말부터 판매상으로 일했고, 업계에서 '우리 식구'로 통했다.

사실 그는 상습범이었다. 그는 다용도 칼의 칼날로 책이나 지도책의 페이지를 도려낸 뒤 테두리를 다듬어서 감쪽같이 가장했다. 그는 이 수법을 지도 도둑들의 또 다른 고전적인 수법보다 선호했는데, 또 다른 수법이란 무명실을 뭉쳐서 입안에 넣어두었다가 도로 꺼내어 훔치고 싶은 지도의 제본 부위에 길게 붙인 뒤 책을 덮는 것이다. 그러면 침 속의 효소가 제본의 접착제를 녹여, 잠시 뒤에는 책장을 뜯어낼 수 있을 만큼 약해진다.

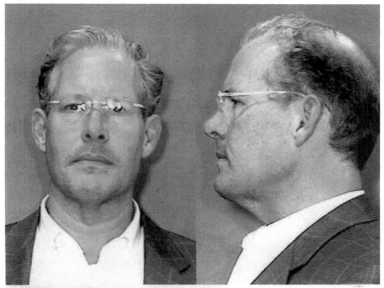

NAME: SMILEY, EDWARD
DOB: 4/13/1956   SEX:MALE   RACE:WHITE
HGT: 601   WGT: 230

지도를 다루도록 허락해서는 안 될 얼굴, 에드워드 포브스 스마일리 3세.

윌리엄 리스는 1983년에 스마일리와 거래했던 것을 기억했다. 리스가 스마일리를 믿은 것은 그때가 처음이자 마지막이었다. 리스는 그에게 아메리카 해안선 지도책을 5만 달러에 팔았는데, 수표가 부도 처리되었다(결국에는 돈을 받았다고 한다). 두 사람은 나중에 경매장에서나 전시회에서 곧잘 마주쳤지만, 제대로 다시 만난 것은 2005년이었다. 예일 대학이 리스에게 자신들의 컬렉션에서 스마일리가 훔친 물건을 감정해달라고 요청한 때였다. (스마일리는 예일의 바이네케 도서관에서 붙들렸는데, 사서가 바닥에 떨어진 X액토 칼날을 목격한 것이 계기였다.

스마일리는 서류 가방과 재킷 주머니에 희귀 지도 여러 장을 숨긴 채 건물을 빠져나가려다가 붙잡혔다. 그중에는 뉴잉글랜드를 처음 언급한 존 스미스 대령의 1631년 지도도 포함되어 있었다.)

리스가 제대로 검사하기 위해서, 도서관의 지도 부서는 그 학기 내내 문을 닫았다. 리스가 발견한 문제점 중 하나는 지도가 전자 카탈로그로 온전히 정리되어 있지 않다는 점이었는데, 어쩌면 포브스는 표적을 정할 때 그 점을 감안했을지도 모른다. 리스는 설명했다. "스마일리는 자기 자취를 감추기 위해서 카드 카탈로그에서 카드까지 훔쳤습니다. 하지만 소용없었죠. 도서관이 1978년에 카드 카탈로그를 마이크로필름으로 옮겨두었는데, 그는 그것까진 몰랐던 겁니다."

포브스 스마일리 사건은 유수의 연구 기관들이 보물을 보호하는 방식에 적잖은 영향을 미쳤다. 기관들은 최대한 보안을 강화했다. 감시 카메라를 설치한 곳도 많았다. 그러나 많은 사서들은 수십 년 동안 믿어왔던 독자들을 화면으로 감시해야 한다는 사실을 불편하게 느꼈고, 새로운 보안 조치는 도서관을 지식의 자유로운 전파를 위해 마련된 시민들의 공간으로 보는 시각에도 배치되었다. 스마일리 소동 당시에 어느 학예사는 이렇게 말했다. "우리 업계는 이제 취약해졌습니다."

소규모 지도 도둑은 지도가 세상에 등장한 순간부터 존재했다. 지도는 값나가고 장식적인 물건이기 이전에 유용한 물건이었으니까.

그러나 20세기 후반의 굵직한 강도 사건들은 그 대담성과 냉전 시대의 첩보원을 방불케 하는 수법은 물론이거니와 대대적인 규모와 범죄의 연속성 때문에 더욱 인상적이었다. 도둑들은 한 번 털었던 풍요로운 샘물로 몇 번이고 다시 돌아왔다. 흡사 은행이 귀중품 보관실의 문을 열어두고 금고 열쇠는 탁자에 뻔히 보이도록 놓아둔 것이나 다름없었다.

1963년 3월, 옥스퍼드와 케임브리지의 여러 칼리지는 지난 10개월 동안 앤서니 존 스컬(Anthony John Scull)이라는 남자가 아무런 제약 없이 자신들의 지도책을 도려내고 다니며 환호작약했다는 사실을 발견했다. 스컬이 훔친 지도와 인쇄물은 500점이 넘었는데, 대다수는 케임브리지의 킹스 칼리지에서 훔친 것이었다. 그 속에는 온갖 위대한 이름들이 다 있었다. 그때만 해도 위대한 인물들의 작품이라고 해서 모두 흰 장갑을 끼고 엄격하게 감독하던 시절이 아니었다. 스컬은 프톨레마이오스, 메르카토르, 오르텔리우스의 작품을 빼돌렸다. 당시에는 희귀 지도라도 엄청난 고가로 팔리진 않았지만, 판매상들은 물론이거니와 두어 군데 경매장도 스컬의 공급을 고맙게 여겼을 것이 분명하다. 그가 훔친 지도의 총 가치는 3,000파운드로 추산되었다(요즘은 300만 파운드쯤 될 것이다). 그러나 무엇보다도 큰 피해는 그 때문에 망가진 책들이었다.

미국에서 가장 기이하고 영화 같았던 이야기는 1973년의 이른바 '카속(cassock) 범죄'였다('카속'은 로마가톨릭교회를 비롯한 여러 기독교 종파 성직자가 입는 긴 옷을 말한다 - 옮긴이). 베네딕트회의 두 사제가 유수의 대학 도서관들에서 지도책을 훔쳐다가 퀸스에 있는 수도원에 숨겨둔 사건이었다. 영국의 이인조, 멜빈 페리(Melvin Perry)와 피터 벨우드(Peter Belwood)가 스칸디나비아에서 도둑질을 했던 이야기도 있다. 그들은 1990년대 말에 지도를 훔치기에 가장 좋은 장소는 코펜하겐의 왕립도서관이라고 판단했는데, 알고 보니 옳은 판단이었다. 벨우드도 페리도 덴마크로 날아가기 전에 영국도서관을 비롯한 다른 곳들에서 도둑질한 죄로 유죄를 선고받은 전력이 있었다. (한번은 벨우드는 "바닥에 떨어진 것을 발견했다."며 500크로네 지폐를 사서들에게 건넴으로써 그들의 신뢰를 얻는 훌륭한 솜씨를 발휘했다. 그러고는 그곳에서 오르텔리우스와 스피드의 지도를 슬쩍했다.)

역시 1990년대에 벌어졌던 또 다른 유명 사건은 길버트 블랜드(Gilbert Bland) 사건이다. 약 250점의 지도를 훔쳤던 그는 존스 홉킨스대학 피보디 도서관의 지도책에서 페이지를 도려내다가 다른 이용자에게 들켰다. 블랜드는 델라웨어에서 브리티시컬럼비아까지 19개 도서관에서 슬쩍한 지도를 플로리다에서 아내와 함께 운영하는 가게에서 팔았다. 그의 변명은? "그냥 갖고 싶었다." 블랜드는 마일즈 하비의 『잃어버린 지도들의 섬』이라는 재미난 책의 소재가 되었다. 그 책에는 애레이더도 주연급으로 등장한다. 책에서 하비는 블랜드를 '지도계의 알 카포네, 미국 역사상 최고의 지도 도둑'이라고 불렀다. 물론 포브스 스마일리와 그의 칼날이 등장하기 전 얘기였다.

갈수록 요새처럼 폐쇄되어 가는 도서관이 아니라면, 지도학 교육을 받고 싶은 사람은 어디로 가야 할까? W. 그레이엄 애레이더 3세와 동료들이 운영하는 시리즈 강좌는 어떨까? 내가 그를 방문하기 직전에, 애레이더는 고등학생과 대학생을 대상으로 예술품 거래의 여러 측면을 가르쳐주는 여름 강좌를 연다는 광고를 냈다. 비용은 일주일에 1,200달러였고, 애레이더가 판매의 네 가지 핵심 단계로 분류한 내용을 배우게 될 것이라고 했다. 'A: 도입, B: 예술품은 실재한다, C: 예술품은 소유할 수 있다, D: 예술품의 판매.' 훌륭한 지원자에게는 고객과 관계를 유지하는 방법, 인터넷을 거래에 이용하는 최선의 방법도 가르쳐줄 것이라고 했다. 애레이더는 내게 이렇게 말했다. "고객들 중에는 나더러 자기 자식이 충분히 자질이 있으니까 고용해달라고 압력을 넣는 사람이 많습니다. 이제는 그 사람들한테 돈을 내라고 할 겁니다. 나한테 아이를 보내면, 아이는 여름 내내 다른 건 아무것도 안 하고 5,000달러 값어치의 교육을 받는 겁니다. 그러면 간단하죠!"

내가 애레이더에게 학생들에게 제공할 핵심적인 교훈을 조금만 알려달라고 요청하자, 그는 자기 블로그를 보라고 했다. 거기에는 단순한 조언들이 적혀 있었다. 감사 편지는 손으로 쓸 것, 고객들에게 이메일을 지나치게 많이 퍼붓지 말고 그들이 관심을 보일 만한 물건만을 현명하게 신중하게 시기적절하게 권할 것.

'진품의 색깔'을 가장한 날조품을 가려내는 방법에 관한 조언도 있었다. 2011년 6월, 애레이더는 4명의 인턴을 데리고(돈을 받지 않은 마지막 그룹이었다) 그의 집을 떠나 소더비에서 열릴 경매를 참관하러 갔다. 그들은 88번 품목으로 낙착했다. 17세기에 만들어진 고전적인 아프리카 지도책으로, 네덜란드 지리학자 올퍼르트 다퍼르가 그린 지도가 많이 포함되어 있었다.

"진품의 색깔을 그렇게 훌륭하게 날조한 사례는 달리 상상할 수 없을 겁니다." 애레이더는 말했다. "우리는 모두 완벽하게 속았어요. 초록색이 산화되어서 종이에 퍼진 모습이 거의 완벽했죠. 처음에는 이런 근사한 책이 다 있나 하면서 무진장 흥분하고 탐이 났습니다. 그러나 그게 아니었죠."

애레이더의 흥분은 금세 분노로 변했다. 그는 보통 진짜 17세기 물건임을 말해주는 주된 근거로 여겨지는 산화된 초록색을 위조자가 참으로 영리하게 모방했다는 사실을 깨달았다. "이런 문제에서 스스로를 보호하는 방법은 세계 유수의 도서관에서 원본 지도책들의 색깔을 많이 봐두는 것밖에 없습니다." 애레이더는 인턴들에게도 그렇게 조언했고, 극악한 범인을 색출하고야 말겠다고 맹세했다. "그 잡놈들 중 하나가 내 꾀에 넘어와서 나를 고소하기를 바랍니다. 그러면 법정을 이용해서 답을 알아낼 수 있을 거예요. 나는 끝까지 싸울 테니까! 경고했습니다."

여자들이 지도를 읽지 못하는 당연한 이유

1998년, 오스트레일리아의 부부 바버라 피즈와 앨런 피즈(Barbara and Allan Pease)는 『말을 듣지 않는 남자, 지도를 읽지 못하는 여자: 올라간 변기 시트를 넘어서』라는 웃기고 가벼운 책을 직접 펴냈다. 1년 만에 책은 변기 시트에 관한 부제를 떼어내는 대신 세계적으로 히트를 기록했고(1,200만 부), 오래지 않아 사람들이 버스 정류장이나 일터에서 곧잘 입에 올리는 부류의 책이 되었다. 남녀의 전쟁을 다룬 내용이라는 점에서 존 그레이의 『화성에서 온 남자, 금성에서 온 여자』와도 좀 비슷했지만, 그보다 한 발 더 나아가서 비합리적인 영역으로 들어선 점이 달랐다. 피즈 부부의 책은 왜 남자들이 한 번에 하나 이상의 일을 못 하는지, 왜 여자들이 병렬 주차를 못 하는지, '왜 남자들은 에로틱한 이미지를 좋아하는데 여자들은 감흥을 받지 않는지'를 설명했다.

　지도에 관해서라면, 피즈 부부의 발견은 단호했다. 그들은 단언했다. '여자들의 공간 감각이 떨어지는 것은 진화 과정에서 남자 말고 다른 것은 쫓아다닐 일이 없었기 때문이다. 다층식 주차장이 있는 아무 쇼핑몰이나 가보면, 여성 쇼핑객들이 자기 차를 찾지 못해서 울적한 표정으로 두리번거리는 광경을 목격할 수 있을 것이다.' 피즈 부부는 사실 콜럼버스가 항해 장비를 계획하던 시절부터 존재했던 고정관념을 재확인한 것뿐이었다. 남자는 낯선 사람에게 길을 묻기를 꺼리고, 차라리 착착 접히는 방향 안내 도구와 더 친하게 지낸다는 고정관념.

그런데 그게 정말일까?

피즈 부부가 그 책의 성공을 발판 삼아 가내 수공업처럼 후속작을 찍어내기 시작한 때로부터 몇 년 전, 학자들도 나름대로 성별과 지도에 관련된 연구 결과를 발표하기 시작했다. 그런 연구는 사실 한 세기 전부터 이뤄지고 있었지만, 1970년대 말부터는 그런 연구가 이례적으로 시급하게 느껴졌다. 1978년에 캔자스 대학의 J. L. 해리스는 「공간 능력에서 나타나는 성별 차이: 환경적, 유전적, 신경학적 요인들」이라는 논문을 냈고, 1982년에 J. 매덕스라는 사람은 「지리학: 기존의 성별 이형적 인지 능력에서 가장 큰 영향을 받는 과학」이라는 논문을 미국지리학회에서 발표했다.

학자들의 접근법과 발견은 각양각색이었지만, 대부분의 심리학 연구는 정말로 공간 기술, 길 찾기, 지도와 같은 문제에서는 남자가 여자보다 낫다고 보는 것 같았다. 1990년대에 지리학 박사 과정에 진학한 사람 중 남자와 여자의 비가 4 : 1이었던 것도 어쩌면 그 때문이라고 했다. 1973년에 피터 스트링어라는 남자가 《지도학 저널》에 발표한 논문에서 자신이 지도의 배경 색깔을 연구할 때 실험 대상자로 여자만 모집했다고 말한 것 역시 어쩌면 그 때문이었다. 스트링어는 그 이유를 '여자가 남자보다 지도 읽기를 더 어려워하리라고 기대했기' 때문이라고 설명했다.

그러나 억제되지 않은 선입견 외에도 이런 현상에 대한 아주 단순한 설명이 따로 있다면 어떨까? 남자와 여자가 모두 지도를 완벽하게 잘 읽지만, 읽는 방식이 다른 것뿐이라면? 여자가 지도를 읽기 어려워하는 것은 남자가 남자를 염두에 두고 디자인한 지도이기 때문이라면? 여자가 장점을 발휘할 수 있도록 지도를 다르게 디자인할 수도 있을까?

1999년, 캘리포니아 대학의 지리학, 심리학, 인류학 전문가들이 관련 프로젝트를 실시했다. 그들은 공간 능력과 지도 읽기를 다룬 기존 문헌을 샅샅이 검토했는데, 그 시점에 그런 논문은 100편이 넘었다. 그들은 샌타바버라 주민 79명을 대상으로 새 실험도 수행했다(19세에서 76세 사이의 여자 43명, 남자 36명이었다).

연구자들은 기존 연구 문헌에서 가장 강력하게 도출되었던 결론이(컴퓨터 화면에서 움직이는 두 이미지의 상대 속도를 평가하는 작업, 혹은 이차원과 삼차원 도형을 머릿속에서 회전시킨 모습을 알아맞히는 작업에서는 남자가 여자보다 낫다는 결론이었다) 현실에서는 그다지 실용적이지 않다고 판단했다. 그래서 새 실험에서는 피험자들이 직접 길을 걸으면서 방향을 찾는 작업과 직접 지도를 그리는 작업을 포함시켰고, 구두로 주어진 방향 안내에 반응하는 작업과 가상의 지도를 익히는 작업도 포함시켰다. 실험에 쓰인 가상의 지도 중 하나는 '어뮤즈먼트 랜드'라는 가상의 놀이공원 지도였다. 크기는 22×28센티미터였고, '비단뱀 구덩이', '보라색 코끼리 조각상', '아이스크림 판매대' 같은 랜드마크들이 표시되어 있었다. 연구자들은 피험자에게 지도를 잠깐 보여준 뒤 도로 빼앗고, 가급적 많은 랜드마크를 떠올려 비슷하게 그려

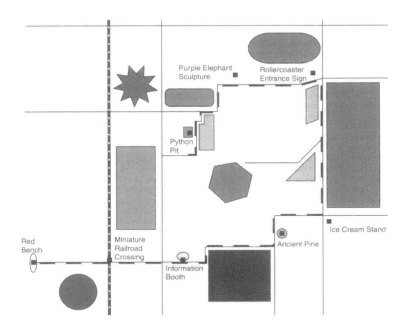

지도와 성차(性差)와 아이스크림이 마침내 한자리에서 만난 곳, '어뮤즈먼트 랜드'.

보라고 시켰다. '노스다코타 주 그랜드 포크스'라는 가상의 동네 지도에 대해서도 비슷한 실험을 했는데, 그것은 사실 샌타바버라 지도를 회전시킨 것뿐이었다. 피험자들은 연구자를 따라서 대학 캠퍼스를 이리저리 돌아다닌 다음에 자신이 걸었던 길을 지도에 표시하는 과제도 수행했다.

연구자들의 결론은 다음과 같았다. 어떤 작업에서는 남자가 더 나았지만(거리 짐작하기, 전통적인 방위 확인하기), 다른 작업에서는 여자가 더 나았다(랜드마크 알아차리기, 구두로 묘사하는 작업 몇 가지). 지도 사용에 관해서라면, 가상의 지도이든, 실제 지도이든, 여자들은 피즈 부부의 책 제목을 무색하게 만들었다. 여자들도 남자들 못지않게 지도를 잘 읽었다. 다만 약간 다른 방식으로 읽을 뿐이었다.

그리고 여자들도 그 사실을 알고 있다는 증거가 차츰 나타났다. 1977년《실험심리학 저널》에 발표된 한 논문을 보면, 피험자 중 스스로 '방향 감각이 좋다'고 평가한 사람은 남자는 28명 중 20명이었고 여자는 17명 중 8명뿐이었다. 그러나 1999년에는 상황이 달라졌다. 적어도 샌타바버라에서는. 남녀 모두 자신의 능력이 향상되었다고 느끼는 것 같은 결과가 나왔다. 10개 항목 중에서('내 위치를 아는 것은 별로 중요하지 않다', '오른쪽과 왼쪽을 자주 혼동하지 않는다', '나는 길을 잘 알려준다' 등등) 남녀가 유의미한 차이를 보인 항목은 하나도 없었고, 남녀 모두 높은 자신감을 드러냈다. '나는 거리를 잘 가늠하는 편이다' 항목에서는 남자들이 여자들보다 좀 더 자신감이 있는 듯했지만, 그보다 더 중요한 '나는 지도를 아주 잘 읽는다' 항목에서는 이렇다 할 차이가 없었다.

그렇다면 흔히들 문제로 인식하는 현상은 왜 나타날까? 사실은 여자들도 어려움 없이 방향을 찾을 수 있지만, 여자들에게 방향을 찾아보라고 요구한 방법이 잘못일지도 모른다. 1997년 12월, 영국판 《콩데나스트 트래블러》의 초창기 호에 티머시 네이션(Timothy Nation)이라는 작가의 짧은 글이 실렸다. 저자는 이렇게 물었다. 우리가 런던 거리를 배회할 때, 지도나 나침반만 고집스럽게 따라가는 것보다 유명한 지형지물을 찾아보면서 움직이는 것이 훨씬 쉬운 이유는 무엇일까? 저자가 생각하는 이유는 지도가 거리의 선만 쫓는다는 점이었다. 즉, 지도는 아래를 내려다본다. 그러나 실제로 우리가 걸을 때는 위를 올려다보고, 옆을 둘러본다. 납작하고 이차원적이고 아래를 내려다보는 접근법은 남자들이 사용하는 인지 전략에는 적합하지만, 여자들에게는 일반적으로 불리하다.

티머시 네이션의 본명은 맬컴 글래드웰(Malcolm Gladwell)이었다. 아직 『티핑 포인트』나 『블링크』 같은 책으로 유명해지기 전이었던 그는, 이어서 뉴욕의 컬럼비아 대학 연구진이 1990년에 수행했던 실험을 소개했다. 쥐와 미로를 사용한 유명한 실험에서, 수컷 쥐들과 암컷 쥐들은 먹이를 찾을 때 서로 다른 방식으로 방향을 찾았다. 연구자가 실험 공간의 기하학적 구조를 바꾸면(가령 칸막이를 놓아서 없던 벽을 만들면) 수컷들은 과제 수행 속도가 조금 느려졌지만 암컷들은 거의 영향을 받지 않았다. 한편 실험 공간에 있는 랜드마크를(가령 탁자나 의자를) 옮기면, 반대의 결과가 나왔다. 이번에는 암컷들이 혼란스러워했다. 놀라운 소식이었다. 수컷들은 광범위한 공간적 단서에(넓은 공간, 납작한 선) 잘 반응하는 데 비해 암컷들은 랜드마크와 가구에 의존하는 셈이었다.

이 결과를 해괴하게 여긴 사람들도 있었을까? 그랬을 수도 있지만, 지난 20년간 수행된 다른 실험들도 속속 비슷한 결과를 내놓았다. 제일 최근의 논문은 2010년에 미국심리학회가 발표한 것으로, 영국과 스페인 연구자들이 이전보다 더 많은 쥐를 삼각형 수조에 빠뜨려 물속에 숨은 발판을 찾아내도록 시험한 실험이었다. 이번에도 결과는 비슷했다. 암컷들은 특정 위치에 존재하는 단서들을 유익하게 활용했지만, 수컷들은 무시하고 그냥 지나쳤다.

연구자들은 이어 사람에게도 비슷한 실험을 해보고, 역시 비슷한 결과를 얻었다. 요즘은 남녀가 방향 찾기에서 그런 차이점을 보인다는 사실을 부인할 심리학자가 거의 없을 것이다. 다만 그런 변화가 어떻게 발생했는가 하는 점은 확실히 알 수 없다. 그 점을 이해하려면, 우리는 아프리카 평원에서 살았던 수렵 채집인에게로 거슬러 올라가보아야 한다. 상당히 그럴싸한 가설에 따르면, 인류의 뇌는 그 시절에 남자든 여자든 똑같이 방향을 찾는 기술을 발전시켰지만 방식이 달랐다. 남자들은 광범위하게 이동하면서 넓은 영역에서 사냥을 했던 데 비해 여자들은 한자리에서 뿌리나 열매를 거두는 편이었는데, 여성들의 그런 채집 기술은 기억의 도움을 받고 기억은 지형지물의 도움을 받는다.

여자를 위한 지도? 방콕에서 활동하는 낸시 챈들러는 지난 20년 동안 '삼차원' 타이 지도를 그려서 큰 성공을 거두었다. 그녀의 지도는 언뜻 지나치게 빽빽하고 약간 혼란스러워 보이지만, 손으로 그린 랜드마크와 유용한 설명문이 있고 여러 종류의 관심거리를 서로 다른 색깔로 표현했다. 그녀에 따르면, 그녀의 지도를 주로 구입하고 사용하는 사람은 정말로 여자들이다.

납작한 이차원 평면에 그려진 전통적인 지도는 사냥꾼을 위해서 사냥꾼이 그린 것이다. 여성 채집자는 잘 활용하기 어렵다. 반면에 지도를 삼차원으로 바꾸면 종이에서 지형지물을 도드라지게 표현한 그림이든, 컴퓨터 화면에 표시된 디지털 지도이든 여자들이 눈앞의 도로를 대번에 좀 더 잘 읽는다.

1998년에 조지아 주립대학의 심리학자 제임스 댑스와 동료들이 수행한 실험에 따르면, 남녀의 전략적 차이점은 언어적 소통에까지 미친다. 남자들은 길을 알려줄 때 북쪽이나 남쪽 같은 나침반 방위를 곧잘 언급하지만, 여자들은 도중에 있는 건물이나 다른 랜드마크에 집중한다.

그러니 결국 바버라 피즈와 앨런 피즈가 옳았을지도 모른다. 적어도 반쯤은 옳았을지도 모른다. 남자가 말을 듣지 않는 것은 별로 들을 필요가 없기 때문이다. 여자가 지도를 읽지 못하는 것은 잘못된 종류의 지도이기 때문이다. 그렇다면 무엇이 그들의 골치 아픈 결혼을 구원할까? 계기판에 부착된 플라스틱 상자가?

제20장

호수로 차를 몰고 들어간 사람

위성 항법 장치는 어떻게 세계를 상자에 가두었나

때는 1980년대 초. 당신은 휴가의 시작을 맞아 비행기로 여행하는 중이다. 비행기가 뜨고 음료가 나눠진 뒤, 영화가 시작된다. 「미스터 빈」은 아직 만들어지지 않았다. 기내 오락은 초창기였던 시절이라, 선택지는 동물이 나오는 가족 영화 하나밖에 없다. 영화는 천장에 한 줄로 매달린 작은 화면들에서 나온다. 그 영화가 끝나고, 다른 영화가 나온다. 그러나 아까 이미 봤던 것이다. 뭉툭한 비행기가 하늘을 가로질러 당신의 출발지에서 도착지까지 날아가는 모습을 보여주는 영상이다. 아마도 그것은 우리가 눈으로 보는 정보들 중에서 최고로 지루한 정보일 것이다.

시인 사이먼 아미티지는 저가 항공기로 일본까지 12시간을 날면서 이 영상을 보았던 경험을 글로 쓴 적이 있다. 화면에 등장한 비행기는 끔찍하게 느린 속도로 바다와 육지를 기어갔다. 꼭 골프공이 퍼팅그린에서 슬로모션으로 굴러가는 모습 같다. 아미티지는 점차 절

또 그 영화잖아…….

박해지는 심정으로 그 모습을 바라보았다. 그렇게 3시간쯤 흘렀을까,
뒷자리 남자가 외쳤다. "제발 구멍에 들어가버려!"

　　화면에 뜬 비행기는(당연히 사실은 영화가 아니고, 비행기가 지구의 어
느 지점에 있는지를 실시간 모형으로 보여주는 것뿐이다) 죽을 만큼 단조로
운데도 이상하게 우리의 눈길을 끈다. 화면에는 지상 속도나 외부 기
온 같은 다른 통계도 나오지만, 우리가 눈길을 떼지 못하는 것은 지
도 위 비행기다. 스타방에르인지 뭔지, 우리가 생각도 못 해본 장소
를 향해서 살짝살짝 덜컥거리듯이 움직이는 모습. 그 지도는 비행의
경이로움을 드높이기는커녕 지루함을 증폭시킨다. 위성 항법 장치와

휴대 전화 애플리케이션이 없던 시절에 여행했던 사람들에게는 이것이 움직이는 지도를 구경한 첫 경험일 때가 많았다.

처음 그런 지도를 승객에게 제공한 것은 '에어쇼 주식회사'라는 미국 회사였지만, 그 작동 원리의 바탕이 되는 기술은(자이로스코프와 가속도계 보정 기법을 활용하는 체계) 비행기 조종실에서 유래했다. 과거 50년 넘게 우리를 휴가지로 데려다준 지도는 '관성 항법'[102]이라는 그 기법을 활용한 것이었다.

관성 항법은 군사 연구에서, 특히 미사일 유도 기술에서 비롯했다. 제2차 세계 대전 이전에 미사일을 쏘았던 방식은 18세기에 호레이쇼 넬슨 제독이 포탄을 쏘았던 방식과 크게 다르지 않았다. 파괴적 속도가 지리적 정확성을 압도했다. 그 후 독일과 미국은 방향타와 수평타로 무기의 방향을 조종하는 방법을 발명했다(독일은 장거리 로켓탄 V2에 이 기술을 적용하여, 무차별 폭격에서 약간만 더 정확한 표적 공격으로 전환했다).

이후 기술은 몰라보게 발전하여, 관성 항법은 우리가 복잡한 기술의 대명사로 여기는 로켓 공학을 대표하는 기술로 여겨지게 되었다. 그러나 그 기본적인 과학은 우리도 이해할 수 있는 내용이다. 이륙 시점에 고정 좌표를 기록한 뒤, 기체(機體)의 동작 감지기가 제공하는 정보에 따라 컴퓨터로 이동 경로를 조정하는 것이다. 핵심만 보자면 콜럼버스와 마젤란이 대양을 항해할 때 썼던 '추측 항법'과 크게 다를 것도 없다.

---

102) 비행기나 배, 우주선 등을 운항할 때 그 자체의 가속도를 잼으로써 위치, 방향, 시간 따위를 산출하여 운항하는 방법.

그렇기는 해도, 좌석 뒷면에 부착된 움직이는 지도는 1980년대 이래 상당히 발전하여, 요즘은 삼차원 그래픽과 실시간 위성 업데이트를 제공한다. 실제 창밖을 내다보는 것과 거의 같은 수준이다. 요즘도 비행기들은 관성 항법을 쓰지만 지난 10년 동안 좀 더 정확한 다른 기술이 합류했는데, 그것은 선장들과 운전자들에게 전통적인 길찾기 기법(등대, 종이 지도, 직감)을 버리게 만든 기술과 같은 것이다. 그들은 이제 어떤 상황에서도 끄떡없고, 논란의 여지가 전혀 없고, 결코 틀릴 리 없는 발전된 삼변 측량법[103]을 선호하게 되었다. 전역 위치 확인 시스템, 즉 GPS다.

🐟 🐟 🐟

그동안 GPS는 놀라운 수준으로 발전했다. 이제 어디론가 움직이는 물체라면 거의 무엇이든, 괜히 사람 때문에 일을 그르치지 않고 자동으로 방향을 찾게 되었다. 2012년 1월 토스카나 해안에서 유람선 코스타 콩코르디아 호가 좌초하여 32명이 사망했을 때, 사람들은 GPS가 아니라 GPS를 무시한 선장을 나무랐다. 2006년에 우주 왕복선 디스커버리 호가 국제우주정거장을 향해 솟아올랐을 때, GPS는 그 궤도를 추적했을 뿐 아니라 (최초로) 왕복선이 케이프 커내버럴 관제소로 돌아오는 길까지 안내했다. 휴대 전화는 있지만 지도는 없는 사람이 세계 어디에서든 길을 잃으면, 우리는 GPS로 그의 위치를

---

103) 재려는 몇 개의 점을 삼각형의 정점으로 한 뒤에, 그 각도와 변의 길이를 재서서 각 점의 상대적 위치를 구하는 측량 방법.

확인하여 구조할 수 있다. 우리가 휴대 전화 애플리케이션에서 '위치 서비스를 활성화하시겠습니까?' 옵션을 허락했을 때, 우리를 제일 가까운 현금 지급기로 안내해주는 것이 바로 GPS다.

이 얼마나 경이로운가. 또한 이 얼마나 큰 재앙의 씨앗일런가.

GPS는 우리 삶에서 너무나 중요한 부분이 되었기 때문에, 갑자기 그 작동이 멈춘다면 그 영향은 파국을 불러올 것이다. GPS 오작동은 디지털 지도 제작자나 아이폰 사용자에게만 타격을 입히는 것이 아니라 전 세계의 전기, 석유, 가스 수확이 일시에 바닥난 듯한 상황을 일으킬 것이다. GPS가 없으면 모든 응급 서비스가 타격을 받는다. 선박과 비행기를 포함한 모든 운송 통제 체계가 타격을 받는다. 수신호를 제외한 모든 소통 수단이 타격을 받는다. 시간을 정확하게 재는 작업, 지진을 예측하는 작업도 타격을 받는다. 탄도 미사일의 유도와 공중 요격이 엉망진창이 될 것이다. 처음에는 교차로의 정체로 시작했다가 금세 전 세계가 캄캄해질 것이고, 그러다가 아예 전 세계가 멎을 것이다. 모든 것이 멈출 것이다. 우리는 장님이나 다름없을 것이다. 가게에 물건을 채울 수도, 밥을 먹을 수도 없을 것이다. 중세처럼 밭을 경작할 줄 아는 사람만이 살아남을 가능성이 있을 것이다.

어쨌든 그런 일이 벌어지지 않아 다행스러운 현재로서는, 다들 '톰톰 고 라이브 1005 월드'를 즐기면 된다. 계기판에 부착하는 위성 항법 장치인 이 기기는 가격이 약 300파운드이고, 66개국의 상세 도로 지도가 저장되어 있다. 이 기기는 천문학적, 지리적, 기술적인 면에서 최고 수준이다. 플라스틱과 유리로 된 상자에 5인치 HD 터치스크린과 실시간 교통 정보가 담겨 있고, 몇 파운드만 더 내면 호머 심슨의 목소리로 "목적지에 도착했습니다. 거만을 떨어도 괜찮아요. 당신은 천재니까!"라고 안내받을 수 있으니, 프톨레마이오스가 이 기기를 봤다면 곧장 정신병원으로 안내되지 않았을까.[104]

우리가 톰톰을 (또는 가민, 스트라보, 미오를, 그도 아니면 구글 맵스가 깔린 휴대 전화를) 사는 것은 지도 때문이 아니라 안내 때문이다. 그렇게 본다면 이 장치는 사뭇 오래된 개념이다. 디지털 이전 세상에서 지도 없이 길을 잃었던 사람은 동네 주민들에게 방향을 물어야 했는데("교회에서 왼쪽으로 꺾은 뒤에 시청에서 다시 왼쪽으로 꺾으세요."), 위성 항법 장치는 더 큰 규모에서 정확히 그 기능을 수행한다. 위성 항법 장치의 매력은 도로 지도를 제공한다는 점이 아니다. 도로 지도라면 애플턴, 미슐랭, AA, 랜드 맥널리 등이 100년 전부터 판매했다. 위성 항법 장치의 매력은 그것이 언어이고, 지령이고, 심지어 지도를 통 못 읽는 사람에게는 해방이라는 점이다.

위성 항법 장치가 어떻게 작동하는지 알아보기 전에, 그것이 제대로 작동하지 않으면 어떻게 되는지부터 보자. 2010년, 바이에른의 한 운전자는 위성 항법 장치가 고속도로에서 유턴을 하라고 해서 그렇게 했다가 1953년산 롤스로이스 '실버 돈'을 들이받았다. 그 롤스로이스는 세계에서 단 760대만 생산된 차였다. 소유주가 당장 그 자리에서 심장 발작을 일으킨 이유를 알 것 같다. 그는 회복했지만, 그의

---

104) 취향에 따라서는 배우 스티븐 프라이가 이렇게 말하게 만들 수도 있다. "자, 이제 가능하다면, 차를 뒤로 돌려주세요. 그야 원칙적으로 그렇고, 불가능하다면 하지 마세요. 행운을 빕니다." 아니면, '끝까지 안내하는 애니'라는 캐릭터가 "페리를 타요. 우~ 배를 흔들어 볼까요, 베이비!"라고 말하는 옵션을 구입할 수도 있다. 한때는 제러미 클락슨이 운전자를 '드라이버리스트'라고 부르면서 이렇게 안내하는 '탑 기어 에디션'도 구입할 수 있었다(차에 관한 BBC 텔레비전 프로그램 「탑 기어」의 진행자가 제러미 클락슨이다 — 옮긴이). "700야드를 더 가면, 그야 물론 이 차가 그만큼 더 갈 수 있다면 말이지만, 당신은 목적지에 도착했을 겁니다. 32개의 위성과 제 도움을 받아서요. 잘했습니다!" 그러나 BBC 월드와이드와 무슨 사용권 문제가 발생해서 지금은 클락슨의 목소리를 구입할 수 없다.

롤스로이스는 그러지 못했다. 몇 달 뒤, 스위스의 로베르트 치글러라는 사람은 위성 항법 장치가 안내하는 대로 밴을 몰아 염소들이 다니는 좁은 산길로 올라갔다가 차를 돌릴 수도 후진할 수도 없는 상태가 되었다. 그는 결국 헬리콥터로 구조되었다. 영국 노픽의 콜택시 운전자가 위성 항법 장치를 따라 강으로 차를 몰고 들어갔다는 슬픈 이야기도 있다. 그의 상사는 싱글거리면서 기자들에게 말했다. "그 사람이 글쎄 바지를 걷어 올리고 차에 앉아 있더라니까요. 헤드라이트 주변에서는 물고기들이 헤엄치고 말이죠!"

이런 사례가 하도 많아서, 듣다보면 운전자들이 대체 언제 움직이는 지도에게 목숨을 맡기기를 그만두고 다시 자기 두뇌로 운전할 것

위성 항법 장치가 잘못된 사례. 로베르트 치글러의 밴은 위성 항법 장치만 믿었다가 염소들이 다니는 스위스 산길로 올라갔다.

인가 궁금해진다. 뒷길로 가면 평소 45분이 걸리던 길이 1시간씩 걸리기 시작할 때? 코네티컷 주 뉴헤이븐으로 가려던 사람이 매끄러운 안내에 따라 인디애나 주 뉴헤이븐으로 나서는 순간? 손바닥만 한 동네들이 대형 수송 차량으로 꽉꽉 막히는 것에 지쳐서 차라리 기차가 들어오는 곳으로 안내해달라고 요청하게 될 때?

위성 항법 장치는 바보들을 위한 군사 소프트웨어다. 기기를 켜고, 주소를 입력하면, 그곳까지 어떻게 가는지를 기기가 단계별로 정확하게 알려준다. GPS 기기는 운전에서 재미와 괴로움을 둘 다 빼앗고, 지도에서 도전과 보상을 둘 다 빼앗는다. 그 작은 상자는 우리에게 지도가 클 때는 얼마나 큰지를 (그리고 때로는 커야만 한다는 사실을) 잊게 만든다. 하이킹에서는 간편한 휴대용 GPS 기기 덕분에 거대한 〈육지측량부 지도〉가 바람에 날릴 때의 즐거움과 짜증은 옛말이 되었다. 위성 항법 장치가 있으면 스프링 제본이 된 큼직한 도로 지도책이나 『런던 A-Z』 지도책은 필요 없다. 그러나 한편으로는 그 때문에 우리 뇌는 정보 처리가 더 어려워졌다. 커다란 종이 지도는 우리가 어디에서 왔는지, 어디로 가는지, 어떻게 갈지를 머릿속에 입력하기에 가장 완벽한 방법이다.

☙　☙　☙

우리가 아는 형태의 위성 항법 기술은 1960년에 대륙 간 탄도 미사일을 더 잘 유도하는 방법으로 개발되었다. 공식적으로 'NAVSTAR'라고 불렸던 프로젝트는 미국 국방부 내부에서만 배타적으로 쓰이다가[105], 1970년대에 부분적으로 민간에 공개되었다.

2000년까지는 위치 정확도가 높지 않았으나(약 25미터까지만 좁혀주었다), 그해에 빌 클린턴 대통령이 이제 냉전도 끝났으니 GPS에서 최후의 군사적 제약까지 걷어내도 된다고 선언했다. 그리하여 현대적 전자 지도의 시대가 시작되었다.

GPS의 작동 방식은 기발하고도 무지막지하게 복잡하다. 그러나 그 핵심은 오래된 삼각 측량법이다. 지구 전체를 아우르려면 궤도 위성이 최소한 18개는 있어야 하는데, 현재는 최대 32개까지 운영된다. 모든 위성은 정확히 같은 시각에 각자의 위치를 전파 신호와 전자 부호로 쏘아 보낸다. 그러면 모든 말단 사용자는 걸어 다니는 사람이든, 비행사이든, 운전자이든 (갈수록 크기가 작아지는) 전자 항법 기기를 통해서 그 정보를 받아들인다. 지상에 몇 군데 마련된 제어국들도(하와이, 어센션 섬 등에 있다) 그 신호를 받아서 위성들의 상태와 정확도를 원격으로 감시한다.

GPS의 원리를 가장 간단하게 설명하는 고전적 방법은 우리가 무중력 방에 둥둥 떠 있다고 상상하는 것이다. 우리는 줄자로 제일 가까운 벽까지의 거리를 재고, 또 다른 벽까지의 거리를 잰 뒤, 마지막으로 바닥까지의 거리를 잰다. 그러면 고정된 벽, 바닥, 천장에 대해서 우리가 어느 위치에 있는지를 계산할 수 있다. 궤도 위성들과 GPS 수신기는 전파를 줄자처럼 써서 이 방법을 큰 규모로 적용한 것이라고 보면 된다.

---

105) GPS도 남극처럼 사실상 미국이 운영한다. 그러나 전역 항법 위성망은 그 밖에도 러시아의 위성망(글로나스), 유럽의 위성망(갈릴레오) 등 여러 종류가 있는데, 개발 단계는 다양하다. 대외 의존과 영향을 늘 걱정하는 중국 정부도 독자적인 체계를 구축하기 위해 위성들을 쏘아 올려, 현재 일부 지역을 망라하고 있다. 현재 중국은 그 체계를 '콤파스'라는 위성망으로 확장하여 아시아 너머까지 포괄하도록 만드는 중이다.

위성 항법 기술을 비군사적 용도로 쓰자는 생각은 1980년대로 접어들면서 각광받기 시작했는데, 첫 대상은 자동차가 아니라 배였다. 궤도 위성 다섯 대를 활용하는 미국 해군의 '트랜싯' 시스템이 상업화되었다는 소식은 1981년 런던 국제 보트 쇼의 화젯거리였고, 장치는 2,000파운드 미만의 가격으로 판매되었다. 1983년에는 도요타 자동차가 '내비콤' 안내 장치를 선보였는데, 단 처음에는 GPS가 아니라 관성 항법(자이로스코프와 가속도계 말이다)에 바탕을 둔 체계였다. 1990년대 초에는 다른 일본 회사들도 새로운 위성 항법 기술을 자동차에 도입했다. 초기 모델은 CD롬에서 작동했고, 보통 트렁크에 큼직한 상자를 설치해야 했다.

진정한 분수령은 2005년이었다. 한 네덜란드 회사는 전해에 독립형 위성 항법 장치를 25만 대 판매하면서 급작스런 수요를 감당하기가 어렵다고 느꼈다. 그랬던 것이 2005년에는 170만 대가 되었고, 회사는 6년 만에 누적 650만 대 이상을 팔아치웠다. 이윽고 차내 디지털 지도 시대가 도래했던 것이다. 사람들은 안내를 따르기를 원했다. 이름 모를 회사들을 기꺼이 믿으면서, 그 회사들이 이전에는 운전자 스스로 그럭저럭 찾아갔던 장소로 이끌어주기를 원했다. 휴대 전화에서도 비슷한 변혁이 진행되고 있었다.

❦ ❦ ❦

지도업계의 혁명에서 네덜란드가 선두에 선 것은 사실 처음 있는 일도 아니었다. 왜 그런지는 관련자들도 딱히 설명하지 못하지만, 아무튼 350년 전에 블라우와 혼디우스 가문이 묵직한 종이 지도 산업

을 장악했던 것처럼 최근 네덜란드는 새로운 디지털 지도업계를 장악했다.[106]

새로운 제국의 심장부로 가려면, 당락 거리 끝에서 우회전한 뒤, 프린스 헨드리카더를 따라가다가, 부둣가 터널 입구를 지나치고, 카텐뷔르흐스트라트로 좌회전해 들어간 뒤, 철로를 지나서 다시 좌회전하고, 핏 헤임카더를 따라가다가 두 번째 신호등까지 지난 뒤, 뮈직허바우 건물을 지나자마자 우회전하고, 고가 도로 바로 앞에서 다시 우회전해야 한다. 그러면 더 라위테르카더 154번지에 도착한다. 그곳이 톰톰의 본사다. 그곳에서는 1991년에 회사를 세운 공동 창립자였고 현재 CEO인 하롤트 호데인(Harold Goddijn)을 만날 수 있다.

꼼꼼하고 말쑥해 보이는 호데인은 오십 대 초반의 남자였다. 예전에 그는 사이온이라는 영국의 소형 컴퓨터 회사에서 소프트웨어를 개발하는 일을 했는데, 그가 맨 먼저 개발한 것은 회계와 번역 소프트웨어였다. 고객은 주로 늘 바쁜 회사 중역들로, 그들은 플로피디스크에 담긴 소프트웨어를 구입한 뒤 컴퓨터에 저장된 내용을 한때 유행했던 개인 정보 단말기(PDA)로 동기화시켜 활용했다. 그들에게 지도도 제공하자는 발상이 자연스럽게 따라나왔지만, 풀어야 할 문제가 어마어마했다. 1990년대에는 저장 장치가 비쌌다. 작은 기기로는

---

106) 미국에서 전자적 도로 안내 세계를 장악한 회사는 시카고에 본부를 둔 나브텍이다. 나브텍은 가민을 포함한 여러 GPS 브랜드에 지도를 공급하며, 빙 맵스와 맵퀘스트에도 공급한다. 나브텍은 현재 핀란드 회사 노키아의 자회사이지만, 1990년대 초에서 2007년까지는 필립스 소유였다. 알다시피 필립스는 네덜란드 회사다. 한편, 폴리네시아인들이 천체를 길잡이로 삼아서 항해했던 방법에서 이름을 딴 에탁은 자동차 위성 항법 분야의 또 다른 개척자로 꼽히는데, 원래는 1983년에 캘리포니아에서 시작된 미국 회사였지만 2000년에 텔레아틀라스로 넘어갔다. 텔레아틀라스는 물론 네덜란드 회사다. 마지막으로, 위성 항법 장치의 핵심 요소인 최단 경로 검색 기법은 1950년대에 에츠허르 W. 데이크스트라가 개발한 알고리즘에 의존한다. 두말하면 잔소리지만, 데이크스트라는 네덜란드 사람이었다.

"이건 아주 감정적인 문제입니다."
톰톰의 공동 창립자이자 CEO인 하롤트 호데인이 초기 제품을 보여주고 있다.

전국을 마음대로 누비는 경로를 짜는 데 필요한 처리 능력을 확보할 수 없었다. GPS가 일반에 공개되기 전이었던 1990년대 중순, 호데인은 '오토모티브 내비게이션 데이타(줄여서 'AND'라고 불리는 또 다른 네덜란드 회사로, 이전 몇 년 동안 기존의 인쇄 지도를 디지털화하는 작업을 해왔다)'로부터 초창기 디지털 지도 파일을 사들여서 사이온 사용자들에게 유럽 도로망을 수동으로 스크롤하면서 경로를 계획할 수 있는 기능을 제공했다.

AND 지도는 전체 도로의 약 15퍼센트만을 아울렀다. 실시간으로 한 단계 한 단계 말로 방향을 안내한다는 것은 아직 미래주의적 할리우드 영화에나 나오는 이야기였다. 그러나 호데인은 시장이 그런 기능을 열망한다는 사실을 깨달았다. 운전자는 PDA의 문자 안내를 보면서 런던에서 파리까지 간략한 경로를 계획할 수 있었는데, 솔직히 그 작업은 스프링 제본이 된 구식 도로 지도책으로 하는 게 더 쉬울 수도 있었지만 휴대용 기기의 안내를 받는다는 발상 자체는 빛나는 미래로 보였다.

실제로 그랬다. 불과 몇 년 만에 기억 장치, 처리 능력, 경로 정확성, GPS 등 모든 요소가 발전했고, 불과 10년 만에 목소리로 안내하는 믿음직한 독립형 위성 항법 장치가 시중에 등장했다. 장치는 우리가 어디에 있는지를 알았고, 그곳에서 다른 곳까지 어떻게 데려다주어야 하는지를 알았다. "우리 기계 덕분에 자신이 해방되었다, 기계를 만들어줘서 고맙다, 이렇게 말하는 고객들의 이메일이 끊임없이 밀려듭니다." 호데인이 말했다. "이건 아주 감정적인 문제입니다. 운전하다가 길을 잃는 경험은 대단히 강렬하고 비참하죠. 다들 경험이 있습니다. 남편과 아내가 길 찾기 때문에 티격태격한다는 이야기에 다들 우스워하지만, 거기엔 정말로 일말의 진실이 있습니다. '좌회전해…… . 아냐…… . 내가 아까 말했잖아.' 이런 대화가 진짜로 벌어지거든요."

호데인은 제품의 성공에 자신도 놀랐다고 말했다. 공급을 제때 늘리기가 어려울 지경이었으니까. "은행에 가서 이렇게 말한다고 생각해보십시오. '지금 2001년인데, 우리 회사의 수입은 700만 유로쯤 됩니다. 그런데 내년에는 4,000만 유로가 될 겁니다. 내후년에는 1억 8,000만 유로가 될 거고, 그 다음 해에는 8억 유로, 그 다음 해에는 14억 유로가 될 겁니다.' 은행에서는 그 말을 믿어주지 않을걸요."

호데인은 정확히 어떤 이유 때문에 갑자기 세계적으로 움직이는 지도에 대한 수요가 늘었는지는 모르겠다고 했다. 신뢰성 때문은 아니었다. 신뢰성이라면 종이 지도만 한 것이 없으니까. 가격 때문도 아니었다. 구식 지도가 훨씬 저렴하니까. 안전성 때문일 수는 있다. 위성 항법 장치는 종이 지도보다 운전자를 덜 산만하게 만드니까. 그러나 위성 항법 장치도 약간 다른 방식으로 산만하게 만들 수 있는 데다가, 오작동 사례를 나열한 목록은 지금도 조금씩 길어지고 있다. 그러니 또 어쩌면 과속 감시 카메라 안내 기능 때문일지도 모른다. 기기에 내장된 그 기능 덕분에 이제 영국의 운전자는 고속도로 중앙 차선에서 시속 77마일(시속 약 124킬로미터)의 규정 속도를 넘어서면 삐- 하는 경고음을 듣는다. 또 어쩌면 목적지에 더 빨리 도착한다는 점 때문일지도 모른다. 그러나 기기를 소유한 운전자라면 누구나 인정하듯이, 익숙한 길은 오히려 장치에 의존하지 않고 달리는 편이 더 빠르다. 그렇다고 해서 호머 심슨이나 제러미 클라크슨의 목소리 때문일 리는 없겠고 말이다.

그러니 어쩌면, 정말로 차에서 경로에 대한 토론을 벌일 일을 줄여준다는 점 때문일지도 모른다(달리 말하자면 말다툼이고, 주로 남자와 여자 사이에서 벌어진다). 또 어쩌면, 자신이 정말로 방향 감각이 없고 지도를 못 읽는다고 믿는 사람들이 그런 걱정을 접어둘 수 있기 때문일지도 모른다. 또 어쩌면, 우리가 전통적인 지도의 즐거움과 도전 정신을 망각한 채 딴 사람이 지도를 읽어주기를 바라게 된 탓일지도 모른다. 한마디로 게을러져서.

호데인도 인정했다. "어느 정도는 사실입니다. 지도 읽기에는 매력이 있죠. 종이 지도에 정보가 더 많은 것도 사실입니다. 바다에서도 사정은 마찬가집니다. 선원이 되고 싶은 사람은 당연히 항법 수업을 들어야 합니다. 지도 읽는 법, 항로 짜는 법, 추측 항법 등을 배워야 합니다. 아름다운 기술이죠. 하지만 실제로 그걸 사용하는 사람은 없습니다. GPS가 잘 작동하니까요. 기술은 녹슬지만, 아무도 신경 쓰지 않습니다. 자동차 운전도 마찬가집니다. 지도를 읽는 건 낭만적인 일이지만, 운전할 때 그러면 위험하죠. 언제나 차를 세우고 들여다봐야 합니다. 10년이나 20년 뒤에도 사람들이 종이 지도를 쓸 거라는 생각은 현실적이지 않다고 봅니다. 그게 좋은 일일까요, 나쁜 일일까요? 나도 모릅니다. 그냥 변하는 거죠."

♫ ♫ ♫

그러나 우리가 새로운 생활에 완전히 만족하진 않음을 암시하는 신호가 벌써 나타나고 있다. 위성 항법 장치 수요는 2008년부터 증가세가 완화되었고, 심지어 줄어들었다. 시장이 포화 상태로 다가가고 있기 때문이다. 톰톰은 구글 맵스나 오픈스트리트맵과 같은 무료 지도와 갈수록 치열한 경쟁을 벌이게 되었다. 고객 이탈을 늦추기 위해서, 톰톰은 갖가지 혁신적인 기능을 더 도입했다. 그중에는 목적지를 트위터에 알리는 기능처럼 장난에 가까운 기능도 있다. '과거 교통량'이라는 기능도 사용자에게 유용할지 모른다. 톰톰의 중앙 컴퓨터가 운전자들의 경로와 주행 시간 데이터를 익명으로 수집한 뒤 향후 안내를 개선하는 데 활용하는 기능이다.

톰톰은 시장 점유율을 강화하기 위해서 디지털 지도의 주 공급자이자 역시 네덜란드 회사인 텔레아틀라스를 약 30억 달러에 사들였다. 텔레아틀라스는 요즘도 현장으로 나가서 직접 관찰한 것을 기록하는 옛 방식으로 지도를 작성한다. 깃펜과 육분의[107]가 아니라 지붕

위 카메라, 레이저, 삼차원 영상 기계를 장착한 자동차를 사용하지만 말이다. 이런 도구는 위치를 정확히 확인하는 데는 유용하지만, 길에서 약간 벗어난 지형지물은 놓치는 경향이 있다. 디지털 시대 이전에는 예컨대 스톤헨지처럼 그렇게 좀 떨어진 지형지물이 중요한 요소였는데 말이다.

그렇게 만들어진 지도는 우리가 세상을 보는 방식에도 영향을 미친다. 우리가 계기판의 지도를 보면서 운전할 때나 휴대 전화의 지도를 보면서 걸을 때는 주변을 둘러보거나 위를 쳐다보는 일은 좀처럼 없다. 요즘은 목적지까지 어떻게 가야 할지 짐작조차 할 수 없어도, 아무런 문제없이 수백 킬로미터를 (나라 끝까지, 심지어 대륙 끝까지) 여행할 수 있다. 위성 항법 장치로서는 승리를 거둔 것이겠지만, 그 대신 우리는 지리, 역사, 항법, 지도, 사람 간의 소통, 세상과 내가 연결되어 있다는 느낌을 잃어버렸다.

---

107) 두 점 사이의 각도를 정밀하게 재는 광학 기계. 태양, 달, 별 따위를 수평선 상의 각도를 재어 관측 지점의 위도 · 경도를 간단하게 구하는 데에 쓴다.

지구의 낭만을
간직한 화성 지도

패트릭 무어(Patrick Moore) 경의 집은 셀시에 있다. 삼면이 바다로 둘러싸인 집이다. 서식스의 치체스터에서 차로 15분을 가면 되는데, 택시 운전사에게 말했더니 "아, 알죠. 올라가다 보면 망원경 천지인 그 집 아닙니까."라고 대답했다.

영국에서 가장 유명한 천문학자이자 틀림없이 가장 특이한 천문학자인 무어 경은 자신의 서재를 중심으로 회전하는 우주에서 살고 있다(안타깝게도 패트릭 무어는 이 책이 출간되고서 두 달 뒤인 2012년 12월에 사망했다 - 옮긴이). 그 서재에는 우주와 탐사에 관한 책이 가득하다. 그가 쓴 책도 100권쯤 있다. 달 지도에 관한 책, 해왕성을 비롯한 여러 행성에 관한 책, 우리 세상이 아닌 다른 세상들에 관한 소설…… 작은 지구본과 망원경도 몇 개 있고, 골동품 우드스톡 타자기, 수많은 메달, 훈장, 여행 기념품도 있다. 그러고도 남은 공간은 BBC 다큐멘터리 프로그램 「밤하늘」의 이런저런 기념품이 차지하고 있다. 그는 그 방송을 700회 넘게 진행했는데, 최근에는 코르크스크루처럼 돌돌 말린 머리카락의 소유자인 퀸의 기타리스트 브라이언 메이를 비롯한 다른 별 관찰자들의 도움을 많이 받고 있다.

내가 방문했을 때 무어의 나이는 밤하늘의 별자리 수와 같은 88세였다. 그는 내게 애절하게 말했다. "이제는 정원으로 나가서 하늘을 관찰할 수가 없어요. 피아노도 못 치고." 그는 진홍빛 토가(toga)[108] 같은 것을 걸치고 있었다. 제2차 세계 대전에서 공군으로 복무할 때 다쳤던 허리가 갈수록 아프고, 관절염도 고통스럽다. 손발은 부었고, 평소 단안경을 끼는 눈은 반쯤 감겼다. 그가 죽어가는 행성 같다는 걱정이 들었지만, 푹신한 회전의자에 앉은 그는 아직도 자신을 중심으로 하여 주변의 모든 것을 회전시키는 강력한 힘이 있었다. 매달 하루, 「밤하늘」 제작진은 그의 서재를 플라네타륨(planetarium)[109]과 비슷한 모습으로 탈바꿈시킨다. 지구본을 더 들이고, 납틀 창문을 어둡게 가리고, 오래전에 우리가 심야 텔레비전에서 그 괴짜 같고 열정적인 인물을 처음 목격했을 때처럼 품이 넓은 재킷을 입고 눈을 가늘게 뜬 아마추어의 모습으로 그를 분장시킨다.

내가 그를 방문한 것은 화성의 지도에 관해 이야기 나누기 위해서였는데, 만난 지 2분 만에 내 품에는 그가 그 주제로 쓴 책들이 쌓였다. 『화성 탐사』, 『화성의 위험』, 『화성에서 크리켓을 할 수 있을까?』, 『화성의 돔』, 『화성의 목소리』…… 50년이 넘는 기간에 걸쳐 쓴 책들의 공통점은 (화성에 관한 책이라는 점을 제외하고) 딱 하나였다. 전부 서로 상충하는 내용이라는 점이었다. 가령 1950년대 말에 쓰인

---

108) 고대 로마의 남성이 입었던 낙낙하고 긴 겉옷.
109) 반구형 천장에 설치된 스크린에 달, 태양, 항성, 행성 따위의 천체를 투영하는 장치. 천구 위에서 천체의 위치와 운동을 설명하기 위해 만들어진다.

『패트릭 무어의 화성 가이드』의 내용은 1990년대 말에 쓰인 『화성에 간 패트릭 무어』와는 너무나 달라서, 서로 다른 평행 우주를 다룬다고 봐도 좋을 지경이다.

"아, 붉은 행성!" 무어에게 평생 목격한 변화에 관해 묻자, 그는 대뜸 소리쳤다. "매리너 우주 탐사선이 (1960년대와 1970년대에) 그곳에 도착하기 전에 우리는 화성에 대해 제법 많이 안다고 믿었지만, 사실은 아는 게 없었지요. 우리는 지도를 바꿔야 했고, 지명들을 바꿔야 했습니다. 내가 어느 대학에서 강연했던 내용이 기억나는데, 그때 했던 이야기는 나중에 거의 몽땅 틀린 걸로 확인되었어요!"

무어만 그런 것은 아니었다. 20세기에 우주의 지도는 바닥부터

자기 집 서재에서 천구의와 지구본, 자신이 쓴 100여 권의 책에 둘러싸인 패트릭 무어.

철저히 바뀌었다. 우리가 망원경과 우주 로켓의 위력에 힘입어 우주에 유례없이 가깝게 다가갔기 때문이다. 그중에서도 화성 지도의 역사는 유달리 장구한 사연을 자랑한다. 지구에서 그 행성까지 평균 거리가 우주선으로 일곱 달 넘게 가야 하는 2,250만 킬로미터라는 점도 한 이유였다(달은 나흘이면 갈 수 있는 38만 킬로미터다). 그 거리와 상대적으로 작은 크기 때문에(표면적이 지구의 약 3분의 1이다), 화성은 정확하게 관측하기가 어렵다. 17세기 초반에 처음 망원경을 들여다보았던 갈릴레이는 화성은 관측하기가 까다로워서 어떤 흥미로운 점이 있는지 말하기도 어렵다고 했다. 그러나 화성이 사람들의 관심을 끌었던 것은 천문학자들이 볼 수 없는 것 때문이 아니라 볼 수 있는 것, 또는 보았다고 착각했던 것 때문이었다. 천문학자들은 화성에서 수백, 수천 개의 운하를 보았다고 생각했고, 배고픈 화성인 전체를 먹이고도 남을 만큼 풍성한 식생을 보았다고 생각했다. 화성에 생명이 있다고? 그것은 과학 소설 작가들이나 할리우드에서 상상해낸 가설이 아니었다. 어엿한 천문 지도 작성자들의 생각이었다.

1946년, 독일에서 비행하다가 막 돌아온 패트릭 무어는 애리조나로 날아갔다. 스물세 살이었던 그는 이전과 이후의 많은 천문학자처럼, 플래그스태프의 위대한 천문대[110] 이야기에 홀딱 빠져 있었다. 그 천문대에서 16년 전에 명왕성이 발견되었는데, 실제로 명왕성을 발견한 사람은 따로 있었지만 명왕성(Pluto, 플루토)의 이름은 퍼시벌 로웰(Percival Lowell)의 머리글자를 딴 것이었다(명왕성이 발견되었을 때 로웰은 벌써 죽은 뒤였다). 로웰은 플래그스태프 천문대를 세우고 당시로

---

110) 플래그스태프는 애리조나 주 북부 코커니노 군의 군청 소재지로, 미국해군천문대와 로웰천문대가 있다.

퍼시벌 로웰이 미국 애리조나 주 플래그스태프 천문대에서
24인치 굴절 망원경의 관측용 의자에 앉아 화성을 바라보고 있다.

서는 흥분될 만큼 컸던 24인치 굴절 망원경을 설치한 장본인이었는데, 그의 주된 목적은 화성 연구였다. 플래그스태프는 지금까지도 천문학계의 중요한 현장으로 활약하고 있지만, 한때는 약간 정신 나간 장소처럼 생각된 적도 있었다. 패트릭 무어의 말을 빌리면, "화성에 행성 전체를 아우르는 관개 시스템을 건설할 만큼 발전된 존재들이 거주한다고 주장했던" 사람이 이끄는 장소였기 때문이다.

로웰은 정신 나간 사람이 아니었다. 진지한 천문학자였다(미국과학진흥협회 회원이었고, 천문학자가 되기 전에는 직업 외교관으로 한국과 일본에 파견되었다). 그러나 1894년에 그는 대충 다음과 같은 가설에 푹 빠졌다. 화성은 곤란한 처지에 놓여 있다. 물이 말라가기 때문이다. 화성에는 지적 생명체가 거주한다. 화성에 생명체가 거주한다는 사실과 그들에게 지성이 있다는 사실을 어떻게 아느냐고? 왜냐하면 그들이 만년설에서 녹아내린 물을 저장하고 그 흐름을 관리하는 길고 곧은 운하들을 건설했기 때문이다. 로웰은 1895년부터 이런 가설을 발표했고, 그가 그린 화성 지도는 신문에 실리면서 진지한 토론의 주제로 떠올랐다. 덕분에 화성 마니아들이 생겨났다. 과학 소설 작가들은 사실로 여겨지는 굳건한 발판을 얻었고, H. G. 웰스(Herbert G. Wells)[111]나 레이 브래드버리(Ray Bradbury)[112]가 펼친 원대한 상상력은 많은 독자를 끌어들였다. 사람들은 다들 지도가 암시하는 대로 화성에 생명의 가망성이 있다고 믿고 싶은 듯했다. 물론 미래에 그곳을 식민지화할 전망도.

퍼시벌 로웰이 화성의 운하에 적절하고 생생한 배경 설명을 부여하기는 했지만, 그것을 최초로 목격하거나 지도화한 사람은 아니었다. 그 영예는 이탈리아 천문학자 조반니 스키아파렐리(Giovanni Schiaparelli)에게 돌아간다. 스키아파렐리는 화성의 장소들에 이름을 붙이는 일에 누구보다도 크게 기여했다. 또한 그는 자신이 그린 화성

---

111) 영국의 문명 비평가 · 작가. SF 소설의 선구로 꼽히는 『타임머신』, 화성인의 지구 침공을 그린 『우주 전쟁』 등을 썼다.
112) 미국의 소설가. SF 문학에 서정성과 문학성을 부여한 작가로 꼽히며, 대표작으로 『화씨 451』, 『화성 연대기』 등이 있다.

지도에 서로 이어진 길쭉한 직선들을 그어두었는데, 그것이 수로를 뜻하는지 다른 현상을 뜻하는지는 밝히지 않았다. 그는 그것을 '카날리(canali)'라고 불렀는데, 그것은 운하라는 뜻도 되지만 단순히 통로라는 뜻도 되기 때문에 화성인이 삽으로 만든 작품이 아니라 자연의 작품일 수도 있었다. 그 '운하'란 관측자의 충혈된 눈에 불거진 핏줄이 망원경에 반사된 것에 불과하다고 보는 사람들도 있었다.

이후 기껏해야 아주 불가능하지는 않다고만 말할 수 있는 화성의 생명체 가능성이 세상에 전파되었는데(그런 생각은 로웰이 『화성』을 출간한 1895년부터 매리너 4호 탐사선이 생명이 거주하기에는 대단히 불리하고 희박한 대기를 찍은 최초의 화성 사진을 보내온 1965년까지 정확히 70년 동안 지속되었다), 그렇다면 거대한 망원경과 우주 탐사선이 없던 시절에는 화성이 어떻게 지도화되었는지를 살펴보자. 그곳은 허깨비 같은 형상과 그림자가 어른거리는 장소였다. 먼지 때문에 자주 모습이 가려졌고, 계절적 변화도 있었다. 사람들이 그곳에 대해 품은 망상이나 그 표면에 붙인 환상적인 이름들을 모두 흡수하고도 남을 만큼 멀고 모호한 장소였다.

천체로서 화성의 운동에 대한 연구는 프톨레마이오스 이전부터 이뤄졌다. 코페르니쿠스와 티코 브라헤가 그 궤도의 움직임을 상세히 기록했다. 그러나 우리가 아는 한 최초의 지도를 작성한 사람은 1636년 나폴리의 프란체스코 폰타나(Francisco Fontana)였다. 지도는 상당히 형편없어서, 구 한가운데에 검은 점이 하나 있는 것에 지나지 않았다. 폰타나는 그 어두운 영역을 모종의 '덩어리'라고 불렀는데, 알고 보니 흔한 착시 현상에 지나지 않았다. 1659년에는 진정한 발전이 이뤄졌다. 네덜란드의 크리스티안 하위헌스가 오늘날 '시르티스

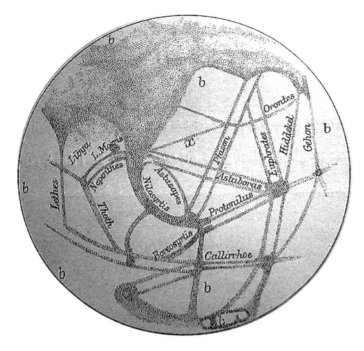

조반니 스키아파렐리가 1877년에 밀라노에서 그린 지도.
화성에 처음으로 '카날리'가 등장했다. 이때가 1830년대였는데, 지구의 본초 자오선을
그리니치 천문대로 설정하는 데 세계가 합의한 것은 이로부터 50년이나 더 지나서였다.

메이저'라고 불리는, 대강 아프리카만 한 삼각형 영역을 스케치했다.
한편 극관을 처음 감지한 사람은 조반니 카시니였고(Giovanni Cassini,
프랑스에서 살았던 이탈리아 인으로, 프랑스의 삼각 측량 사업을 책임졌던 위
대한 지도 제작 가문의 창시자와 동일인이다), 이후 해가 갈수록 좀 더 정
밀한 망원경과 좀 더 정확한 도법이 등장하여 19세기 초에는 독일 천
문학자 빌헬름 베어와 요한 폰 메들러가 최초로 메르카토르 도법에
따라 화성 전체를 지도화하고 정중앙을 경도 0도로 잡아서 본초 자
오선으로 설정했다.

베어와 메들러는 화성 지도의 중요한 영역들에 이름까지 붙이지는 않았다. 그러나 다른 사람들은 그렇게 소심하지 않았다. 영국의 아마추어 천문학자 리처드 프록터는 제국주의적 전통에 따라, 그때까지 보통 바다나 섬이나 대륙이라고 여겨졌던 영역들에 유명한 영국 천문학자들의 이름을 붙였다. 프록터의 체계는 한동안 유효하게 쓰였다. 그러나 1877년에 스키아파렐리가 격자로 구획된 화성 지도를 새로 그리면서, 지구의 지명과 고전 신화에서 가져온 새 이름을 300개 넘게 붙였다. 이제 프록터의 허셜 2세 해협은 시누스 사바이우스로 바뀌었고, 버턴 만(아일랜드 천문학자 찰스 버턴의 이름을 땄다)은 인더스 운하 입구로 바뀌었다. 1877년은 화성이 지구와 태양에 둘 다 가까이 다가왔던 해라서 관측하기에 좋았던지라, 난쟁이만 한 두 위성 포보스와 데이모스도 그해에 처음 관찰되었다. 스키아파렐리의 지도는 당연히 실제와는 크게 달랐다. 특히 심각한 문제는 관점이었는데, 가령 요즘 우리가 화산으로 알고 있는 것을 그는 호수라고 생각했다. 그래도 그의 지도는 과학적 원칙에 따라 그려졌고, 기본적인 형태는 대충 옳았다. 그 형태는 재미나게도 기원전 194년에 에라토스테네스가 그렸다는 세계 지도를 빅토리아 시대 사람들이 상상한 모습과 비슷했다.

그러다가 이윽고 운하가 시야에 들어왔다. 앱슬리 체리개러드가 『세계 최악의 여정』에서 말한 바에 따르면, 남극 탐험의 영웅적 황금시대가 펼쳐지기 직전이었던 1893년에 사람들은 '자신들이 사는 지구의 어느 큼직한 영역보다도 화성에 대해 더 많이 안다'고 믿었다. 그러나 그것은 사실이 아니었다. 화성 최대의 불확실성은 여전히 격렬한 논쟁의 대상이었으니까. 천문학자들과 몇몇 저널리스트들은 스키아파렐리와 로웰이 목격했던 것을 자신도 목격할 수 있을까 하는 희망에 플래그스태프로 향했고, 그중 몇 명은 정말로 모종의 희미한 자국과 건조지 식생의 단서를 목격했다. 그러나 당대의 가장 유력한 천문학자였던 그리스 출신의 에우게니오스 안토니아디(Eugenios Antoniadi)는 1930년에 파리에서 우주 시대 이전의 지도로서는 최고로 상세한 지도를 그리면서 지적 생명체의 흔적은 없다고 결론지었다. 안토니아디는 그러면서도 가능성을 살짝 열어두었는데, 반복된 관측에서 '길쭉하게 그은 자국'이 선명하게 보였기 때문에 운하에 '현실적 근거가 없지는 않다'고 말했던 것이다. 그 덕분에 유혹적인 전망은 계속 횡행했지만, 1965년에 드디어 미국이 화성에 궤도 탐사선을 보냈다. 미국항공우주국(NASA)은 탐사선이 보내온 거친 사진들을 이어 붙여 지도를 작성했고, 그 결과는 먼지가 얇게 쌓이고 바위가 지천으로 널린 황량한 풍경이었다. 생명체는 도무지 있을 것 같지 않았고, 운하의 형상은 손톱만큼도 보이지 않았다.

1979년에 NASA는 최초의 공식적인 '화성 지도책'을 발표했다. 그 내용은 1971년과 1972년에 역사상 최초로 다른 행성의 궤도를 완벽하게 일주했던 매리너 9호가 보내온 영상, 그리고 1970년대 중순에 화성에 착륙했던 바이킹 착륙선들이 보내온 영상에 주로 의존했다. 그러나 한편으로는 지질조사국 지도 작성팀의 사진 수정 기술에도 크게 의존했는데, 그 팀의 본부는 플래그스태프의 로웰천문대에 있었다.

현대의 어떤 지도도, 심지어 달의 지도도, '진정한' 정확성을 담보하기 위해서 사진 모자이크 작업과 예술적 해석에 이렇게 크게 의존한 예는 없었다. 요즘은 탐사 로봇들이 지속적으로 화성을 순찰하면

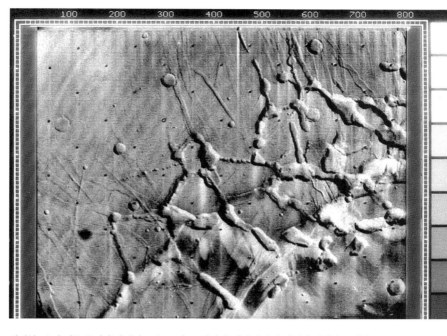

매리너 9호가 처음 목격한 화성의 모습. 고랑, 크레이터, 정상 부분이 평평한 메사가 보인다. 그림에 보이는 영역은 폭이 약 400킬로미터다.

서 무수히 많은 이미지를 보내오기 때문에 당연히 컴퓨터로 그것들을 짜깁기하여 최신의 이차원, 삼차원 지도를 만들지만 말이다.[113]

"어째서인지 그곳에 운하가 없다는 게 아쉽긴 합니다." 패트릭 무어가 내게 말했다. "하지만 과학이란 그런 거니까요." 무슨 말인지 알겠다. 디지털 지도의 정확성과 새로운 지명은 고마운 일이다. 초기 지

---

113) 많은 NASA 직원이 어린 시절에 감동받았을 법한 또 다른 종류의 인간적 탐사에 경의를 표하는 의미에서, 최근 화성에 파견된 소형 탐사 로봇 두 대에는 '아문센'과 '스콧'이라는 이름이 붙었다. 화성 표면에 영구적 지명을 붙이는 방식은 표준화되어 있다. 큰 크레이터는 사망한 과학자의 이름을 따고, 작은 크레이터는 지구의 작은 마을 이름을 딴다.

도에서 컴컴한 바다로 묘사되었던 영역이 사실은 거대하고 어두운 화산임을 알게 된 것도 고마운 일이다. 지난 50년 동안 우리는 화성의 대기, 색깔, 먼지 구름에 대해서 우주의 다른 어떤 장소보다도 더 많이, 다시 배웠다. 우리는 물론 기뻐해야 마땅하다. 가혹한 추위에도 불구하고 언젠가 우리가 그곳으로 가게 될지도 모르니까. 그리고 한때 그곳에 정말로 생명체가 존재했을지도 모르고, 지금도 표면 아래에 물이 감춰져 있을지도 모르니까.

그럼에도 불구하고, 옛날의 화성 지도들은 우리에게 지도의 진정한 낭만을 보여주었다. 이후 드러난 현실을 전폭적으로 반겼던 것은 어쩌면 과학자들뿐이었을지도 모른다.

제21장

전원을 켜면 세계 정복 전쟁이 시작된다

지구를 낯설게 만드는 환상적인 게임 속 지도들

시간 여유가 있고 현실에서 벗어나고픈 욕망도 있는 소수의 운 좋은 사람들에게는, 운하가 깊게 파인 화성 지도가 요즘도 일상의 일부가 될 수 있다. 달 지도도 괜찮을 테고, 나치 점령기의 프랑스 지도도, 2003년 이라크 전투를 재현한 지도도, 아니면 당신이 주변의 행인들에게 온갖 흉악한 짓을 저지를 수 있는 음울한 도시 리버티 시티의 지도도 괜찮을 것이다. 만일 당신이 최고로 섬세하고 아름다운 지도들은 다 어디로 갔을까 궁금하게 여기는 지도광이라면(고지도들은 박물관과 도서관이 독차지했고, 나머지는 휴대 전화 애플리케이션과 실시간 삼차원 지도가 다 없애버렸으니까), 맨 마지막 항목에서 찾아보는 게 좋겠다. 지도 제작의 담대한 미래인 비디오 게임의 세계에서.

어떻게 그럴 수가? 비디오 게임은 멸시와 조롱의 대상이 아닌가? 특히 자녀가 그것을 가지고 노느라 인생 최고의 시절을 허비하지나 않는지 조바심 내는 부모들 사이에서? 비디오 게임은 중독성이 강하고, 머리를 쓸 필요가 없으며, 반복적인 데다, 폭력적이지 않은가? 어쩌면 다 사실일지도 모르겠지만, 비디오 게임이 처음 등장했던 1990년대에 비하면 요즘은 그렇게 심하지는 않다. 요즘 비디오 게임에는 다른 특징도 많다. 비디오 게임이 문화의 최저점이기는커녕 현존하는 화면형 오락 중에서 가장 창조적인 형태라는 주장도 얼마든지 가능하다. 비디오 게임은 아이들의 창조성을 넓혀주지 않는가? 일련의 도전 과제를 부여함으로써, 새로운 형태의 탐험 기술과 문제 해결 기술을 요구하지 않는가? 레벨을 달성했을 때는 성취감을 안기지 않는가? 또한 끈기와 인내를, 협동을 장려하지 않는가? 우리 주제와 관련된 점을 이야기하자면, 21세기의 젊은 지도 제작자가 몸담기에 그보다 더 도전적이거나 중요한 산업이 달리 있는가?

⚓ ⬛ 🚢

증거물 1호: 「스카이림」. 「스카이림」은 1994년에 처음 출시된 '엘더 스크롤' 시리즈의 다섯 번째 작품으로, 역사상 가장 많이 팔린 디지털 롤플레잉 게임이다(2011년 11월에 발매되었을 때 한 달 만에 1,000만 장이 팔려, 6억 2,000만 달러의 판매고를 올렸다). 「스카이림」은 이른바 '열린 세계' 게임이다. 사용자는 그 속에서 다채로운 퀘스트와 기술을 추구할 수 있지만, 아무런 목적 없이 어슬렁거려도 된다. 촉촉한 녹음이 우거진 계곡이나 얼어붙은 툰드라의 풍경에 푹 빠져, 가는 곳마다 당신을 둘러싸는 낯선 느낌을 즐기는 것이다. 게임의 핵심을 이루는 이야기가 있기는 하지만, (디스토피아적인 노르딕) 중세 왕국에서 용이나 다른 적들과 싸운다는 평범한 줄거리다. 게임에서 정말로 우리를 흥분시키는 것은 그 지리다. 익숙하면서도 낯선 삼차원 꿈의 세계, 순례의 여정을 마음대로 고를 수 있고 바라보는 시점도 마음대로 고를 수 있는 픽셀화된 〈마파문디〉. 그곳은 분명 지도책도 없이 돌아다닐 수 있는 장소는 아니다.

게임에는 실제로 지도가 딸려 있다. 양피지의 촉감을 모방한 재료에 인쇄된 지도다. 그러나 그것은 첫 30분을 넘어선 뒤에는 길 찾기에 별반 도움이 되지 않기 때문에, 안내도라기보다는 분위기를 내는 설정집에 가깝다. 제대로 된 도움은 660쪽짜리 공식 가이드북에서 구해야 한다. 그 660쪽 중 220쪽이 지도라는 점에서 우리는 게임이 얼마나 복잡한지 짐작할 수 있고, 수백 명의 디지털 지도 제작자가 참여했으리라 추측할 수 있으며, 앞으로 우리가 그 세계에서 무수

삼차원 꿈의 세계 「스카이림」. 이 비디오 게임의 매력은 주로 그 지리와 지도에서 나온다.

히 많은 나날을 보내리라는 사실을 예상할 수 있다(「스카이림」의 세계는 당연히 「엘더 스크롤 4: 오블리비언」의 배경이었던 시로딜보다 더 자세하고, 시로딜은 당연히 「엘더 스크롤 3: 모로윈드」의 핵심이었던 바덴펠 섬보다 더 자세하다).

스카이림은 니른 행성의 탐리엘 대륙에 있는 나라다(좀 낯설더라도 참아보라. 게임을 오래 한 뒤에는 오히려 지구가 이상하게 느껴질 테니까). 스카이림은 9개의 홀드(마을)로 나뉘는데, 그 경계가 정확하게 고정되어 있진 않다. 홀드에는 '하평가르', '리치', '이스트마치' 같은 이름들이 붙어 있다. 각 홀드는 1차 로케이션과(뱀파이어 은신처인 '모바스의 굴'처럼 내부로 들어가서 탐험해야 하는 너른 공간이다) 2차 로케이션으로('리프트'에 있는 '제니타르 성소'처럼 더 탐험할 필요는 없는 공간이다) 구성된다. 로케이션마다 곳곳에 야영지, 광산, 요새, 굴, 은신처, 지하실이 있고, 그런 장소마다 고유의 이름과 목적이 있다. 말을 거래하는 곳, 식량을 공급받는 곳, 능력치를 올리거나 전투력을 회복하고 싶을 때 적을 찾아서 벨 수 있는 위험한 지역…….

지도 하나를 예로 들어보자. '리치'는 스카이림 서쪽 끝을 모두 망라한 지역이다. 폐허 같은 풍경으로 보아, 한때는 거주자도 많고 행복한 곳이었지만 뭔가 끔찍한 일이 일어났던 모양이다. 가이드북은 이렇게 설명한다. '칼스웨이스턴과 올드 흐롤단은 어느 정도 안전하다. 블레이드들의 은신처인 스카이 헤븐 신전은 거친 지형과 더 거친 적들에 둘러싸여 평온을 유지하고 있는 또 다른 횃불이다. 순가르트 요새와 무너진 탑 보루는 둘 다 탐험해야 할 곳이고, 오크들의 두 요새도(모르 카즈구르와 두쉬니크 얄) 여러분이 발견해야 할 장소다. 리치 북서쪽에는 히알마치가 있지만, 대부분의 국경은 화이트런에 접한다.'

이런 것이 여러분의 취향에 맞을 수도 있고 아닐 수도 있겠지만, 이 상상의 지도가 독창적이고 인상적인 것만은 분명하다. 블라우의 옛 지도책처럼, 스카이림의 지도는 여러 사람의 손으로 만들어졌다. 베데스다 게임 스튜디오의 직원이 30~40명쯤 관여했을 테고, 가이드 북에 실린 지도들은 '99 라이브즈'라는 회사가 만들었다. 만일 당신이 지도를 그리는 사람이라면, 이런 과제에 도전해보고 싶지 않겠는가? 만일 당신이 게임을 하는 사람이라면, 당신이 이 자유로운 형상의 세계에서 오직 지도와 자신의 능력에만 의지하며 홀로 방랑하고 있다고 믿고 싶지 않겠는가? 거의 지도화되지 않은 미지의 영토에서의 모험을 당연히 바라지 않겠는가? 그곳은 지도 분야에서 가장 새롭고, 거대하고, 저평가된 랜드마크이니까 말이다.

＊　＊　＊

「스카이림」이 등장하기 전까지 게임 속 지도로 가장 인기 있는 것은「그랜드 세프트 오토 4(GTA 4)」였다. 2008년에 이 게임이 발매된다고 하자, 게이머들은 이전 세대 사람들이 새 비틀즈 음반을 기다렸던 것처럼 목을 빼고 기다렸다. 첫날 판매는 기존 기록을 모조리 깨뜨렸다.「GTA」시리즈는 시리즈 전체를 통틀어 1억 장 넘게 팔렸고, 세 창작자는(스코틀랜드 사람 하나, 잉글랜드 사람 둘) 말도 안 되게 부유한 유명 인사의 반열에 올랐다. 그들이 1997년에 회사를 만들면서 그 이름을 '록스타 게임즈'라고 지은 것을 보면, 틀림없이 그런 목표를 염두에 두었을 것이다.

「GTA」는 스릴 넘치는 게임이다. 게임을 하지 않는 사람들은 하나같이 그 게임에 분노한다는 사실이 짜릿함을 더욱 북돋는다(「GTA」의 온라인 예고편에는 '1988년부터 보수주의자와 진보주의자를 분노로 단합시켰다'는 문구가 자랑스레 등장한다). 「GTA」 시리즈는 실제로 혹평을 양산했다. 그 게임에서 단서를 얻어 현실에서 범죄를 저지른 사건도 있었고, 게임의 레이어에 포르노 게임이 감춰져 있기도 했으며, 의회에서 관련 질문이 제기된 적도 있었다. 그리고 그런 사실들이 오히려 판매고를 한없이 끌어올렸다. 「GTA」는 분명 폭력적인 성인용 게임이다. 그러나 그 핵심은 사실 단순한 경찰관-강도 놀이다. 사용자는 자동차를 훔친 뒤에 자신을 추적하는 사람들을 따돌려야 하는데, 「스카이림」과 마찬가지로 「GTA」는 단순히 퀘스트만 해내는 게임만이 아니라 길을 찾아야 하는 게임이기도 하다. 게이머는 현실의 도시를 대충만 변형시킨 디스토피아적 환경에서(런던, 뉴욕, 마이애미, 샌프란시스코, 그리고 2013년에 출시된 「GTA 5」에서는 로스앤젤레스) 자유롭게 속도를 낸다. 마치 생생하게 살아 움직이는 도시에서 실제로 운전대를 잡고 있는 것처럼.

「GTA 4」의 자동차는 위성 항법 장치가 장착된 것이 많다. 작동법도 현실과 거의 같아, 주소를 입력하면 바로 출발한다. '리버티 시티 가이드북'은 이렇게 설명한다. '진짜 남자라면 길을 묻지 않는 법. GPS가 발명된 것은 그 때문이다. 당신이 시속 150마일(시속 약 240킬로미터)로 달리느라 유턴할 장소를 지나쳐 급하게 핸드브레이크를 잡아도, GPS가 자동으로 경로를 재검색해준다.' 그러나 게이머는 직접 걷거나 지하철을 탈 수도 있다. 게임에 딸린 커다란 종이 지도는 그때 요긴하게 쓰인다. 지도에서 도시는 다섯 개의 구로 나뉘어 있는데, 단계가 올라갈수록 점점 더 불쾌해지는 동네들이다. 중심에 있는 앨

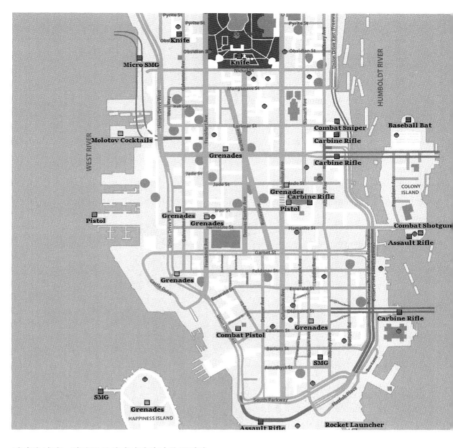

리버티 시티는 함부로 돌아다니기에 나쁜 도시다.
그림에 보이는 곳은 맨해튼을 본떠 만든 앨곤퀸 지역이다.

곤퀸은 맨해튼을 고스란히 모방했다. 현실에서 센트럴 파크가 있는 자리에는 미들 파크가 있고, 그랜드 센트럴 역이 있는 자리에는 그랜드 이스턴 역이 있다. 격자형 도로 체계는 여전하지만, 거리 이름은 모두 보석 이름으로 바뀌었고 원래 숫자가 붙은 대로들은 갤버스턴, 프랭크퍼트, 비스마르크, 올버니 같은 이름으로 바뀌었다. 설계자들은 자신들이 지도화한 곳의 역사를 잘 알았던 게 분명하다. 콜럼버스는 이제 서클(광장)이 아니라 버젓한 대로로 격상되어, 남쪽 자수정 거리에서 북쪽 베스푸치 광장까지 섬을 종단한다. 다른 구들 중에서는 브로커 구에서 살면 괜찮을 것 같다. 그곳에는 브루클린 분위기를 풍기는 주택들과 가로수가 우거진 거리들이 있고, 해변과 해안 산책로와 휴식이 있다.

「GTA」에서 길 찾기는 두 가지 형태로 이뤄진다. 게이머가 황량한 도시에서 돌아다니는 활동, 그리고 게임의 구조 자체에서 돌아다니는 활동이다. 둘 다 컨트롤러로 처리한다. 가령 소니 플레이스테이션3라면, 울퉁불퉁한 대시보드에 달린 버튼들을 눌러서 가속하고, 정지하고, 방향을 꺾고, 헤드라이트를 켜고, 게임 라디오 방송이나 휴대전화를 조작한다. 당연히 '무기 발사' 기능도 있다. 무기는 차에 달려 있다. 만일 게이머가 걸어 다니는 중이라면, 버튼과 스틱을 조작하여 걷고, 달리고, 점프하고, 사다리를 오를 수 있다. 물론 '무기 발사'도 할 수 있다. 게이머는 처음에는 약간 더듬거리겠지만, 지도를 신중하게 숙지하는 것이 좀 더 멀리 전진하는 비결임을 깨닫게 된다. 영리한 게이머는 길을 많이 알면 알수록(추적자가 모르는 뒷골목, 주파 시간에서 8초를 깎아줄 뒷길) 유리하다는 사실을 알아차린다. 그야 물론 원시적인 기술이지만, 여기보다 더 인상적으로 그 기술을 가르쳐주는 곳이 있던가?

컴퓨터 이전의 아날로그 세계에서도 지도와 게임은 죽이 잘 맞왔다. 둘의 관계는 최소한 1590년까지 거슬러 올라간다. 그해에 잉글랜드와 웨일스의 여러 카운티를 카드에 표시한 놀이 도구가 나왔는데(규칙은 확실히 모르겠지만, '톱 트럼프' 형식 게임의 최초 사례가 아니었을까 싶다), 카드의 위쪽 사분의 일에는 카운티 이름, 슈트, 끗수가 적혀 있었고, 중간 부분에는 그 카운티의 지도가 그려져 있었으며, 아래 사분의 일에는 카운티의 길이, 너비, 런던과의 거리 등등이 적혀 있었다(런던과 가깝거나 먼 것이 게임에서 유리한 속성인지 아닌지는 알 수 없다).

1669년에 파리에서 질 드 라부아지에는 예의 52장짜리 트럼프를 활용한 다른 게임을 발표했다. '카드 게임으로 바꾼 지리 도표'라는 이름의 이 게임은 진정 국제적이었다. 카드마다 한 나라나 주의 형태가 작게 그려져 있었는데, 아메리카 대륙, 버지니아 주, 플로리다 주,

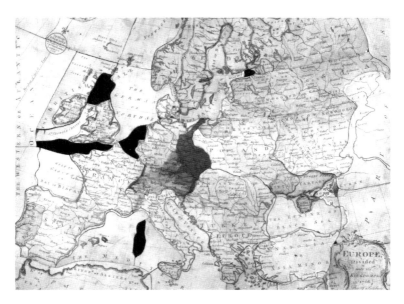

1766년에 스필스베리가 만든 조각 그림 맞추기 퍼즐. 스코틀랜드와 홀란드가 비어 있다.

멕시코, 캐나다 등이 포함되었다. 1년 뒤에는 나온 변형판에서는 각각의 슈트[114]가 각각의 대륙을 뜻했다. 아메리카는 클럽, 아시아는 다이아몬드, 유럽은 하트였고, 요즘이라면 사람들이 부들부들 손을 떨며 분노할 선택이지만, 아프리카는 스페이드였다('스페이드 에이스처럼 새카맣다'는 인종 차별적 욕설은 여기에서 유래했을지도 모른다).

그러나 지도가 더욱 자연스럽게 어울린 분야는 따로 있었으니, 바로 조각 그림 맞추기(지그소)와 보드게임이었다. 둘 다 18세기 중순부터 인기를 끈 놀이였는데, 조각 그림 맞추기는 역사상 최초의 사례부터가 나무로 판 지도였다고 한다. 그것은 1760년대에 영국의 지도 제작자 존 스필스베리(John Spilsbury)가 만든 물건이었다. 그의 발상은 엄청나게 인기를 끌었고, 특히 학교의 지루한 지리 수업을 견딜 만하게 만들어주는 점이 매력적이라서 스필스베리는 이후 세계 지도만이 아니라 네 대륙 각각의 지도와 영국 지도도 나무에 인쇄하고 톱질해서 퍼즐로 제작했다. 그로부터 몇 년 전에 J. 제프리스라는 사람도 공부를 재미나게 만들어주는 놀이 도구를 고안한 바 있었다. 「유럽 여행」 또는 「지리 놀이」라고 불렸던 그 놀이는 지도가 그려진 판을 깔아두고 주사위를 굴려서 규칙에 따라 전진하는 방식이었다.

이후 200년 넘게 사람들은 그 게임을 갖가지 형태로 변형시켜 놀았는데, 1926년의 「링컨 하이웨이」도 그중 하나로 미국 지도 위에서 알록달록한 핀들을 움직여 전국을 누비는 놀이였다(미국 자동차 클럽의 승인을 받았던 이 게임은 바닥 판에 그려진 도로가 어찌나 정확했던지, 실제

---

114) 카드의 한 그룹으로 디자인되어 사용하는 상징으로, 트럼프에서는 스페이드, 클로버, 하트, 다이아몬드를 말한다. 이들은 원래 중세 유럽의 네 계급을 의미하는데, 스페이드는 귀족, 하트는 승려, 다이아몬드는 상인, 클로버는 농민을 나타낸다고 한다.

여행에서도 틀림없이 사용할 수 있었을 것이다). 1933년의 「헨드릭 반룬의 넓은 세상」도 같은 종류로, 비행기와 증기선을 뜻하는 말들이 머나먼 항해를 완수하는 내용이었다.

그러다 이윽고 「지구를 정복하라」가 등장했다. 프랑스 영화감독 알베르 라모리스가 1950년대 중순에 발명한 이 게임의 원래의 이름을 우리가 더 잘 아는 이름으로 바꾼 사람은 미국 게임 회사 파커 브라더스의 영업자였던 엘우드 리브스였다. '정복'이라는 단어는 다른 게임에서도 너무 많이 쓰이고 있었기 때문에 리브스는 자기 손자들의 이름에서 머리글자를 하나씩 따서 새로 이름을 지었다. 처음에는 느낌표도 붙어 있었다. '리스크!'라고.

1960년대 초순의 「리스크!」 규정집에는 대단히 간결한 선언과('여러분은 그동안 나온 많은 게임 중에서도 가장 특이한 게임을 하게 될 것입니다.') 마찬가지로 간결한 게임 목적이 적혀 있었다. '게임의 목표는 판에 그려진 영토를 모조리 차지하고, 그 과정에서 다른 플레이어들을 모두 없애는 것입니다.' 플레이어에게는 군대가 주어졌고, 주사위가 주어졌다. 시간이 충분하다면, 플레이어는 차근차근 세계를 삼키겠다는 야욕을 부릴 수 있었다. 「리스크!」는 설치하는 데만도 다른 게임이라면 놀이를 끝낼 만한 시간이 걸렸고, 실제 놀이를 하다보면 저녁 식탁에서 시작했던 것이 아침 식탁으로 이어지곤 했다. 판에는 큼직하고 알록달록한 세계 지도가 그려져 있었는데, 누가 봐도 이상한 부분들이 있었다. 여섯 대륙에게 각각 고유의 색깔이 주어졌는데, 각 색깔마다 잘못된 영역이 몇 가지 포함되어 있었던 것이다(일례로 아시아에 시베리아, 야쿠츠크, 이르쿠츠크, 아프가니스탄, 중국, 중동, 캄차카가 포함되었다). 규정집은 이렇게 설명했다. '영토의 크기와 국경은 정확하지 않습니다. 가령 페루라고 표시된 영역에는 볼리비아도 포함되어 있습니다……. 그린란드라고 표시된 영역에는 그린란드[115], 배핀랜드[116], 그리고 캐나다 본토의 일부가 포함되어 있다는 사실도 알아두십시오.'

「리스크!」는 판에 그려진 지역들 중 여러 곳에서 히트했다. 다만 어떤 나라들은 게임의 느린 진행에 질린 나머지, 규칙을 손질해서 속도를 높였다. 영국에서는 워딩턴 게임 회사가 게임을 제조했는데, 워딩턴은 오래전부터 파커 브라더스와 특별한 관계를 맺어온 회사였다. 그 관계

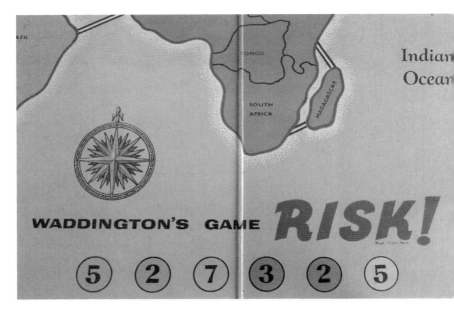

세계 정복의 기나긴 밤이 여러분을 기다린다.

---

115) 덴마크 영토에 속한다.

116) 북극해 제도 가운데서 가장 큰 섬. 캐나다의 북쪽 프랭클린 지구에 속하며, 허드슨 만의 어귀를 가리고 있다.

의 시작은 1935년이었다. 그해에 영국은 미국에 단어 게임 「렉시콘」
의 판매권을 허락했고, 미국은 영국에 답례로 그 유명한 「모노폴리」
의 판매권을 허락했다.

⚓ ▨ ⇜

필라델피아 사람 찰스 브레이스 대로가 발명한 「모노폴리」는 제
국 건설을 가르치는 교육적 효과가 있다는 막연한 주장과 함께 수수
한 흰 상자에 담긴 모습으로 시작했다. 그러나 오래지 않아 그 게임
은 모든 사람의 내면에 숨어 있는 최악의 탐욕을 끄집어냈고, 한창
영향을 받기 쉬운 아이들에게 도시 지리를 소개하는 역할도 맡았다.
게임은 세계적으로 히트했다. 거리 이름은 쉽게 현지화할 수 있었다.
'세인트찰스 플레이스'나 '보드워크'처럼 애틀랜틱시티 안팎에서 이
름을 딴 장소들이 빠지고 '메이페어', '뤼 드 라 페', '바츨라프스케 나
메스티', '파르코 델라 비토리아'가 들어갔다(첫 세 지명은 각각 런던, 파
리, 프라하에 있는 실제 지명이고, 마지막은 특정 장소를 뜻하는 것은 아니지만
이탈리아에 흔한 지명이다 – 옮긴이). 게임판은 집세 수금과 여행이 둘 다
엄청나게 쉬운 일인 것 같다는 왜곡된 인상을 주었고, 실제 거리와
상대 거리를 〈런던 지하철 노선도〉처럼 뒤죽박죽 섞었다. '무료 주차'
칸으로 말하자면, 요즘보다 더 단순한 세상에서 만들어졌던 놀이라
는 사실을 보여준다고 말할 수밖에 없으리라.

그런데 「모노폴리」에는 비밀 지도의 이야기가 하나 숨어 있다. 심
지어 사람들의 인생을 바꿨을지도 모르는 일화다. 1930년대 말, 워
딩턴 & 컴퍼니 사는 카드와 보드게임만 만들지 않았고, 전쟁에서 사

용하기 위한 실크 지도도 인쇄했다. 유럽 상공으로 비행을 앞둔 남녀들은 실크 지도를 재킷에 꿰매거나 신발 굽에 숨겼는데, 실크 지도는 구겨지거나 더러워지지 않을 것이었고, 몸수색에서 발각되지도 않을 것이었으며, 그들이 낙하산 임무를 마쳤을 때나 포로가 되었을 때 고향으로 돌아오는 데 도움이 될 수도 있기 때문이었다(지도의 내용은 에든버러의 지도 회사 바살러뮤가 인쇄한 세계 지도에서 필요한 나라만 뽑아 썼다).

미국도 비슷한 지도를 만들었지만, 지도와 게임이 그렇게 독특한 방식으로 결합한 것은 워딩턴뿐이었다. 영국의 '탈출 및 도피' 전문 비밀 조직이었던 M19의 승인에 따라, 워딩턴은 모노폴리 판 두개 사이에 실크 지도를 끼워 넣고, 게임 말 속에는 나침반을 집어넣고, 놀이용 지폐 속에는 진짜 돈을 섞었다. 그러고는 '군대 공급업자 스포츠 연합'이니 '포로들의 여가 시간을 위한 기금'이니 하는 수상쩍은 자선 단체의 이름을 빌려 그 게임판들을 유럽의 전쟁 포로 수용소로 보냈다(적십자는 포로들의 탈출을 돕지 않겠다고 약속하는 조건으로 거기에 접근할 자격이 있었다). 모든 게임판이 그렇게 변형된 것은 아니었고, 조작된 게임판은 놀이판의 전략적 위치에 암호처럼 표시를 해두었다. 모르면 몰라도 '감옥 탈출' 카드에 표시해두고 싶은 유혹이 엄청나게 크지 않았을까.[117]

· · ·

당연한 일이지만, 요즘은 「모노폴리」를 온라인에서 할 수 있다. 우리가 영영 가볼 일 없는 곳에서 사는, 우리가 영영 만날 일 없는 사람들과 함께. 그런데 지도가 포함된 컴퓨터 게임은 1961년 말부터 있었다. 당시 MIT의 젊은 해커들은 새로 도착한 기계의 성능을 보여줄 방법을 궁리하고 있었다(그 시절에 '해커'라는 말은 요즘의 '긱(geek, 괴짜)'이라는 뜻에 더 가까웠다). '디지털 이큅먼트 코퍼레이션' 사의 PDP-1 컴퓨터였다. 학생들은 새 기계의 성능이 자랑스러웠지만(가격이 12만 달러였으니 그럴 만했다), 초기의 워드프로세서를 비롯한 기존의 응용 프로그램들에 좀 질렸다. 그래서 그들은 게임을 만들기로 했다. 그 결과물이 바로 모든 컴퓨터 총격 게임의 원조로 여겨지는 「스페이스워!」였다(초창기 게임들의 이름에 왜 그렇게 마침표가 많이 붙었는지는 아무래도 알 수가 없다! 창조자들이 자기 작품에 그만큼 자부심을 품었기 때문인지도 모르겠다).

「스페이스워!」는 한 쌍의 우주선이 서로 미사일로 날려버리려고 하는 단순한 이인용 게임이었다. 별들이 우주선에 중력을 발휘해서 끌어들이기 때문에, 우주선이 자칫 경로에서 벗어날 수 있었다. 그러

---

117) 이 모노폴리 이야기는 꼭 제임스 본드풍의 전설일 것 같다. 그러나 그 기발한 방식은 영국의 M19, 그리고 미국에서 그와 비슷한 기관이었던 MIS-X가 전형적으로 보여주었던 특징이었다. 이 미스터리의 핵심 증거는 M19 요원이었던 클레이턴 허턴 대령이 존 워딩턴 사의 중역 노먼 왓슨에게 1941년 3월 말에 보낸 편지로, 내용은 이렇다.
   '오늘 토론했던 대로 다음 지도들을 포함한 게임판을 만들어주시면 고맙겠습니다. 한 게임에는 노르웨이, 스웨덴, 독일 지도가 들어 있어야 합니다. 또 다른 게임에는 프랑스 북부, 독일, 그리고 전선(戰線)을 표시한 지도가 들어 있어야 합니다. 또 다른 게임에는 이탈리아 지도가 들어 있어야 합니다. 작은 금속 기기가 든 꾸러미도 동봉하오니, 모든 게임판에 이 기기를 하나씩 숨겨 넣을 방법을 찾아주신다면 고맙겠습니다.'
   그 게임이 「모노폴리」라는 구체적인 언급은 없다. 그러나 다른 편지에 '무료 주차'를 언급한 대목이 있다(지도가 들어 있는 게임판은 '무료 주차' 칸에 마침표를 살짝 찍어두었다).
   「모노폴리」는 전쟁 전부터 독일을 짜증나게 만든 게임이었다. 나치 정권 아래에서 선동을 맡았던 괴벨스(Paul Joseph Goebbels)는 베를린 놀이판에서 가장 비싼 지역이 나치 지도자가 많이 살던 '인젤 슈바넨베르더'라는 사실에 못마땅해 했다. 제3제국이 자본주의와 방탕함과 결부되었다는 인상을 줄까 봐, 나치는 제조업체였던 슈미트 사에 「모노폴리」를 팔지 말라고 조언했다. 나중에 그 회사는 연합군의 폭격을 맞는 바람에 남아 있던 물건도 싹 사라졌다. 그러나 지금은 독일에서도 다시 게임이 팔린다. 통일을 반영하도록 놀이판의 구조를 바꾼 채.

나 초기 버전에는 미진한 데가 있었다. 사실적인 배경이 없어서 거리와 속도 감각이 잘 느껴지지 않았던 것이다. 해커들은 '값비싼 플라네타륨'이라는 또 다른 프로그램을 게임에 겹쳐 넣었는데, 그것은 매사추세츠 상공의 밤하늘을 보여주는 지도였다. PDP-1을 보유한 다른 기관들도 게임을 복사해 갔고, 그리하여 사람들은 처음으로 컴퓨터 게임의 중독성을 경험하게 되었다.

이후로 등장한 거의 모든 스크린 게임에서는 효과적인 놀이를 위해 모종의 지도가 필요했다. 지도는 「스페이스 인베이더스」나 「둠」 같은 총격 게임의 단순한 배경일 수도 있고, 「슈퍼마리오」나 「페르시아의 왕자」 같은 다차원 플랫폼 게임의 구조일 수도 있고, 「심즈」나 「팜빌」 같은 시뮬레이션 게임에서 전체적인 경계를 설정하는 계획도일 수도 있고, 「미스트」나 「스카이림」처럼 자유도가 높은 과제에서 꼭 커닝 페이퍼처럼 길 찾기를 돕는 지도일 수도 있다. 게임 상자에 실제 지도가 들어 있을 때도 있지만, 그보다는 게임 자체가 지도일 때가 더 많다. 그리고 풍경을 지도학적으로 해석하는 것이 게임의 궁극적 과제일 때가 많다. 이런 방식으로, 지도는 옛날에 〈마파문디〉가 그랬던 것처럼 요즘도 우리에게 이야기를 들려준다. 그리고 그 점이 가장 잘 드러난 게임을 꼽자면 「던전 & 드래건(D&D)」의 신화적이고 마법적인 세계를 능가할 것은 없을 것이다.

「D&D」는 던전 마스터, 엘프, 위저드, 그리고 자긍심과 끈기를 품고서 이 게임에 충성을 바치며 세상 사람들이 자신을 오크로 보든 말

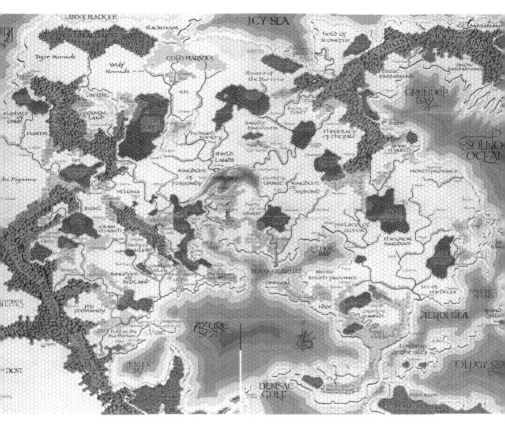

미스터리가 있는 곳, 창조자가 자기 자식들의 이름을 따서 붙인 지명이 있는 곳,
플라나에스에 오신 것을 환영합니다.

든 개의치 않는 게이머들이 활약하는 롤플레잉 게임이다. 『반지의 제
왕』 속 세계를 표현한 가상의 지도에서 상상력이 불붙었던 사람이라
면, 이 게임의 매력이나 놀이 방식(경험치 획득하기, 적을 물리치기, 기술
을 습득하기)을 이해하는 일이 하나도 어렵지 않을 것이다.

　「스카이림」처럼, 「D&D」도 현실을 철저히 버리는 것이 관건이다. 그런데 똑같이 판타지 소설에서 영감을 얻었다는 공통점이 있는 전략적 전쟁 모형 게임과는 달리, 「D&D」 속에서 상상의 캐릭터로 거주하는 해방감은 친구들과 함께 게임을 즐기는 시간에만 국한되지 않고 그 이상으로 확장된다(궁극적으로는 한때 엄청난 인기였던 「세컨드 라이프」와 같은 온라인 아바타로 발전할 것이다). 1974년에 기본적인(컴퓨터를 쓰지 않는) 「D&D」 게임을 만든 사람은 게리 가이객스와 데이브 아네슨이었다. 그 게임을 제대로 하려면 지도가 필요했다. 지도는 칸마다 따로 이름을 붙이지 않은 격자망에 지나지 않았고, 놀이는 그 위에서 다면체 주사위를 굴린 뒤 나온 눈에 해당하는 말을 움직이는 것에 불과했지만 말이다.

1980년, 미국의 화가 달린 페쿨은 「D&D」 월드 오브 그레이호크' 캠페인을 위해서 오에리크 왕국의 동쪽에 해당하는 플라나에스의 지도를 제작했다(캠페인이란 특정 세계관에 따라 게임을 진행하는 것을 말하고, 여기에서는 페쿨이 그런 세계관을 더 구체적으로 설정하는 데 기여했다는 의미다 - 옮긴이). 여러 장에 그려진 지도를 모두 이으면 86×112 센티미터의 크기가 되었다. 페쿨은 한 변의 길이가 1센티미터인 육각형들로 이뤄진 격자 위에서, 가이객스의 원래 세계관과 완벽하게 호응하는 평행 우주를 창조했다. 제프 공국에는 마법사 계곡과 오이트우드 숲과 혼우드 숲이 있었고, 자반 강과 셸도마르 강 사이에는 케올랜드 왕국이 있었다. 그 밖에도 남작령, 공작령, 백작령이 많아서 귀족적인 느낌이 뚜렷했다. 셀린느, 플렌, 언스트, 린트, 누텔라 같은 지명은 『타임스 아틀라스』에는 나오지 않는 이름들이었다. 그것은 가이객스가 자기 아이들이나 친구들의 이름, 아니면 자기가 좋아하는 물건들의 이름을 애너그램이나 동음이철어(同音異綴語)로 변형하여 만든 것이었다. 그래도 바다는 여전히 파랗고 숲은 여전히 푸르렀으며, 여백에는 〈육지측량부 지도〉에 적혀 있어도 이상하지 않을 것 같은 색깔과 기호 범례가 적혀 있었다. 빨간 점은 성, 빨간 사각형은 성벽 도시, 강 위에 가로줄이 세 개 그어진 것은 급류.

　게임이 식탁에서 컴퓨터로 옮겨간 것은 자연스러운 일이었다. 프로그래머들은 원래 게임에 필요했던 좀 피곤한 계산들을 많이 없앰으로써 진행 속도를 높였다. 1970년대의 「조크!」나 「아칼라베스: 월드 오브 둠」은 롤플레잉 게임과 보물찾기를 결합한 원시적인 형태였고, 요즘 우리가 익숙한 삼차원 이미지가 아니라 구두점을 비롯한 텍스트 그래픽에 의존했다. 그러나 발전은 신속했다. 「울티마」나 「위저드리」 같은 게임의 흑백 선화(線畫)는 뒤이은 「터널 오브 둠」에서 더 빠른 그래픽과 색깔에 자리를 내주었다. 개인용 컴퓨터가 등장하여 게이머들이 코드를 쓸 수 있게 되었던 것, 게이머들이 지퍼락 봉지에 담은 플로피디스크를 비디오 가게나 컴퓨터 가게에서 신나게 서로 교환했던 것 덕분에 이런 발전이 가능했다.

　그리하여, 어쩌면 텔레비전 시청자나 모형 조립가가 되었을지도 모르는 한 세대 전체가 그보다 더 현대적이고 흥미진진한 방식으로 시간과 돈을 쓰는 취미에 풍덩 빠졌다. 젊은 세대는 승리의 팡파르 없이, 별다른 저항도 겪지 않고, 부모 세대를 소외시켰다. 지도는 그렇게 (휴대 전화 애플리케이션이 등장하기 한참 전부터) 전혀 새로운 방식으로 젊은이들의 삶에 살그머니 끼어들었다. 「스카이림」이 우리가 가지고 놀 수 있는 거대한 상상의 지도책이 아니라면 달리 무엇이겠는가? 프톨레마이오스와 에라토스테네스도 그것을 경이롭게 여기지 않았을까?

제22장

뇌 속에도
지도가 있다

먼 우주를 돌아 다시 인류의 머릿속으로

1955년 4월에 알베르트 아인슈타인(Albert Einstein)이 죽자, 하루도 안 되어 어느 병리학자가 그의 뇌를 해부대에 올렸다. 최대의 의문은 물론 하나였다. 천재의 뇌도 평범한 사람의 뇌와 똑같을까? 확인해보니 아인슈타인의 뇌에서 어떤 영역은 보통보다 약간 더 좁은 듯했고, 다른 영역은 약간 더 큰 듯했다. 어떤 영역은 거의 없다시피 했지만, 한때 광적으로 활동했을 것이 분명한 다른 영역들이 보완했다. 이 발견은 상당한 법석을 일으켰다. 당시에는 인간의 뇌에 대한 이해가 걸음마 단계였기 때문이다. 우리는 이미 상대성 이론과 양자 이론에 통달했으면서도 우리 뇌가 어떻게 그것을 감당하는가에 관해서는 정확히 몰랐던 것이다.

상황은 차츰 바뀌고 있다. 발전한 기술 덕분에, 뇌 지도화 작업은 흥분되는 단계에 접어들었다. 이제 우리는 20년 전에는 이론에 불과했던 것을 실제 두 눈으로 볼 수 있다. 여기에는 아인슈타인 자신의 연구도 어느 정도 기여했다. 그리고 우리가 막 파악하기 시작한 주제 중 하나는 우리가 어떻게 (그리고 뇌의 어느 부분에서) 지도를 읽느냐 하는 문제이다.

사람들은 아인슈타인이 운전을 못 했다는 사실을 예나 지금이나 흥미롭게 여긴다. 하기야 그가 그것 말고도 생각할 것이 오죽 많았겠는가. 그런데 아인슈타인이 택시를 탈 때마다(가령 프린스턴의 연구실에서 1시간 거리인 뉴어크 공항까지) 비교적 확신해도 좋았던 사실이 하나 있었으니, 그를 데려다주는 운전사의 뇌가 그의 뇌보다 더 크다는 점이었다. 적어도 뇌의 일부는, 구체적으로 말해서 교통 상황과 새로 생긴 장애물과 현재 시각을 고려함으로써 제일 빠른 길을 성공적으로 선택하도록 하는 부분만큼은 더 컸을 것이다. 아인슈타인의 운전사는 우선 뉴저지의 지도를 외운 뒤, 자신도 모르는 사이에 그것을 잘게 쪼개어 분자와 세포와 뉴런으로 구성된 체계에 기록하고서, 그것을 도로 끄집어내어 귀중한 화물을 다음 목적지까지 데려다주기에 알맞은 순서로 재조립할 줄 알았다(물론 실력 좋은 운전사라야 그랬으리라).

아인슈타인이 1930년대 초에 로열 앨버트 홀에서 강연하려고 런던에 왔을 때도 마찬가지였다. 그때 만난 택시 운전사는 『런던 A-Z』를 통째 외우고 있었을 것이다. 사람들은 운전사의 뇌에서 그 부분이 다른 사람들에 비해, 가령 자기 집 대문에서 가게까지 가는 동안에도 길을 잃곤 하는 사람들에 비해(아인슈타인도 자주 그랬다) 더 크리라고 예전부터 짐작했다. 그러나 가설이 사실로 증명된 것은 최근의 일이었다. 일상의 실제적인 지도들과 우리가 그것을 어떻게 읽고 외우는가 하는 더 어려운 문제를 결합한, 즉 소프트웨어와 하드웨어를 결합한 깔끔한 과학적 연구를 통해서였다.

2000년, 엘리너 매과이어(Eleanor Maguire)라는 젊은 여성과 유니버시티 칼리지 런던의 동료들이 〈미국국립과학원회보〉에 발표한 논문 때문에, 독자들은 이전에는 널리 알려지지 않았거니와 막연히 전설적인 분위기를 풍기던 '지식'이라는 자격시험에 대해 새삼 생각해보았다. '지식'을 잘 아는 사람은 런던의 택시 운전사들이었다. 그것은 택시 운전 자격증을 따기 위해서 누구나 익혀야 하는, 악마적일 만큼 좌절감을 주는 일련의 경로 또는 '주행'을 일컫는 말이기 때문이다. 예전에는 그런 경로를 400개쯤 외워야 했다. 지금은 수가 320개로 줄었는데도('주행 4'는 SW4의 페이지스 워크에서 WC2의 세인트마틴 극장까지, '주행 65'는 NW8의 세인트존즈 우드 역에서 SW7의 브롬프턴 성당까지 하는 식이고, 모든 경로가 맨해튼의 격자 도로 체계를 동경하게 만들 만큼 엄청나게 꼬불꼬불하다) 다 외우는 데는 평균 2~3년이 걸리고, '지식' 시험 지원자 중에서 약 절반만이 끝까지 버텨서 자격증을 따는 형편이다(지원자는 약 2만 5,000개 거리를 돌아다닐 줄 알아야 하는 것은 물론이거니와, 그 밖에도 약 2만 개의 '관심 지점'을 외워야 한다).

매과이어는 인지 신경 과학자다. 그래서 학습된 행동이 뇌의 구조, 기능, 통로에 어떤 영향을 미치는가 하는 문제에 관심이 있었다. 그런데 그녀가 택시 운전사의 머릿속 지도에 흥미를 느낀 데는 개인적인 이유도 있었다. 그녀는 이렇게 설명했다. "나는 길을 찾는 데 정말로 젬병이에요. 그래서 궁금하더군요. 어떤 사람들은 길을 그렇게 잘 찾는데 나는 왜 이렇게 형편없지? 나는 이 뉴로이미징 센터 안에서도 길을 잃어요. 여기에서 15년이나 일했는데 말이죠."

매과이어의 획기적인 논문「길 찾기 작업이 택시 운전사들의 해

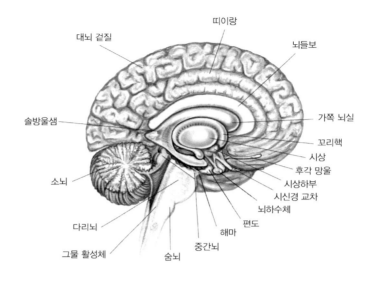

대뇌 겉질

띠이랑

뇌들보

솔방울샘

가쪽 뇌실

꼬리핵

시상

후각 망울

소뇌

시상하부

시신경 교차

뇌하수체

다리뇌

편도

해마

그물 활성체

숨뇌

중간뇌

〈뇌 지도〉. 우측 후측 해마가 이것보다 약간 더 큰 사람은 런던의 택시 운전사일지도 모른다.

마에 미친 구조적 변화」는 런던 지도를 머릿속에 저장한 택시 운전사들의 우측 후측 해마가(공간 지각과 기억을 담당하는 부분이다) '지식' 시험을 치르지 않는 사람들보다 상당히 더 크다는 결정적 발견 때문에 세계 언론에서 주요 뉴스로 다뤄졌다. 영국 대중운송국(택시 허가증을 발급하는 기관)으로서는 아마도 놀라운 소식이자 더없이 요긴한 소식이었을 것이기에, 그들은 구인 광고에 그 사실을 선전하기 시작했다. 덕분에 1980년에 택시 운전사 프레드 하우스고가 퀴즈쇼 '매스터마인드'에서 우승했던 때 이후로 최대의 지원자가 몰렸다고 한다. 이 발견은 지도를 못 읽거나 길을 못 찾는 사람들에게도 희망을 주었다. 더 정확히 말하면, 엘리너 매과이어처럼 자신은 통 길을 못 찾는다고 스스로 생각하는 사람들에게. 왜냐하면 매과이어의 연구는 그 생각이 틀렸음을 암시했기 때문이다. 그 연구는 공간 지각력과 기억력이 유전적 특질이 아니라 학습되는 특질임을 보여주었다. 뇌 용량이 보통이고 뇌 질환이 없는 사람이라면 누구나 나침반을 따를 수 있고, 지도를 읽을 수 있고, 길을 기억할 수 있고, 주차한 차로 돌아오는 길을 찾을 수 있는 것이다. 지도를 많이 외우는 택시 운전사들의 능력은 인간의 뇌가 신경가소성[118] 있는 유연한 존재라는 사실을 알려주었다.

매과이어의 연구가 발표되고서 1년이 지난 2001년, 아인슈타인의 뇌 슬라이드 두 조각을 새롭게 조사한 연구에서도 흥미로운 사실이 발견되었다. 아인슈타인은 왼쪽 해마의 뉴런들이 오른쪽 해마의 뉴런들보다 상당히 더 컸던 것이다. 즉, 택시 운전사들과는 반대쪽 해마가 컸다. 이것은 뇌에서 분석적, 혁신적 사고를 담당하는 새겉질과 해마 사이의 신경 세포 연결이 강하다는 사실을 암시했다. 그러나 기억 강화와 연관된 부분에서 신경 세포가 눈에 띄게 더 성장했던 흔적은 없었다.

그러나 신경가소성 연구의 방법론에는 몇 가지 해결되지 않은 의문이 있었다. 연구에 참여한 택시 운전사가 겨우 16명이었던 데다가 (모두 남성이고, 오른손잡이고, 평균 연령은 44세이고, 평균 택시 운전 기간은 14.3년이었다). 그들이 운전하기 전부터 해마가 컸기 때문에 운전사가 되었고 그러니까 당연히 방대한 지도 정보를 쉽게 기억할 것이며 그

---

118) 인간의 뇌가 경험에 의해 끊임없이 변형됨으로써 적응력을 갖는 성질.

정보를 직업적으로 활용하려는 동기도 컸을지 모른다는 가설을 확실히 반박할 수가 없었다.

지난 연구에 대한 세간의 뜨거운 관심에 자극받은 매과이어와 유니버시티 칼리지 런던의 동료들은 후속 연구를 설계했다. 2006년, 그들은 런던의 택시 운전사들과 버스 운전사들의 해마 속 회색질을 비교해보았다. 그 결과, 이전 연구에서 제기되었던 여러 의혹이 해소되었다. 택시 운전사든 버스 운전사든 운전을 잘하고 스트레스를 잘 견딘다는 점은 같지만, 버스 운전사는 상대적으로 단순하고 반복적인 노선 외에는 외울 것이 별로 없다. 통제군으로 선정된 버스 운전사들은 택시 운전사들과 운전 기간이 같았다. 이 조사에서도 택시 운전사들의 우측 후측 해마만이 상당히 확장된 것으로 드러났다. 런던의 지형지물에 대한 기억력 시험(학습된 정보)에서도 택시 운전사들이 버스 운전사들보다 더 나았지만, 단기 기억력 시험에서는 그렇지 않았다. 버스 운전사들의 앞쪽 해마가 더 크다는 사실은 이 점을 반영했다.

이 연구에 담긴 의미는 대단히 크다. 우리가 공간 능력과 기억력을 이해하는 측면에서 흥미로운 발전을 이룰 가능성을 시사하기 때문이다. 이 연구는 다른 영역으로 이어져, 예컨대 알츠하이머병, 치매, 사고로 인한 뇌 손상 때문에 겪는 기억력 상실을 복구할 가능성을 열 수도 있다. 새로운 뇌 지도화 작업은 뇌의 구조와 기능에 관한 지식은 물론이거니와 임상적 치료의 가능성도 안겨주는 것이다. 언젠가 펄떡거리는 원형질 덩어리를 지도화하는 작업이 완료된다면, 우리는 그 지도를 열쇠로 활용하여 가장 까다로운 질병 중 몇 가지를 정복할 수 있을지도 모른다. 그렇다면 인류의 가장 큰 괴로움 중 일부를 덜 수 있을 것이다.

이 이야기에는 오랜 역사가 있다. 우리는 혈거인(穴居人, 동굴 속에 사는 사람)이었다. 그러다가 똑바로 서는 법을 익혔고, 갑자기 뇌가 엄청나게 커졌다. 어떻게 그랬는지는 몰라도, 지난 4백만 년 동안 인류는 오스트랄로피테쿠스에서 호모 하빌리스로, 호모 에렉투스로, 고대 호모 사피엔스로, 그리고 현대 호모 사피엔스로 변모했다. 이 과정에서 뇌는 갈수록 커졌으며, 어떤 동물보다도 크게 부푼 뇌 덕분에 우리가 수행할 수 있는 작업은 대단히 늘어났다. 우리는 우리 세상 너머의 다른 세상을 상상할 줄 알고, 우리 이전이나 이후의 삶을 생각해볼 줄 알며, 우주에서 우리의 역할을 고민할 줄 알고, 자신의 죽음도 고민할 줄 안다. 겨우 1.35킬로그램쯤 나가는 덩어리의 능력치고는 나쁘지 않다. 또한 이 능력은 (우리 생각이지만) 동물계에서 독특한 능력이다.

우리가 뇌로 해내는 작업 중 하나는, 바로 우리 뇌가 어떻게 팽창했는지 생각해보는 일이다. 이 문제에 대한 가설은 여러 가지가 있다. 제일 눈에 띄는 것은 언어의 발달을 끌어들인 설명이다. 인간은 진화의 어느 시점엔가 식별과 반복이 가능한 소리를 낼 줄 알게 되었고, 그 소리에 의미와 어휘를 부여하기 시작했다. 나아가 스스로도 이유를 모른 채 문법을 발전시켰다. 아무리 원시적인 형태라도 소통 능력이 있다면 기본적인 작업들부터 훨씬 편하게 처리할 수 있었을 테니, 남에게 자신을 이해시키는 재주가 점점 더 발전했다(지금도 계속 그런 것 같다). 그에 맞춰 후두의 크기와 능력도 확대되어야 했을 것이다. 그리고 이런 변화와 잠재력에 적응하는 능력이 필요하다 보니, 뇌도 스스로의 잠재력을 실현하면서 더더욱 확대되었을 것이다.

다른 가설도 있다. 신경 생리학자 윌리엄 캘빈(William Calvin)이 퍼뜨린 이론인데, 그는 뇌의 폭발적 성장을 불러온 것이 신체적 요인이었을지도 모른다고 생각한다. 특히 인류가 뭔가를 던지고 죽이는 능력이 발달하면서 그에 따라 신경 조직이 확대된 결과였으리라고 짐작한다. 성공적인 수렵 채집인은 표적을 잘 유인한 뒤에 정확하고 효율적인 동작으로 죽이는 사람이었을 것이다. 그러려면 힘, 공간 지각력, 꾀, 타이밍을 모두 갖춰야 한다. 그런 능력을 이리저리 끌고 다니는 것은 만만찮은 일이었을 테니, 자연히 뇌의 계산 용량이 좀 더 필요했을 것이다.

마지막 세 번째 가설은 리처드 도킨스가 과학적 상상력을 찬미한 책 『무지개를 풀며』에서 명쾌하게 설명한 바 있다. 도킨스는 개인용 컴퓨터의 성장이 트랜지스터의 크기 및 가격 축소와 맞물렸던 것과 비슷한 방식으로, 모종의 '데우스 엑스 마키나(deus ex machina, '기계 장치의 신'이라는 뜻의 라틴어)'가 우리의 뇌 용량을 재편했을지도 모른다고 생각한다. 물론 인간의 뇌는 컴퓨터에 비하면 훨씬 느린 속도로 팽창했지만, 이 비유는 너무 매력적이라서 언급하지 않고 넘어가기에는 아쉽다. 그래픽 위주 사용자 중심 인터페이스와 마우스의 발전이 애플의 매킨토시 컴퓨터와 마이크로소프트의 윈도 운영 체제 탄생에 기여했던 것처럼, 모종의 혁명적 사건이 뇌의 발달에 기여하지 않았을까? 도킨스는 그 사건이 무엇일지 찾아보았는데, 어쩌면 그가 찾은 답이 옳을지도 모른다.

아프리카 벌판의 수렵 채집인에게로 돌아가자. 그들에게 추적 기술은 더없이 소중하다. 동물의 발자국, 배설물, 교란된 식생을 읽는 능력이 있으면 먹을 수 있는 보상을 얻을 테니까. 그런데 그런 지식은 그 자체만으로는 충분하지 않다. 추적 전문가에게는 창던지기 전문가도 필요하고, 노련하게 발견한 사냥감의 존재를 남들에게 전달하는 능력도 필요하다. 언어가 없던 시절이라면, 추적자는 영양을 죽이러 가자는 자신의 의도를 몸짓으로 남들에게 전달했을 것이다. 이를테면 영양을 조용히 관찰하다가 살그머니 쫓아가서 펄쩍 덮치는 모습을 흉내 냈을 것이다. 그러나 먹잇감이 있는 정확한 위치만큼은 몸짓으로 설명하기가 까다로웠을 것이다.

도킨스는 대신 다른 방법이 있었다고 말한다. '그는 그 일대를 그린 지도에서 목표물의 위치를 짚고, 움직임을 계획할 수 있었을 것이다.' 추적자는 '어떤 자취를 쫓는다는 생각에 익숙했을 것이고, 자신의 추적 경로가 흡사 실물 크기 지도처럼 땅바닥에 펼쳐져 있고 그 속에서 동물이 시간에 따른 그래프처럼 움직인다는 상상에도 익숙했을 것이다. 그렇다면 자연히 다음 단계는 그 지도자가 작대기를 움켜쥐고서 그 시간적 그림을 흙 위에 축소 모형으로 그리는 것 아니었을까? 즉, 어떤 표면 위에 움직임의 지도를 그리는 것 아니었겠는가?'

동굴 벽화의 시초도 그런 식이었다. 동굴 벽화에는 매일매일 생존의 전투를 벌였던 인간들과 동물들이 그려져 있고, 다른 무언가를 뜻하는 추상적 도형들도 그려져 있으며, 축척과 방향을 지시하는 화살표와 공간적 차이라는 개념도 반영되어 있다.[119]

---

119) 2009년에 사라고사 대학 고고학자들은 스페인 북부 아바운츠의 동굴에서 발견된 석판을 공개하며 그것이 세계 최초의 지도라고 선언했다. 돌에 새겨진 그림은 기원전 14000년경의 흔적으로 보인다. 크기는 약 18×13센티미터이고, 주변의 산과 강, 채집과 사냥에 알맞은 장소를 묘사한 것처럼 보인다. 연구진을 이끈 필라르 우트리야는 이렇게 말했다. "이것이 주변 지역을 스케치한 지도라는 건 확실합니다. 누구인지 몰라도 이 그림을 새겼던 사람은 물이 흐르는 길, 동굴 밖의 산, 일대에서 발견되는 동물을 표현하고 싶었던 겁니다."

어쨌든 뇌에 대해서라면, 우리는 뇌가 확장되고 정교해진 이유를 이미 찾았는지도 모른다. 리처드 도킨스는 다음과 같은 질문으로 추론을 마무리했다. '지도를 그리는 작업이야말로, 다른 유인원들이 끝내 넘지 못한 결정적인 문턱을 우리 선조들이 넘어서도록 이끈 요소가 아니었을까?'

2010년 11월, 엘리너 매과이어의 동료로서 역시 유니버시티 칼리지 런던에서 연구하는 크리스 클라크(Chris Clark)가 영국도서관에서 〈뇌 지도〉를 주제로 한 강연을 했다. '장엄한 지도들' 전시회의 부속 행사로 계획된 연속 강연 중 하나였다.

클라크는 원래 회계사 공부를 하다가 꽤 대대적으로 경력을 전환하여 신경 과학을 공부했고, 지금은 유니버시티 칼리지 런던의 아동건강연구소에서 '영상 및 생물리학 부서'를 맡고 있다. 그는 자폐와 뇌성마비까지 포함하여 아이들이 드러내는 여러 신경 질환에 폭넓게 관심을 갖고 있다. 그리고 그는 우리가 언젠가 뇌 지도화 작업을 통해서, 특히 여러 기능을 잇는 결합 조직 속 백색질을 지도화함으로써, 특정 뇌 기능이 실패하는 이유에 대한 단서를 얻고, 치료가 뇌 회로에 미칠 영향을 이해하며, 궁극적으로 뇌 기능을 회복하는 방법을 찾기를 바란다.

클라크의 영국도서관 강연은 오늘날의 과학적인 뇌 지도화 작업이 어디에서 출발했는가 하는 이야기로 시작했다. 그 기원은 독일 해부학자 코르비니안 브로드만(Korbinian Brodmann)이 1909년에 작성한

〈뇌 지도〉였다. 브로드만은 염색한 뇌 겉질을 현미경으로 조사함으로써, 서로 다른 세포 조성을 드러내는 영역들을 분간하여(그는 그것을 '세포 구조판'이라고 불렀다) 전체를 52개 영역으로 나누었다. 이를테면 4번 영역은 1차 운동 겉질이었고, 17번 영역은 1차 시각 겉질이었다. 브로드만은 모든 영역에 숫자를 붙였지만, 이름은 일부에만 붙였다. 기능이 규정된 영역은 그보다 더 적었다. (가장 주목할 만하고 널리 인정되었던 것은 '브로카 영역'이라고 불리는 왼쪽 이마엽[120]의 언어 중추였다. 그 이름은 프랑스 해부학자 폴 브로카에게서 땄는데, 브로카는 1860년대 초에 시신을 부검하던 중 언어 능력이 손상된 환자는 그 부위에 병변이나 다른 손상이 있다는 사실을 알아차렸다. 한 환자는 '탠'이라고 불렸는데, 할 줄 아는 말이 유일하게 그것뿐이라서였다.)

브로드만의 혁명적인 뇌 영역 구분 작업에는 좀 더 대중적이고 자연스러운 선례가 있었다. 발전된 신경 해부학이 아니라 사이비 과학에 뿌리를 둔 작업이었지만 말이다. 골상학(骨相學, 제일 노골적인 형태로는 두개골 표면의 여러 영역에서 그 사람의 행동적, 성격적 특징을 읽어낼 수 있다고 보는 이론이다)은 빅토리아 시대 과학계의 한구석에서 엄청난 인기를 끈 작업이었다. 골상학적 〈뇌 지도〉는 당시 사람들에게는 놀라운 계시로 느껴졌겠지만, 요즘 우리에게는 대단히 우스운 것으로 느껴진다. 그러나 만일 인간의 모든 생각과 감정이 어떤 식으로든 뇌에서 처리된다는 사실을 받아들인다면(심장이나 모종의 천상적 · 종교적 통로를 거쳐서 처리되는 게 아니라), 특정한 인간적 속성과 가치를 뇌

---

120) 대뇌 반구의 앞부분. 운동 중추와 언어 중추가 있고 사고, 판단과 같은 고도의 정신 작용이 이루어지는 곳이다. 포유류 가운데 고등 동물일수록 잘 발달되어 있다.

의 특정한 영역에 귀속시킬 수 있다는 생각도 자연히 이치에 닿아 보이는 법이다. 브로드만은 그 작업을 좀 더 세련된 형태로 실시한 것이었다. 하지만 뇌를 감싼 두개골에서 쑥 들어가고 툭 튀어나온 부분을 살펴봄으로써 그런 인간적 속성들을 재고, 측정하고, 구별할 수 있다는 믿음은 이치에 닿지 않았다. 그것은 자동차 보닛을 더듬어서 엔진을 진단하는 것이나 마찬가지였다.[121]

그렇기는 해도, 빅토리아 시대에 독일 생리학자 프란츠 요제프 갈이나 미국 뉴욕의 파울러 형제 같은 선구적인 골상학 지지자들이 퍼뜨렸던 두개골 지도는 제법 복잡했고, 상상력이 풍부했고, 괴상한 매력이 있었다. 오늘날 정신 분석가들의 대기실에 냉소적인 장식품으로 놓여 있곤 하는 고전적 도자기 두상을 보면, 표면에 가장 단순한 구성 요소들이 적혀 있다. '가정적임', '갈망', '동물적임', '완벽 추구', '도덕적임', '성찰적임', '통찰력'…… 꼭 세계 지도에 그려진 국가들 같은 (또는 놀이공원을 나누는 여러 구획 같은) 이런 요소들은 보통 더 좁은 영역으로 쪼개졌다. 예를 들어 '통찰력'에는 '질서', '개인성', 그리고 왠지 불길한 '우발성'(실제로는 어떤 사건을 잘 떠올리는 능력을 뜻했다)이 포함되었고, '완벽 추구'에는 '조심성', '자긍심', '단호함'이 포함되었다.

미국에서 가장 선구적인 골상학 전파자는 오슨 스콰이어 파울러

---

121) 이렇게 원시적인 뇌 지도화 작업은 순수한 인종과 사회 정화를 추구하는 사람들에게 유용하게 쓰이게 마련이다. 만일 그런 이상(理想)에 공감하는 의사가 가령 이마엽이나 관자엽이 큰 인종일수록 우월하다고 암시한다면 어떻게 되겠는가. 실제로 그런 가능성은 나치가 지배한 제3제국에서, 그리고 후투 족과 투치 족의 최초 충돌에서 울적한 현실로 드러났다. 나치의 제3제국에서는 아리안계의 우월한 혈통을 보존한다는 명분 아래 유대인들을 무자비하게 학살하였으며, 르완다에서는 토착 부족이자 농경민인 다수의 후투 족을 유목민인 소수의 투치 족이 지배하는 구조가 오래 고착되면서 1990년부터 4년 동안 피로 얼룩진 내전이 발발했다.

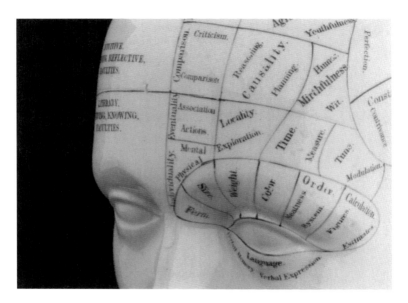

파울러 형제의 골상학적 두상. 뇌의 활동 영역이라고 생각한 구획들을 지도로 표시했다. 그런데 희한하게도 섹스나 쇼핑을 담당하는 공간은 없다.

와 로렌초 나일즈 파울러 형제(Orson Squire and Lorenzo Niles Fowler)였다. 그들은 미국, 영국, 아일랜드에서 순회강연을 했고, 직접 펴내는《미국 골상학 저널》과 저서들을 팔았다. 요즘 같으면 그런 추측을 선전하는 것만으로 당장 도시에서 쫓겨날 테지만, 1876년에 형제의 『그림으로 보는 새로운 자기 지침서』가 11판을 찍었을 때 당시 독자들은 형제가 대단한 걸 발견했다고 생각했을 것이다. 그 책은 이를테면 이상적인 남편을 찾거나 동네의 사이코패스를 알아보는 데 쓰일 수 있었고, 다양한 형태의 뇌 단절을 보여주는 100여 점의 삽화가 그런 작업을 거들었다. 브로드만의 〈뇌 지도〉처럼, 형제는 두개골의 각 부분마다 숫자와 함께 기능을 매겼다. 그런데 브로드만과는 달리, 파울러 형제는 배짱이 있었다. 형제의 지도에서 뒤통수 중간쯤에 자리한 4번 영역은 '거주성', 즉 고향에서 살고 싶어 하는 성향을 뜻한다고 했다. 그 부분이 불룩 튀어나와 있으면 애향심이 크다는 뜻이고, 그렇지 않으면 역마살 있는 삶을 산다고 했다. 두개골 맨 밑에는 무려 '호색성'이 배치되어 있었다. 이 영역이 부풀어 있으면 성적 충동을 많이 드러내게 되고, 쑥 들어가 있으면 약간 불감증을 보인다고 했다.

의학에는 다행스럽게도, 20세기 뇌 지도화 작업의 본보기가 된 것은 브로드만의 작업이었다. 작업은 차츰 세련되게 발전하여, 뇌 기능과 연결 구조를 둘 다 보여주는 신경학적 조각 그림 맞추기로 이어졌다(브로카 영역에는 44번, 45번 영역이 할당되었다). 그러나 과학자들이 이런 영역들의 기능을 효과적으로 지도화함으로써 임상적 유용성의 전망을 끌어낸 것은 1990년대부터였다. 그리고 그 작업을 가능케 한 기술은 엘리너 매과이어가 택시 운전사들에게, 크리스 클라크가 아동 건강 연구에 활용했던 바로 그 기술이었다. 자기 공명 영상(MRI)이라는 위대한 과학 수사적 스캔 도구 말이다. 그중에서도 확산 MRI[122], 기능적 MRI[123]처럼 고도로 진화한 특수 MRI가 큰 역할을 했다.

클라크가 영국도서관에서 강연을 하고서 몇 달이 흐른 뒤, 나는

122) 빠른 시간 내에 손상된 뇌 부위를 보여주는 영상 기법.
123) 살아 있는 뇌가 어떻게 활동하는지를 보여주는 영상 기법.

블룸즈버리에 있는 연구실로 그를 찾아갔다. 그는 더 많은 슬라이드를 보여주었다. 〈육지측량부 지도〉의 등고선처럼 보이는 뇌 슬라이드, 축삭(軸索, 신경 세포에서 뻗어 나온 긴 돌기)이라는 가늘고 긴 원통형 구조의 영상, 그 축삭들이 다발로 뭉친 신경 경로를 근사한 색깔로 염색한 영상……. 그리고 뇌에서 물 분자들이 무작위적으로 이동하는 경로를 보여주는 〈확산 지도〉도 있었다. 게다가 아인슈타인도 등장했다. 확산 지도에는 분자가 한 지점에서 출발하여 시간이 흐를수록 점점 더 멀리 이동하는 '시간 의존적' 과정을 묘사하는 방정식이 사용되는데, 아인슈타인이 그 방정식의 계수를 알아낸 장본인이기 때문이다.

그게 왜 중요할까? 물이 뇌의 바탕 조직을 통과하여 움직이는 모습을 보면(영상에서 어두운 부분일수록 물의 움직임이 느린 것이다) 우리가 일정 시간에 걸쳐 지도화하려는 그 조직의 밀도를 알 수 있기 때문이다. 1990년대 초에 등장한 확산 MRI 덕분에, 과학자들은 환자가 뇌졸중을 일으킨 지 불과 몇 시간 만에 뇌 손상을 감지할 수 있게 되었다. 그 다음에는 뇌의 연결 구조를 지도화하도록 돕는 신경 다발 지도화 기법이 등장하여, 이른바 단절 증후군이라고 불리는 현상들, 예컨대 알츠하이머병이나 정상적인 노화 과정까지도 연구할 수 있게 되었다.

그런 뇌 영상을 수집해주는 MRI 스캐너는 딴 세상 물건처럼 낯설게 생겼다. 그런데 MRI는 임상에서나 실험에서나 크나큰 이점이 있다. X선 같은 다른 진단 영상 도구들과는 달리, MRI는 환자에게 아무런 해도 끼치지 않는다고 여겨진다.

"《휴먼 브레인 매핑》이라는 저널을 보셔야 합니다." 클라크가 말했다. 그래서 나는 그렇게 했다. 2012년 3월 호에는 리튬을 복용한 (그리고 복용하지 않은) 양극성 장애[124] 환자들의 해마가 어떻게 달라졌는지 추적한 논문, 뇌졸중 환자들에게 통제된 자극을 가했을 때 뇌가 국지적으로 어떻게 활성화되었는지 살펴본 논문 등이 실려 있었다. 이런 것은 순전히 이론적인 관심만은 아니다. 곧 치료 프로그램으로 발전할 수도 있다.

클라크의 연구도 벌써 실용적으로 응용되고 있다. 그의 연구진은 가끔 수술을 앞둔 환자의 확산 MRI 영상을 찍어달라는 요청을 받는다. 주로 약물에 제대로 반응하지 않는지라, 하는 수 없이 관자엽 일부를 제거해야 하는 간질 환자들이다. 그 수술은 효과적이지만, 대단히 섬세하게 진행해야만 한다. 무엇보다도 의사는 절제할 부위의 바로 옆에 있는 '마이어 고리' 영역을 절대로 건드리지 말아야 한다. 그곳을 건드렸다가는 환자의 시각에 문제가 생길지도 모르기 때문이다. 이때 신경 다발 지도화 기법은 의사를 안내하는 요긴한 역할을 맡는다. 종양 제거 수술도 마찬가지다. 신경 경로 지향성 지도를 작성하는 기법이 등장하기 전에는, 의사가 자칫 척수에 연결된 운동 겉질을 도려낼 위험이 컸다. 클라크는 자신이 찍은 영상을 보조로 삼아 외과 의사가 휘두르는 칼에 환자가 뇌를 맡길 때, 솔직히 "약간의 불확실성"은 느낀다고 털어놓았다. "자신이 하는 일을 끊임없이 자문하는 것이 과학의 문화입니다. 이 방법이 옳을까? 어디에서 실수가 발생할 수 있을까? 현재의 방법을 더 개선할 수 있을까?"

---

124) 질환의 경과 중에 기분이 들뜨는 조증이 한 번 이상 나타나고, 더불어 우울증 증상이 동반되는 기분 장애. 조울증이라고도 한다.

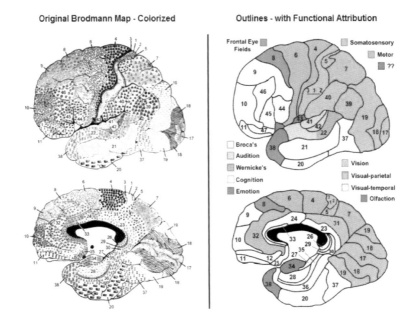

브로드만의 〈뇌 지도〉.
뇌의 각 부분마다 독특한 특징을 지닌 세포들이 뭉쳐 있다고 생각했다.

이런 기술은 어디로 향하고 있을까? 어딘가 흥미진진한 곳을 향해 나아가고 있다. 뇌 지도화 작업은 인간 게놈 프로젝트와 비슷한 방향으로 발전했다. 뇌의 물리적 배선을 모조리 지도화하겠다는 '인간 커넥톰[125] 프로젝트'가 현재 미국의 주도로 추진되고 있다. 인간 게놈 프로젝트는 우리를 인간으로 만드는 것이 무엇인지 보여준 작업이었다면, 〈뇌 지도〉라는 신경학적 신분증은 우리가 정보를 어떻게

---

125) '커넥톰'이란 뇌 속에 있는 신경 세포들의 연결을 종합적으로 표현한 〈뇌 지도〉로서, 넓은 의미로는 우리 몸에 넓게 분포되어 있는 신경 세포들 간의 연결망까지 포함한다.

처리하고 저장하는지, 우리가 왜 이렇게 행동하는지 알려줄 것이다. '생각의 해부'나 다름없는 그 프로젝트에는 약 150조 개의 신경 연결을 파악하는 작업이 수반되는데, 그 작업을 위해서 매사추세츠 종합병원의 신경 영상 부서는 2011년 말에 새 스캐너를 구입했다(병원 측이 자못 흥분하여 설명한 바에 따르면, 새 기계는 옛 기계보다 '필드코일126이 네 배 더 많고, 수(水)냉각층도 네 배 더 많다!'). 연구진은 2012년 중순부터 1,200명을 대상으로 뇌 지도화 작업에 착수할 수 있기를 바란다. 그 중 약 절반은 쌍둥이일 것이다.

'인간 뇌 지도화 작업 조직'을 이끄는 UCLA의 신경 심리학자 수전 부크하이머는 뇌 연결성 연구가 "달아오를 대로 달아올랐다"고 말했다. 그러나 부크하이머와 동료들은 커넥톰이 완성되는 시점으로부터 얼마나 더 지나야 실용적 응용이 가능할까 하는 구체적 시간표는 이야기하지 않으려고 한다. 당연한 일이다. 커넥톰이 완성되더라도, 우리에게는 그보다 더 중대하고 더 깊은 성찰이 필요한 다른 질문들이 남아 있을 것이다. 인간의 의식, 삶의 목적 같은 문제들이다. 지구의 삼차원 지도를 어떻게 작성할 것인가 하는 영원한 문제도 빼놓을 수 없다.

---

126) 전류가 지나갈 때 자장(磁場)을 만드는 제너레이터나 시동 모터 내의 코일 또는 전선.

언제 어디에서나
항상 '나'를 지도화하기

캘리포니아 주 마운틴뷰에 있는 구글 맵스 본사에는 세계 정복의 최전선에 나선 회사답게 이런저런 기분 전환용 물건들이 갖춰져 있다. 테이블 축구 게임, 탁구대, 에어 하키 테이블, 질 좋은 공짜 간식도 잔뜩 있다. 그 건물이 있는 부지를 구글플렉스라고 부르는데, 그곳에는 피크닉 장소, 채마밭, 자전거 도로, 안마실, 세차장, 세탁소, 탁아소, 비치발리볼 코트, 강아지 휴게실, 치과 의사가 상주하는 의료실, 미용실, 그리고 개인 보안 허가가 난 사람이라면 원하는 곳으로 어디든 데려다주는 저탄소 버스 서비스가 있다. 시각적 유머도 있다. 야외 식사 장소에는 거대한 도넛 조형물이 세워져 있고, 구글 맵스 건물 앞에는 거대하고 빨간 지도 핀 조형물이 꽂혀 있다.

구글 맵스 건물 내부에도 곳곳에 농담이 있다. 칸막이 위 천장에 매달린 초록색 도로 표지판에는 작가 더글러스 애덤스가 했던 농담이 적혀 있다. '지구에 오신 것을 환영합니다. 대체로 무해함!' 뒷면에는 이렇게 적혀 있다. '지구를 떠나 안녕히 가십시오. 떠나기 전에 산소통과 방사선 방호복을 챙기시고요. 다들 도로 돌아오고 있군요!' 나무로 된 이정표도 두 개 있다. 키가 150센티미터쯤 되는 이정표는 일부러 흠집을 내고 낡게 만들어서 꼭 100년 전 물건처럼 보인다. 중서부 하이킹 코스에 서 있으면 어울릴 것 같고, 말이라도 매어두어야 할 것 같다. 그러나 사실 그 이정표들은 구글 맵스가 이정표의 필요성을 깡그리 말살하면서 지도계의 전무후무한 혁명으로 등장했던 21세기 초에 만들어졌다. 실제로 기원전 330년 무렵에 알렉산드리아 도서관이 생겼던 이래, 구글 맵스의 등장에 견줄 만한 사건은 달리 없었다.

이정표에 붙어 있는 방향표들은 구글플렉스의 여러 회의실로 가는 길을 가리킨다. 회의실 이름들은 이제는 쭉정이로 전락한 존재들처럼 보이는데, 사실이 그렇다. 에라토스테네스, 마르코 폴로, 레이프 에릭손, 프랜시스 드레이크 경, 오르텔리우스, 바스쿠 다가마, 베스푸치, 마젤란, 리빙스턴, 스탠리, 루이스와 클라크, 섀클턴, 아문센, 버즈 올드린. 언젠가는 여기에 구글 맵스를 세상에 내놓은 옌스 라스무센과 라르스 라스무센 형제의 이름을 새긴 방향표도 붙을지 모른다. 아니면 구글 어스 발명에 핵심적으로 기여했던 브라이언 매클렌던(Brian McClendon)의 이름이 붙을지도 모른다.

·   ·   ·

나는 매클렌던과 함께 여덟 개의 스크린으로 구성된 구글의 벽지도 앞에 서 있다. 〈리퀴드 갤럭시〉라고도 불리는 화면이다. 매클렌던은 몸소 개발에 참여했던 그 세계를 거침없이 휘둘렀다. 과거에 메르카토르가 그랬던 것처럼, 또는 신이 그랬던 것처럼 전능한 장악력을 발휘하면서. "정말 끝내주죠." 그는 지도를 줌아웃하여 파란색과 초

구글플렉스에 있는 〈리퀴드 갤럭시〉 벽지도. 전 세계를 마음대로 호령할 수 있다.

록색이 뒤섞인 지구를 빙빙 돌리다가, 도로 줌인하여 자신의 고향인 캔자스 주 로런스의 어느 농구장 내부를 보여주었다.

지도에서 건물 내부까지 보여주는 기술은 내가 그곳을 방문했던 2011년 봄에 막 등장한 발전이었다. 그 기능은 아직 초기 단계였지만 (매클렌던은 개인 주택의 내부를 촬영해도 좋다는 허락을 받기 위해서 한바탕 난리법석이 벌어질 것이라고 말했다), 그 회사와 나아가 지도업계의 의도를 뚜렷이 보여주는 요소였다. 그 의도란 지구상의 모든 장소를 과거에는 꿈도 꾸지 못했던 수준으로, 또한 필요하다고 여기지도 않았던 수준으로 상세히 지도화하는 것이다. 그런 이야기를 듣노라면, 루이스 캐럴의 마지막 소설 『실비와 브루노 완결편』에 나오는 터무니없는 상상이 떠오른다. 그 이야기에는 1마일당 1마일의 축척으로 표현한 궁극의 지도가 등장한다. 호르헤 루이스 보르헤스(Jorge Luis Borges)

의 한 문단짜리 글, '과학의 엄밀성에 관하여'도 떠오른다. 1946년에 쓰인 그 환상적 발상에서 서술자는 짐짓 1658년에 쓰는 글인 척하면서 예전에 '지도 제작자 길드는 크기가 제국만 하고 모든 지점이 실제와 일대일로 대응하는 제국 지도를 작성했다'고 회상한다.

그러나 물론 구글은 전 세계 지도를, 건물 안팎 모두, 큼직하게 그린 것이 아니라 휴대 전화에 쏙 들어갈 만큼 작게 그렸다. 엄밀히 말하자면 그린 것도 아니었다. 사진으로 찍고, 이미지를 컴퓨터에 입력한 뒤, 거리 차원과 위성 차원에서 볼 수 있도록 렌더링하고 그 화상(畵像)을 화소로 나누었다. 그것은 응용과학의 산물이었다. 그런 만큼 우리가 지금껏 사용했던 어떤 지도보다 덜 개인적이고, 덜 감정적이고, 더 사실적이고, 더 정확하고, 더 현재적이다. 그래서 유용하다.

'컴스코어'라는 조사 업체에 따르면, 2012년 일사분기에 매달 약 6,000만 명이 구글 지도를 사용했다. 구글은 온라인 컴퓨터 지도 시장의 71퍼센트를 차지하는 압도적인 일등이다. 스마트폰에서는 휴대 전화 지도로 길을 찾는 인구 5,000만 명 중 67퍼센트가 구글을 쓴다. 구글의 추산에 따르면, 구글의 고해상도 지도는 2012년 여름 기준으로 세계 인구의 약 75퍼센트를 망라했다. 세계 인구 중 약 50억 명이 구글 지도에서 자기 집을 찾아볼 수 있었다는 말이다. 그러나 갈 길은 아직 멀었다.

브라이언 매클렌던은 마흔여덟이라는 나이보다 젊어 보이고, 구글의 유니폼이나 다름없는 폴로셔츠, 청바지, 운동화 차림이었다(젊은 시절의 빌 게이츠랑 굉장히 닮았다). 그는 자신이 지도 제작자가 아니라는 사실을 자진하여 인정했다. 현재 그가 구글 맵스, 구글 어스, 구글 오션, 구글 스카이, 구글 문, 구글 화성을 책임지고 있는데도 말이다. 단서는 직함이었다. 그는 구글 맵스의 '공학 부사장'이다. 그가 드러내어 밝힌 포부는 언제나 즉각적으로, 실시간으로 접근할 수 있는 전 세계 디지털 지도책을 만드는 것이다. 구식 지도책이 보여주었던 내용은 당연히 포함하거니와(주요 도시, 지질학적 정보, 해안선, 비교 데이터), 모든 거리에 있는 모든 집과 모든 도로에 있는 모든 차까지 보여주려는 것이다. 그 다음에는 건물 내부를 보여줌으로써 이를테면 루브르 박물관 내부를 관람할 수 있게끔 하고, 삼차원 영상을 보편적으로 적용함으로써 거리와 높이를 더 잘 파악하게끔 하는 것이다. 그 다음에는 현재 위성 항법 장치가 제공하는 경로 계획, 실시간 교통 정보까지 포함하려고 한다. 컴퓨터나 휴대 전화에서 구글 지도를 사용하여 좌표를 설정하는 갖가지 애플리케이션들도 잊지 말자. 예를 들어 우리가 사진을 찍은 위치를 기록할 때, 친구의 정확한 위치를 알아낼 때 그런 기능이 쓰인다. 앞으로는 우리가 어떤 가게 앞을 지나가기 몇 초 전에 실시간으로 우리에게 맞춤형 특가 상품을 제안하는 애플리케이션이 나올 수도 있다(판매자들로서는 궁극의 꿈이다). 지금까지는 도시만 놓고 이야기했는데, 앞으로는 야생의 자연도 완벽하게 지도화될 것이다. 극점과 사막까지. 그리고 이름 없는 장소에는, 지난 시절의 지도 제작자들이 그랬던 것처럼 구글이 이름을 지어줄 것이다. 매클렌던에게 그 이상 더 말을 시키진 말자. 해저의 산호를 지도화하는 프로젝트, 달의 크레이터를 매끄럽게 재현하는 프로젝트까지 나올 테니까.

구글은 이 방식으로 전 세계를 보여줄 뿐 아니라, 무언가를 보여주지 않을 힘도 갖는다. 18세기 유럽의 방자한 전제 군주도 상상하기 어려웠을 방식으로 정보를 통제할 수 있는 것이다. 구글이 그런 포부와 힘을 갖게 된 지는 10년도 안 되었지만, 이미 구글은 1998년 창사 시점의 목표, 즉 수많은 웹페이지를 인기와 유용성에 따라 순위 매기는 검색 엔진을 만들겠다는 목표로부터 엄청나게 멀어졌다. (그 5년 전만 해도 그런 회사가 필요 없었다. 1993년에는 전 세계의 웹사이트 수가 고작 100개였기 때문이다.) 이제 구글이 하는 제일 중요한 일은 검색이 아니다. 검색 결과를 지도에 결합하는 일이다.

♥　♥　♥

2005년 봄, 구글의 공동 창립자 세르게이 브린은 주주들에게 보낸 편지에서 회사가 새로운 방향으로 나아가려고 모색 중임을 밝혔다. 그런 기조에서 신제품이 여럿 출시되었는데(또는 출시될 예정이었다), 지메일, 구글 비디오, 구글 스콜라 등이었다. 웹에서 경로를 계획하고 운전 안내를 받을 수 있는 구글 맵스도 있었다. 그리고 구글 어스도 있었다. 이것은 컴퓨터에 다운로드받는 프로그램인데, 위성 사진을 이어 붙여서 1억 5,540제곱킬로미터에 이르는 영역을 보여줄 것이라고 했다. 둘 중 구글 맵스는 AOL의 맵퀘스트나 멀티맵 같은 기존 서비스에 익숙한 사람에게는 딱히 특별하지 않았다. 사전에 렌더링한 지도 타일들이 화면에 나타나는 속도가 더 빠르다는 장점, 구글 검색 결과와 지도를 통합하기가 간편하다는 장점은 있었지만 말이다. 그보다는 구글 어스의 등장이야말로 우리로 하여금 인터넷에서 "엇, 우아!" 하고 감탄을 뱉게 만드는 드문 순간 중 하나였다. 닐 암스트롱과 친구들을 제외하고는 이전까지 누구도 지구를 그런 식으로 보지 못했다. 무중력 상태의 우주에서 순식간에 내리 덮치듯 줌인하여 휴가 때 놀러갔던 장소, 아니면 우리가 영원히 살더라도 한 번도 가볼 일 없는 장소를 박진감 있게 확대해 볼 수 있다니.

사람들이 맨 먼저 찾아본 곳은 어디였을까? 역시 13세기 말에 〈마파문디〉를 보았던 사람들이 찾아본 곳, 즉 자기가 사는 동네였다. 매클렌던은 내게 말했다. "예외가 없습니다. 새 버전이 나올 때마다 사람들은 자기 동네나 자기 집이 어떻게 보이더라 하는 얘기부터 합니다." 사물의 큰 틀에서 자신이 어느 위치에 놓이는지 알고자 하는 욕망은 인간의 본성이다. 그런데 또한 그것은 구글의 디지털 지도가 대표하는 새로운 형태의 지도 제작을 상징하는 현상이다. 그것은 바로 '나를 지도화하는 것', 즉 모든 것의 한가운데에 즉각적으로 사용자를 가져다두는 것이다.

훗날 구글 어스로 발전할 소프트웨어는 구글이 2004년에 사들이기 전에는 '키홀'이라는 이름이었고, 그 소프트웨어를 공동으로 개발한 사람이 바로 브라이언 매클렌던이었다. 매클렌던이 뭔가 괜찮은 걸 발견했다고 느낀 것은 1990년대 말이었다. 그는 이전에 다녔던 회사인 실리콘 그래픽스의 동료들과 함께 마테호른[127] 일대를 찍은 사진들을 조합하여 지구본 형태로 만들어보았고, 25만 달러짜리 하드웨어를 써서 그 지도를 줌인하고 줌아웃할 수 있게끔 만들었다. 키홀이 다음으로 진출한 지역은 샌프란시스코 만으로, 그곳에 있는 어느 쇼핑센터를 찍은 항공 사진들을 조합하여 줌인할 수 있도록 만들었다. 상업적 돌파구가 열린 것은 2003년이었다. CNN이 이라크 전쟁

---

127) 스위스와 이탈리아의 국경에 있는 페나인 알프스 산맥의 한 봉우리. 높이 4,478미터로 봉우리가 높고 험하여 오르기가 힘든 것으로 유명하다.

을 보도할 때 그 소프트웨어를 썼던 것이다. 2004년 4월에 매클렌던과 동료들은 구글의 창업자인 세르게이 브린과 래리 페이지에게 키홀을 선보였고, 24시간 만에 회사 인수 제안을 받았다.

구글의 직감은 정확했다. 구글 어스가 무료 서비스를 처음 공개했던 2005년 6월 28일, 사람들의 관심이 어찌나 뜨거웠던지 구글 컴퓨터 시스템 전체가 멎어버릴 뻔했다. 연말에는 구글 어스가 벌써 수천만 대의 개인용 컴퓨터에서 핵심적인 지리 도구로 자리매김했다. 얼리어답터들은 친구들까지 불러 모아서 멀미마저 날 듯한 그 경험을 함께 즐겼다. 지도가 그토록 재미난 존재였던 적은 일찍이 없었다.

나는 매클렌던에게 16세기의 위대한 탐험가들이 줌 기능이 장착된 이 세계 지도를 보았다면 어떻게 생각했을 것 같냐고 물었다. "아, 그들은 완벽하게 이해했을 겁니다." 사실은 그 탐험가들이 구글 맵스의 초기 사용자보다 세계를 좀 더 많이 알았을 것이다. 2005년에 구글이 렌더링한 지도는 미국과 영국뿐이었고, 유럽 본토나 중앙아메리카, 남아메리카는 없었다. 보여준 지도도 텔레아틀라스나 나브텍 같은 기존 회사들과 몇몇 정부 기관의 데이터를 썼을 뿐, 고유의 데이터는 없었다. 구글의 세계는 서서히 메워졌다. 2007년에도 파키스탄이나 아르헨티나는 없었고, 500여 년 전에 아메리고 베스푸치가 처음 당도했던 장소들도 없었다. 그러나 2009년에는 그런 상황이 어지간히 수정되어, 구글이 거의 전 세계를 망라했다. 엄청난 분량의 위성 사진을 사들인 덕분이었다.

매클렌던에 따르면, 사람들은 이제 위성이 있으니까 사람이 직접 지도를 작성할 필요는 없지 않느냐고 생각하지만, 위성에는 엄격한 한계가 있다. 위성은 어떤 장소를 세세한 사항까지 추적하진 못한다.

이름을 짓지도 못한다. 어떤 공간에 대한 인식을 현실의 문제와 연결 짓지도 못한다. 위성은 남극을 볼 순 있을지언정 그 모호한 경계를 정확히 규정하진 못한다. 구글 직원들은 진정한 야생의 자연(극지방, 사막, 밀림, 개발된 선진국이라도 사람이 살지 않는 곳)으로 나설 때 지붕에 카메라를 장착한 자동차를 모는 것이 아니라 등에 진 배낭이나 비행기 날개에 카메라를 부착하고 모험을 감행해야 하는 경우가 점점 더 많아지고 있다. 그리고 그들은 국경선과 지명을 둘러싼 열띤 분쟁에 대해서도 지식을 갖추고 있어야 한다.

구글 지도가 갈수록 강력해짐에 따라, 구글은 미처 예상치 못했던 난관도 겪게 되었다. 과거 수백 년 동안 제국을 건설할 요량으로 지도를 작성했던 사람들조차 겪지 않았던 지정학적, 사회적 문제도 있다. 매클렌던은 이런 예를 들었다. "세 나라가 각자 자기 땅이라고 주장하는 장소도 있습니다. 그런 장소는 이름이 두세 개는 되죠. 그 나라들이 다들 틈만 나면 우리에게 야단을 쳐댑니다. 우리가 이렇게 중요해질 줄은 나도 미처 몰랐지만, 어쨌든 지금 우리는 각국이 제기하는 주장에서 다른 어떤 자료보다 중요한 근거입니다. 니카라과는 코스타리카를 침략했을 때 구글 맵스 탓을 했죠. 우리 지도의 국경선이 올바르지 않았다는 겁니다. 구글이 자기네한테 준 땅으로 진출한 것뿐이라나요."[128]

내가 만난 날, 매클렌던은 자신에게는 훨씬 덜 논쟁적인 새로운 목표가 있다고 말했다. 그것은 세상의 모든 나무를 지도화하는 작업

---

128) 2010년 11월 니카라과의 한 부대는 코스타리카와 경계를 이루는 산후안 강의 준설 공사 중에 국경을 넘었고, 코스타리카 국기를 뽑은 다음 니카라과 국기를 게양했다. 이 부대 지휘관은 구글 지도에 이곳이 니카라과 영토로 나와 있어서 그랬다고 설명했고, 이는 외교 분쟁으로 확대되어 미국 정부와 유엔까지 나서서 조율해야 했다.

이다. 솔직히 말해 미치광이 같은 목표가 아닐 수 없다. 세상에는 약 4,000억 그루의 나무가 존재할 것으로 추정되는데, 구글은 자신들이 이미 목록으로 만든 것이 10억 그루쯤 된다고 본다. "갈 길이 멉니다. 나무를 감지하는 방법, 위치를 확인하는 방법, 수종(樹種)을 파악하는 방법을 알아내야겠죠."

2012년 6월 말, 매클렌던은 샌프란시스코에서 열린 구글 개발자 및 언론인 연례 총회에서 연설을 하며 다음과 같은 고전적인 오해로 말문을 열었다. "'여기에는 용이 출몰함.' 이 말은 옛날 사람들이 지도를 그리면서 경계가 어디인지 모를 때 적어 넣은 말이었습니다. 지도를 보는 사람들에게 '그곳으로는 가지 마시오, 절벽에서 떨어질지도 모르니까' 하고 알리는 것이었죠. 우리 구글이 그동안 추구해온 목표는 여러분의 지도에서 용을 가급적 많이 제거하는 것이었습니다."

●　●　●

나는 구글로 갈 때 매클렌던의 동료인 토르 미첼의 차를 얻어 탔다. 미첼은 썬 마이크로시스템즈에서 오래 일하다가 2006년부터 구글에서 일했고, 지금은 '구글 맵스 API'라는 부서를 맡고 있었다. 그곳은 구글 바깥의 사람들이 구글 맵스를 활용한 응용 소프트웨어를 제작할 수 있도록 각종 도구를 제공하는 부서다. 그런 소프트웨어는 이를테면 휴대 전화에 쓰는 위치 확인 기능일 수도 있고, 웹사이트에 지도를 달아 자신이 운영하는 식당이나 신발 가게를 보여줌으로써 매출을 높이는 애플리케이션일 수도 있다.

우리는 새너제이와 가까운 샌타클래라에서 사흘간 열렸던 '웨어

2.0' 콘퍼런스에서 만났다(참석자들이 다들 새너제이로 오는 길을 잘 알겠더라고 농담했을 만큼 정말로 가깝다). 80개국에서 모인 참석자들은 모두 지도나 위치 관련 사업에 종사하는 이들이었고, 발표 내용에는 '근접성 의식', '교차 플랫폼 현실', '데이터세트 겹치기', '단순한 체크인을 넘어선 풍성한 맥락' 같은 용어들이 득시글거렸다. 노키아, 페이스북, IBM처럼 오래되고 큰 회사들이 많이 참가했지만, 그루폰[129]이나 포스퀘어[130] 같은 신참도 있었다(디지털 지도업계에서는 3년을 넘으면 '오래되었다'고 말한다).

그런데 그 모임의 최대 뉴스는 예정된 연사들이 아니라 앨러스더 앨런과 피트 와든이라는 두 참석자의 깜짝 발표에서 나왔다. 엑시터 대학의 수석 연구원인 앨런은 후쿠시마 원전 사고에 관한 모종의 분석 작업을 마친 뒤 "뭔가 재미난 일이 없나 찾아보느라" 자신의 맥북 프로를 구석구석 뒤졌는데, 그가 그러다가 발견한 사실은 자신이 아이폰으로 걸고 받았던 모든 통화 내역이 위도와 경도 좌표와 함께 컴퓨터에 기록되어 있다는 점이었다. 정보는 암호화되지 않았고, 누구나 볼 수 있었다. 그는 애플에게 뭔가 사악한 의도가 있다고 의심하진 않았지만, 어쨌든 프라이버시 침해의 가능성에 심란할 수밖에 없었다. 전화 회사가 통화 내역을 기록하는 것은 고객의 사용량을 확인하여 요금을 청구하기 위한 일이니 당연했지만, 개인이 1년 가까이 돌아다닌 경로를 노골적으로 추적한 것은 이야기가 달랐다. 앨런과

---

129) 2008년 미국 시카고에서 프로그래머 앤드루 메이슨이 창업한 세계 최초·최대의 소셜 커머스 기업이다.
130) 스마트폰의 GPS를 활용하여 자신의 위치를 지도상에 표시하고 방문 장소의 정보를 남기는 체크인 기능을 제공하는 소셜 네트워크 서비스로, 2009년 서비스를 시작했다.

와든은 기록된 좌표를 지도로 쉽게 옮길 수 있었다. 그들의 프레젠테이션에서 특히 인상적이었던 화면은 앨런이 워싱턴 DC에서 뉴욕까지 기차로 여행했을 때 그의 소재가 몇 초 간격으로 시시콜콜 기록된 부분이었다. 앨런과 와든만 그런 일을 당한 것은 물론 아니었다. 우리는 모두 추적당하고 있었다. 모두 (적어도 잠재적으로) 지도화되고 있었다.

디지털 지도의 빛나는 전망에는 어두운 면이 또 있다. 새로운 디지털 지도 기술은 비트와 원자와 알고리즘의 혼합이므로, WiFi와 GPS를 사용하는 모든 기기가 신호를 받는 것은 물론이고 보낼 수도 있다는 사실은 그다지 놀랄 일이 아니다. 그렇게 전송되는 정보 중에는 우리가 자발적으로 제공하는 것도 있다. 사진 공유 프로그램이나 애플리케이션에서 위치 입력 기능을 켜뒀을 때, 아니면 위성 항법 장치가 우리의 운행 정보를 회사에 제공하도록 허락했을 때가 그렇다. 반면에 나도 모르는 사이에 내게서 빠져나가는 정보도 있다.

구글플렉스로 운전해 가면서, 토르 미첼과 나는 '구글 스트리트 뷰'라는 경이로운 삼차원 경험에 대해 이야기 나누었다. 구글 스트리트 뷰는 세계 여러 도시의 지도를 파노라마 화면으로 제공하여 엄청난 인기를 끌고 있는 웹 애플리케이션이다. 2007년에 출시되었을 때는 미국의 5개 도시만을 다루었지만, 2012년에는 39개국의 3,000여 개 도시로 확대되었다. 구글 스트리트 뷰는 달리는 자동차에서 찍은 수십억 장의 사진을 매끄럽게 이어 붙여, 사용자가 커서로 화면을 움직이면서 직접 걷거나 운전하는 것처럼 느끼게 만든다. 구글은 다른 회사들에서 구입한 지도를 더욱 개선하기 위해, 특수한 촬영용 자동차들을 마련하여 약 800만 킬로미터의 거리를 달렸다. 그런데 이 작업도 프라이버시 침해 문제로 조사를 받고 있다.

2008년 초부터 2010년 4월까지, 구글 지도용 정보를 수집하던 차들은 도중에 지나친 건물에서 사람들의 개인 정보도 훑어냈다. 만일 내가 인터넷에 접속하고 있었을 때 구글의 자동차가 내 집 앞을 지나갔다면, 내가 하던 활동이 이메일이든, 검색이든, 은행 거래이든 구글이 그 통신 내역을 정확하게 기록했을 것이다. 구글 자동차는 거리 사진만 찍는 게 아니라 해당 지역의 무선 서비스에 관한 정보를 수집하는 장치도 갖추고 있었던 것이다. 구글 측은 각 지역의 검색 서비스를 개선하기 위한 조치였다고 설명했으나, 실제로는 그 이상이었다. 또 다른 프로그램이 개개인이 무선 통신 기기를 사용할 때 전송되는 '페이로드 데이터(Payload data)'까지 수집했기 때문이다. 결국 미국의 연방통신위원회와 유럽의 몇몇 기관이 구글의 도청 혐의를 수사하게 되었다. 비록 구글이 개인 정보를 어떤 형태로든 사용한 증거는 없었지만, 구글 대변인은 "소프트웨어에 페이로드 데이터 수집 코드를 삽입했던 것은 우리 실수였다."고 인정했다. 구글이 탄생 초기에 공개적으로 선언한 사훈은 딱 하나였다. '사악해지지 말자.'

∴ ∴ ∴

구글 맵스에는 또 다른 골칫거리도 있었다. 애플 맵스였다. 2012년 6월, 애플은 새로 선보일 모바일 운영 체제에서 구글 맵스를 빼고 자신들이 제작한 서비스를 넣겠다고 발표했다. 애플이 직접 대부분의 지도를 작성하겠다는 뜻은 아니었다. 이미 톰톰으로부터 텔레아틀라스 지도의 사용권을 구입했기 때문이다. 어쨌든 애플의 의도는 명백했다. 지도가 오늘날의 새로운 격전지이니, 더는 경쟁자에게 의지하거나 경쟁자의 제품을 선전해주고 싶지 않다는 뜻이었다.

애플의 지도는 얼마나 다를까? 그 분야의 거인과 어떻게 맞붙을 생각이었을까? 애플이 거창하고 야심만만하게 선언한 바에 따르면, 애플의 다른 서비스에서처럼 디지털 지도 분야에서도 고객들에게 새로운 즐거움을 안기는 것이 목적이었다. 애플의 지도는 사용하기가 훨씬 쉽고, 소프트웨어와 하드웨어 양쪽에 매끄럽게 통합되며, 삼차원 영상, 음성 안내, 실시간 교통 정보 같은 향상된 기능이 있다고 했다. 향후에는 대중교통, 상업 건물, 오락 시설과 제휴하여 실시간 정보를 덧씌움으로써 아이폰 크레딧으로 곧장 좌석을 예매하거나 다른 구매를 할 수 있도록 만들 계획이라고 했다.

그러나 2012년 9월에 선보인 애플 맵스는 계획대로 굴러가지 않았다. 오히려 세계 최고의 수익성을 자랑하는 기술 회사를 세계적인 웃음거리로 만들었다. 애플 맵스는 구글 맵스에 비해 다루기도 이해하기도 어려웠고, 기차역이나 유명한 지형지물 같은 주요 정보가 곧잘 누락되어 있었다. 뉴질랜드에서는 공항이 실제 장소에서 150킬로미터나 떨어진 곳에 표시되어 있었고, 더블린 공항은 어느 농장의 일부로 나타나 있었다. 어느 재치 있는 트위터 사용자는 '쿠바의 모든 찻잎을 다 주더라도 애플 맵스와 바꾸지 않겠다'고 농담했다. 애플의 CEO 팀 쿡은 일주일 만에 부족함을 인정하고 신속한 개선을 약속하면서, 고객들에게 그때까지는 더 나은 다른 온라인 지도를 쓰라고 권했다. 달리 말해 구글 맵스의 지도를. 아무리 도처에서 GPS를 사용하는 시대가 되었다 한들, 그것만으로는 세계를 정확하게 지도화할 수 있다는 보장이 없는 모양이다.

구글 맵스가 심각한 경쟁자를 만난 것이 이번이 처음은 아니었다. 애플이 진출을 선언할 무렵, 온라인 디렉토리 웹사이트인 '프로그래 머블웹'에는 고유의 지도 플랫폼을 제공하는 회사가 240개나 나열되어 있었다. 2009년에 비해 두 배 늘어난 수였다. 그중에는 제법 규모가 크고 종합적인 서비스도 있다. 가령 2009년에 마이크로소프트는 기존의 지도 서비스였던 '버추얼 어스'에 '조감도' 기능을 더하고 전 세계를 망라하도록 범위를 넓힌 '빙 맵스'를 선보였다(기본 지도는 노키아의 미국 자회사인 나브텍에서 공급받았는데, 나브텍은 '야후 맵스'에도 지도를 제공했다).

애플의 발표로부터 불과 며칠 뒤, 또 다른 주요한 경쟁자가 등장할 가능성이 떠올랐다. 아마존의 전자책 기기 킨들, 그리고 아마존이 향후 출시하겠다고 예고한 아마존 스마트폰이었다. 사람들은 내심 둘 다 휴대용 지도가 결합되면 좋겠다 생각하고 있었는데, 마침내 아마존이 삼차원 지도 기술을 전문으로 하는 신생 기업을 사들였다는 소식이 2012년 6월에 새어나온 것이다. 아마존도 이미 여정에 나섰음을 보여주는 단서였다.

· · ·

'웨어 2.0' 컨퍼런스에서, 마이크로소프트의 빙 맵스 설계를 주도한 블레즈 아게라 이 아르카스는 자신의 제품을 참신한 방식으로 선전했다. 그는 그것이 일종의 "정보 생태계"이고, 그것이 제공하는 "공간적 캔버스…… 위에 온갖 종류의 작업을 결합할 수 있을 것"이라고 말했다(재미나게도 블레즈 아게라 이 아르카스는 2013년 말에 마이크로

소프트를 떠나 구글로 옮겼다 - 옮긴이).

언뜻 새로운 예술적 전망처럼 들리지만, 다르게 보면 다른 분야에서 진작부터 진행되었던 활동을 거창한 말로 새롭게 표현한 것뿐이다. 한마디로 지도의 '매시업(Mash-up)'이라는 말 아닌가. 매시업은 원래 음악에서 사용되던 말로, 특히 어떤 노래의 한 대목을 다른 노래에 끼워 넣는 것을 말했다. 샘플링의 극단적 형태인 셈이다. 똑같은 일이 이제 지도에서도 벌어지고 있었으며, 그것이야말로 디지털 시대 지도업계에서 가장 뜨거운 트렌드였다.

크라우드 소싱(crowdsourcing)[131] 방식으로 정보를 추가하고 개인의 필요에 맞춘 지도는 전복적이거나 풍자적일 수 있다. 아니면 새로운 방식으로 유용해질 수도 있다. 프로그래머블웹에 등록된 인기 있는 지도 매시업 중에는(2012년 중순 기준으로 6,700개가 넘었다) BBC 뉴스에 보도된 사건이 세계 어디에서 벌어졌는지 보여주는 지도, 《US 뉴스》가 선정한 미국 최고의 의대 베스트 50의 위치를 보여주는 지도(5분의 4 가까이가 시카고 동쪽에 있다), 선박이나 비행기를 추적하는 여러 애플리케이션이 있었다(휴대 전화로 특정 선박이나 비행기를 찍으면 그 정체가 무엇이고, 어디에서 왔고, 어디로 가는지 알 수 있다).

시간 낭비에 지나지 않는 것도 있었다. 가령 《애스크멘》 잡지 기자들이 침 흘리며 투표하여 선정한 '세계 최고의 여성 99명'이 대충 어디에서 사는지 보여주는 지도가 그렇다(아니나 다를까, 사진과 동영상이 곁들여진 빨간 위치 표지들은 주로 캘리포니아에 몰려 있다. 그러나 독일, 브

---

131) 대중(crowd)과 외부 발주(outsourcing)의 합성어로, 기업 활동에 대중이 참여하게끔 개방한 뒤 대중의 참신한 의견을 참고하여 탄생한 제품이나 서비스의 수익을 참여자와 공유하는 것.

라질, 체코에도 순위에 든 여성들이 살고 있다). 그보다 좀 더 생산적인 것은 '록 밴드 여행' 지도다. 이 지도에서는 록 음악 팬들이 짠 경로를 따라 미국을 누비면서, 도중에 각 지역 출신 가수들의 노래를 들을 수 있다(가령 메릴랜드 주 볼티모어에 커서를 올리면 프랭크 자파, 애니멀 컬렉티브, 미저리 인덱스의 노래를 들을 수 있다). 이런 지도들은 대부분 구글 맵스나 빙 맵스를 바탕에 깐다. 5년 전만 해도 불가능한 일이었다.

제일 인상적인 것은 '트위터 트렌드 맵(trendsmap.com)'이다. 세계 각지 사람들이 트위터에서 많이 이야기하는 주제를 실시간으로 지도에 적어 보여주는 것인데, 하루 중 어느 시각에 조회하느냐에 따라 활동 수준은 나라마다 다르지만 언제든 스포츠, 정치적 분노, 저스틴 비버에 관한 해시태그가 많으리라는 점은 장담할 수 있다. 2012년 여름의 어느 날, 유럽에서 아침이었던 순간을 예로 들면, 영국에서는 '아스날', '반페르시', '윔블던', '샤드'가 한창 인기 있는 주제였다. 스페인은 '방키아', '힉스', '엘파이스', '입자'라고 적힌 검은 타일로 뒤덮여 있었다. 인도는 '세속주의', '올림픽', '보스', '발견'을 이야기하느라 바빴고, 잠에서 덜 깬 브라질은 '카시야스', '경적', '파카엠부', '파울리누스'로 덮여 있었다.

◦　◦　◦

트위터 지도는 희한하게도 60년 전의 어느 프로젝트를 상기시킨다. 당시 '브리튼 페스티벌'에 구경 왔던 사람들은 '그들은 어떤 이야기를 하나?'라는 제목의 지도를 보았는데, 그것은 영국 사람들의 대화 습관을 지역마다 조사한 결과를 표시한 지도였다. C. W. 베이컨이

〈지오그래피컬 매거진〉과 에소 사를 위해서 정교하게 디자인했던 그 지도를 보면(매슈 패리스의 1250년 지도와 상당히 비슷하게, 구불구불한 띠 같은 글자들과 교과서 삽화 같은 그림들이 많았다), 영국 사람들은 지역을 불문하고 어디에서나 날씨에 대해 이야기하지만 아일랜드 북부로 가면 '결코 투항은 없다'는 이야기도 많이 나눈다는 것, 포츠머스에서는 '폼피(포츠머스 축구 클럽의 애칭 ─ 옮긴이)가 리그에서 잘 하겠느냐'는 이야기를 나눈다는 것을 알 수 있었다. 스코틀랜드 동해안을 따라 에든버러에서 애버딘으로 올라가면, 지역 주민들과 함께 '새 탄광', '골프', '소가 얼마에 팔렸나'에 대해서, 그리고 '철학', '신학', '생선'에 대해서 대화할 수 있을 것이었다.

이런 지도는 아날로그 세계에서도 번성하고 있다. 적절한 분류는 공학이 아니라 예술이지만 말이다. 그 역사도 풍부하다. 앞에서 우리는 동물학계의 고전을 몇 만났는데(독수리와 문어, 〈런던 지하철 노선도〉의 〈큰 곰〉), 사실 어떤 분야를 떠올리든지 그에 해당하는 사례가 있다. 식물학적 지도도 있고(바이에른의 판화가 크리스토프 페터는 1677년에 보헤미아를 장미 모양으로 표현한 지도를 그렸는데, 프라하가 꽃의 중심이고 빈이 뿌리였다), '인생의 경로'와 같은 알레고리적 지도도 있고(필라델피아의 B. 존슨이 1807년에 그린 지도로, '겸손의 구역', '도박의 모래 구덩이', '가난의 미로' 같은 영역들이 있었다), 빅토리아 시대에 엽서로 유행했던 호색적인 사례들도 있었다(한 지도에서는 '참된 사랑의 강'이 '자유 분방한 고원', '부드러운 만남', '멜랑콜리의 산'을 통과하여 흐른 뒤 '제단의 만'과 '혼인의 바다'로 흘러나갔다).[132]

그중에서도 가장 유명한 작품을 꼽으라면 솔 스타인버그(Saul Steinberg)가 맨해튼 주민의 세계관을 그린 지도가 아닐까. 1976년《뉴요커》 표지로 등장했던 그 지도는 이후 포스터와 엽서로 무수히 변주되었다. 어떻게 보면 그 지도는 삼차원 디지털 조감도의 선구자 격이었다. 관찰자는 부산하게 움직이는 뉴욕 9번가와 10번가 상공으로 솟아오른 뒤, 허드슨 강 너머 뉴저지를 내다본다. 그런데 지도는 그때부터 갑자기 원근이 말도 안 되게 압축되어, 금세 캔자스시티와 네브래스카를 뛰어넘어 태평양으로 나간다. 사선으로 음영을 넣은 밀밭에는 몇 안 되는 지명이 희미하게 눈에 들어오고(서쪽에는 라스베이거스, 유타, 텍사스가 있고 동쪽에는 시카고가 있다) 그 너머 저 멀리에는 중국, 일본, 러시아가 자그마한 분홍색 환영처럼 보인다. 메시지는 명료하다. 세상의 모든 일은 자기 자신밖에 모르는 뉴욕에서 벌어진다는 것이다. 스타인버그는 오늘날 아이폰이 관습으로 정착시키다시피 한 '자기 자신 지도화하기'를 일찌감치 묘파했던 셈이다.

스타인버그의 패러디는 여러 차례 패러디되었다. 요즘 작품 중에서 스타인버그에 가장 가까울 뿐 아니라 가장 무례한 작품은 '알파디자이너'라는 이름으로 일하는 얀코 츠베트코프(Yanko Tsvetkov)의 지도들인데, 불가리아 출신의 그래픽 디자이너로서 세계를 두루 여행한 츠베트코프의 지도책은 세계에서 가장 기분 나쁘고 가장 냉소적인 지도책이라고 봐도 무방하다. 모든 지도가 사람들의 고정관념을 반영한 내용인데, 일부는 우습기도 하다. 예를 들어 '미국인의 눈으로 본 세계'라는 제목의 메르카토르 도법 세계 지도에서 러시아는 딱 한마디, '빨갱이들'이라고만 표시되어 있고, 캐나다에는 '채식주의자

---

132) 프랭크 제이컵스의 『이상한 지도들』(바이킹 스튜디오, 2009)에 이런 작품들이 군침 돌 만큼 잔뜩 수집되어 있다. 그의 온라인 블로그를 봐도 좋다. http://bigthink.com/blogs/strange-maps

들'이라고 적혀 있다. 역시 츠
베트코프가 제작한 '편견으로
똘똘 뭉친 사람의 특대형 세계
지도 달력' 속에는 '그리스인
의 눈으로 본 유럽'이라는 지
도가 있다. 그 지도에서 유럽의
대부분은 '쩨쩨한 일중독자들
연합'에 속해 있고, 영국만큼은
따로 '조지 마이클'이라고 분
류되어 있다.

스타인버그가 그린 맨해튼 주민의 세계관.

디지털 아키텍처의 엄격함
에도 불구하고 지도들이 아직
도 웃기고 탐구적이고 통렬하다는 사실, 그리고 누군가 번득 떠오른
영감에 손으로 휙 그려본 괴상한 지도가 최고의 진실을 드러낼 때가
많다는 사실은 어지간히 안심되는 일이 아닐 수 없다. 《워드》지가 만
든 글래스턴베리 록페스티벌의 유쾌한 지도는 또 어떤가. '담요를 깔
아놓고 테킬라를 파는 남자', '새벽 4시에 뚜렷한 목적 없이 (인파를
거슬러) 터덜터덜 돌아다니는 길', '나니아 나라로 가는 문'[133], '진짜
로 섹스하는 사람들' 같은 표시가 여기저기 붙어 있다.

또는, 〈단순하게 그려본 런던 지도〉는 어떤가. 플리커 웹사이트에
'기억에만 의지하여 그린 지도'라는 제목으로 그림을 올리는 내드라

---

133) '나니아'는 C. S. 루이스의 판타지 소설 『나니아 연대기』(2005)의 배경이 되는 가상의 대륙이다.
　　제2차 세계 대전 당시 영국 시골 마을에서 사남매가 옷장을 통해 나니아로 가게 되고 창조자 아
　　슬란을 도와 마녀를 물리치는 모험을 하면서 성장한다는 내용이다.

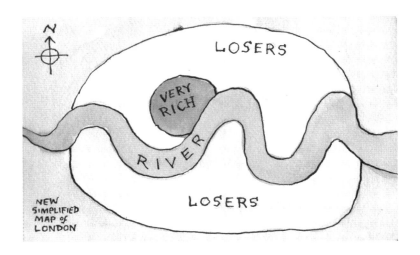

는 사람의 작품인데, 그의 정체는 알 수 없지만 틀림없이 런던에 사
는 게 아닐까 싶다.

디지털 지도의 깔끔함과 프로그래밍으로 짜인 간편함에 대한 아
날로그의 반응으로서 긍정적인 것이 하나 더 있을지도 모르겠다. 21
세기 초반, 현대 미술계에서는 자신들의 작업에 지도를 끌어들이는
일이 전에 없이 왕성하게 일어났는데, 알리기에로 보에티, 제니 홀저,
제러미 델러, 스탠리 돈우드, 폴라 셰어 등이 그런 경향성을 이끌었
다.[134] 그중에서도 가장 열렬하게 지도를 활용하는 작가는 런던에서
작업하는 화가 겸 도예가, 그레이슨 페리(Grayson Perry)다.

---

134) 이탈리아의 알리기에로 보에티는 아프가니스탄을 여행한 1971년부터 작고한 1994년까지 아프가
니스탄과 파키스탄의 수공예 작가들과 함께 자수(刺繡)로 〈마파〉라는 지도 작업을 했다. 각국의
국기들로 영토를 표기하는 방식으로 제작한 이 연작은 150여 점에 이른다. 제니 홀저는 LED 전광
판 등을 이용하여 호소력 있는 메시지를 전달하는 미국의 환경 미술가이고, 제러미 델러는 터너
상을 수상한 영국 화가이다. 스탠리 돈우드는 그룹 '라디오헤드'의 앨범과 포스터 작업을 전담하
는 아트 디렉터이고, 폴라 셰어는 뉴욕 펜타그램 디자인 사의 그래픽 디자이너이자 '윈도 8'의 아
이덴티티를 만든 주인공이다.

●　　●　　●

　　2011년, 대영박물관에서 '무명 공예가의 무덤'이라는 제목으로 그레이슨 페리의 전시회가 열렸다. 그곳에 진열된 여러 그릇, 태피스트리, 드로잉을 보노라면, 우리가 수공예품 상징물을 통한 길 찾기의 황금기에 접어들었구나 하는 느낌이 들었다. 신화적이거나 대단히 자전적인 상징이 많은 작품들이었지만 말이다.

　　페리는 이전에 '어디로도 가지 않는 지도'라는 제목으로 크고 복잡한 현대의 〈마파문디〉를 그린 적이 있었다. 그 지도 속에서 사람들은 '폭음', '나쁜 짓 한꺼번에 다 하기' 등등의 쉴 곳을 거쳐 '마이크로소프트', '스타벅스' 등등의 신전으로 가는 루리타니아풍 순례에 나섰다.[135] 종교에 늘 회의적인 페리인지라, 지도 한가운데에는 예루살렘이 아니라 '의심'이 배치되었다. 페리는 대영박물관 전시회에서는 한 걸음 더 나아가, 감정적이고 비합리적인 것을 드러내는 수단으로서의 지도, 또한 진부한 것을 드러내는 경험적 대상으로서의 지도에 대한 사랑을 더욱 강하게 드러냈다.

　　전시회의 핵심은 길이 6.1미터, 높이 2.7미터가 넘는 태피스트리, 〈진실과 신념의 지도〉였다. 태피스트리 한가운데에는 대영박물관을 묘사한 그림이 있는데, 그곳 모든 전시실에는 사후 세계의 이름이 붙어 있다(천국, 니르바나, 지옥, 발할라, 아스트랄계, 아발론, 그리고 500년 만에 지도 세계로 돌아온 낙원까지). 태피스트리에 수놓인 랜드마크들은 어느

---

135) 루리타니아는 영국 작가 앤서니 호프의 모험 소설 「젠다 성의 포로」(1894)에 나오는 곳이다. 남부 독일에 자리한 가상의 왕국인 그곳을 여행하던 영국 귀족 루돌프는 왕을 음모에서 구하는 과정에서 왕의 약혼녀를 사랑하게 되어 갈등한다.

시대의 어느 지도에서도 한자리에 모인 적 없는 것들이다. 내슈빌, 히로시마, 모나코, 실리콘밸리, 옥스퍼드, 앙코르와트, 웸블리…… 화가 개인의 성상(聖像)이라고 볼 만한 상징도 있고, 성벽 도시, 방랑하는 선원, 고독한 성채 등 중세 송아지 가죽에 그려졌어도 어색하지 않을 것 같은 상징도 있다. 바로 옆에 그려진 헬리콥터, 카라반, 원자력 발전소 따위가 없다면 말이다. 그러나 물론 이런 요소들도 모종의 신비로운 권리에 따라서 버젓이 한자리를 차지할 만하다.

페리가 박물관에서 저녁 강연을 마친 뒤, 나는 그에게 왜 지도에 몰두하는지를 물어보았다. 그는 누구나 아이였을 때는 그런 집착을 갖고 있다가 크면서 경이감을 잃는 것 같다고 대답했다. "나는 지도

조작하고 전복할 수 있는 대상으로서의 지도.
그레이슨 페리가 〈진실과 신념의 지도〉 앞에 서 있다.

가 조작하고 전복할 수 있는 대상이라는 가능성을 인식했습니다. 지도로 공식적인 이야기가 아니라 개인적인 이야기를 할 수도 있다는 사실도요."

박물관 기념품 가게에는 페리의 지도를 인쇄한 실크 스카프를 판다. 그 옆에는 길 찾기와는 아무 상관이 없는 지도 관련 상품들이 있다. 요즘 그런 상품의 목록은 점점 길어지고 있다. 대영박물관에서 조금만 걸어가면 코번트 가든의 스탠퍼드 가게가 나오는데, 그곳에서 파는 기념품을 봐도 지도가 유례없는 수준으로 유행하고 있다는 생각이 든다. 고풍스러운 지도 그림을 포장지로 쓴 뒤 '세상은 좁아요'라고 적어둔 초콜릿도 있고, 지구 온난화를 겪는 세계를 표현한 머그도 있으며(뜨거운 액체를 부으면 해안선이 사라진다), 여덟 장으로 구성된 거대한 세계 지도 벽지도 있다. 세계 지도가 그려진 샤워 커튼은 드라마 '프렌즈'와 '섹스 앤드 더 시티'에 등장한 뒤에 하도 인기라, 뉴욕 지하철 노선도가 그려진 샤워 커튼도 나왔다. 연필을 지도로 감싸거나 휴대용 술병에 고풍스러운 지도책 그림을 찍어 넣는 일, 누가봐도 쓸모라고는 없는 그런 일을 어떻게 설명해야 할까?

＊　＊　＊

마무리는 과거가 아니라 미래로 맺어야 하리라. 그러니 온라인으로 돌아가자. 오픈소스 매시업 지도 중에서 규모가 가장 큰 것은 '오픈스트리트맵'이다. 세계 각지에 사는 사람들의 기여로 세계 전체를 망라하겠다는 포부를 지닌 이 지도는 자신을 지도계의 위키피디아로 여길지도 모르겠다(역시 참여형 지도 프로젝트인 '위키매피아'와 혼동하지는 말자).

오픈스트리트맵은 텔레아틀라스나 나브텍 같은 회사들의 대안으로서 2004년에 출범했다. 그런 회사들이 제공하는 지도의 엄격한 형식과 요금을 떨쳐내겠다는 반가운 취지였다. 오픈스트리트맵은 사람들에 의한, 사람들의 지도다. 자원하여 참가하는 사용자들은 GPS 기기를 써서 자기 주변을 기록하는데, 그들은 다른 지도에도 나오는 도로나 랜드마크는 물론이거니와 다른 업체들은 고려하지 않는 요소, 또는 지나치게 상세하다고 여겨 누락시키는 요소까지 죄다 기록하려는 결의에 차 있다. 공원의 벤치, 새로 연 가게, 알아두면 좋은 자전거 길…… 덕분에 오픈스트리트맵은 모든 지도를 통틀어 가장 최신의 내용을 반영할 때가 많다. 그리고 요즘은 사용자들이 현장에서 추가한 내용만이 아니라 방대한 항공 사진 데이터와 공식적인 측량 데이터도 점점 더 많이 활용하고 있다. 이것은 선의의 지도고, 어쩌면 우리가 가질 수 있는 가장 민주적인 지도일 것이다.

똑같은 취지가 좀 더 다급하게 구현된 프로젝트로 '우샤히디'라는 지도 플랫폼이 있다. 우샤히디는 원래 케냐의 폭력적인 국내 상황을 감시할 기법으로서 2008년에 시작되어, 이후 인권 운동과 긴급 구조 활동을 위한 지도로 확장되었다. '한 번에 지도 하나씩 세상을 바꾸자'는 우샤히디의 캐치프레이즈는 진부하지만 사실이다. 그 영향력을 보여주는 증표로서, 유엔은 시리아에서 학살이 발생했을 때와 일본과 인도에서 자연재해가 발생했을 때 우샤히디의 실시간 지도 작성 능력을 활용하여 위기에 대응했다.

우샤히디의 강점은 지도 작성 도구 자체만이 아니다. 세계 각지의 사람들이 그 도구를 사용할 수 있다는 점이다. 누구나 쉽게 사용할 수 있다는 것은 디지털 지도의 위대한 발전이고, 아프리카만큼 그 사실을 확연하게 보여준 곳은 또 없을 것이다. 케냐 빈민가인 키베라에 사는 주민들과 콩고 열대우림에 사는 사람들은 간단한 GPS 기기, 그리고 자기 위치를 지도에 올릴 수 있는 튼튼한 플랫폼의 도움을 받아 전 세계 사람들의 눈앞에 자신들의 모습을 좀 더 뚜렷하게 드러냈으며, 그와 더불어 자신들의 권리와 전통도 좀 더 뚜렷하게 주장했다.

이렇게 해서 우리는 이야기가 시작된 지점으로 돌아왔다. 지도가 우리를 인간으로 만들어주기 시작했던 지점으로. 그러나 이제 아프리카는 더는 검지 않다. 극지방은 더는 하얗지 않다. 우리는 이제 우리 행성에 존재하는 대륙의 개수가 세 개보다 많다는 사실을 거의 확신한다. 인류 역사상 어느 때보다도 많은 사람이 어느 때보다도 많은 지도를 사용하지만, 그러면서도 아직 우리는 지도의 아름다움, 낭만, 본질적인 유용성을 시야에서 놓치지 않았다. 지도가 들려주는 이야기들도 잊지 않았다.

그야 물론, 길을 잃는 것에 대해서도 우리는 아직 할 말이 많다. 요즘은 예전보다 길을 잃기가 좀 더 어려워졌지만, 그런 단점쯤은 얼마든지 견딜 수 있는 것 아니겠는가. 우리는 언제든 휴대 전화를 끌 수 있다. 언제든 필요할 때면 그 속에 지도가 있다는 사실을 든든하게 느끼면서. 우리는 탐색하는 영혼들이다. 오래전에 우리가 우리를 안내하고 우리에게 영감을 주는 존재로서 지도에 부여했던 가치들은 구글플렉스의 시대에도 여전히 활기차게 살아 있다. 어떤 지도이든, 어떤 형식이든, 어떤 시대의 작품이든, 요즘도 우리가 지도를 응시할 때 발견하는 것은 역사, 그리고 우리 자신이기 때문이다.

ON
THE
MAP

참고 도서

Jounals:
The Art Bulletin
Construction History Society Newsletter
The Cartographic Journal
The Geographical Journal (Royal
    Geographical Society)
Gesta
Imago Mundi
IMCoS Journal (International Map
    Collectors' Society)
The Map Collector
Transactions of the American
Philosophical Society
The Wilson Quarterly

Alexander, Doris: **Creating Literature Out
    of Life**, Pennsylvania State University
    Press, Pennsylvania, 1996
Auletta, Ken: Googled: **The End of the
    World as We Know It**, Penguin, New
    York, 2010
Baker Daniel B (ed): **Explorers and
    Discoverers of the World**, Gale
    Research Inc, Detroit, 1993
Barber, Peter and Harper, Tom:
    **Magnificent Maps: Power,
    Propaganda and Art**, British Library,
    2010
Barber, Peter (ed): **The Map Book**,
    Weidenfeld & Nicolson, London, 2005
Barber, Peter and Board, Christopher:
    **Tales From the Map Room: Fact
    and Fiction About Maps and their
    Makers**, BBC Books, London, 1993
Barrow, Ian J: **Making History, Drawing
    Territory: British Mapping in India
    c1756-1905**, OUP, 2003
Berthon, Simon and Robinson, Andrew:

The Shape of the World, George
    Philip Ltd, London, 1991
Binding, Paul: Imagined Corners: **Exploring
    the World's First Atlas**. Review,
    London, 2003
Booth, Charles: **Life and Labour of
    the People in London**, Macmillan,
    London, 1902
Booth, Charles: **The Streets of London:
    The Booth Notebooks**, Deptford
    Forum, London, 1997
Brotton, Jerry: **Trading Territories:
    Mapping the Early Modern World,
    Reaktion Books**, London, 1997
Carter, Rita: **Mapping the Mind**,
    Weidenfeld & Nicolson, London, 1998
Cherry-Garrard, Apsley: **The Worst
    Journey In The World, Antarctic
    1910-1913**, Constable & Co Ltd, 1922
Christy, Miller: **The Silver Map of the
    World**, H Stevens, Son & Stiles,
    London, 1900
Cosgrove, Denis (ed): **Mappings**, Reaktion
    Books, London, 1999
Crane, Nicholas: **Mercator: The Man Who
    Mapped The Planet**, Weidenfeld &
    Nicolson, London, 2002
Crossley, Robert: **Imagining Mars: A
    Literary History**, Wesleyan University
    Press, Connecticut, 2011
Dawkins, Richard: **Unweaving The
    Rainbow**, Allen Lane, London, 1998
Dekker, Eli: **Globes From The Western
    World, Zwemmer**, London, 1993
Donovan, Tristan: **Replay: The History
    of Video Games**, Yellow Ant, East
    Sussex, 2010
Edson, Evelyn: **The World Map 1300-**

1492: The Persistence of Tradition
and Transformation, Johns Hopkins
University Press, Baltimore, 2007
Fordham, Herbert George: John
Ogilby(1600-1676): His Britannia
and the British Itineraries of the
Eighteenth Century, OUP, 1925
George, Wilma: Animals and Maps, Secker
& Warburg, London, 1969
Goffart, Walter: Historical Atlases,
University of Chicago Press, 2003
Goss, John: The Mapmaker's Art: A
History of Cartography, Studio
Editions, London, 1993
Harley, JB, Lewis GM & Woodward, David
(eds): The History of Cartography
Vols 1-3, University of Chicago Press,
1987-1998
Hartley, Sarah: Mrs P's Journey, Simon &
Schuster, London, 2001
Harvey, Miles: The Island of Lost Maps,
Random House, New York, 2000
Harvey, PDA: Mappa Mundi: The
Hereford World Map, British Library,
2002
Hewitt, Rachel: Map of a Nation: A
Biography of the Ordnance Survey,
Granta, London, 2010
Jacobs, Frank: Strange Maps, Viking
Studio, New York, 2009
Jennings, Ken: Maphead: Charting the
Wide, Weird World of Geography
Wonks, Scribner, New York, 2011
Keates, Jonathan: The Portable Paradise,
Notting Hill Editions, London, 2011
Knight, EF: The Cruise of the Alerte
Longmans, Green and Co, London,
1890
Koch, Tom: Disease Maps: Epidemics
on the Ground, University of Chicago
Press, 2011
Larner, John: Marco Polo and the
Discovery of the World, Yale

University Press, 1999
Lethem, Lawrence: GPS Made Easy,
Cordee, Leicester, 1994
Letley, Emma (ed): Treasure Island, OUP,
1998
Levy, Steven: In The Plex: How Google
Thinks, Works and Shapes Our
Lives, Simon & Schuster, New York,
2011
MacLeod, Roy (ed): The Library of
Alexandria: Centre of Learning
in the Ancient World, I B. Tauris,
London and New York, 2000
Markham, Clements: Antarctic Obsession,
Erskine Press, Norfolk, 1986
McCorkle, Barbara B: America Emergent
(catalogue), Yale University, 1985
Mollat du Jourdin, Michel and de la
Ronciere, Monique et al: Sea Charts
of the Early Explorers, Thames and
Hudson, 1984
Monmonier, Mark: Drawing The Line:
Tales of Maps and Cartocontroversy,
Henry Holt, New York, 1995
Moore, Patrick: On Mars, Cassell, London,
1998
Morton, Oliver: Mapping Mars: Science,
Imagination and the Birth of a
World, Fourth Estate, London, 2002
National Maritime Museum: Globes at
Greenwich, London, 1999
Ogilby, John and Hyde, Ralph (introduction):
A-Z of Restoration London, London
Topographical Society, 1992
Ogilby, John: Britannia, Volume The
First, A Duckham & Co, London, 1939
Ogilby, John: London Survey'd, London &
Middlesex Archaelogical Society, 1895
Oliver, Richard: Ordnance Survey Maps.
A Concise Guide for Historians, The
Charles Close Society, London, 1994
Parker, Mike: Map Addict: A Tale of
Obsession, Fudge & The Ordnance

Survey, Collins, London, 2009

Parsons, Nicholas T: **Worth The Detour, A History of the Guidebook**, Sutton Publishing, Gloucestershire, 2007

Pawle, Gerald: **The War and Colonel Warden**, Harrap & Co, London, 1963

Pearsall, Phyllis: **From Bedsitter to Household Name**, Geographers' A-Z Map Company, Kent, 1990

Pease, Allan and Barbara: **Why Men Don't Listen and Women Can't Read Maps**, Pease Training International, Australia, 1998

Reeder, DA (Introduction): **Charles Booth's Descriptive Map of London Poverty**, London Topographical Society Reprint, 1984

Ross, James Clark: **A Voyage of Discovery and Research in the Southern and Antarctic Regions During the Years 1839-43**, John Murray, London, 1847

Ryan, Christoper and Jetha, Cacilda: **Sex At Dawn**, Harper Perennial, New York, 2010

Schwartz, Seymour: **The Mismapping of America**, University of Rochester Press, 2003

Seaver, Kirsten: **Map, Myths & Men: The Story of the Vinland Map**, Stanford University Press, 2004

Shephard, David: **John Snow**, Professional Press, Chapel Hill, North Carolina, 1995

Skelton, RA: **Explorers' Maps**, Routledge and Kegan Paul, London, 1958

Skelton, RA: **The Vinland Map and The Tartar Relation**, Yale University Press, 1995

Simkins, Peter: **Cabinet War Rooms**, Imperial War Museum, London, 1983

Stanley, HM: **The Exploration Diaries of HM Stanley**, W Kimber, London, 1961

Stevenson RL: **Treasure Island**, Cassell, London, 1895

Stevenson, RL: **Essays in the Art of Writing**, Chatto & Windus, London, 1995

Tooley, RV: **Collectors' Guide to Maps of the African Continent and Southern Africa**, Carta, London, 1969

Tooley, RV: **Maps and Map-Makers**, Batsford, London, 1971

Tooley, RV: **The Mapping of America**, Holland Press, London, 1980

Tyacke, Sarah: **London Map-Sellers 1660-1720**, Map Collector Publications Tring, 1978

Virga, Vincent: **Cartographia**, Little, Brown and Co. New York, 2007

Wallis, Helen M & Robinson, Arthur H (eds): **Cartographical Innovations: An International Handbook of Mapping Terms to 1900**, Map Collector Publications, 1987

Wheeler, Sara: **Terra Incognita: Travels in Antractica**, Jonathan Cape, London, 1996

Wheeler, Sara: **Cherry: A life of Apsley Cherry-Garrard**, Jonathan Cape, London, 2001

Whitfield, Peter: **The Image of the World**, The British Library, London. 1994

Whitfield, Peter: **The Mapmakers A History of Stanfords**, Compendium, London, 2003

Wilford, John Noble: **The Mapmakers**, Junction Books, London, 1981

Williams, Kit: **Masquerade**, Jonathan Cape, London, 1979

Wilson, EA: **Diary of the Discovery Expedition**, Blandford Press, London, 1966

사진 저작권

p18 Courtesy of Facebook; p36 Courtesy of the Trustees of the British Museum; p54 ©
The Times, November 20th 1988; p58 The Hereford Mappa Mundi reproduced by kind
permission of the Dean and Chapter of Hereford and the Hereford Mappa Mundi Trust;
p60 The Folio Society digital facsimile of the Hereford Mappa Mundi, reproduced by kind
permission of the Dean and Chapter of Hereford, the Hereford Mappa Mundi Trust and
the Folio Society; p66 The Folio Society digital facsimile of the Hereford Mappa Mundi,
reproduced by kind permission of the Dean and Chapter of Hereford, the Hereford Mappa
Mundi Trust and the Folio Society; p73 Courtesy of the British Library; p76 Courtesy of
the British Library; p83 Courtesy of Siebold, Cartographic Images; p104 © Jim Siebold,
Cartographic Images; p112 © Yale University Press; p117 © Yale University Press; p140
Courtesy of Geography and Map Division, Library of Congress; p171 Courtesy of Rare
Book and Special Collections Library of Congress; p183 Leen Helmink antique maps, www.
helmink.com; p187 courtesy of Arader Galleries; p189 Leena Helmink antique maps, www.
helmink.com; p192 Courtesy of the David Rumsey Map Collection; p195 Courtesy of the
David Rumsey Map Collection; p157 © Janine Doyle; p204 © Barry Lawrence Ruderman
Antique Maps me; P206 Barry Lawrence Ruderman Antique Maps Inc; p217 Courtesy of
the Museum of London; p260 Courtesy of the University of Texas Libraries, University
of Texas at Austin; p262 Courtesy of the David Rumsey Map Collection; p268 Courtesy
of the Lilly Library, Indiana University, Bloomington, Indiana; p271 Courtesy of the Rare
Books Division, Princeton University Library; p356 Cassini Publishing Ltd; p360 © Cassini
Publishing Ltd; p372 courtesy of London Transport Museum; p374 Beck's parody of the
London Transport Museum; p295 the Daily Mail Moral Underground courtesy of The
Poke; p433 Courtesy of David Rumsey Map Collection; p445 Courtesy of the Imperial
War Museum, London; p452 © Jessica Wager; p473 Nancy Chandler's Map of Bangkok,
reproduced courtesy of Nancy Chandler, www.nancychandler. net; p476 Courtesy of
Shutterstock; p481 Courtesy of Europics; p493 Courtesy of Radio Times, Immediate Media;
p495 © National Radio Astronomy Observatory; p511 Courtesy of the British Library; p542
© Google Earth; p559 © saul Steinberg; p560 © Ellis Nadler; p562 oolivia Harris/Reuters

※ 저자와 출판사는 이 책에 실린 그림들의 저작권 보유자를 찾기 위해서 최선을 다했습니다. 그럼에도 불구
하고 알아내지 못한 그림들에 대해서는 만일 관련자가 정보를 제공해준다면 감사한 마음으로 다음 쇄에서
수정하도록 하겠습니다.

찾아보기

◎ 주요 지도 및 도서명

지도 위에 그려진 인류 문명의 유쾌한 탐험

지도 위의 인문학

초판 1쇄 발행 2015년 12월 10일
초판 4쇄 발행 2021년 12월 15일

지은이 사이먼 가필드
옮긴이 김명남
펴낸이 김선식

경영총괄 김은영
책임편집 이호빈 **크로스교정** 임보윤 **책임마케터** 박태준
콘텐츠사업4팀장 김대한 **콘텐츠사업4팀** 황정민, 임소연, 박혜원, 옥다애
마케팅본부장 권장규 **마케팅4팀** 박태준
미디어홍보본부장 정명찬 **홍보팀** 안지혜, 김재선, 이소영, 김은지, 박재연, 오수미, 이예주
뉴미디어팀 허지호, 박지수, 임유나, 송희진 **리드카펫팀** 김선욱, 염아라, 김혜원, 이수인, 석찬미, 백지은
저작권팀 한승빈, 김재원 **편집관리팀** 조세현, 백설희
경영관리본부 하미선, 박상민, 김민아, 윤이경, 이소희, 김소영, 이우철, 김혜진, 김재경, 오지영, 최완규, 이지우
외부스태프 본문디자인 디자인 잔

펴낸곳 다산북스 **출판등록** 2005년 12월 23일 제313-2005-00277호
주소 경기도 파주시 회동길 490 다산북스 파주사옥 3층
전화 02-702-1724 **팩스** 02-703-2219 **이메일** dasanbooks@dasanbooks.com
홈페이지 www.dasanbooks.com **블로그** blog.naver.com/dasan_books
인쇄·제본·종이 북토리

ⓒ 2015, 사이먼 가필드

ISBN 979-11-306-0656-9 (03900)

• 책값은 뒤표지에 있습니다.
• 파본은 구입하신 서점에서 교환해드립니다.
• 이 책은 저작권법에 의하여 보호를 받는 저작물이므로 무단 전재와 복제를 금합니다.

다산북스(DASANBOOKS)는 독자 여러분의 책에 관한 아이디어와 원고 투고를 기쁜 마음으로 기다리고 있습니다.
책 출간을 원하는 아이디어가 있으신 분은 이메일 dasanbooks@dasanbooks.com 또는 다산북스 홈페이지 '원고투고'란으로
간단한 개요와 취지, 연락처 등을 보내주세요. 머뭇거리지 말고 문을 두드리세요.